HISTÓRIA DO DIREITO CONSTITUCIONAL BRASILEIRO

Instituto Brasiliense de Direito Público
Conselho científico
Presidente: Gilmar Ferreira Mendes
Secretário-Geral: Jairo Gilberto Schäfer
Coordenador-Geral: João Paulo Bachur
Coordenador Executivo: Atalá Correia

Alberto Oehling de Los Reyes
Alexandre Zavaglia Pereira Coelho
António Francisco de Sousa
Arnoldo Wald
Sérgio Antônio Ferreira Victor
Carlos Blanco de Morais
Everardo Maciel
Fabio Lima Quintas
Felix Fischer
Fernando Rezende
Francisco Balaguer Callejón
Francisco Fernández Segado
Ingo Wolfgang Sarlet
Jorge Miranda
José Levi Mello do Amaral Júnior
José Roberto Afonso
Elival da Silva Ramos

Katrin Möltgen
Lenio Luiz Streck
Ludger Schrapper
Maria Alicia Lima Peralta
Michael Bertrams
Miguel Carbonell Sánchez
Paulo Gustavo Gonet Branco
Pier Domenico Logroscino
Rainer Frey
Rodrigo de Bittencourt Mudrovitsch
Laura Schertel Mendes
Rui Stoco
Ruy Rosado de Aguiar
Sergio Bermudes
Sérgio Prado
Walter Costa Porto

O GEN | Grupo Editorial Nacional – maior plataforma editorial brasileira no segmento científico, técnico e profissional – publica conteúdos nas áreas de concursos, ciências jurídicas, humanas, exatas, da saúde e sociais aplicadas, além de prover serviços direcionados à educação continuada.

As editoras que integram o GEN, das mais respeitadas no mercado editorial, construíram catálogos inigualáveis, com obras decisivas para a formação acadêmica e o aperfeiçoamento de várias gerações de profissionais e estudantes, tendo se tornado sinônimo de qualidade e seriedade.

A missão do GEN e dos núcleos de conteúdo que o compõem é prover a melhor informação científica e distribuí-la de maneira flexível e conveniente, a preços justos, gerando benefícios e servindo a autores, docentes, livreiros, funcionários, colaboradores e acionistas.

Nosso comportamento ético incondicional e nossa responsabilidade social e ambiental são reforçados pela natureza educacional de nossa atividade e dão sustentabilidade ao crescimento contínuo e à rentabilidade do grupo.

COLEÇÃO
CONSTITUCIONALISMO
BRASILEIRO

WALDEMAR
MARTINS
FERREIRA

Apresentação
MICHEL
TEMER

2ª
edição

idp

HISTÓRIA DO DIREITO CONSTITUCIONAL BRASILEIRO

- A EDITORA FORENSE se responsabiliza pelos vícios do produto no que concerne à sua edição (impressão e apresentação a fim de possibilitar ao consumidor bem manuseá-lo e lê-lo). Nem a editora nem o autor assumem qualquer responsabilidade por eventuais danos ou perdas a pessoa ou bens, decorrentes do uso da presente obra.
- Nas obras em que há material suplementar *on-line*, o acesso a esse material será disponibilizado somente durante a vigência da respectiva edição. Não obstante, a editora poderá franquear o acesso a ele por mais uma edição.
- Todos os direitos reservados. Nos termos da Lei que resguarda os direitos autorais, é proibida a reprodução total ou parcial de qualquer forma ou por qualquer meio, eletrônico ou mecânico, inclusive através de processos xerográficos, fotocópia e gravação, sem permissão por escrito do autor e do editor.

Impresso no Brasil – *Printed in Brazil*

- Direitos exclusivos para o Brasil na língua portuguesa
Copyright © 2019 by
EDITORA FORENSE LTDA.
Uma editora integrante do GEN | Grupo Editorial Nacional
Travessa do Ouvidor, 11 – Térreo e 6º andar – 20040-040 – Rio de Janeiro – RJ
Tel.: (21) 3543-0770 – Fax: (21) 3543-0896
faleconosco@grupogen.com.br | www.grupogen.com.br

- O titular cuja obra seja fraudulentamente reproduzida, divulgada ou de qualquer forma utilizada poderá requerer a apreensão dos exemplares reproduzidos ou a suspensão da divulgação, sem prejuízo da indenização cabível (art. 102 da Lei n. 9.610, de 19.02.1998). Quem vender, expuser à venda, ocultar, adquirir, distribuir, tiver em depósito ou utilizar obra ou fonograma reproduzidos com fraude, com a finalidade de vender, obter ganho, vantagem, proveito, lucro direto ou indireto, para si ou para outrem, será solidariamente responsável com o contrafator, nos termos dos artigos precedentes, respondendo como contrafatores o importador e o distribuidor em caso de reprodução no exterior (art. 104 da Lei n. 9.610/98).

- Capa: Fabricio Vale

- **CIP – BRASIL. CATALOGAÇÃO NA FONTE.**
SINDICATO NACIONAL DOS EDITORES DE LIVROS, RJ.

F444h
Ferreira, Waldemar Martins

História do Direito Constitucional Brasileiro / Waldemar Martins Ferreira. – 2. ed. – Rio de Janeiro: Forense, 2019.

Inclui bibliografia
ISBN 978-85-309-8226-3

1. Direito constitucional. I. Título.

18-51457

CDU: 342

Vanessa Mafra Xavier Salgado – Bibliotecária – CRB-7/6644

APRESENTAÇÃO

Bela iniciativa a de republicar o extraordinário trabalho que menciona a história constitucional brasileira a partir do Brasil colônia até a Constituição de 1946. Em cada qual das Constituições, a partir da de 1824, passando por 1891, 1934, 1937 e findando com a Constituição de 1946, há uma análise de cada capítulo, com considerações doutrinárias preciosas. Para bem compreendermos o que se passou depois da Constituição de 1946 com os Atos Institucionais nascidos a partir de 1964, consolidados na Constituição de 1967 e, mais ainda, explicitados pela emenda constitucional de 1969, chegamos à Constituição atual, de 5 de outubro de 1988.

A oportunidade da obra se dá não apenas pelo seu conteúdo, mas também pelo fato de estarmos praticamente completando 30 anos da Constituição já mencionada, que criou o Estado brasileiro de 5 de outubro de 1988.

Confesso que, lendo vários de seus capítulos, cabe-me elogiá-la, ressaltando, mais uma vez, o aprendizado que dela usufruem todos os que se dedicam a conhecer o direito constitucional de nosso País. Sinto-me, também, provocado, digamos assim, a fazer uma análise do momento atual do Brasil, partindo precisamente das concepções tratadas nesta magnífica obra.

Antes, no entanto, cabe realçar alguns aspectos da substanciosa descrição feita pelo autor das várias etapas em que se desdobra nosso universo constitucional, desde os primórdios do Império até 1946. Fruto de diligente trabalho de pesquisa, ele nos proporciona uma visão ampla, ao mesmo tempo pormenorizada, do pensamento político brasileiro durante o século XIX e revela os escaninhos das discussões havidas durante o período monárquico que acabaram por ensejar, ao lado da libertação dos escravos, a proclamação da República.

Nota-se o relevo conferido à intensa campanha federalista e às questões decorrentes da discrepância original existente entre a realidade política dos Estados Unidos da América, que inaugurara o sistema federal, e aquilo que provavelmente viria a ocorrer em nosso País, segundo nos relatou Otávio Tarquínio de Souza, em alusão ao pensamento de Evaristo da Veiga: "lá o centripetismo, os Estados, separados, buscando a união, integrando-se; aqui, o centrifugismo, as províncias fundidas, diferenciando-se, de qualquer sorte se separando. E porque temesse o desmembramento, o Brasil retalhado, a separação, só cedia ao 'desejo geral da reforma' com cautelas 'num meio termo entre o governo da América do Norte e os governos especiais europeus".

O autor lembra que o principal programa republicano era o federalismo. "Não se aludia ao regime presidencialista". A preocupação geral era com a forma de Estado – a República – "sem se acentuar que se propendia para o presidencialismo". Assim, o art. 1° do Decreto n° 1, de 15 de novembro de 1889, instaurou, simultaneamente, a República e a Federação, tendo o presidencialismo sido consagrado na Constituição de 1891.

Na verdade, em virtude da pouca experiência com as realidades do federalismo, tal como posto em vigor nos Estados Unidos da América, sua adoção no Brasil passava naturalmente por alguns questionamentos de ordem teórica, como sua possível convivência com o sistema parlamentar, uma vez que as províncias, de súbito transformadas em Estados Federados, passariam a ter um grau de autonomia e governança que poderia não se ajustar à natural instabilidade governativa própria do sistema de gabinete.

Essa questão foi posta pelo autor com os seguintes comentários, entre outros de igual valia: "Desde que... a República surgia com o federalismo de tipo norte-americano, no enxertá-lo no organismo político da nação apresentou-se a necessidade de adotá-lo com o presidencialismo norte-americano, dadas as dificuldades de fundi-lo com o parlamentarismo na vida política e administrativa dos Estados Federados, mercê de sua autonomia. Quebrar-se-ia o espírito de unidade nacional no suceder dos acontecimentos políticos estaduais". E observa: "o problema da forma de governo apresentou-se a Ruy Barbosa... e ele se orientou no sentido presidencialista, que lhe parecia o único côngruo com o federalismo".

Lembra, ainda, que, a despeito de todos os problemas enfrentados pelo presidencialismo no Brasil, tanto na primeira República como após a Revolução de 1930, o sistema vem se mantendo em toda a vida republicana "influenciado pelo preconceito da incompatibilidade do regime parlamentar com a federação", elemento que, por certo, não mais subsiste, em face do sucesso do parlamentarismo em países de estrutura federal.

Todas as percucientes observações trazidas por Waldemar Ferreira se constituem em precioso manancial histórico. Sem dúvida, a interpretação das circunstâncias e dos fatos político-jurídicos que deram origem às modificações constitucionais havidas no Brasil, nestes quase duzentos anos de nossa independência, é elemento indispensável ao entendimento das razões da mesma natureza que nos conduziram até aqui.

Ao debruçar-se sobre a Constituição de 1946, optou por elencar--lhe todos os títulos mais importantes, influenciada pela restauração democrática em nosso País e pelos ares de renovação política espraiados pelo mundo do pós-guerra. Com efeito, sobre a Carta de 1946, o autor tece minudentes considerações, sobretudo no que respeita aos capítulos dedicados aos "direitos sociais" e à intervenção do Estado no domínio econômico. A despeito da diversidade de posturas, os constituintes acabaram por produzir um texto que todos consideraram exemplarmente democrático. Levando em conta a multiplicidade de expectativas, assim se expressa: "Tinham os constituintes brasileiros diante de seus olhos e de seu espírito rebrilhante e imaginária interrogação a que cumpria responder conveniente e sabiamente. Não era, por isso, pequena, nem invulgar, a obra que lhes cumpria satisfazer; e sua complexidade se antolhava maior diante da heterogeneidade programática dos Partidos que os elegeram."

Pois, o mesmo se pode dizer da Assembleia Constituinte de 1987/88, que elaborou a Carta atual. Não estávamos em um pós-guerra, mas o ambiente político em tudo se assemelhava às incertezas esperanças ali experimentadas, em virtude do longo período autoritário que o precedeu.

Como antes mencionado, e decorridos quase 30 anos daqueles eventos, considero oportuno tecer uma análise do momento atual do Brasil, partindo precisamente das concepções tratadas nesta magnífica obra.

Ao fazê-lo, começo por breve palavra sobre a Constituição que criou o atual Estado brasileiro. Sabemos todos que ela é detalhista, pormenorizada. Não é sintética ou simplesmente programática; traz detalhes de cada título nela tratado. Mas isso não prejudica sua aplicação, tendo em vista que conseguiu amalgamar os princípios do direito social com os princípios do direito liberal.

Veja-se o capítulo dos direitos e das garantias individuais, em que se verificam dicções relativas à iniciativa privada, à propriedade aos direitos máximos do indivíduo. Todos eles naturalmente fruto do liberalismo. Por outro lado, em outras passagens, há fortes significações de natureza social. Não só porque abre capítulo especial para os direitos sociais, mas estipula garantias, como o direito à alimentação e o direito à moradia. Isso ajuda muito na solução de eventuais conflitos hermenêuticos, visto que o objetivo central do Direito é precisamente regulamentar as relações sociais, de molde a dar tranquilidade a todos em um âmbito jurídico que se convencionou denominar Estado.

Esses fatos são fundamentais para a compreensão do que ocorre atualmente com as nossas instituições, embora, devo registrar, não exista hoje um fenômeno de rigorosa tripartição do poder. Digo isso porque, ao longo do tempo, ao lado dos poderes Executivo, Legislativo e Judiciário, ganharam grande expressão o Ministério Público, a Polícia Federal e o Tribunal de Contas da União. São órgãos que, ao lado dos três Poderes, também exercem missões significativas no nosso sistema constitucional.

Volto a dizer: a obra do professor Waldemar Ferreira me inspira a recordar também a história do Brasil, especialmente a do constitucionalismo brasileiro. E, nesse particular, registro que temos uma forte tendência centralizadora, como se nota já no Brasil Colônia. Primeiro vieram as Capitanias Hereditárias, depois o governo-geral, que significa centralização. Em seguida, a partir de 1808, a criação do Vice-Reino Unido a Portugal, mais uma fórmula unitária de governo. Logo após a independência, em 1822, verificou-se a confluência de princípios na Constituição de 1824, pois muito próximos estávamos da Declaração da Independência Norte-Americana, de 1776, e da Declaração dos Direitos do Homem e do Cidadão, de 1789.

Esses dois documentos trouxeram uma verdadeira oposição ao Estado Absolutista, ou seja, aquele em que havia uma centralização absoluta do poder na figura do soberano. A Carta de 1891, bastante alterada em 1926, durou até a de 1934.

Logo depois, foi outorgada a Constituição de 10 de novembro de 1937, assumindo, portanto, o governo, de maneira explícita, a centralização absoluta do poder. Após os acontecimentos de 1964 e com o advento do Ato Institucional nº 5, de 1968, o Poder, quase absoluto, estava nas mãos da União na figura do presidente da República. Era quase um retorno ao Estado Absolutista, tamanha a centralização verificada.

Essa fórmula perdurou até 1988, quando foi promulgada a Constituição agora vigente, cabendo ressaltar que, a cada 20, 25 ou 30 anos, surgem problemas institucionais da mais variada natureza em que os agentes públicos e o próprio povo passam a exigir uma espécie de novo Estado, e um novo Estado centralizado, quem sabe mais autoritário. É o que parece acontecer no presente momento em nosso País.

Estas breves considerações, introduzindo e apresentando modestamente a republicação deste trabalho notável, visam a revelar a necessidade de rompermos esse perverso ciclo histórico que exige modificação radical no nosso sistema governativo. Isso gera, como tem gerado naturalmente, instabilidade social e insegurança jurídica, que resulta em maiores problemas internos para todos nós.

Inspirado, como disse, pela obra do eminente professor Waldemar Ferreira, que tratou do presidencialismo nos vários exames das Constituições, até 1946, e especialmente agora quando exerço um governo praticamente semipresidencialista, em face da ampla participação do Congresso Nacional, penso que deveríamos caminhar para um sistema semipresidencialista, ao estilo francês ou português. Regime em que o presidente da República tem forte atuação com competências muito expressivas, mas também dividindo o governo com o Poder Legislativo.

E faço estas considerações muito debatidas com o ministro Gilmar Mendes do STF e muito pensadas também por ele, porque nosso presidencialismo tem gerado constante instabilidade. Veja-se, ao longo do tempo, o número de presidentes renunciantes ou que foram impedidos de governar, criando naturalmente crise institucional preocupante.

No sistema semipresidencialista, poderíamos superar, com maior facilidade, essas crises. Ou seja, se o governo cair, não há traumas institucionais. Simplesmente, é substituído, e segue o governo adiante. Tudo isso, repito, me foi inspirado pela obra extraordinária do eminente professor e historiador Waldemar Ferreira, a qual tenho a honra de, neste momento, apresentar.

Michel Temer

Nota da editora:
Todo o sumário foi mantido conforme publicação original.

HISTÓRIA
DO
DIREITO CONSTITUCIONAL BRASILEIRO

WALDEMAR MARTINS FERREIRA
Professor da Faculdade de Direito da Universidade de São Paulo

HISTÓRIA
DO
DIREITO CONSTITUCIONAL
BRASILEIRO

1954
MAX LIMONAD
EDITOR DE LIVROS DE DIREITO
Rua Quintino Bocaiuva, 191 - 1.º andar
São Paulo - Brasil

PRÓLOGO

ESTA História do Direito Constitucional Brasileiro é o *primeiro volume suplementar da História do Direito Brasileiro — cujo terceiro tomo acaba de publicar-se — em que se reproduzem as preleções dessa disciplina no curso de Doutorado da Faculdade de Direito da Universidade de São Paulo.*

Outros volumes hão de vir se vida e tempo permitirem-no.

Estando aquêle curso a fazer-se paulatina e sistemàticamente, na sequência dos eventos políticos, administrativos, econômicos e sociais que preenchem a história do Brasil desde seus primeiros dias, provocando a legislação adequada, neste e em volumes posteriores se terá o estudo histórico dos diversos ramos do direito brasileiro, no público e no privado.

Inicia-se êsse programa historiando as instituições políticas nacionais desde a independência, que se passa a esboçar, no desígnio mais de sumariá-las do que de estudá-las por miúdo.

São organismos vivos as instituições políticas.

Mesmo as dos países em que predominam as chamadas Constituições rígidas não são estáticas. Padecem do dinamismo da vida dos povos cujos destinos se propõem reger. A lei, seja a constitucional, seja a ordinária, é resultado do labor humano para a continência da conduta do homem; mas como é o homem, cujos atos deve disciplinar, que a aplica, ela sofre os desgastes da própria contingência humana.

Por isso mesmo, sobreexcele o problema da organização política da Nação.   As censuras, que se fizeram aos construtores da Constituição política brasileira de 1891, foram as mais ardidas.   O menos que dêles se disse é que foram idealistas utópicos. Trataram êles da estrutura dos poderes públicos e da atividade administrativa do Estado, em inteira desconformidade com a experiência histórica, com as lições do passado e com as próprias realidades observadas.   Tiveram êles diante dos olhos os tratados estrangeiros.   Embeberam-se da doutrina alienígena.   Não se devem transportar regimes de uns para outros povos.   Cada povo tem o seu direito-costume e não se submete ao direito-lei.   Assim argumentou OLIVEIRA VIANA, *observando que "regimes ou sistemas de conduta política que o nosso povo, por quatro séculos e meio de sua história, nunca praticou; regimes ou sistemas inteiramente fora dos seus hábitos mentais e sociais, inteiramente alheios às linhas habituais do seu comportamento social na vida pública e que, portanto — para que fossem por êle praticados com acêrto e eficiência — seria preciso que êle realizasse uma mudança radical de hábitos, de usos, de formas de conduta, com tôdas as dificuldades que esta mudança importaria".*

Vivendo desde 1500 até 1822 em regime colonial, o povo brasileiro não poderia em hipótese alguma ter criado e praticado nenhum regime ou sistema político que não fôsse o imposto pela metrópole.   Vendo-se na posse de si mesmo e no gôzo do self-government, instituiu o govêrno monárquico hereditário.   Trilhou para o parlamentarismo inglês, sem que a Constituição e até a lei ordinária o houvessem explicitamente admitido.   Depois, entrando o Império no ocaso e ao alvorecer da República, chegou, sob o regime representativo, à federação e ao presidencialismo de moldes norte-americanos.

Não havia, nos dois grandes momentos históricos, tradição política e administrativa a realizar ou a recons-

tituir. Ter-se-ia o autoctonismo apenas na forma federativa, instalada, no Brasil, no sentir de muitos, com o regime das capitanias hereditárias, e que é tese trazida agora ao debate na República Argentina, a contrapor à do seu transplantio para os países da América do Sul.

Diga-se, de passagem, com KENNETH C. WHEARE, *que a concepção moderna do Estado federal sofreu a influência determinante do govêrno dos Estados Unidos da América. Não significa isso que a Constituição de 1787, que estabeleceu e regula tal associação de Estados, a defina como Estado federal. Em verdade, os têrmos "federal" e "federação" não se deparam em nenhum dispositivo da Constituição americana, o que não obstou a que viesse a chamar-se de "Constituição federal". E note-se, com aquêle tratadista, que mesmo a palavra "confederação" só uma vez se encontra na Constituição, mas ainda assim não para dar a natureza da União — no art. 1.º, secção X, quando estabelece que nenhum Estado poderá concluir tratados ou alianças ou entrar a fazer parte de alguma confederação. Tudo isso não tem obstado a que geralmente se considerem os Estados Unidos da América como modêlo de Estado federal e, o que muitos asseveram, como o modêlo mais importante e mais perfeito.*

É evidente que os constituintes norte-americanos não disseram, por palavras, que adotaram ou criaram o sistema federal: mas é inequívoco que realmente o instituíram, sôbre o que não paira dúvida nenhuma, tanto mais quanto o federalismo se lhes apresentou como a solução natural e lógica. De verdade, êles criaram o presidencialismo. Isso, sim; e, A. ESMEIN *o afirmou, foi "une autre grande nouveauté, c'était une république avec un Président". A idéia antiga e tradicional identificava instintivamente a unidade do poder executivo e a monarquia.*

Êsse é o regime político transplantado para o Brasil em 1889, vigorante por tempo maior que o da perdurança do regime parlamentar, para o qual se voltam as aspirações de muitos, na espectativa de dias melhores do que os dias sombrios que se está a viver.

Cumpre, desde logo, resolver se o parlamentarismo se compadece com a federação: eis a objeção até agora não respondida satisfatòriamente. Valerá a pena suprimí-la por bem daquêle? Pode-se dispensar a forma federativa?

Não são poucos os que se comprazem em sustentar que o federalismo está a perder terreno diante dos poderes imensos que, principalmente na ordem econômica, detém a União em detrimento dos Estados; e que, no âmbito financeiro, ainda se entremostram mais amplos e mais profundos. A sucção de recursos, que a União faz, nos Estados, por via dos seus organismos autárquicos, quase que os exaure. A interferência, que ela leva a efeito, por essa maneira, na vida estadual, é contínua e irresistível. Chega-se, mesmo, a asseverar que se, na ordem política, está a prevalecer a Constituição de 1946, na ordem econômica estão a subsistir, e cada dia mais desabusados, os institutos autárquicos criados no regime ditatorial anterior.

Tem-se, atualmente, no Brasil, sustenta-se, ditadura econômica dentro de democracia política.

Eis mais outro motivo pelo qual se enfrenta e se combate o regime presidencial, diante da ineficiência das câmaras no impedir-lhe o desenvolvimento alastrador e envolvente. O presidencialismo está em crise! clama-se no Brasil. O parlamentarismo está em crise! grita-se na França e na Itália. Onde, entretanto, aquêle está a produzir os mais profícuos resultados, é nos Estados Unidos da América. Onde êste é capaz de manter o equilíbrio e a ordem, ainda nos dias mais tristes e nos momentos de maiores aperturas, como o que agora a tortura, é na Inglaterra.

O presidencialismo, nos Estados Unidos, ensejou, desde os primeiros tempos da Constituição de 1787, a *formação de dois grandes partidos, que se têm revezado no poder. A mesma coisa acontece na Inglaterra, de modo que o seu parlamentarismo muitas vêzes secular vem se prestando para o seu engrandecimento e solução de suas dificuldades.*

No Brasil não sucedeu o mesmo: o presidencialismo desatou-se na política dos governadores dos Estados, por carência de partidos políticos. Êstes não puderam formar-se. Ao proclamar-se a República, o partido republicano existia em São Paulo, em Minas Gerais, no Rio Grande do Sul e no Rio de Janeiro. Nos outros Estados existiam patrulhas republicanas. Os dois partidos monarquistas — o liberal e o conservador, diante da situação criada, dissolveram-se; e os seus componentes e chefes, com raras exceções, aderiram ao partido republicano, que então tomou corpo e se instalou nos governos de todos os Estados...

Assim foi até 1930.

Com o êxito do movimento revolucionário de então, mudou-se o sistema eleitoral. Criou-se justiça com competência privativa para o processo das eleições federais, estaduais e municipais, desde o alistamento dos eleitores até ao reconhecimento e posse dos eleitos. Instituiu-se o voto secreto. Caminhou-se para a representação proporcional dos partidos nas assembléias legislativas.

Transmudou-se, com essas salutares providências constitucionais, o panorama da política brasileira. Andou-se de um para outro polo: do partido único — o do govêrno, para o pluralismo partidário. Mais de uma dúzia são os partidos registrados no Tribunal Superior Eleitoral. Quase todos, na proporcionalidade dos votos atribuídos a suas legendas, têm representantes no Congresso Nacional, nas Assembléias Legislativas dos Estados e nas Câmaras Municipais.

A pluralidade partidária poderá, em certo momento, dificultar, mas não impedir o regular funcionamento do govêrno presidencial. O meio mais eficaz de criar óbices ao presidente da República é, certamente, negar-lhe as leis solicitadas por êle, principalmente a orçamentária. A Constituição, porém, preceitua, quanto a esta, que se o orçamento não tiver sido enviado à sanção até 30 de novembro, prorrogar-se-á para o exercício seguinte o que estiver em vigor.

No govêrno parlamentar é diferente: os desentendimentos entre os partidos poderão ocasionar a instabilidade governamental, de um lado; e, de outro, impedir a administração pública de exercitar-se eficientemente por largo trato de tempo. É o que se tem verificado em França e, em menor escala, na Itália, e não acontece na Inglaterra, em que existem apenas dois partidos, um e outro aptos para, em qualquer instante, assumir o govêrno e executar o seu programa. Foi o que ainda há pouco aconteceu com a queda dos trabalhistas e a vitória dos conservadores. Verificada esta, CHURCHILL se viu, quase que automàticamente, retornado ao pôsto de primeiro Ministro, que tanto dignificou durante a última guerra.

Ora, isso não é possivel nos países pluripartidários, em que as negociações para formar-se novo gabinete se prolongam por semanas e quáse que ultrapassam o mês. As consultas sucedem-se. As conversações multiplicam-se. As propostas entrecruzam-se com as contrapropostas e neutralizam-se diante do choque dos interêsses partidários, que não poucas vêzes se sobrepõem ao interêsse nacional.

Diante dos distúrbios verificados na vida política brasileira nos últimos tempos, notadamente em face da decadência dos costumes da vida social e política, reina grande perturbação nos espíritos. Para acalmá-la, não existe mais eficaz remédio que o conhecimento da história, em geral mal estudada e, por isso mesmo, pouco conhecida; e nas lições, senão mesmo nas advertências, do passado.

Não se escreveu neste livro, como se vislumbra no esquema até aqui delineado, história pormenorizada e profunda das instituições constitucionais brasileiras. Nem de tudo se tratou. Mas deu-se relêvo ao que pareceu principal. Por isso, não pensará mal quem entender que nas páginas seguintes se contém simples e modesto ensaio, o que já não é pouco.

São Paulo, ao IV.º Centenário da Cidade, 25 de janeiro de 1954.

PROGRAMA

Capítulo I

A FEDERAÇÃO DAS COLÔNIAS BRITÂNICAS NA AMÉRICA E O SURTO DO PRESIDENCIALISMO.

1. Os descobrimentos e a posse das conquistas 12
2. As primeiras providências para a colonização das descobertas britânicas 20
3. A carta do Mayflower e as primeiras linhas do *self-government* 20
4. A exaustão financeira da Inglaterra e seu reflexo nas colônias da América 23
5. A declaração da independência dos Estados Unidos da América 24
6. A federação das colônias e o govêrno presidencial 24
7. A figura do Presidente dos Estados Unidos da América ... 25
8. A simplicidade do organismo constitucional norte-americano. 28
9. O processo federativo das colônias 29
10. Os poderes privativos do Congresso dos Estados Unidos .. 31
11. A competência e os poderes dos Estados 32
12. A separação dos poderes e a forma democrática do govêrno dos Estados Unidos 33
13. Os poderes constitucionais do Presidente dos Estados Unidos. 35
14. A originalidade do sistema político norte-americano 36

Capítulo II

O TRANSPLANTIO DA CÔRTE PORTUGUÊSA PARA O BRASIL E A EREÇÃO DA COLÔNIA EM REINO.

15. O influxo da independência dos Estados Unidos no espírito nativista dos brasileiros 37
16. A invasão de Portugal pelo exército napoleônico e a vinda da Côrte Portuguêsa para o Brasil 38
17. O govêrno metropolitano do Brasil e a elevação da colônia a Reino 40
18. O retôrno da Côrte Portuguêsa a Lisboa 41

Capítulo III

A ORGANIZAÇÃO POLÍTICA DO IMPÉRIO DO BRASIL

19. Os pródromos da independência do Brasil 43
20. O Império do Brasil 43

21. O Estado unitário na monarquia constitucional e representativa 44
22. O exercício pelo Imperador do poder moderador e do poder executivo 46
23. A natureza do regime político instituído pela Constituição 47
24. A abdicação de D. Pedro I, a menoridade de D. Pedro II e as tentativas de reforma da Constituição 52
25. O Ato Adicional 53
26. A criação do cargo de Presidente do Conselho e o govêrno de Gabinete 56
27. A exacerbação do poder moderador e o declínio do Império 59

Capítulo IV

A CAMPANHA FEDERALISTA E A PROCLAMAÇÃO DA REPÚBLICA.

28. A descentralização no programa do partido liberal-radical 61
29. O desfraldamento da bandeira federalista pelo partido republicano 62
30. A campanha federalista e a instituição do presidencialismo 66

Capítulo V

A CONFIGURAÇÃO FEDERAL DA NAÇÃO.

31. Os caminhos do federalismo brasileiro 70
32. A competência da União 72
33. O organismo político e administrativo dos Estados 74
34. A autonomia dos Municípios 75
35. O Distrito Federal e os Territórios 80
36. Os círculos concêntricos de competência do federalismo 80
37. A investidura dos poderes e o regime representativo...... 81

Capítulo VI

O PRESIDENCIALISMO NO BRASIL.

38. O presidencialismo como efeito de parada do regime parlamentar 82
39. O implante da fórmula norte-americana e suas variantes 84
40. A representação do povo e dos Estados no Congresso Nacional 86
41. A harmonia e independência dos órgãos da soberania nacional 87
42. O comparecimento dos ministros às sessões do Congresso Nacional 90
43. A coordenação dos poderes na Constituição de 1934 92

Capítulo VII

A DEFORMAÇÃO DEMOCRÁTICA PELA CARTA DE 1937.

44. A expressão popular nos textos constitucionais e as cartas outorgadas 100
45. A outorga pelos príncipes de cartas constitucionais 101
46. A ereção do presidente da República em chefe supremo do Estado 102
47. O bi-cameralismo do Parlamento Nacional 104
48. A faculdade dissolutiva da Câmara dos Deputados pelo presidente da República 105
49. O tecnicismo administrativo e o Conselho de Economia Nacional 106
50. A irrealização do organismo político plasmado na carta de 1937 108

SECÇÃO I

O anti-judiciarismo do regime.

51. A inapreciação judiciária dos atos do govêrno 112
52. A declaração judicial da inconstitucionalidade das leis 112

SECÇÃO II

A justiça especial para o processo e julgamento dos crimes políticos.

53. As condições de exercício do direito de manifestar o pensamento 114
54. O tribunal especial para o processo e julgamento dos crimes contra a defesa do Estado 115
55. O fechamento de grande órgão do jornalismo brasileiro ... 120
56. O resultado do inquérito e a denúncia 126
57. O simulacro de conspiração e seu objetivo 128
58. A nulidade do processo e da sentença condenatória 141
59. A ausência dos acusados por banidos do país 144
60. A falta de citação dos acusados e o prosseguimento do processo 146
61. A possibilidade da citação dos acusados, não soltos, nem presos 147
62. A necessidade da citação de acusado de paradeiro conhecido 148
63. A injustiça e inexeqüibilidade da sentença condenatória ... 151
64. A missão punitiva dos tribunais políticos 152
65. A transitoriedade dos regimes totalitários 153
66. O ambiente social e as causas ocasionais do crime 154
67. A impunidade pelos atos posteriormente havidos por lei como não criminosos 156
68. A inaplicabilidade das leis excepcionais 159
69. A eficácia das leis outorgadas por ditadores 160

70. A impotência da lei ditatorial na detença da campanha democrática 161
71. A revogação da lei penal e seus efeitos sôbre a sentença condenatória 162
72. A autoridade da lei pelo assentimento geral dos cidadãos 163
73. A cabida do recurso para a suspensão da coação ilegal 164

Capítulo VIII

A RESTAURAÇÃO DEMOCRATICA PELA CONS-TITUIÇÃO DE 1946.

74. O desmoronamento do regime ditatorial implantado em 1937 165
75. A convocação da Assembléia Nacional Constituinte 166
76. O entrechoque das correntes partidárias nos labores cons-titucionais 167
77. A dogmática das Constituições rígidas e a superlegalidade de seus textos 169
78. A declaração dos direitos individuais e dos direitos sociais 170
79. O amparo à produção e a proteção do trabalhador 172
80. A ordem econômica e social 174
81. O reconhecimento constitucional do direito de greve 175
82. A participação dos trabalhadores nos lucros das emprêsas. 176
83. A associação de empregados e empregadores 177
84. O repouso semanal remunerado 179
85. A convenção coletiva do trabalho e a solução judiciária dos dessídios entre empregados e empregadores 179
86. A dignificação do trabalho pelas Constituições e pelas Encíclicas 182
87. A interferência do Estado na ordem econômica 184
88. As restrições ao direito de propriedade 186
89. A repressão por lei ordinária de qualquer forma de poderio econômico 190
90. Os crimes contra a economia popular, sua guarda e emprêgo. 191
91. A contenção pela lei dos trustes e cartéis 193
92. A exploração industrial das minas e demais riquezas do subsolo 199
93. A isonomia de brasileiros e estrangeiros residentes no país e a política imigratória 201
94. O ciclo da economia liberal e da economia dirigida 201
95. O alargamento da atividade social e seu extravasamento .. 203
96. A política do arbitramento nos conflitos internacionais 204

SECÇÃO I

O poder executivo.

97. O chefe eletivo da Nação 206
98. As atribuições políticas e governamentais do poder executivo 208
99. A iniciativa governamental das leis 213

HISTÓRIA DO DIREITO CONSTITUCIONAL BRASILEIRO 17

100. Os ministros de Estado em face do regime 217
101. A descentralização, por cissiparidade, dos serviços públicos 220
102. O regime financeiro das autarquias e o seu contrôlo pelo
Tribunal de Contas 225
103. O poderio econômico do poder executivo 236

SECÇÃO II

O poder legislativo.

104. O sistema bi-cameral do Congresso Nacional 240
105. As condições de elegibilidade, investidura, perda e cassação
do mandato legislativo 246
106. Os partidos políticos nacionais na eleição e funcionamento
das câmaras legislativas 254
107. As atribuições do Congresso Nacional 279
108. As atribuições privativas do Senado Federal 280
109. As comissões especiais de inquérito 285

SECÇÃO III

O poder judiciário.

110. O organismo judiciário nacional 323
111. As garantias constitucionais dos membros do poder judiciário. 325
112. A linha termeira da atividade dos juízes 326
113. O poder judiciário entre os poderes políticos da Nação 326

§ 1.º

A JUSTIÇA DOS ESTADOS

114. O federalismo e a dualidade de justiça 327
115. A unificação da justiça de primeira instância e a competência
legislativa dos Estados 328
116. O organismo judiciário dos Estados 330
117. A variedade de composição numérica e divisional dos
Tribunais de Justiça 331
118. Os casos de recursos para os tribunais federais 333
119. O recurso extraordinário das decisões da justiça estadual
em única ou em última instância 334
120. A pluralidade dos tribunais estaduais e a uniformização da
jurisprudência 335

§ 2.º

A JUSTIÇA DO TRABALHO

121. Os dissídios individuais e coletivos entre empregados e empregadores e a Justiça do Trabalho 336

HISTÓRIA DO DIREITO CONSTITUCIONAL BRASILEIRO

122. Os órgãos da Justiça do Trabalho 336
123. Os postulados constitucionais da legislação do trabalho e da previdência social 337
124. A organização paritária dos tribunais trabalhistas 338
125. O recurso extraordinário das decisões da Justiça do Trabalho 339

§ 3.º

A JUSTIÇA ELEITORAL

126. A organização da justiça eleitoral e a matéria de sua competência 340
127. Os órgãos da justiça eleitoral 341
128. A matéria da privativa competência do Tribunal Tribunal Eleitoral 342
129. Os recursos ordinário e extraordinário das decisões dos tribunais eleitorais 344

§ 4.º

A JUSTIÇA MILITAR

130. O processo e julgamento por justiça especial dos crimes militares 344
131. Os órgãos da justiça militar 345
132. A organização dos Conselhos de Justiça 346
133. A composição e o âmbito jurisdicional do Superior Tribunal Militar 346

§ 5.º

O TRIBUNAL FEDERAL DE RECURSOS

134. A criação de tribunal especial para desafogamento do Supremo Tribunal Federal 347
135. A segunda instância para as causas do interêsse da União 347
136. A estrutura do Tribunal Federal de Recursos e sua competência jurisdicional 348

§ 6.º

O SUPREMO TRIBUNAL FEDERAL

137. A composição do Supremo Tribunal Federal 349
138. A competência originária do Supremo Tribunal Federal 349
139. O papel jurisdicional e político do mais alto tribunal do país 350

Capítulo I

A FEDERAÇÃO DAS COLÔNIAS BRITÂNICAS NA AMÉRICA E O SURTO DO PRESIDENCIALISMO.

Os descobrimentos e a posse das conquistas.

1. Na época, que foi a dos descobrimentos, os navegantes europeus que realizaram os das terras americanas, primeiro ao norte, ao sul depois, sem perda de contemporaneidade, delas se apossaram, fundados no seu direito "de descoberta", que a Bula *Inter Coetera* de S. Santidade o Papa Alexandre VI, de 4 de maio de 1493, reconheceu e outorgou aos reis de Espanha sôbre as ilhas do Novo Mundo, descobertas ou a descobrir, "para a propagação da fé cristã".

O feito de Cristóvão Colombo não produziu o sucesso a que fazia jus, por sua importância imensa: os olhos de todo o mundo, na Europa, voltavam-se para o Oriente e tôdas as cobiças objetivavam-se nas Indias fabulosas e cheias de mistério.

Pondo nas mãos de John Cabot, em 1497, alguns dinheiros, Henrique III, Rei da Inglaterra, como que o fêz para livrar-se da insistência do navegante, sem que, todavia, lhe atribuísse a missão de, em seu nome, ocupar tôdas as terras, que descobrisse e se não encontrassem em poder de nenhuma outra nação cristã. A descoberta, naquele mesmo ano, pelo navegador famoso, das terras que se chamaram de Terra Nova, não repercutiu no Reino Unido com a intensidade emocional que o acontecimento deveria ter provocado. Enquanto os Reis de Portugal e de Espanha procuravam, de acôrdo com as circunstâncias e na medida de seus recursos, tomar posse das terras por seus navegantes descobertas no sul e no centro do novo continente, a Inglaterra mal cuidou de seus descobrimentos.

As primeiras providências para a colonização das descobertas britânicas.

2. Com a subida ao trono da Rainha ELISABETH, em 1558, foi que a nação britânica, de poucas terras, mas de grandes ambições, tomou as primeiras providências para a colonização das que por seu direito de descoberta lhe pertenciam, ao norte do novo continente. Foi então que, graças aos esforços de Sir WALTER RALEIGH, os primeiros colonos se instalaram na ilha de Roanoke, próxima ao litoral que agora é a Carolina do Norte, fundando a colônia que seria a da Virginia, e tiveram de regressar feridos pelo infortúnio; mas as sementes tinham sido lançadas.

Havia, necessàriamente, êsse acontecimento de aguçar o espírito mercantilista dos inglêses, tanto que grupos de interessados em ganhar dinheiro organizaram duas companhias — a London e a Plymouth. A iniciativa prosperou. As companhias lograram êxito e seus organizadores levantaram o dinheiro de seu capital, lançando os seus títulos ao público. Postas em ponto de agir, só uma delas — a Plymouth, conseguiu sucesso. Instalou numa ilha do rio, que James se chamou, em homenagem ao Rei da Inglaterra, a colônia que foi a de Jamestown, célula inicial da civilização inglêsa na América do Norte.

Ampliaram-se e recrudesceram as dificuldades e empecilhos da colonização, ao mesmo tempo que as lutas religiosas de 1606 impeliram os separatistas dissidentes da Igreja Anglicana a transpor o oceano, depois de entendimentos com a Companhia London. Os peregrinos, partidos a bordo do *Mayflower,* chegaram, em 1620, à America, saltando nas praias da baía do cabo Cod, em Plymouth.

A carta do Mayflower e as primeiras linhas do self-government.

3. Antes do desembarque, porém, peregrinos e representantes da companhia, reunidos em camarote daquele barco, redigiram e assinaram documento precioso, comprometendo-se a formar govêrno próprio, que se orientasse por dispositivos regulamentares ditados para o bem comum.

Assim, "os peregrinos do *Mayflower* não invocaram a Carta Régia que lhes servisse de norma, mas o seu próprio Pacto do Mayflower, considerado a primeira constituição escrita do mundo. Depois de jurarem todos manter a ordem legal instituída, os peregrinos começaram a construir seus lares, em meio às experiências comuns a todos os pioneiros na história dos Estados Unidos".[1]

Lançaram-se dessarte as primeiras linhas do *self-government,* ou seja da autonomia governamental, sem que, todavia, não se houvessem como não pertencentes à comunidade britânica. As cartas, por fôrça das quais outros agrupamentos coloniais se fizeram, expedidas em nome de S. Majestade Britânica, explìcitamente estabeleciam que todos que nas colônias da Nova Inglaterra residissem, como os seus filhos, se considerariam súditos do Rei, ao mesmo título que os inglêses nascidos na Inglaterra, de molde a gozarem das imunidades e privilégios dêle decorrentes.

Êsse sentimento autonomista, tão peculiar aos povos componentes da unidade britânica, externado em terra fértil antes mesmo que os colonizadores nela houvessem posto as plantas de seus pés, não se desvaneceu, antes adquiriu consistência, à medida que outros colonos e peregrinos foram transpondo os mares a fim de localizarem-se na América. Cada agrupamento humano em aldêia, em vila ou em cidade por êle se norteou, assentando os seus foros de legitimidade na angústia e nos sofrimentos que todos padeceram para o bem comum. Os governos locais, alargando-se na medida em que as lavouras foram tomando lugar à mata bravia, deram a governados a confiança em si mesmos, todos convictos de sua própria capacidade administrativa. Alguns, que mais se fortaleceram pelo maior conglomerado humano, naqueles povoados abertos com audácia indômita, entraram a agitar--se, assim no comércio recíproco, de ordem interna, como nas próprias relações com o mundo exterior, a metrópole inclusive, com o desembaraço e a fisionomia de Estados, ainda que embrionários.

1. ROY F. NICHOLS, WILLIAM C. BAGLEY & CHARLES A. BEARD, *Os Estados Unidos de Ontem e de Hoje,* da Companhia Editora Nacional (1944), pág. 7.

Não se estatuiu sistema predeterminado em razão do qual as diversas colônias se submetessem a um mesmo regime nas suas relações com a Coroa da Inglaterra, pela circunstância de nem tôdas se haverem localizado nem instalado pelo mesmo paradigma e subordinado às mesmas regras. Dominava a variedade administrativa. New-Hampshire, New York, New-Jersey, Virginia, as duas Carolinas e a Georgia ostentavam aspectos de províncias, diretamente subordinadas ao Rei. Governadas por delegados reais, êstes mantinham nela justiça e exército e podiam instituir câmaras legislativas entre os proprietarios do solo, mesmo câmara alta, e dissolvê-las. Dependiam as leis locais da sanção real antes de promulgadas. Três de entre elas (à semelhança das capitanias hereditárias do Brasil), Maryland, Pennsylvania e Delaware, administravam-se por donatários dos direitos e privilégios reais. Tiveram Connecticut, Rhode-Island, Massachussets cartas reais, por via das quais se governavam mais democràticamente, por via de delegados eleitos. Primava em tudo e por tudo a política de auto-determinação, que dava a consciência de serem homens livres na terra livre.

Aconteceu isso, bem o observou ELLIS STEVENS, porque os inglêses da época de ELISABETH e de JACQUES I possuiam em comum certo fundo de idéias políticas. Havia consonância nos espíritos relativamente à maneira de conceber certos princípios, dos quais eram os principais: 1.º, um só chefe do poder executivo; 2.º, um corpo legislativo composto de duas câmaras: a câmara alta conservadora e a câmara baixa, representante direta do conjunto do povo; 3.º, um poder judiciário distinto.[2]

Enquanto as colônias inglêsas, sob a égide dêsses princípios, lograram desenvolver-se e prosperar, exatamente porque êles prevaleciam, não se sentia a preponderância do govêrno britânico, tanto mais quanto êste andava às voltas com as suas próprias dificuldades na Europa, perturbada por convulsões de tôda a natureza, que de certo modo encontraram têrmo no Tratado de Paris, de 1763.

---

2. C. ELLIS STEVENS, *Les Sources de la Constitution des États-Unis*, trad. de Lous Vossion, ed. Guillaumin & Cie. (Paris. 1897), pág. 9.

A exaustão financeira da Inglaterra e seu reflexo nas colônias da América.

1. Estava, então, exausta a Grã-Bretanha, em sérias dificuldades financeiras. Foi quando ela iniciou nova política financeira, assentada nos rendimentos de suas colônias da América, de molde a que todos os lucros revertessem para os comerciantes inglêses. Comprariam êstes produtos e matérias primas dos agricultores americanos, peles dos caçadores e madeiras dos madeireiros; e todos seriam obrigados a adquirir dos inglêses os produtos manufaturados, afastados os estrangeiros do intercâmbio comercial. Ao mesmo passo, preparava-se a Inglaterra para o domínio dos mares. Inúmeras leis nesse sentido e com êsse objetivo votou o Parlamento, provocando irritação e rebeldia por parte dos colonos britânicos. Impostos vários se decretaram, entre os quais o de sêlo, que levantou as colônias uníssonas no seu protesto. O movimento alastrou-se, culminando na reunião de delegados de nove colônias no famoso Congresso do Impôsto do Sêlo, que se reuniu, em outubro de 1765, na cidade de New York, e repercutiu fundamente na Inglaterra, a tal ponto que o Parlamento se decidiu a revogar a lei impopular.

Não importou isso todavia em mudança da política financeira, que prosseguiu na sua marcha, ao compasso das diretrizes traçadas por WILLIAM PITT, ao qual — e proclamou-o no Parlamento — parecia indispensável controlar o comércio dos colonos, limitar suas indústrias e exercer sôbre êles todo o poder necessário, exceto o de "arrancar dinheiro de seus bolsos sem o seu consentimento". Seguiu-se essa política. Leis inúmeras votaram-se no Parlamento e o govêrno de Sua Majestade se sentiu na contingência de usar da fôrça a fim de assegurar a execução do programa financeiro. Provocou isso reação intensa e geral em tôdas as colônias, vindo afinal a explodir em Boston, em 1770. Acendeu-se então o estopim da Revolução.

Apertaram-se os cordéis e as colônias, menos a da Georgia, celebraram em Filadelfia o seu Congresso Continental, de protesto e, a um tempo, de declaração dos direitos dos colonos em face da atitude metropolitana.

E veio a insurreição.

A declaração da independência dos Estados Unidos da América.

5. Quando, em 1783, as colônias britânicas da América do Norte, ao cabo de seu movimento insurreicional, assinaram o tratado de paz com a Inglaterra, constituiram-se em nação independente, senhora de vastos territórios e de futuro mais vasto ainda. Reuniram-se no anseio de confederarem-se sob a legenda comum de Estados Unidos da América — a diversidade territorial em busca da unidade política. Reunindo-se, cuidaram logo de estabelecer pacto escrito, exprimindo o seu propósito de aglutinarem-se para sua defesa interna e projeção no exterior, conservando todavia cada colônia a sua suposta soberania, forma exacerbada de sua auto-determinação, e os direitos próprios não explìcitamente outorgados à confederação. Firmaram liga de amizade para melhor defenderem-se mùtuamente, assegurando suas liberdades e o bem estar geral, obrigando-se a defesa recíproca contra todo e qualquer ataque a uma ou outra das colônias confederadas por motivo de religião, de comércio, de soberania ou por qualquer outra causa.

Cristalizaram-se seus propósitos e objetivos em apenas vinte artigos em que fundiram seu destino, até que a jornada emancipadora, na Convenção de Filadélfia, encontrou têrmo e forma definitiva — a Constituição.

A federação das colônias e o govêrno presidencial.

6. O problema de maior envergadura, que então se apresentou aos construtores da nação que surgia, foi o de pôr em justo equilíbrio o preconceito autonômico das colônias independentes, que se confederavam, sob a cúpula de govêrno que o mantivesse, fortalecido pelo consenso de tôdas elas, em benefício comum. Atendeu-se ao autonomismo das colônias com o federalismo e com o princípio da igualdade política dos Estados em que elas se transformariam por via do bicameralismo, sugerido por Benjamin Franklin no binômio da representação proporcional na Câmara e da representação igual no Senado.

Se, quanto ao sistema de govêrno da União, houve os que, como ALEXANDRE HAMILTON, propenderam por que se transplantasse o regime britânico, que asseverava ser o melhor do mundo, pondo em dúvida que na América se pudesse fazer coisa melhor, embora reclamasse um governador e não um rei — a Convenção, na sua sabedoria, soube encontrar fórmula original, fugindo dos governos colegiados e caminhando para govêrno unitário e transitório. Surgiu o presidencialismo. Estabelecidos os três poderes da soberania nacional, autônomos, independentes, mas harmônicos, devolveu-se o poder executivo ao Presidente dos Estados Unidos, eleito por quatro anos, mas reelegível, responsável diretamente para com a nação, servido por auxiliares de sua imediata confiança — secretários de Estado, que constituem a sua "familia social". Todo o poder estatal, na ordem executiva, passou para o Presidente. Tôdas as responsabilidades sôbre êle recairiam.

A figura do Presidente dos Estados Unidos da América.

7. Não faltaram tratadistas que apregoassem as origens britânicas da figura do Presidente dos Estados Unidos da América. Entre êles, HENRI SUMMER MAINE, nos seus *Essais sur le gouvernement populaire*. Os convencionais americanos, salientou o tratadista, obedeceram a operação mental, que assim se desenvolveu: "êles tomaram o rei da Grã-Bretanha. Passaram em revista os seus poderes. Restringiram-nos em todos os casos em que lhes pareceram excessivos ou mal apropriados às circunstâncias dos Estados Unidos. É de notar que o protótipo que tinham diante dos olhos não era qualquer rei inglês, tomado em geral, monarca constitucional abstrato, como que imagem antecipada da rainha VITÓRIA. Não; foi GEORGE III, êle próprio, que êles tomaram por modêlo. Cinqüenta anos mais cedo ou cinquenta anos mais tarde, teriam visto o soberano da Inglaterra por prisma inteiramente diferente; mas, em 1787 o original do presidente dos Estados Unidos foi, evidentemente, o rei, concluindo tratados e exercendo influência ativa e direta sôbre o govêrno executivo. Insistiu BAGEHOT nêsse ponto. O grande fato, no sistema político inglês, posto à margem, foi o do govêrno da Inglaterra por comissão do Parlamento, com o nome de Gabinete. Ora, foi exatamente a êsse método de govêrno a que GEORGE III se recusou submeter-se; e os autores da Constituição americana admitiram, no concernente às funções reais, o modo de ver de GEORGE III. Êles deram ao presidente o poder executivo por inteiro. Não permitiram a seus ministros nenhuma cadeira. Nem a palavra, em qualquer das duas casas do Parlamento. Limitaram seus poderes, não por algum meio relevante das doutrinas constitucionais modernas, mas adstringindo a quatro anos o prazo de suas funções. Se HAMILTON tivesse vivido cem anos mais tarde, sua comparação do presidente com o rei teria sido muito diferente: teria admitido certamente que o funcionário republicano era o mais poderoso dos dois".[3]

Essa linguagem, posto lhe parecesse muito viva, antolhou-se a ELLIS STEVENS essencialmente verdadeira. Mas não foi a de que se serviu ALEXANDRE HAMILTON no *Federalist*. Repeliu êste a idéia de que executivo enérgico fôsse incompatível com o gênio do govêrno republicano. A energia, no executivo, é o principal caráter do bom govêrno. Executivo fraco significa govêrno amorfo ou incolor. O que lhes dá energia é, em primeiro lugar, a sua unidade; e, em segundo, a sua duração. Em terceiro lugar, os meios suficientes de prover a suas despesas. Por último, os poderes suficientes. Os meios, que contribuem para dar segurança ao govêrno republicano, são, dum lado, dependência razoável do povo; e, de outro, responsabilidade perante o próprio povo".

E acrescentou:

"Os politicos e homens de Estado, que são os mais reputados pela beleza de seus princípios e a justeza de suas vistas, pronunciam-se em favor de executivo único e de legislatura numerosa. Com muita razão, consideraram a energia a qualidade mais necessária ao executivo e acreditaram que o melhor meio de assegurá-lo seria colocar o poder nas mãos de um só; e entenderam que legislatura numerosa seria mais adequada para a deliberação e a

---

3. C. ELLIS STEVENS, *Les Sources de la Constitution des États-Unis*, trad. de Louis Vossion, ed. Guillaumin & Cie. (Paris, 1897), pág. 179.

sabedoria e que isso seria melhor para obter a confiança do povo e zelar por seus privilégios e por seus interêsses.

"Que da unidade decorre a energia é incontestável. A decisão, a atividade, o segrêdo e a diligência caracterizam as operações de um homem só, em grau mais alto do que as emanentes do maior número; e tais qualidades diminuem à medida que o número aumenta".[4]

Não pairou na mente dos constituintes a figura de déspota ou de ditador, quase sempre o remédio derradeiro dos descrentes na sua capacidade de ação e de reação nos momentos difíceis de todos os povos; ou, no incisivo conceito de MONTESQUIEU, o remédio extremo dos males extremos. Não foi dêsse naipe o perfil que mentalmente traçaram, senão o de chefe lúcido e vivaz, que ficasse ao alto do govêrno da nação, alerta como timoneiro, apto para evitar os escolhos e daquela altura dar a voz de comando na paz e na guerra. Eleito, pelo consenso da maioria dos cidadãos, a prazo curto e determinado, êle próprio, por seus atributos pessoais e qualidades de chefe e de administrador, daria a seus governados, ao têrmo de seu mandato, a alternativa de conservá-lo ou de substituí-lo, ademais de suspendê-lo de suas funções governamentais quando com elas se mostrasse incompatível. Para isto, criou-se o *impeachement,* arma poderosa de que nunca ou raramente se serviriam. De qualquer modo, o povo é que diria a sua palavra, no decorrer de seu destino, para a escolha do presidente dos Estados Unidos da América, em quatriênios sucessivos.

Criou-se, dessarte, na história política do mundo, sistema original, sem precedentes. Quaisquer que, recentemente observou HAROLD LASKI, tivessem sido as intenções dos fundadores da nação norte-americana, êles fundiram figura de chefe de Estado de que antes não se cogitara: "inexiste instituição estrangeira que possa ser equiparada à esquisitamente americana da Presidência, porque nenhuma se lhe pode equiparar. O presidente dos Estados Unidos é mais e é menos que um rei; mas também é mais e é menos que um primeiro ministro. Quanto mais se es-

---

4. A. HAMILTON, J. RAY & J. MADISON, *Le Federaliste (Commentaire de la Constitution des États-Unis)*, Paris, 1902, ed. Gerard & Brière, n.º LXX, pág. 582.

tuda o seu ofício, mais se revela o seu caráter único. Temos o direito de criticar os resultados da obra dêsse ofício, e, particularmente, comparar êsses resultados com as consequências da obra dos outros regimes. Mas devemos persuadir-nos de que o transplantio dos métodos de outros países para o solo americano poderia produzir, com tôda a humana probabilidade, resultados diversíssimos dos que os seus instituidores estavam inclinados a prever; de resto, o sistema parlamentar britânico mostrou-se diverso em cada Estado que o adotou, do mesmo modo que o federalismo americano sofreu mutações decisivas nas suas implantações em outros climas".[5]

Mais do que tudo, livres do influxo de doutrinas e teorias de tais ou quais pensadores, a sabedoria política e as circunstâncias do tempo e da ambiência levaram os descendentes dos criadores do parlamentarismo na Europa a conceber, instituir e realizar o presidencialismo na América, aquêle peculiar aos Estados unitários e êste adequado aos Estados federais — as duas grandes criações políticas dos tempos modernos.

A simplicidade do organismo constitucional norte-americano.

8. Foram homens modestos, cultivadores do solo ou descendentes dêles, os que engendraram o organismo político dos Estados Unidos da América. Daí a simplicidade funcional do aparelhamento que puseram em ação para a mantença do equilíbrio das aspirações das várias colônias, dispostas a unirem-se para o bem comum, mas mantendo, a todo transe, sua autonomia política e administrativa, dentro de suas lindes territoriais. Seria êsse o ponto de cristalização, que não podia ficar inatingido, nem ser superado.

As colônias dispunham-se a federarem-se em sistema político, tangenciando-se como células do mesmo tecido, dotadas de movimento de rotação por fôrça própria, de

---

5. A. HAMILTON, J. RAY & J. MADISON, *Le Federaliste (Commentaire de la Constitution des États-Unis)*, Paris, 1902, ed. Gerard & Brière, n.º LXX, pág. 582.

molde a gerarem, pela convergência de suas fôrças, fôrça maior, que sôbre elas mais poderosamente refluísse, projetando-se ademais sôbre o mundo exterior, preservando e assegurando a integridade do organismo, assim na ordem interna, quanto na externa, na harmonia das esferas.

Dentro dos Estados Unidos da América, como pessoa jurídica de direito público externo, se integrariam as várias colônias, unidades harmônicamente ajustadas, como Estados, pessoas jurídicas de direito público interno — as autonomias locais a transfundirem-se na soberania nacional.

Foram essas as aspirações dominantes no espírito dos que as reduziram a forma escrita na Constituição de 1787. Tinham, então, chegado os antigos colonos britânicos ao ponto em que a PROUDHON pareceu adequado para a instituição do sistema federativo.

O processo federativo das colônias.

9. Durante, doutrinou o velho pensador, "durante longos séculos a idéia de federação parecia vetada e mantida em reserva: a causa dêsse retardamento estava na incapacidade original das nações e na necessidade de formá-las por efeito de forte disciplina. Ora, tal é o papel que, por uma espécie de conselho soberano, parece ter sido devolvido ao sistema unitário.

"É preciso domar, fixar as multidões errantes, indisciplinadas e grosseiras; agrupar as cidades isoladas e hostis: fundar, pouco a pouco, a autoridade, direito comum, e editar, sob a forma de decretos imperiais, as leis gerais da humanidade. Não se poderia de outra maneira imaginar o sentido das grandes criações políticas da antiguidade, a que sucederam, no curso dos eventos, os impérios dos gregos, dos romanos, dos francos, da igreja cristã, a revolta de LUTERO e, finalmente, a revolução francesa.

"A federação não podia preencher essa missão educadora, pois que ela é a liberdade; porque ela exclui a idéia do contrato sinalagmático, comutativo e limitado, e seu escopo é o de garantir o realce da autonomia aos povos que ela une, precisamente aos que teriam de ser subjugados, no pressuposto de que fôssem aptos de governarem-se por si mesmos e pela razão".[6]

Não se realizou diversamente o processo federativo dos Estados Unidos da América. Os povos, que formavam as diversas colônias que nêles se convolaram, provindos da mesma cêpa racial e animados de espírito comum no concernente aos seus princípios políticos, levados pela fôrça dos acontecimentos, tiveram que entender-se, por via de seus representantes, em convenções e em congressos em que se assentaram medidas propícias aos seus interêsses comuns; e pode-se dizer que foram celebrando contratos sinalagmáticos, desde o Pacto do Mayflower, em que articularam normas atinentes às suas condições de vida e desenvolvimento, que teriam de colocar-se sob o paládio do Estado a fim de garantir-se sua eficácia por via de sua fôrça coercitiva.

Precioso é, a tal respeito, o testemunho de WOODROW WILSON, ao salientar que as antigas colônias formaram, no comêço, confederação de pequenas unidades que gradualmente se foi convertendo em coligação virtual; e, finalmente, as cidades absorvidas não constituíram mais do que partes subordinadas das unidades coloniais novas e mais importantes que se reuniram em congressos continentais. Entre essas unidades consideráveis, êsses Estados coloniais chegados a pleno crescimento, a união se fez nitidamente federal: ela acarretava concessões e derivava de contratos. A união foi o fato duma associação inteiramente voluntária, o que não foi o caso dos reinos saxões.[7]

Federando-se, as colônias conservaram-se tais quais eram, pois que muito mais mantiveram do que dispuseram em seu benefício comum, preservando cada qual sua integridade física e sua liberdade em matéria de govêrno. Bem o esclareceu a Côrte Suprema em julgado famoso. "Em grande número de artigos da Constituição, a existência necessária dos Estados e a independência de sua autoridade ficaram nitidamente reconhecidas no tanto

---

6. P. J. PROUDHON, *Du Principe Féderatif,* ed. Flammarion (Paris), pág. 60.

7. WOODROW WILSON, *L'État. Éléments d'Histoire & de Pratique Politique,* ed. V. Giard & E. Briere, vol. II (Paris, 1902), pág. 176, n. 1061.

quanto esta se manteve nos limites de suas atribuições constitucionais. Confiou-se aos Estados a inteira administração interna; e aos cidadãos nêles domiciliados se reservaram todos os poderes que formalmente não se delegaram ao govêrno nacional". Assim se assentou no caso County of Lane vs. The State of Oregon. E é o que, realmente, resulta da teoria e da prática dos dispositivos constitucionais.

Os poderes privativos do Congresso dos Estados Unidos.

10. Atribui a Constituição ao Congresso dos Estados Unidos, composto de Senado e da Câmara dos Representantes, todos os poderes legislativos, que nela se enumeram. O de estabelecer e cobrar taxas, direitos, impostos e tributos de consumo. O de pagar as dívidas dos Estados Unidos, assegurando sua defesa comum e velando da melhor maneira por seu interêsse, observado o princípio da uniformidade em todo o território dos Estados Unidos. O de regulamentar o comércio com as nações estrangeiras e com as tribos indianas. O de decretar normas uniformes de naturalização e, em todo o país, leis uniformes em matéria de falência. O de emitir moeda, fixando-lhe o valor assim como o das moedas estrangeiras, estabelecendo o padrão de pesos e medidas. O de punir os contraventores dos títulos públicos ou falsificadores de moeda corrente no país. O de estabelecer agências e vias postais. O de fomentar o progresso das ciências e das artes úteis, assegurando, por período limitado, aos autores e inventores direito exclusivo sôbre seus escritos e inventos. O de constituir tribunais subordinados à Côrte Suprema. O de definir e punir os atos de pirataria e os crimes cometidos em alto mar, assim como os delitos contra o direito das gentes. O de declarar a guerra, outorgar cartas de corso e de represálias, regulando as prêsas de terra e mar. O de formar e manter exércitos, com a restrição de que nenhuma despesa pode ser votada para êsse efeito por prazo de mais de dois anos. O de criar e entreter marinha. O de baixar regulamentos para a organização e administração das fôrças de terra e de mar. O de convocar as milícias armadas para a execução das leis da União, reprimindo insurreições e invasões. O de prover à organização, ao armamento e disciplina da milícia, assim como à administração da parte dessa milícia que possa empregar-se aos serviços dos Estados Unidos, reservando a cada Estado, respectivamente, a nomeação dos oficiais e a autoridade necessária para instruir sua milícia de acôrdo com as regras de disciplina ditadas pelo Congresso. O de legislar privativamente, em todos os casos, sôbre o distrito (não ultrapassante de dez milhas quadradas) que pudesse, em virtude de cedência de certos Estados e aceitação pelo Congresso, converter-se em sede do govêrno dos Estados Unidos, e de exercer idêntica autoridade sôbre qualquer lugar adquirido com o consentimento da legislatura do Estado em que se situe, para a construção de fortes, depósitos de pólvora, arsenais, estaleiros e outros estabelecimentos necessários. O de elaborar leis necessárias à execução dos poderes que acabam de ser enumerados e todos os mais de que sejam investidos pela Constituição o govêrno dos Estados Unidos, seus departamentos ou oficiais dêles dependentes.

A competência e os poderes dos Estados.

11. Circunscreveu-se, dessarte, a órbita de atividade da União, explicitamente, ficando tudo o mais na competência e nos poderes dos Estados, esclarecendo-se que nenhum Estado poderia celebrar tratados, alianças ou confederações; outorgar cartas de corso ou de represália; fundir moeda; emitir papel moeda que não a de ouro ou prata; editar *bill of attainder* [8] ou lei *ex post facto,* ou enfraquecer por lei a fôrça dos contratos ou conceder títulos de nobreza. Ademais, nenhum Estado poderá, sem o consentimento do Congresso, decretar impostos ou direitos sôbre a exportação ou importação de mercadorias, senão no absolutamente necessário à execução das leis de

---

8. *Bill of attainder* é intraduzível em português; era ato das câmaras legislativas condenando à morte, sem julgamento, pessoas supostas autoras de grandes crimes. O Parlamento inglês, na idade média, muito usou dessa arma terrível, que o texto americano proscreveu, bem como as leis retroativas, ou *ex post facto.*

fiscalização. Neste caso, o produto líquido de todos os direitos ou impostos decretados por um Estado sôbre a importação ou a exportação será pôsto à disposição do Tesouro dos Estados Unidos, sendo tôda a lei dessa natureza submetida ao contrôle e à revisão do Congresso. Sem o consentimento dêste, nenhum Estado poderá estabelecer direitos de tonelagem de navios, manter em tempo de paz tropas regulares ou navios de guerra, concluir tratados ou convenções, seja com outro Estado, seja com potência estrangeira, ou entrar em guerra, salvo em caso de invasão ou de perigo iminente não permitindo nenhuma demora.

Eis aí o verso e o reverso da moeda mediante a qual os Estados, federando-se, despojaram-se de alguns dos seus direitos e poderes a fim de, com êles, configurarem os Estados Unidos, essência e alma de cada um e um pouco de sua fisionomia coletiva. Não obstou isso a que, mais tarde, pela undécima emenda de 1794, se erigissem em texto constitucional dois grandes princípios — o de que a enumeração de certos direitos na Constituição não se deveria interpretar como anulatória ou restritiva de outros direitos peculiares ao povo; e o de que os poderes, que não foram delegados aos Estados Unidos pela Constituição, ou por ela recusados aos Estados, se reservaram aos Estados respectivamente ou ao povo.

Acrescente-se que cada Estado se reservou os poderes de sua auto-determinação, na sua administração própria, sem interferência de nenhum outro Estado, nem mesmo da dos Estados Unidos, senão em caso de guerra e de segurança interna, e tem-se a noção exata do que foi o sistema instituído pelo gênio político que se projetou na Constituição dos Estados Unidos da América.

A separação dos poderes e a forma democrática do govêrno dos Estados Unidos.

12. O govêrno federal, que assim se criou, não poderia emergir senão da fôrça popular, por isso que o que veio a distinguir nìtidamente o presidencialismo, que saía de sua fôrma matriz, do parlamentarismo inglês, foi a completa separação dos três poderes da soberania e colunas mestras do Estado.

Pondo as coisas nos seus devidos lugares, a Côrte Suprema, no caso Mc Cullich vs. State of Maryland decidiu que o "govêrno federal vem diretamente do povo; seu fim precípuo é o de formar união perfeita, estabelecer a justiça, assegurar a tranquilidade interior e dar ao povo os benefícios da liberdade".

E adiantou o aresto notabilíssimo:

"O govêrno da União é, em verdade, o govêrno do povo. Sua fôrça e sua substância emanam dêle; e dêle é que lhe advém a delegação de seus poderes. Assim, deve êle exercê-los diretamente sôbre o povo e para o seu bem. Êsse govêrno, no consenso unânime, é formado por certo número de atribuições determinadas. É de princípio, pois, que êle não pode exercitar senão essas atribuições.

"É de não perder de vista que, bem que limitado em seus poderes, êle é supremo em sua esfera de ação. É o govêrno de todos; suas atribuições lhe são por todos delegadas. O povo decidiu que a Constituição e as leis dos Estados Unidos, votadas em virtude dessa Constituição, formam a lei suprema do país. Como o diz o art. VI, os juízes de cada Estado são obrigados a conformarem-se com ela, não obstante as constituições do Estado e as leis que pudessem achar-se em conflito com essa lei suprema".

Assim, e são palavras alheias que se repetem, o povo dos Estados Unidos constitui nação colocada sob govêrno único; mas, de outro lado, os cidadãos, que residem em cada Estado, formam um todo que tem seu próprio govêrno.[9]

Para o justo equilíbrio dos interêsses locais em presença e prestígio maior dos interêsses nacionais, o povo elege o Presidente. Elegendo-o constitui o poder executivo pela razão mui simples de que o Presidente é o poder executivo, que nêle se personaliza e que êle, sòzinho, integra e externa. *The Executive power shall be vested in a President of the United States of América.* Di-lo a Constituição. Di-lo com simplicidade. O Presidente investe-se do poder executivo: é com essa insígnia que se esmalta sua personalidade.

9. ADOLPHE DE CHAMRRUN, *Le Pouvoir Exécutif aux États-Unis,* 2.ª ed. A. Fontemoing (Paris, 1896), pág. 258.

Os poderes constitucionais do Presidente dos Estados Unidos.

13. Quem busque medir a imensidade dos poderes do Presidente dos Estados Unidos, tendo à luz dos olhos os dispositivos da Constituição, adiante reproduzidos, entra em padecimento que só a contemplação da realidade ameniza e desfaz.

"O Presidente é o chefe supremo do exército e da marinha dos Estados Unidos, assim como das milícias dos diversos Estados, quando chamadas aos serviços dos Estados Unidos. Cabe-lhe requisitar o parecer, por escrito, do principal funcionário de cada um dos departamentos executivos sôbre assuntos relativos aos seus serviços e atribuições. Tem êle o direito de suspender, comutar ou indutar penas para os crimes contra os Estados Unidos, salvo em caso de *impeachment.*

"Pode êle, com audiência e consentimento do Senado, celebrar tratados, contanto que os tratados se aprovem pela maioria dos dois terços dos senadores presentes; e, com igual audiência e assentimento, nomear embaixadores e outros ministros públicos, cônsules, juízes da Côrte Suprema, e todos os mais funcionários dos Estados Unidos, cuja nomeação não tenha sido diversamente estabelecida, e criados por lei; mas ao Congresso é facultado, por lei, atribuir a nomeação de tais funcionários inferiores quando a nomeação pareça conveniente, ao Presidente, às Côrtes de Justiça ou aos chefes dos departamentos ministeriais.

"Compete ao Presidente o preenchimento das vagas que se verificarem no intervalo entre duas sessões do Senado, constituindo comissões provisórias a expirarem ao fim da sessão seguinte.

"O Presidente deve ministrar ao Congresso, de tempo em tempo, relatórios sôbre o estado da União, chamando-lhe a atenção para as medidas que julgue convenientes e necessárias. Nos seus poderes se inclui, em circunstâncias graves, o de convocar, com urgência, as duas ou uma das Câmaras, fixando, quando elas divirjam quanto à data da reunião, a que para isso lhe pareça mais convinhável.

"Ele recebe embaixadores e outros ministros públicos. Comissiona funcionários. E vela pela fiel execução das leis".

Como se vê, são limitados os poderes do Presidente, sôbre alguns aspectos, mesmo na ordem simplesmente administrativa, pois carece do *referendum* do Senado até para a nomeação de funcionários; e a Constituição não lhe deu sequer o gabinete que, no entanto, desde o govêrno de WASHINGTON houve necessidade de instituir, como criação extra-constitucional e mesmo extra-legal. Salientou-o alhures WILLIAM TAFT: *The Cabinet is a mere creation of President's will. It is an extra-statutory and extra-constitutional body. It exists only by the custom.* De modo que se instituiu govêrno unipessoal, ou seja a unipersonalidade do poder executivo.

De outro lado, instituiu-se o poder judiciário, fortalecido para o fiel cumprimento da Constituição, que é a garantia dos Estados federados em face dos poderes do Presidente e o resguardo eficientíssimo dos direitos individuais.

Estabeleceu-se, na Constituição, em têrmos preclaros, a supremacia dela própria e das leis em virtude dela sancionadas, erigidas em leis supremas do país, *shall be the supreme law of the land,* leis a que ficaram vinculados os juízes de cada Estado, *and the judges in every State shall be bound thereby, anything in the Constitution or laws of any State to the contrary notwithstanding.*

A originalidade do sistema político norte-americano.

14. De tudo isso decorre a originalidade do sistema político introduzido, há mais de século e meio, cuja prática, em tão largo período, sobremodo se adelgaçou e desenvolveu, adaptando-se, mercê da contribuição da doutrina e da jurisprudência da Côrte Suprema, ao extraordinário grau evolutivo da grande república dos Estados Unidos da América.

Cabe, ao cabo dêste relato sumário, verificar como êle se projetou em todo o continente americano, especialmente no Brasil.

CAPÍTULO II

O TRANSPLANTIO DA CÔRTE PORTUGUÊSA PARA O BRASIL E A EREÇAO DA COLÔNIA EM REINO.

O influxo da independência dos Estados Unidos no espírito nativista dos brasileiros.

15. Repercutiu fundamente no espírito nativista dos brasileiros o êxito do movimento de libertação das colônias britânicas da América. Mas não foi só no Brasil que isso aconteceu, senão mesmo em todo o novo continente; e até no velho continente. Em França a revolução americana despertou largo entusiasmo.

Estudantes brasileiros da Universidade de Coimbra tomaram-se dêsse entusiasmo e entraram a sonhar com a independência do Brasil por efeito de movimento idêntico. Alguns dêles, partindo, em 1786, para Montpellier, onde outros estudavam medicina, confabularam no sentido de prepará-lo. Um dêles, JOSÉ JOAQUIM DA MAIA, enchendo-se de coragem, dirigiu-se em outubro daquele ano, a THOMAS JEFFERSON, que se achava como plenipotenciário dos Estados Unidos da América em Paris, inquirindo-o sôbre até que ponto poderiam contar com a colaboração norte-americana para o movimento insurreicional do Brasil.

A resposta não se fêz esperar senão nos têrmos em que podia e devia ser dada — a de que, tanto que os brasileiros, por si mesmos, conquistassem a independência do seu país, os Estados Unidos da América a reconheceriam. Nada mais poderia fazer o diplomata, em que o político se transfigurou, dadas as relações por êles mantidas com Portugal e o benigno acolhimento que nos portos americanos se dava aos portuguêses que para lá emigravam.

Não obstante, comunicou-lhe que deveria passar o inverno em Aix e poderiam avistar-se em Nimes, onde o encontro com o estudante brasileiro se realizou, sem maior sucesso.

Regressando ao Brasil, onde viria desfechar o movimento, que planejara, José Joaquim da Maia faleceu em Lisboa; mas seu colega e companheiro Domingos Vidal Barbosa, doutorando em medicina em Bordéus, lhe recolheu a herança patriótica e veio instalar-se em Minas Gerais, onde encontrou terreno propício à semente revolucionária, de que irrompeu a rebeldia malograda da Inconfidência de 1789, que levou ao patíbulo Joaquim José da Silva Xavier, o *Tiradentes,* e ao degrêdo em África e Índia os demais inconfidentes; e o que se planejou para o movimento, se vitorioso, foi a implantação de regime republicano à imagem e semelhança do instaurado nos Estados Unidos da América.

Abafado, antes mesmo de eclodir, o surto revolucionário que não foi além das confabulações, permaneceu o Brasil estagnado no sistema colonial em que vivia e tornado opressivo diante do estado de prevenção em que ficou a Coroa.

A invasão de Portugal pelo exército napoleônico e a vinda da Côrte Portuguêsa para o Brasil.

16. Ainda não haviam decorrido sôbre o insucesso irridentista quatro lustros, quando as fôrças napoleônicas impeliram para o Brasil a Côrte Portuguêsa, sob a regência de D. João de Bragança, acontecimento inédito, de invulgares consequências. Os fatos, que provocaram tal resultado, observou Euclides da Cunha, "vertiginosamente desencadeados no passo de carga de uma invasão, iam ter consequências memoráveis. Lançavam à nossa terra o único estadista capaz de a transfigurar. De fato, na situação em que nos achávamos, impropriávamo-nos por igual ao império de um caráter forte e aos lances de um reformador de gênio. O primeiro seria novo estímulo às revoluções parciais, acarretando a degradação inevitável; o último agitar-se-ia inútil como um revolucionário incompreendido. Precisávamos de alguém capaz de nos ceder, transitòriamente, feito um minorativo às cisões emergentes, o anel da aliança monárquica, mas que a não soubesse implantar; e não pudesse, por outro, impedir o

advento das aspirações nacionais, embora estas houvessem de aparecer, paradoxalmente, no seio de uma ditadura desvigorada e frouxa".[10]

Transfigurou-se, dessarte, a colônia misteriosa, que modestamente crescia dêste lado do Atlântico, em metrópole da monarquia portuguêsa. Assentou-se nela a sede do govêrno de Portugal. E isso por superposição. O território colonial era imenso; e de certo modo contraditório. Era, como bem o acentuou o escritor exímio na mesma assentada, "amplo demais para os seus três milhões de povoadores em 1800. Além disto, à contiguidade territorial, delineada no litoral inteiriço, contrapunha-se completa separação de destinos. Os vários agrupamentos em que se repartia o povoamento rarefeito, evolvendo emperradamente sob o influxo tardo e longínquo dos alvarás da metrópole, de todo desquitados entre si, não tinham uniformidade de sentimentos e idéias que os impelissem a procurar na continuidade da terra a base física de uma Pátria".

Nenhum distúrbio causou, por tudo isso, a circunstância de instalar-se no Rio de Janeiro o govêrno metropolitano, que afinal se contraiu em govêrno local, desenvolvendo atividade imensa em todos os setores e emprestando à colônia o impulso de que ela carecia para transfundir-se em nação. A jornada fez-se por etapas. A que se seguiu encontrou seu marco na resolução de 16 de dezembro de 1815, que elevou o Brasil à categoria de Reino.

O espírito nacionalista, desde muito despertado, mas comprimido pela mão de ferro que buscava adormecê-lo, evitando as explosões autonomistas, encontrou então o ambiente para ressurgir, refazer-se e ganhar fôrça difusora.

Mudara-se o curso da história colonial brasileira. O evento imprevisto e providencial da instalação da côrte portuguêsa no Brasil encerrou o ciclo histórico, que tarda e esporàdicamente se vinha manifestando até chegar ao momento emancipador, como o que antes se apresentara às colônias britânicas da América do Norte. Traçaram elas

---

10. EUCLIDES DA CUNHA, *Da Independência à República*, em *À Margem da História*, Pôrto, 1909, ed. Chardron, págs. 258 e 261.

para a colônia portuguêsa a trajetória de sua caminhada e o exemplo, senão o modelo de seu organismo politico. Mas o acaso ainda uma vez favoreceu ao Brasil, como dádiva divina.

O govêrno metropolitano do Brasil e a elevação da colônia a Reino.

17. O govêrno instaurado no Rio de Janeiro era o govêrno português. Arvorou-se a colônia em metrópole, por inversão histórica dos acontecimentos. O poder real, desprovido de assembléia legislativa ou deliberante, que seria impossível improvisar, exerceu-se em tôda sua plenitude ditatorial. Era a ditadura real. Govêrno soberano. Não se estiolou em esterilidade, entretanto; pelo contrário, a fim de manter-se e assegurar sua sobrevivência, desdobrou-se em intensa atividade, tanto na vida interna, em que sua vareta mágica operou prodígios, quando na externa, sublimada pela anexação territorial da Banda Oriental do Uruguai que alargou a colônia até ao rio da Prata.

O destino é mais caprichoso do que os homens. Não dispõem êstes, ainda que de testas coroadas, do condão capaz de embargar os desfechos históricos. O colapso do govêrno português na Europa e o transplantamento dêste na América deveriam ter como resultado necessário o fortalecimento da Coroa de Portugal. Doutro objetivo não colimou a iniciativa de TALLEYRAND, sugerindo aos diplomatas portuguêses ao Congresso de Viena a elevação do Brasil a Reino.

"Convém", teria dito o sagacíssimo diplomata de França aos de Portugal, "convém a Portugal e convém mesmo à Europa tôda que se mantenha por prazo tão longo quanto possível fôr, o enlace entre as nossas possessões européias e americanas. O transtôrno que causou a revolução da América inglêsa, que nós imprudentemente auxiliamos, vai-se já experimentando agora, e experimentar-se-á muito mais. As colônias espanholas, pelo mau govêrno atualmente daquela monarquia, podem-se contar quase como perdidas para a Europa, e em tais circunstâncias eu consideraria como uma fortuna que se estreitasse por todos os meios possíveis o nexo entre Portugal e o Brasil; devendo êste país, para lisonjear os seus povos, para destruir a idéia de colônia, que tanto lhes desagrada, receber o título de Reino, e o vosso Soberano ser Rei do Reino Unido de Portugal e Brasil".[11]

Dando tão relevante conselho, que foi prazenteiramente aceito e cumprido, ainda uma vez se enganou o velho TALLEYRAND. Contribuindo por que se elevasse a colônia a Reino do Brasil, apressou êle o desenvolvimento do processo emancipador do país, que se achava em marcha. Há conquistas que se tornaram definitivas tanto que iniciadas. Os povos fazem caminhadas que não admitem marchas a ré. O Brasil jamais admitiria, depois da fôrça adquirida sob o grande govêrno de D. João VI, o seu regresso ao estado colonial primitivo. Bem o sentiu El-Rei, o rei que tanto tem sido discutido aquém e além mar. Quando, atraído pelos sucessos políticos de Portugal, se decidiu a retornar a Lisboa, teve o espírito assaltado por apreensões idênticas às que o povoaram quando de Lisboa partiu. Perderia o reino de Portugal? Desde que a sorte lho reservou, perderia, deixando o Rio de Janeiro, o que fundou — o Reino do Brasil? Permitir-lhe-iam os fados a mantença, sob sua Coroa, do Reino Unido de Portugal e Brasil?

O futuro, não mui remoto, lhe diria que o seu objetivo, transpondo o Atlântico, de pôr a salvo a coroa, se converteria no da perda da colônia.

O retôrno da Côrte Portuguêsa a Lisboa.

18. Rematou êle suas naturais inquietações, deixando no Rio de Janeiro, como seu lugar tenente e regente do Reino do Brasil, a D. PEDRO DE ALCÂNTARA, seu filho mais velho. Garantiu, com sabedoria, a sua própria retaguarda, alimentando quiçá a espectativa de que os acontecimentos pudessem levá-lo a inaugurar novo trono na América.

Aos 26 de abril de 1821 fez-se El-Rei de vela para Portugal.

---

11. OLIVEIRA LIMA, *Dom João VI no Brasil*, 2.ª ed. José Olimpio (Rio de Janeiro, 1945), vol. II, pág. 543.

"Dom João VI", escreveu Oliveira Lima, "veio criar e realmente fundou na América um império, pois merece bem assim ser classificado o ter dado foros de nacionalidade a uma imensa colônia amórfa, para que o filho, porém, lhe desfrutasse a obra. Êle próprio regressava menos rei do que chegara, porquanto sua autoridade era agora contestada sem pejo. Deixava contudo o Brasil maior do que o encontrara".[12]

12. Oliveira Lima, *Dom João VI no Brasil*, 2.ª ed. José Olímpio (Rio de Janeiro, 1945), vol. III, pág. 1168.

CAPÍTULO III

A ORGANIZAÇÃO POLÍTICA DO IMPÉRIO DO BRASIL.

Os pródromos da independência do Brasil.

19. Desde que o príncipe D. João desembarcou na Bahia e assinou a carta régia de 28 de janeiro de 1808, abrindo os portos brasileiros ao comércio estrangeiro, o regime colonial a que o Brasil se achava submetido recebeu o golpe de morte.

Entrou a nação a configurar-se por processo diverso do por que se confederaram as várias colónias inglêsas da América do Norte. Lá, existia a variedade na diversidade; e o ânimo de luta de permeio, como fator de inquietude. Em dado momento, aquelas colônias, por instinto de defesa recíproca, espontâneamente se aglutinaram, confederando-se. Gozavam de autonomia e desfrutavam o *self-government*. Entraram em guerra e proclamaram a sua independência, passando a estudar e examinar a forma de govêrno que mais atendesse aos seus sentimentos regionais autônomos; e confluíram para o regime representativo, sob a forma republicana federativa. Com êsses pressupostos, o seu gênio político, como se viu, criou e instituiu o presidencialismo. Tal não era possível na colônia portuguêsa da América do Sul. No norte, colônias espontâneamente se reuniram e uniram-se. No Sul, plantou-se uma colônia com um só território, uma só raça, uma só língua e uma só religião, milagre do espírito colonizador lusitano. E essa colônia erigiu-se em Reino.

O Império do Brasil.

20. Pelo tratado de paz de 29 de agôsto de 1825, Sua Majestade Fidelíssima, El-Rei D. João VI, reconheceu o Brasil na categoria de império independente dos

Reinos de Portugal e Algarves; e a seu, sôbre todos, muito amado e prezado filho D. Pedro por Imperador, cedendo-lhe e transferindo-lhe, de sua livre vontade, a soberania, transmissível a seus legítimos sucessores. Já então, e desde 25 de março de 1824, tinha o Brasil, como nação livre e independente, a Constituição que lhe não admitia qualquer laço de união ou de federação, que se opusesse a sua independência. Estado americano, o seu govêrno monárquico hereditário, constitucional e representativo, tinha como Imperador a D. Pedro I, seu defensor perpétuo, chefe a um tempo de dois poderes: o moderador e o executivo. Chave do organismo político estatal, o poder moderador lhe era privativo. Como tal, chefe da nação e seu primeiro representante, cabia-lhe velar incessantemente pela mantença da independência, do equilíbrio e da harmonia entre os demais poderes — o legislativo e o judicial. O poder executivo o Imperador exercia pelos seus ministros, cada qual à testa duma secretaria de Estado, e que lhe referendariam os atos. À ilharga deparava-se o Conselho de Estado, de membros vitalícios e investidura imperial.

O Estado unitário na monarquia constitucional e representativa.

21. Que o Estado, assim constitucionalmente instituído, era unitário, deduzia-se da circunstância de dividir-se a nação em províncias administradas por presidentes nomeados e removíveis pelo Imperador, quando o entendesse a bem do serviço do Estado. Não eram autônomas as províncias, de donde a existência de vínculo que como federal se pudesse haver.

Aliás, já ao tempo se propendia pela federalização do Império. Bem externou, mais tarde, o movimento nesse sentido Afonso Celso, o Visconde de Ouro Preto, ao definir o regime vigente, opondo-se à eleição dos governadores provinciais, deduzindo êste conceito:

"Sem discutir se a grandeza e prosperidade dos Estados Unidos resultam do sistema federativo; se êste ali funciona com tôda a perfeição e regularidade; e se nenhum perigo próximo ou remoto ameaça a União; concedendo, ao contrário, que seja êsse sistema a última palavra da ciência política e da sabedoria das nações — antes de tudo recordarei que lá mesmo o *Poder federal* (central) se acautelou contra o que os Estados pudessem praticar em dano da unidade nacional, reservando-se o direito de intervir nos seus negócios internos, quando êles a comprometam ou prejudiquem por medidas imprudentes.

"E cumpre notar que, depois da guerra da secessão, essa intervenção tornou-se efetiva por tal modo nos onze Estados do Sul, que durante anos foram governados por generais da União, privados de concorrer à eleição presidencial, de nomear deputados e senadores, e, o que é mais, obrigados a modificar sua constituição interna à vontade do vencedor. Que restava, pois, pergunta um escritor, do princípio federativo, que era o cimento da constituição de WASHINGTON? A que ficara reduzido o contrato sinalagmático, que oitenta anos antes celebravam por sua livre vontade as colônias soberanas? Desde 1866, segundo o testemunho de CLAUDIO JANNET, o Congresso caminha os Estados Unidos para a *república unitária,* não sendo já os Estados senão províncias, que vivem sob larga descentralização.

"Mas, se a elegibilidade dos governadores se conforma com a natureza do sistema norte-americano, não pode convir a uma monarquia, como a nossa, que não é *federativa,* e sim *unitária,* constitucional e representativa. Cabe aqui repetir com o publicista português: não temos a mesma organização social e política, os mesmos costumes, a mesma vigorosa e vasta organização judicial, o mesmo grau de civilização, a mesma índole, a mesma raça, e o que ali frutifica, pode, transplantando para o nosso país, exterilizar-se e definhar".

E logo caracterizou bem a natureza das províncias no organismo político:

"A província não é só uma entidade autônoma, mas ao mesmo tempo fração de um todo político, subdivisão do Estado, ao qual se prende intimamente, não por laço de *aliança* ou *federação,* como os Estados Norte-Americanos, mas de subordinação, e, desde logo, de necessidade é que em seu seio exista quem vele e represente o poder supremo, e exerça sua ação.

"Independente e livre na gestão de seus negócios, não é a província uma soberania em face do Estado; dêle recebeu direitos e regalias e para usá-los em proveito seu e da comunhão, e nunca em dano desta. Daí vem que não podia o Estado abdicar, antes devia reservar-se a atribuição de inspecioná-la e fiscalizá-la — não para embaraçá-la no gôzo das prerrogativas outorgadas, mas para impedir que abusasse, prejudicando a nação.

"Para isto é óbvio que não poderia ser agente eficaz, orgão legítimo, quem recebesse o mandato de outra origem, quem não estivesse na dependência imediata dos representantes do Estado, não fôsse delegado seu, criatura sua, revestida das faculdades precisas para resguardar os direitos majestáticos".[13]

Eis como o Império do Brasil era, nos têrmos do primeiro artigo da Constituição, "a associação política de todos os cidadãos brasileiros. Êles formam uma nação livre e independente, que não admite com qualquer outra laço algum de união, ou federação, que se oponha à sua independência". Mas ainda, lê-se no art. 3.º, "o seu govêrno é monárquico hereditário, constitucional e representativo".

Quanto ao organismo político, mais não se disse e foi no art. 9.º, do que isto:

"A divisão e harmonia dos poderes políticos é o princípio conservador dos direitos dos cidadãos, e o mais seguro meio de fazer efetivas as garantias, que a Constituição oferece".

O exercício pelo Imperador do poder moderador e do poder executivo.

22. Reconhecendo a Constituição quatro poderes — o poder legislativo, o poder moderador, o poder executivo e o poder judicial, delegou o poder legislativo à Assembléia Geral, com a sanção do Imperador; atribuiu o poder judicial a juízes e jurados, pelo modo que os códigos determinassem. Quanto aos outros dois poderes, estabeleceu, no art. 98, que o poder moderador era "a chave de tôda a organização política" e, ademais, que era "delegado privativamente ao Imperador, como Chefe Supremo da Nação,

---

13. AFONSO CELSO, *Reforma Administrativa e Municipal,* ed. Tip. Nacional (Rio de Janeiro, 1883), pág. 409.

e seu primeiro Representante", para que incessantemente velasse "sôbre a manutenção da independência, equilíbrio e harmonia dos mais poderes políticos". E quanto ao poder executivo, no art. 102, se declarou que o Imperador era o Chefe do Poder Executivo e o exercitaria pelos seus ministros de Estado, que referendariam ou assinariam todos os atos do poder executivo, "sem o que não poderiam ter execução".

Os ministros, porém, no art. 101, n. 6, ficou explícito, seriam nomeados e livremente demitidos pelo Imperador.

Quem, pois, governava, exercendo cumulativamente dois poderes — o poder moderador e o poder executivo, era o Imperador. Exercitava êle aquêle poder pessoalmente, como Chefe Supremo da Nação; e êste — o poder executivo, "pelos seus ministros de Estado".

A natureza do regime político instituído pela Constituição.

23. Era o regime político, de tal modo instituído, o parlamentar? Ou era o presidencial, pelo figurino americano?

Tanto podia ser um, como o outro. Quem, realmente, se ponha a meditar sôbre o Imperador que orientou os trabalhos da comissão que elaborou o projeto da Constituição, fàcilmente se convencerá de que pretendeu êle deixar aberta a vereda de molde a poder governar o Império sòzinho, não sendo os ministros de Estado mais do que referendatários dos seus atos. Mais importante papel efetivamente não desempenharam. D. PEDRO I exerceu sempre govêrno unipessoal, o que, de resto, condizia com o seu temperamento e hábito de mando. Nem foi por outro motivo que êle dissolveu a Assembléia Constituinte de 1823. Pelo projeto, que ela discutia, êle não gozaria da amplitude de poderes que depois lhe conferiu a carta que outorgou ao país. Outorgou é bem o têrmo apropriado, porque não a ditou. Certamente em sua feitura influiu. Elaboraram-na em apenas quinze dias os conselheiros ANTÔNIO LUIZ PEREIRA DA CUNHA (Marquês de Inhambupe), ÁLVARES DE ALMEIDA (Barão e Marquês de Santo Amaro), CLEMENTE FERREIRA FRANÇA (Marquês de Nazaré), FRANCISCO VILELA BARBOSA (Marquês de Paranaguá), João Gomes da Silveira Mendonça (Marquês de Sabará), João Severiano Maciel da Costa (Marquês de Queluz), José Joaquim Carneiro de Campos (Marquês de Caravelas), Luiz José de Carvalho e Melo (Visconde de Cachoeira), Manoel Jacinto Nogueira da Gama (Marquês de Baependi) e Mariano José Pereira da Fonseca (Marquês de Maricá).

Aproveitaram-se êstes do projeto redigido por Antônio Carlos de Andrada e Silva, como relator da comissão nomeada pela Assembléia Constituinte dissolvida e composta dos deputados José Bonifácio de Andrada e Silva, Antônio Luiz Pereira da Cunha (Marquês de Olinda), José Ricardo e Moniz Tavares. Aproveitaram-se daquele projeto, modificando-o e ampliando-o; e dêle a carta outorgada diferia principalmente nos seguintes pontos que Homem de Melo salientou:

"1.º O projeto só reconhece três poderes: o legislativo, executivo e judicial; e nenhuma menção faz do poder moderador, cujas funções, marcadas na atual Constituição, são ali definidas e atribuídas ao Imperador como ramo da legislatura, e chefe do poder executivo;

"2.º Pelo projeto, o Imperador não pode dissolver a câmara dos deputados. Só pode convocá-la, adiá-la ou prorrogá-la.

"3.º O herdeiro da coroa ou Imperador do Brasil que suceder em coroa estrangeira e aceitar, entende-se que renunciou à do Império (art. 157).

"4.º Aos ministros condenados o Imperador só pode perdoar a pena de morte (art. 142, § 8)".[14]

Êsses, e não outros, foram os motivos por que a Constituinte teve os seus trabalhos interrompidos pela sua dissolução.

Teve o Imperador, na Carta outorgada, os seus poderes sobremodo ampliados, de molde a governar por via de ministros de Estados demissíveis e substituíveis ao seu alvedrio.

Havia, realmente, ministros de Estados.

Inexistia o Ministério, como órgão político e detentor do poder executivo, oriundo do voto de confiança da Assembléia Geral ou simplesmente da Câmara dos Deputados.

---

14. F. I. Marcondes Homem de Melo, *A Constituinte perante a História*, ed. Tip. da Atualidade (Rio de Janeiro, 1863), pág. 21.

Não se instituiu, pois, o regime parlamentar, declarada e ostensivamente, de tipo britânico. Desconheceu a Constituição o govêrno de Gabinete.

Registre-se que, quando, em 1823, funcionava a Assembléia Constituinte, no mesmo ano dissolvida, deliberou ela que o Imperador podia escolher deputados para ministros de Estado, vagando-se suas cadeiras temporàriamente. Mas os ministros podiam não ser deputados; e assim continuou a ser no regime da Carta outorgada em 1824.

Por esta, e vale insistir, o Imperador reinava, mas também governava por intermédio dos ministros de Estado, que lhe eram diretamente subordinados e livremente demissíveis.

Como chefe do poder executivo, observou-o o VISCONDE DO URUGUAI, tendo ministros responsáveis, o Imperador acompanhava, não apenas fazendo observações, como discutindo e cedendo até certo ponto, o movimento que as maiorias, que dominavam as Câmaras, imprimiam aos negócios e que não convinha contrariar, principalmente quando conveniente e justo, e necessário para que o govêrno se mantivesse segundo as condições do sistema representativo. Devia então deixar governar os ministros no que lhes competisse e pelo que respondessem.[15]

Muito então se discutiu se o Imperador reinava e governava ou sòmente reinava, governando os ministros, posto fôsse o chefe do poder executivo.

Teve a contenda seu ponto culminante quando, com a abdicação de D. PEDRO I e durante a menoridade de D. PEDRO II, assumiu a regência do Império o Padre DIOGO ANTÔNIO FEIJÓ, homem de muito pulso e da maior autoridade. Parecia-lhe que o govêrno das maiorias era "absurdo e subversivo de tôda a ordem no Brasil, além de inconstitucional", quando se pretendia instaurar govêrno de gabinete segundo o modêlo inglês, como expressão da maioria parlamentar, repousando na confiança da Câmara dos Deputados. Salientou-o o seu grande biografo, ao observar que o ponto de vista dos parlamentaristas era antes "criação à margem da Constituição, a doutrina política

---

15. VISCONDE DO URUGUAI, *Ensaio sôbre o Direito Administrativo*, vol. II (Rio de Janeiro, 1862), pág. 55.

triunfante em outros países, superpondo-se ao texto da Carta outorgada. Porque, nesta, não existia expressamente, o parlamentarismo. O Imperador dispunha constitucionalmente de grande autoridade, já como poder moderador, de que era o detentor privativo, com a atribuição de nomear e demitir livremente os ministros de Estado, já como chefe do poder executivo, exercitando êste pelos mesmos ministros que, como poder moderador, livremente nomeava e demitia; e seu papel no jôgo das instituições equivalia de certa maneira ao do presidente da República no presidencialismo norte-americano, não dependendo o govêrno ou o ministro da confiança de outro qualquer poder".[16]

16. Otávio Tarquínio de Souza, *Diogo Antônio Feijó,* Rio de Janeiro, ed. José Olímpio, pág. 222.
— Deixou o grande estadista bem claro o seu pensamento em discursos, que pronunciou no Senado, nas sessões de 27 e 29 de maio de 1839, principalmente nesta, em que aduziu as seguintes considerações:
"O Govêrno das maiorias (eu também já o disse em outra sessão) não existe em nossa Constituição. Verdade é que em tôda a casta de Govêrno, quando a maioria da Nação quer alguma coisa, faz-se; então é o predomínio da fôrça maior sôbre a menor. Mas, note-se que essa maioria só é poderosa quando é efeito da educação, e não factícia, criada por cabalas, por seduções, ou corrupções, porque então é efêmera: tal é a maioria de partidos. A mesma maioria das Câmaras não é segura, nem sempre representa a opinião nacional, como há bem pouco houve ocasião de observar-se. A maioria da Câmara dos Deputados sustentou a administração passada, mas a Nação a viu cair com prazer; e hoje essa mesma maioria acha-se estrangulada, não é mais a maioria compacta dos anos antecedentes.
"Sr. Presidente, êste princípio pode ser funesto; altera o nosso sistema político, entregando o Govêrno nas mãos da maioria das Câmaras, ou de uma só. Se me não engano, li que o nobre ex-ministro da Justiça, em uma das sessões passadas, disse, na Câmara dos Deputados, que ela usasse da sua influência, dirigisse o Govêrno, etc.
"Ora, se assim foi, na verdade quis o Govêrno identificar-se com a Câmara, entregar-lhe o govêrno do Estado; e isto é absurdo. Já lembrei, e o repito, a Constituição tanto não reconhece o predomínio das Câmaras, que concede ao Chefe do Estado negar sanção às leis apresentadas pela maioria de ambas as Câmaras. E se entre nós é êle obrigado a dá-la depois de algumas repetições, em outros Governos representativos tem o Chefe do Estado voto absoluto que anula de uma vez êsse sistema das maiorias. Êle pode dissolver a Câmara dos Deputados quando essa maioria não está de acôrdo com o mesmo Chefe, ou a êste parecer que não é ver-

Estava no subconsciente dos homens de govêrno e dos doutrinadores políticos a sobrenadar a influência dominadora do regime político norte-americano. A federação. O presidencialismo. Um e outro, abafados na prática, pompeiavam na teoria; o texto constitucional não tomou partido, de modo que a sua omissão permitia, realmente, a interpretação que lhe deu o Padre DIOGO ANTÔNIO FEIJÓ e que era, de resto, a que mais consoava com o seu autoritarismo e com o seu extraordinário senso de responsabilidade, de homem e de político de "antes quebrar, que torcer".

Predominou, no entanto, no curso dos acontecimentos, a corrente que levaria o regime a adaptar-se ao tipo parlamentarista da Inglaterra, a despeito de recrudescimento da onda federalista, que algo conseguiria, mas não tudo.

Pleiteava-se a reforma da Carta outorgada, pois que — e o PADRE GALANTI bem o exprimiu — "teve D. PEDRO desde o princípio de lutar com notável oposição e uma espécie de desconfiança das Câmaras. De um lado eram os deputados que davam em excessos, de outro lado era D. PEDRO que não tinha o hábito de governar constitucionalmente. Em 1829 irritara o Imperador os deputados pelo laconismo e desafio da mensagem de abertura da Assembléia, em que existiam sòmente estas famosas palavras:

"Augustos e Digníssimos Senhores Representantes da Nação: Está fechada a sessão".[17]

---

dadeiro órgão dos sentimentos nacionais. Como quer o ilustre senador obrigar o Imperante a tirar seus ministros das maiorias, sendo-lhe absolutamente livre nomeá-los e demiti-los sem condição alguma?

"Senhores, tal princípio tende a republicanizar o Brasil. O nosso Govêrno é monárquico, isto é, govêrno de um só, embora modificado. O nosso Govêrno é o da Lei. A Assembléia, o Govêrno e o Poder Judiciário todos têm atribuições marcadas na Constituição. Não confundamos os poderes do Estado: estão divididos. Não há necessidade de sujeitar-se o Govêrno às maiorias das Câmaras; esta e o Govêrno têm meios constitucionais de se contrabalancearem para não se invadirem: é perigosíssima semelhante doutrina. Eu desejava não vê-la proclamada no Senado."

17. P. RAFAEL M. GALANTI S. J., *Lições de História do Brasil*, ed. Tip. Industrial (São Paulo, 1895), pág. 122.

A abdicação de D. Pedro I, a menoridade de D. Pedro II e as tentativas de reforma da Constituição.

24. Nem sempre é possível prolongar o equilíbrio de coisas instáveis e o Imperador se viu na emergência de desquitar-se da Nação, abdicando, aos 7 de abril de 1831, na pessoa de seu filho — o Príncipe D. PEDRO DE ALCÂNTARA, do qual, antes de partir para Portugal, nomeou tutor JOSÉ BONIFÁCIO DE ANDRADA E SILVA.

A menoridade do Imperador ensejou, de acôrdo com a Constituição, que se instaurasse o govêrno da Regência Permanente, nomeada pela Assembléia Geral, composta de três membros e presidida pelo mais velho em idade. Com isso, se inaugurou, no Brasil, o govêrno do Império por brasileiros natos, iniciando-se nova fase histórica, cheia dos mais expressivos episódios.

E tratou-se, desde logo, na Câmara dos Deputados, da reforma da Carta outorgada em 1824. Projetos e substitutivos apareceram em debate no plenário, sobressaindo o substitutivo apresentado em 13 de outubro de 1831, emanado do acôrdo então celebrado entre as facções moderadas e exaltadas do partido liberal, que firmou sua projeção como fôrça atuante na política nacional. Por via dêle se eliminava o Poder Moderador, transferindo para o Executivo as funções daquilo que fôsse conveniente manter; discriminava as atribuições do Poder Legislativo; estabelecia a legislatura bienal e a temporariedade do Senado, renovável pelo têrço; o veto do Imperador era sujeito ao contraste do Legislativo; suprimia o Conselho de Estado; os conselhos gerais das províncias eram transformados em Câmaras dos Deputados e Senado; distinguia as rendas públicas em nacionais e provinciais, sendo o poder tributário também dividido pelo Parlamento Nacional e pelo das províncias; substituía a regência trina pela regência singular, com um vice-regente, eleito pelas Assembléias Provinciais, e a eleição apurada pela Assembléia Geral e criava em cada município um intendente".

Nisso, observou AURELINO LEAL, a idéia da descentralização era grande, porque o projeto dizia que o intendente "seria para êle o que fôsse o presidente nas províncias"; e quando o substitutivo, assim concebido e convertido em projeto aprovado pela Câmara, se enviou ao Senado, levou mais um dispositivo que lhe não era originário:

"O Govêrno do Império do Brasil será uma monarquia federativa".[18]

O Senado rejeitou a idéia da monarquia federativa; manteve o Poder Moderador; consentiu na idéia de que o Senado pudesse reunir-se independente da Câmara, quando lhe coubesse julgar como Tribunal de Justiça, e manteve-lhe a vitaliciedade. Conservou o Conselho de Estado. Modificou a proposta da descentralização das províncias, etc.

Retornado o projeto à Câmara dos Deputados, esta respondeu ao Senado mantendo a idéia federativa, a legislatura bienal e o Senado temporário e renovável pelo têrço; a supressão do Conselho de Estado; a criação das assembléias gerais; a regência una.

Estabeleceu-se o impasse, que levou à transação, consubstanciada na lei de 12 de outubro de 1832, autorizando os eleitores da seguinte legislatura a conferirem poderes aos deputados para a reforma de vários artigos da Constituição.

O Ato Adicional.

25. Os acontecimentos políticos retardaram as medidas destinadas à reforma constitucional, até que, em 5 de maio de 1834, se nomeou comissão para redigir o projeto que a consubstanciasse. Recaiu a escolha em BERNARDO DE VASCONCELOS, LIMPO DE ABREU e PAULA ARAÚJO, que imediatamente entraram a trabalhar, e com tanta dedicação o fizeram, que o projeto se apresentou, discutiu-se e aprovou-se, convertendo-se na lei de 12 de agôsto de 1834.

Foi o Ato Adicional.

Êsse veio a ser documento político de relevância. Não consagrou o princípio federativo. Não extinguiu o Poder Moderador. Suprimiu o Conselho de Estado. Mas deu maior e mais forte armadura às províncias, entrando na competência de suas Assembléias legislar:

---

18. AURELINO LEAL, *História Constitucional do Brasil*, ed. Imprensa Nacional (Rio de Janeiro, 1915), págs. 167 e seguintes; AMÉRICO BRASILIENSE, *Os Programas dos Partidos e o 2.º Império*, ed. Jorge Seckler (São Paulo, 1878), pág. 8.

I, sôbre a divisão civil, judiciária e eclesiástica da respectiva província, e mesmo sôbre a mudança da sua capital para o lugar que mais conviesse;

II, sôbre instrução pública e estabelecimentos próprios a promovê-la, não compreendendo as faculdades de medicina, os cursos jurídicos, academias ao tempo existentes, e outros quaisquer estabelecimentos de instrução que para o futuro fôssem criados por lei geral;

III, sôbre os casos e a forma por que poderia ter lugar a desapropriação por utilidade provincial ou municipal;

IV, sôbre a polícia e economia municipal, precedendo propostas das câmaras;

V, sôbre a fixação das despesas municipais e provinciais, e os impostos para elas necessários, contanto que êstes não prejudicassem às imposições gerais do Estado. As Câmaras poderiam propor os meios de ocorrer às despesas dos seus municípios;

VI, sôbre repartição da contribuição direta pelos municípios da província, e sôbre a fiscalização do emprêgo das rendas públicas provinciais e municipais, e das contas da sua receita e despesa. As despesas provinciais seriam fixadas sôbre orçamento do presidente da província; e as municipais sôbre orçamento das respectivas câmaras;

VII, sôbre a criação, supressão e nomeação para os empregos municipais e provinciais, e estabelecimento de seus ordenados.

Reputaram-se empregos municipais e provinciais todos os que existissem nos municípios e províncias, à exceção dos que dissessem respeito à administração, arrecadação e contabilidade da fazenda nacional; à administração da guerra e marinha, e dos correios gerais; dos cargos de presidente de província, bispo, comandante superior da guarda nacional, membros das Relações e tribunais superiores, e empregados das faculdades de medicina, cursos jurídicos e academias, em conformidade da doutrina do § 2.

VIII, sôbre obras públicas, estradas e navegação interior da respectiva província, que não pertencessem à administração geral do Estado;

IX, sôbre construção de casas de prisão, trabalho, correção e regime delas;

X, sôbre casas de socorros públicos, conventos e quaisquer associações políticas ou religiosas;

XI, sôbre os casos e a forma por que poderiam os presidentes de províncias nomear, suspender e ainda mesmo demitir os empregados provinciais.

Considere-se que outros e mais largos poderes especialmente se outorgaram às assembléias provinciais e conclui-se que, realmente, muito se caminhou no sentido de aumentar a autonomia das províncias, que tiveram, no sumário de seus poderes, não poucos que hoje não entram na competência legislativa dos Estados.

Levou isso SÁ E BENEVIDES a prelecionar na Faculdade de Direito de São Paulo que, por via do Ato Adicional, o Brasil se tornou "Império semi-federal".[19]

Causou o Ato Adicional efeitos insignes. Não poucos, e entre êstes BERNARDO PEREIRA DE VASCONCELOS, como que se arrependeram de ter avançado tanto.

Com êle, acentuou OTÁVIO TARQUÍNIO DE SOUZA, "abriram-se válvulas às províncias, fêz-se obra descentralizadora, mas sem pôr em perigo a unidade nacional. A revolução de 7 de abril encontrou um leito para as suas águas, que tantas vêzes ameaçaram o país de submersão; o impulso revolucionário foi por assim dizer domesticado numa lei e utilizado num sentido de renovação conservadora. A revolução, descontados os seus excessos, cristalizou-se nas instituições".[20]

Assim prosseguiu o Brasil, sob os auspícios da regência unipessoal, que se encurtou com a antecipação da maioridade de D. PEDRO II, que formou seu primeiro ministério em 24 de julho de 1840, composto de deputados e senadores.

Dias depois, na Câmara dos Deputados, o seu ministro da Justiça — o deputado ANTÔNIO CARLOS, revelou o pensamento do govêrno, em termos dignos de saliência.

"Espera", disse o ministro, "espera a administração a cooperação das Câmaras, porque isso é do elemento representativo; espera ganhar maioria nelas, mas sem transações, maioria honrosa, só em virtude de seus atos e de suas convicções; e se a não merecer, se não puder reduzir

---

19. JOSÉ MARIA CORRÊA DE SÁ E BENEVIDES, *Análise da Constituição Política do Império do Brasil* (São Paulo, 1890), pág. 136.

20. OTÁVIO TARQUÍNIO DE SOUZA, *Bernardo Pereira de Vasconcelos*, Rio de Janeiro, ed. José Olimpio, pág. 152.

as Câmaras ou a Nação aos seus princípios administrativos, há de retirar-se".

E o govêrno, com isso, se colocou na encruzilhada. Teve que retirar-se, sendo substituído em 23 de março de 1841. Efêmera lhe foi a permanência no poder; mas não se alongou por período maior a do ministério seguinte, nem do posterior. Um ministério por ano era a instabilidade, que urgia paralisar. Acoroçoava-a, de certo modo, a juventude do Imperador.

Ela e sua inexperiência haviam de levar o govêrno, e isso aconteceu, para o regime parlamentar, sob os moldes britânicos, restaurando-se ademais o Conselho de Estado.

A criação do cargo de Presidente do Conselho e o govêrno de Gabinete.

26. Tomando em consideração a conveniência de dar ao Ministério organização mais adaptada às condições do sistema representativo, houve o Imperador por bem criar "um presidente do Conselho dos Ministros; cumprindo ao dito Conselho organizar o seu regulamento" que se submeteria à imperial aprovação. Fez-se isso pelo decreto n. 523, de 20 de julho de 1847.

Instituiu-se dessarte o govêrno de gabinete, de modo a que o presidente do Conselho de Ministros pudesse desempenhar papel que deveria ser o de chefe do poder executivo. A criação, porém, era adúltera. Reforma de tal porte sòmente se poderia realizar por via de reforma constitucional. Nessa emergência, contornou-se; e mais não se fez do que criar o posto de presidente do Conselho de Ministros, que coube pela primeira vez, a MANOEL ALVES BRANCO. 2.º Visconde de Caravelas, senador e conselheiro de Estado interino. Empossado em 18 de novembro de 1847, nêle se manteve até 8 de março de 1848, quando o substituiu o VISCONDE DE MACAÉ.

E seguiu-se a série dos trinta e seis ministérios que teve o Imperador D. PEDRO II, dos quais o último foi o de 7 de junho de 1889, presidido pelo VISCONDE DE OURO PRETO, e no qual figuravam dois senadores — o presidente e o Conselheiro CÂNDIDO LUIZ MARIA DE OLIVEIRA, ministro da Justiça; dois deputados — LOURENÇO CAVALCANTI DE ALBUQUERQUE, ministro de Agricultura, e JOSÉ FRANCISCO

DIANA, ministro dos Estrangeiros; um oficial general da Armada — o BARÃO DO LADÁRIO, ministro da Marinha; um oficial general do Exército — o VISCONDE DE MARACAJÚ, ministro da Guerra; e um advogado — o BARÃO DE LORETO, ministro do Império.

O parlamentarismo brasileiro, como se vê, e nisso tinha muita razão o Padre DIOGO ANTÔNIO FEIJÓ, era *sui generis:* a escolha dos ministros de Estado dependia mais das simpatias e da confiança do Imperador do que das combinações que o presidente escolhido para o Ministério fizesse com os chefes do partido dominante na ocasião.[21]

---

21. Assaz sugestivo é o incidente narrado pelo Conselheiro RUY BARBOSA, na introdução do primeiro volume da *Queda do Império,* ed. Castilho (Rio de Janeiro, 1921), pág. XXXVIII:

"Visita quase quotidiana de sua casa (a do Conselheiro DANTAS), e, portanto, de rigor naquele dia, eu é que ali me julguei obrigado a comparecer, e, entrando com a familiaridade habitual, lá fui dar, mas logo na sala da frente, com uma afluência de amigos, entre os quais estava, contando a sua entrevista com o imperador, o presidente do conselho em projeto, que, ao ver-me, interrompendo-se, me disparou, a queima-roupa, a notícia alviçareira da minha ministrificação iminente.

"Fôra eu o primeiro lembrado. O imperador acolhera com aplauso a indicação do meu nome. Estavam-me duas pastas à escolha: a da agricultura e a do império. O organizador convidado queria-me na da agricultura, que era a pasta da emancipação. *Mas Sua Majestade me preferia na do império, a fim de executar os meus projetos de reforma do ensino,* já submetidos a câmara. Só de uma condição dependia tudo. E, baixando aí a voz, indagou o meu eminente interlocutor: "Mas Ruy, tens segura a reeleição?"

"Ao que, prontamente, eu:

"Ninguém pode responder a esta pergunta como V. Exa. mesmo, chefe do partido liberal, que me tem elegido".

"Não me replicou, porque, mal me calava, quando já um dos presentes, interpondo-se, com vivacidade, o atalhava, nomeando certo político baiano, a quem atribuía "eleição segura".

"Silêncio geral de um momento, que o dono da casa logo se deu pressa em cortar, acudindo:

"Vamos refletir".

"*Mas nunca mais, nem ali, nem noutro qualquer ensejo, até ao têrmo de nossas relações em 1890, nunca mais se me tocou naquilo.*

"É um de seus dignos filhos "quem narra a cena de consternação, que se passou no seio de sua família.

"O Conselheiro DANTAS, conta êsse filho, entrara em divergência com o imperador sôbre a minha admissão no ministério de 6 de junho, "antes mesmo de receber a incumbência de organizar o ministério".

É que êle intervinha em tudo e sua vontade preponderava.

"O Imperador", contou Joaquim Nabuco, "queria ser informado de tudo e informava os ministros de quanto traziam diretamente a êle; não havia censura na imprensa local do mais longínquo e obscuro município a qualquer ato insignificante da administração central que êle não fizesse constar ao ministro criticado. Como tudo isso era direito seu pela Constituição, nenhum ministro, que se quisesse conformar à sua posição constitucional, tomaria como intrusão e impertinência o modo pelo qual o Imperador julgava desempenhar-se de suas obrigações e exercer as suas atribuições majestáticas. As cartas de Dom Pedro II a Nabuco mostram bem até onde para o soberano chegava de direito sua interferência e onde êle parava. Êle tinha igualmente distintas a noção de sua responsabilidade, moral, nacional e a da responsabilidade política e legal do ministro. Quase tôdas essas cartas revelam desprendimento de interêsse e favor pessoal, além do zêlo com que êle preenchia suas funções; algumas mostram sòmente o desejo de não ser tido por estranho em nenhuma matéria".[22]

Demonstra isso, além de outros fatos mais convincentes, que o parlamentarismo não foi introduzido no Brasil pela Constituição outorgada em 1824, que silenciou a respeito; mas que atribuiu ao Imperador, realmente, a chefia do Estado e a inteira administração da política e dos negócios públicos, por via de seus ministros, ainda quando, em 1847, e depois disso, o Ministério tinha Presidente. Crítica das mais acerbas que se lhe fêz foi, exatamente, o exercício do que se chamou de — seu *poder pessoal*.

Não podia ser diversamente. Pela Constituição, êle era o ponto de convergência de dois poderes de prática pessoal — o poder moderador e o poder executivo.

---

22. Joaquim Nabuco, *Nabuco de Araújo, sua Vida, suas Opiniões, sua Época*, 1.ª ed. Garnier, do Rio de Janeiro, tomo I, pág. 350.

A exacerbação do poder moderador e o declínio do Império.

27. Exercia o Imperador o poder moderador. Exercia-o nomeando senadores. Era-lhe privativo convocar a Assembléia Geral extraordinàriamente, nos intervalos das sessões, quando assim o pedia o bem do Império. Mais ainda, sancionava-lhe decretos e resoluções para que tivessem fôrça de lei. Aprovava e suspendia inteiramente as resoluções dos conselhos provinciais. Prorrogava ou adiava a Assembléia Geral e dissolvia a Câmara dos Deputados, nos casos em que o exigisse a salvação do Estado, convocando imediatamente outra que a substituísse. Nomeava e demitia livremente os ministros. Suspendia magistrados. Perdoava as penas impostas aos réus condenados por sentença. Dado lhe era, enfim, conceder anistia em caso urgente, quando assim lhe aconselhassem a humanidade e bem do Estado.

Poder, assim composto de tantos poderes de acentuado característico político, mais político do que administrativo, não podia ser poder neutro. Tinha que ser ativo, mais do que isso dinâmico e, por isso mesmo, personalíssimo. Demonstrou-se bem êsse atributo no golpe de 1868, que deu por terra com o Gabinete Zacarias, de conseqüências muito profundas para a própria sorte do regime. Data dêle, como observou OLIVEIRA VIANA, "o grande processo de desintegração do sistema monárquico", e que pôs à mostra a peculiaridade do parlamentarismo brasileiro.

"Na verdade", escreveu o eminente pensador, "o golpe de 68, com o ser talvez o mais fecundo em conseqüências políticas, foi também o mais singular dos nossos golpes políticos. O partido liberal estava no poder desde 62 — e, num país de liberdade política apenas *on paper*, sabe-se bem o que podia significar isto. É o mesmo que dizer que o partido liberal detinha tôdas as situações nos municípios, nas províncias, no centro a Câmara liberal de 68, tão tocantemente unânime, era apenas uma alta expressão da tocante unanimidade liberal que existia por todo o país, graças aos recursos torcionários da lei de 13 de dezembro — lei que os liberais, quando apeados do poder, combatiam vigorosamente e, quando instalados no poder, aplicavam vigorosamente, ao modo dos conservadores".

Pois bem, e vale acompanhar a exposição iniciada, "demissionário o Gabinete liberal de 3 de agôsto, o Imperador ia usar a mais delicada faculdade do Príncipe no regime parlamentar: a da formação do novo Gabinete. Normalmente, como vimos, nesta contingência, ao Príncipe se abrem dois caminhos: ou êle constitui um Gabinete de acôrdo com a opinião dominante na Câmara, ou dissolve a Câmara, manda proceder às eleições e, de acôrdo com a nova opinião do país, revelada por essas eleições constitui o novo Gabinete. Era o que faria o soberano na livre Inglaterra e foi o que fez — pelo menos, aparentemente, D. PEDRO. Deu demissão ao liberal ZACARIAS e chamou para organizar o novo gabinete o conservador ITABORAÍ. Depois, concedeu a dissolução da Câmara e mandou fazer elcições com o fito democrático de sondar a opinião. Realizada a sondagem, verificou-se então que a opinião do país estava tôda ao lado dos conservadores — tanto que a nova Câmara era unânimemente conservadora, como a anterior era unânimemente liberal".

Eis o que ficou constando da moção de desconfiança que imediatamente se aprovou:

"A Câmara dos Deputados vê com profundo pezar e geral surpresa o estranho aparecimento do atual Gabinete, gerado fora do seu seio e simbolizando uma nova política, sem que uma questão parlamentar tivesse provocado a queda dos seus antecessores. Amiga sincera do sistema parlamentar e da Monarqiua constitucional, a Câmara lamenta êste fato singular, não tem e não pode ter confiança no Ministério".[23]

Eis a gota de água que causou o extravasamento; e a Câmara dos Deputados foi dissolvida.

Assim o quis o Imperador, no exercício do seu poder pessoal.

---

23. OLIVEIRA VIANA, *O Ocaso do Império,* ed. Comp. Melhoramentos de São Paulo, págs. 17 e 22.

Capítulo IV

A CAMPANHA FEDERALISTA E A PROCLA-MAÇÃO DA REPÚBLICA.

A descentralização no programa do partido liberal-radical.

28. Pode-se afirmar que o Ato Adicional não teve a virtude de amainar o impulso descentralizador das províncias. Antes, aviventou-o.

Inscreveu-o em seu programa o partido liberal-radical, formado em 1868, nestes têrmos:

"Expliquemos pràticamente ao povo a liberdade pela descentralização, e despertemos bem vivo na consciência do homem o sentimento de sua independência. Arranquemos da tutela governamental o indivíduo, o município e a província.

Emancipemos o indivíduo garantindo-lhe a liberdade de culto, de associações, de voto, de ensino e de indústria; o município, reconhecendo-lhe o direito de eleger a sua polícia, de prover as suas necessidades peculiares, de fazer aplicação de suas rendas; a província, libertando-a da ação esterilizadora e tardia do centro, respeitando-lhe a vida própria, garantindo-lhe o pleno uso e gôzo de tôdas as franquezas com a eleição de seus presidentes, de sorte que elas administrem-se por si sem outras restrições além das estritamente reclamadas pela união e interêsse geral".[24]

Do programa partidário a idéia, que desde muito vinha sendo alimentada — que, de resto, já se havia articulado nos pontos programáticos da revolução praieira, de Pernambuco — transbordou e entrou a propagar-se nos comícios públicos pelo verbo de SILVEIRA MARTINS.

---

24. AMÉRICO BRASILIENSE, *Os Programas dos Partidos e o 2.º Império*, ed. Jorge Seckler (São Paulo, 1878), pág. 29.

O desfraldamento da bandeira federalista pelo partido republicano.

29. Não haviam decorrido três anos e o Partido Republicano, que adquirira consistência, lançando o seu manifesto de 3 de dezembro de 1870, desfraldou a bandeira do federalismo, em têrmos precisos:

"No Brasil, antes ainda da idéia democrática, encarregou-se a natureza de estabelecer o princípio federativo. A topografia do nosso território, as zonas diversas em que êle se divide, os climas vários e as produções diferentes, as cordilheiras e as águas estavam indicando a necessidade de modelar a administração e o govêrno local acompanhando as próprias divisões criadas pela natureza física e impostas pela imensa superfície do nosso território.

"Foi a necessidade que demonstrou desde a origem, a eficácia do grande princípio que embalde a fôrça compressora do regime centralizador tem procurado contrafazer e destruir.

"Enquanto colônia, nenhum receio salteava o ânimo da monarquia portuguêsa por assim repartir o poder que delegava aos vassalos diletos ou preferidos. Longe disso, era êsse o meio de manter, com a metrópole, a unidade severa do mando absoluto.

"As rivalidades e os conflitos que rebentavam entre os diferentes delegados do poder central, enfraquecendo-os e impedindo a solidariedade moral quanto às idéias e à solidariedade administrativa quanto aos interêsses e às fôrças disseminadas; eram outras tantas garantias de permanência e solidez para o princípio centralizador e despótico. A eficácia do método havia já sido comprovado, por ocasião do movimento revolucionário de 1787, denominado — a Inconfidência.

"Nenhum interêsse, portanto, tinha a monarquia portuguêsa quando homisiou-se no Brasil, para repudiar o sistema que lhe garantira, com a estrangulação dos patriotas revolucionários, a perpetuidade do seu domínio nesta parte da América. A divisão política e administrativa permaneceu, portanto, a mesma na essência apesar da transferência da sede monárquica para as plagas brasileiras.

"A independência proclamada oficialmente em 1822 achou e respeitou a forma da divisão colonial.

"A idéia democrática representada pela primeira constituinte brasileira tentou, é certo, dar ao princípio federativo todo o desenvolvimento que êle comportava e de que carecia o país para poder marchar e progredir. Mas a dissolução da assembléia nacional, sufocando as aspirações democráticas, cerceou o princípio, desnaturou-o, e a carta outorgada em 1824, mantendo o *statu quo* da divisão territorial, ampliou a esfera da centralização pela dependência em que colocou as províncias e seus administradores do poder intruso e absorvente, chave do sistema, que abafou todos os respiradouros da liberdade, enfeudando as províncias à corte, à sede do único poder soberano que sobreviveu à ruína da democracia.

"A revolução de 7 de abril de 1831, trazendo à superfície as idéias e as aspirações sufocadas pela reação monárquica, deu novamente azo ao princípio federativo para manifestar-se e expandir-se.

"A autonomia das províncias, a sua desvinculação da côrte, a livre escolha dos seus administradores, as suas garantias legislativas por meio das assembléias provinciais, o alargamento da esfera das municipalidades, essa representação resumida da família política, a livre gerência dos seus negócios em tôdas as relações morais e econômicas, tais foram as condições características dêsse período de reorganização social, claramente formuladas ou esboçadas nos programas e nas leis que formaram o assunto das deliberações do govêrno e das assembléias dêsse tempo.

"A reação democrática não armou sòmente os espíritos para essa luta grandiosa.

"A convicção de alguns e o desencanto de muitos, fazendo fermentar o levêdo dos ódios legados pela monarquia que se desnacionalizara, a ação irritante do partido restaurador desafiando a cólera dos oprimidos da véspera, armou também o braço de muitos cidadãos e a revolução armada pronunciou-se em vários pontos do país sob a bandeira das franquezas provinciais.

"Desde 1824 até 1848, desde a federação do Equador até a revolução de Pernambuco, pode-se dizer que a corrente elétrica que perpassou pelas províncias, abalando o organismo social, partiu de um só foco — o sentimento da independência local, a idéia da federação, o pensamento da autonomia provincial.

"A obra da reação monárquica triunfante em todos os combates pôde até hoje, a favor do instinto pacífico dos cidadãos, adormecer o elemento democrático, embalando-o sempre com a esperança do seu próximo resgate.

"Mas ainda quando, por sinais tão evidentes, não se houvesse já demonstrado a exigência das províncias quanto a êsse interêsse superior, a ordem de coisas que prepondera não pode deixar de provocar o estigma de todos os patriotas sinceros. A centralização, tal qual existe, representa o despotismo, dá fôrça ao poder pessoal que avassala, estraga e corrompe os caracteres, perverte e anarquiza os espíritos, comprime a liberdade, constrange o cidadão, subordina o direito de todos ao arbítrio de um só poder, nulifica de fato a soberania nacional, mata o estímulo do progresso local, suga a riqueza peculiar das províncias, constituindo-se satélites obrigados do grande astro da côrte — centro absorvente e compressor que tudo corrompe e tudo concentra em si — na ordem moral e política, como na ordem econômica e administrativa.

"O ato adicional interpretado, a lei de 3 de dezembro, o conselho de Estado, criando, com o regime de tutela severa, a instância superior e os instrumentos independentes que tendem a cercear ou anular as deliberações dos parlamentos provinciais, apesar de truncados; a dependência administrativa em que foram colocadas as províncias, até para os atos mais triviais; o abuso de efetivo sequestro dos saldos dos orçamentos provinciais para as despesas e para as obras peculiares do município neutro; a restrição imposta ao desenvolvimento dos legítimos interêsses das províncias pela uniformidade obrigada, que forma o tipo da nossa absurda administração centralizadora, tudo está demonstrando que posição precária ocupa o interêsse pròpriamente nacional confrontando com o interêsse monárquico que é, de si mesmo, a origem e a fôrça da centralização.

"Tais condições, como a história o demonstra e o exemplo dos nossos dias está patenteado, são as mais próprias para, com a enervação interior, expor a pátria às eventualidades e aos perigos da usurpação e da conquista.

"O nosso Estado é, em miniatura, o estado da França de NAPOLEÃO III. O desmantelamento daquele pais que o mundo está presenciando com assombro não tem outra explicativa.

"E a própria guerra exterior que tivemos de manter por espaço de seis anos, deixou ver, com a ocupação de Mato Grosso e a invasão do Rio Grande do Sul, quanto é impotente e desastroso o regime de centralização para salvaguardar a honra e a integridade nacional.

"A autonomia das províncias é, pois, para nós mais do que um interêsse impôsto pela soledariedade dos direitos e das relações provinciais, é um princípio cardial e solene que inscrevemos na nossa bandeira.

"O regime da federação baseado, portanto, na independência recíproca das províncias, elevando-as à categoria de Estados próprios, únicamente ligados pelo vínculo da mesma nacionalidade e da solidariedade dos grandes interêsses da representação e da defesa exterior, é aquêle que adotamos no nosso programa, como sendo o único capaz de manter a comunhão da família brasileira.

"Se carecêssemos de uma fórmula para assinalar perante a consciência nacional os efeitos de um e outro regime, nós a resumiríamos assim: *Centralização — desmembramento. Descentralização — unidade*".[25]

Repercutiu fundamente a notícia da fundação do Partido Republicano: era elemento novo que surdia para os embates da vida política nacional. Recebido com as reservas naturais da época, entrou a exercitar sua ação catalítica.

I. Ganhou ela forma dinâmica em São Paulo. Não tardou que se reunissem os republicanos, por iniciativa de AMÉRICO DE CAMPOS, aos 17 de janeiro de 1872, na capital provinciana, tomando deliberações relevantes. Em consonância com os princípios democráticos e federativos, decidiu-se que o partido republicano da província conservaria sua independência e autonomia relativamente ao da Côrte. Igual independência guardariam os núcleos locais, imagem viva da autonomia municipal. A despeito disso, guardariam entre si colaboração íntima, operando harmônicamente, no interêsse da idéia geral e comum. Nomeou-se comissão, composta de AMÉRICO BRASILIENSE, MANOEL FERRAZ DE CAMPOS SALES e AMÉRICO DE CAMPOS, a fim de incentivar e desenvolver os trabalhos de propaganda e preparar um congresso, que fortalecesse o partido, organizando-o.

25. AMÉRICO BRASILIENSE, *Os Programas dos Partidos e o 2.º Império,* ed. Jorge Seckler (São Paulo, 1878), págs. 76 a 80.

Realizou-se aos 18 de abril de 1873 na cidade de Itu o grande e primeiro conclave republicano, a que presidiu João Tebiriçá Piratininga e passou para a história com o nome de Convenção de Itu. Acorreram representantes das cidades de São Paulo, Campinas, Jundiaí, Itu, Amparo, Bragança, Mogi Mirim, Constituição (Piracicaba), Botucatu, Tietê, Pôrto Feliz, Capivari, Sorocaba, Indaiatuba, Monte Mor e Jaú.

Ganhou o partido republicano, desde então, corpo e prestígio, aumentado com o segundo congresso reunido em São Paulo meses depois, em 1 de julho de 1873, em que se elegeu comissão permanente, incumbida da direção dos negócios do partido e encarregada de estudar e formular projeto de organização política sôbre a base da federação de municípios e autonomia federal das províncias. Redigiu a comissão, constituída por João Tebiriçá Piratininga, presidente, Américo de Campos, secretário, João Tobias, Campos Sales, Martinho Prado Júnior, Antônio Augusto da Fonseca e Américo Brasiliense, manifesto, dado à publicidade aos 2 de julho de 1873, e, em outubro do mesmo ano, as bases para a Constituição do Estado de São Paulo. Foi o primeiro trabalho de organização federativa elaborado no Brasil.

Terceiro congresso reuniu-se em São Paulo em abril de 1874 e, em 1878, o Congresso Republicano Provincial.

Logo depois, em 1884, logrou o partido eleger deputados gerais Prudente José de Morais Barros e Manoel Ferraz de Campos Sales, que viriam a ser os dois primeiros presidentes civis da República. Em Minas Gerais elegeu-se Álvaro Botelho. Foram os primeiros republicanos que tiveram assento no Parlamento do Império.

II. Atendendo a circular assinada por Felicíssimo Manoel de Ázevedo, Apeles Pôrto Alegre, Luiz Leseignueur, Ramiro Barcelos e Demétrio Nunes Ribeiro em 12 de dezembro de 1881, convocada pelo Clube Republicano de Pôrto Alegre, ali se realizou, em 23 de fevereiro de 1882, convenção destinada à fundação do Partido Republicano do Rio Grande do Sul, em que se assentaram os moldes da sua propaganda, com caráter inteiramente pacífico e moderado, educando e instruindo, persuadindo e convencendo, empenhando-se por tôdas as reformas que auxiliassem e facilitassem a vitória do partido.

Novo congresso realizou-se em 21 de março de 1883, em que se deliberou fundar a fôlha oficial do partido. Foi *A Federação,* cujo primeiro número apareceu em 1 de janeiro de 1884, tendo VENÂNCIO AIRES como diretor.

Sob a presidência dêste reuniu-se o 3.º Congresso Republicano em 10 de maio de 1884, que aprovou as bases para o programa dos candidatos republicanos. Entre os pontos máximos da doutrina política sobrepairava como base primordial a de que "todo o procedimento político dos candidatos devia subordinar-se à aspiração suprema do Partido Republicano Brasileiro — a transformação das províncias então existentes em Estados autônomos e confederados, sob a forma republicana, tendo em vista a manutenção da unidade política nacional pelos meios mais positivos e adequados às condições do povo brasileiro.

O inspirador de todo o movimento e a alma de todos os congressos foi JÚLIO DE CASTILHOS, elevado a chefe, juntamente com PINHEIRO MACHADO, ERNESTO ALVES, FERNANDO ABBOT, ASSIS BRASIL, RAMIRO BARCELOS e DEMÉTRIO RIBEIRO.

A campanha federalista e a instituição do presidencialismo.

30. Como se vê, o principal no programa republicano era o federalismo. Não se aludiu ao regime presidencialista. "Somos da América e queremos ser americanos. A nossa forma de govêrno é, em sua essência e em sua prática, antinômica e hostil aos direitos e aos interêsses dos Estados americanos. A permanência dessa forma tem de ser forçosamente, além da origem de opressão no interior, a fonte perpétua da hostilidade e das guerras com os povos que nos rodeiam". Eis o que se disse da forma de govêrno, sem se acentuar que se propendia pelo presidencialismo.

E o movimento federalista prosseguiu, explodindo no Parlamento, na tribuna popular e no jornalismo.

Tomou JOAQUIM NABUCO a iniciativa do projeto oferecido em 1885 à Câmara dos Deputados, subscrito por trinta e sete deputados liberais, dentre êles CÂNDIDO DE OLIVEIRA, AFONSO CELSO JÚNIOR, PAULA PRIMO, ALVES DE ARAÚJO, ARISTIDES SPINOLA e CÉSAR ZAMA. Teve essa proposição a virtude de alertar a opinião pública. Pô-la atenta ao movimento que poderia adquirir fôrça telúrica capaz de combalir o solo em que assentava o regime imperial.

Reiterada a proposta em 1888, outros adeptos do programa federal alistaram-se ao lado de Joaquim Nabuco, os que compunham a falange da minoria liberal do momento: Mata Machado, H. Sales, E. de Mesquita, Beltrão, J. Pompeu, Rodrigues Peixotó e Joaquim Pedro.

Reunido em São Paulo, nesse mesmo ano, o partido liberal em congresso, tornou-se vencedora moção em prol do regime federativo, nos moldes da Constituição dos Estados Unidos da América. Entendeu aquêle congresso, em manifesto de 11 de junho de 1888, que se o ministério de então, dilacerando a bandeira conservadora, prometia restabelecer a verdade do Ato Adicional, não podiam os liberais "sem arriscar-se a um suicídio político, deixar de exigir a monarquia federativa".

Pouco antes, em 29 de abril, discursando no Teatro S. José da Bahia, havia Ruy Barbosa proferido palavras anunciadoras de que a grande transformação se aproximava do seu têrmo: "A cordilheira negra esboroa-se, abalada pelas comoções que operam a mudança dos tempos nas profundezas da história; e por êsse rasgão imenso, que se abre, entra em cheio o azul dos novos horizontes, o oxigênio poderoso da civilização americana. Os velhos partidos, cooperadores irregeneráveis do passado, rolam, desagregados, para o abismo, entre os destroços de uma era que acabou; e, pelo espaço que a tempestade salvadora purifica, os ventos do norte e do sul trazem, suspendem e dispersam, para caírem sôbre a terra, as idéias vivificadoras da nossa reabilitação: a liberdade religiosa, a democratização do voto, a desenfeudação da propriedade, a desoligarquização do Senado, a federação dos *Estados Unidos Brasileiros,* com a Coroa, se esta lhe fôr propícia, contra e sem ela, se lhe tomar o caminho".

Com o programa federal incompatibilizou-se a Coroa. Profèticamente sentenciou Ruy Barbosa, no ardor da campanha jornalística, que, na associação entre êsses dois fenômenos — a reação contra a Coroa e a aparição do federalismo, estava evidentemente indicada a lacuna, qualificado o vício, que impopularizava a monarquia, soprando contra ela os ressentimentos que haviam de acabar por varrê-la da superfície do continente americano.

Dando, escrevia o jornalista incomparável, "a cada província a posse completa da sua existência, o desenvolvimento proporcional da sua capacidade, a fruição inteira da messe do seu trabalho, da sua energia, do seu merecimento, com a vantagem adicional da defesa externa pelas fôrças de um grande Estado federativo, do respeito assegurado entre as nações por essa aliança de elementos poderosos, e da livre permuta comercial entre as regiões federais, num sistema que vede os impostos de trânsito interprovinciais — a federação consolidaria em granito a unidade da pátria, criaria, numa acepção superior, essa unidade, puramente artificial hoje, implantando-a com raízes eternas na espera moral dos sentimentos nacionais; porque viria converter essa unidade, de mero interêsse do centro, que hoje é, em interêsse inteligível e benfazejo de cada uma das províncias. Neste sentido a federação nos mostra o aspecto da maior das idéias conservadoras, sem deixar de ser a mais bela das aspirações liberais".[26]

Assim doutrinava o panfletário em junho e em 15 de novembro de 1889 se proclamaria a República, que varreria do continente americano a monarquia brasileira, e de cujo govêrno provisório viria a fazer parte, como titular da pasta da Fazenda e sua figura preeminente. Caber-lhe-ia, pela sua estatura de estadista e pelos seus profundos conhecimentos de direito público, traçar as linhas lindeiras do regime republicano. Foi sua, bem o observou PEDRO CALMON, "a inicial escolha dos rumos. Fixou-se na índole americana do federalismo. Apoiou-se à história dêsse govêrno-paradigma. Embebeu-se de suas lições. Ambicionou o seu equilíbrio, a balança dos poderes. a separação de esferas, a divisão de funções, o conteúdo popular e o esquema constitucional de seu regime centenário. Encerrara-se o ciclo do parlamentarismo de estilo europeu e cêpa romântica. Inaugurava-se — e o inaugurou RUY — o presidencialismo rasgadamente americano".[27]

---

26. RUY BARBOSA, *Comentários à Constituição Federal Brasileira,* coligidos por Homero Pires, vol. I (São Paulo, 1932), pág. 54.

27. *Obras completas de Ruy Barbosa,* vol. XVII, tomo I — *A Constituição de 1891* (Rio de Janeiro, 1946) prefácio, pág. XIII.

Capítulo V

A CONFIGURAÇÃO FEDERAL DA NAÇÃO.

Os caminhos do federalismo brasileiro.

31. A nação brasileira, adotando, como forma de govêrno, sob o regime representativo, a República Federativa, proclamada a 15 de novembro de 1889, constituiu-se, por união perpétua e indissolúvel das suas antigas províncias, em Estados Unidos do Brasil.

Realizou-se o vaticínio de EVARISTO DA VEIGA. Foi êle talvez, no reparo de OTÁVIO TARQUÍNIO DE SOUZA, "o primeiro a assinalar os caminhos inversos seguidos pela América do Norte e pelo Brasil para atingir à solução federalista: lá o centripetismo, os Estados, separados, buscando a união, integrando-se; aqui o centrifugismo, as províncias fundidas, diferenciando-se, de qualquer sorte se separando. E por que temesse o desmembramento, o Brasil retalhado, a separação, só cedia ao "desejo geral da reforma" com cautelas, "num meio têrmo entre o govêrno da América do Norte e os governos especiais europeus".[28]

Num ponto andou certo o jornalista da Regência: na forma por que se processaria a federação no Brasil. O seu temor, porém, se mostrou infundado: a federação não poderia constituir e não constituiu motivo para o desmembramento das províncias que se erigiram em Estados.

Pela Constituição de 1891, cada província formou um Estado, incumbido de prover, a expensas próprias, às necessidades de seu govêrno e administração. Cada Estado organizar-se-ia à imagem e semelhança da Nação. Reger-se-ia pela Constituição e leis, que adotasse, respeitados

---

28. OTÁVIO TARQUÍNIO DE SOUZA, *Evaristo da Veiga,* ed. Brasiliana da Companhia Editora Nacional (São Paulo, 1939), pág. 238.

os princípios constitucionais da União, assim debulhados: *a*) a forma republicana; *b*) o regime representativo; *c*) o govêrno presidencial; *d*) a independência e harmonia dos poderes; *e*) a temporariedade das funções eletivas e a responsabilidade dos funcionários; *f*) a autonomia dos municípios; *g*) a capacidade para ser eleito ou elegível nos têrmos da Constituição; *h*) regime eleitoral que permita a representação das minorias; *i*) a inamovibilidade e vitaliciedade dos magistrados e a irredutibilidade dos seus vencimentos; *f*) os direitos políticos e individuais assegurados pela Constituição; *k*) a não reeleição dos presidentes e governadores; *l*) a possibilidade da reforma constitucional e a competência do poder legislativo para decretá-la.

Eis, pois, a órbita dentro da qual os Estados formulariam suas Constituições e suas leis.

Poderia cada Estado celebrar com os outros ajustes e convenções sem caráter político.

Facultou-se ainda aos Estados, em geral, todo e qualquer poder ou direito que lhes não tivesse sido negado por cláusula expressa ou implìcitamente contida nas cláusulas expressas da Constituição.

Criou-se, dessarte, verdadeiro sistema planetário geográfico, político e administrativo: dentro do mesmo território inteiriço e único, ou seja o território nacional terrestre, marítimo e aéreo, em tôdas as suas dimensões, depara-se a Nação, como Estado soberano, dividida em Estados e em Territórios e subdividida em Municípios, mais o Distrito Federal, em que se converteu o antigo Município Neutro, que foi a sede do Império e é hoje a capital da República, formado pela leal e heróica cidade de São Sebastião do Rio de Janeiro.

Êsse é o arcabouço do organismo federal — instituído pela Constituição de 1891, com as modificações introduzidas pelas Constituições que se lhe sucederam por fôrça dos eventos políticos de que foi fértil a vida republicana — agora configurado na Constituição de 1946.

A União, os Estados, os Municípios, o Distrito Federal es os Territórios coexistem geográfica, política e administrativamente, harmônicos e coesos, cada qual dentro da esfera de sua atividade e de sua competência estabelecida pelos dispositivos constitucionais.

O funcionamento do organismo federal e o seu estudo, como o sintetizou PONTES DE MIRANDA em esquema lúcido, "diz respeito à repartição das competências entre o círculo abrangente e os círculos abrangidos, isto é, entre União, Estados-membros, Distrito Federal, Territórios e Municípios. Os Estados-membros são iguais entre si; também o são, entre si, os Municípios; mas prevaleceu, de novo, a diferença entre o Município da Capital dos Estados-membros e os outros Municípios, no que se refere à nomeação do Prefeito. Não há nenhum preceito que faça iguais os Territórios, quanto à soma dos seus poderes. Quando se diz que a administração dos Territórios será regulada em lei especial, não se quer a unicidade da lei para todos êles, tão só, que cada um dêles tenha a sua lei, sem se afastar, é certo, a possibilidade de lei orgânica para todos os Territórios. O Distrito Federal é submetido a regime próprio. Temos, pois: *a*) paridade dos Estados-membros; *b*) possível não paridade dos Territórios; *c*) unicidade do Distrito Federal; *d*) paridade dos Municípios, salvo quanto ao Poder Executivo".[29]

Resume-se o sistema federal brasileiro na coexistência, dentro da União, que goza de soberania, de Estados e Municípios, que gozam de autonomia, ou seja do govêrno próprio do que lhes é próprio.

A competência da União.

32. A União, vocábulo empregado nas Constituições anteriores para exprimir o govêrno comum ou geral, e de que se servira a de 1891 indistintamente com República, Govêrno Federal, Govêrno Nacional, Govêrno da União ou simplesmente Govêrno,[30] exprime, na Constituição de 1946, que usou da palavra com mais constância, a Nação políticamente organizada, ou seja o Estado Federal, como pessoa jurídica de direito público interno e de direito das gentes.

Largos e amplos são os poderes da União. Mantém relações com os Estados estrangeiros e com êles celebra

---

29. PONTES DE MIRANDA, *Comentários à Constituição de 1946*, vol. I, pág. 219.

30. JOÃO BARBALHO, *Comentários à Constituição Federal Brasileira* (Rio de Janeiro, 1902), pág. 9.

tratados e convenções. Declara a guerra e faz a paz. Decreta, prorroga e suspende o estado de sítio. Organiza as fôrças armadas, a segurança das fronteiras e a defesa externa. Permite que fôrças estrangeiras transitem pelo território nacional ou, por motivo de guerra, nêle permaneçam temporàriamente. Autoriza a produção e fiscaliza o comércio de material bélico. Superintende, em todo o território nacional, os serviços de polícia marítima, aérea e de fronteiras. Cunha e emite moeda. Institui bancos de emissão. Fiscaliza as operações de estabelecimentos de crédito, de capitalização e de seguros. Estabelece o plano nacional de viação. Mantém o serviço postal e o correio aéreo nacional. Explora, diretamente ou mediante concessão, os serviços de telégrafos, de radiocomunicação, de radiodifusão, de telefones interestaduais e internacionais, de navegação aérea e de vias férreas que liguem portos marítimos às fronteiras nacionais ou transponham os limites de um Estado. Organiza defesa permanente contra os efetios da sêca, das endemias rurais e das inundações. Concede anistia.

A competência legislativa da União, que em certos casos não exclui a legislação estadual supletiva ou complementar, delimitou-se na Constituição, a despeito de ter-se diminuído a competência legislativa dos Estados. Podiam êstes, pela Constituição de 1891, legislar sôbre o direito processual. Agora, não mais. Legisla a União privativamente sôbre direito civil, comercial, penal, processual, eleitoral, aeronáutico e do trabalho. Estabelece normas gerais de direito financeiro; de seguro e de previdência social; de defesa e de proteção de saúde; de regime penitenciário; e as diretrizes e bases da educação nacional. Cabe-lhe elaborar leis sôbre produção e consumo; registros públicos e juntas comerciais; desapropriação; regime dos portos e da navegação de cabotagem; tráfego interestadual; comércio exterior e interestadual; instituições de crédito, câmbio, transferência de valores; emigração e imigração; naturalização, entrada, extradição e expulsão de estrangeiros. Ainda sôbre requisições civis e militares em tempo de guerra; sistema monetário e de medidas; título e garantia dos metais; riquezas do subsolo, mineração, metalurgia, águas, energia elétrica, florestas, caça e pesca. Ademais, sôbre condições de capacidade para o exercício das profissões técnico-científicas e liberais; o uso dos símbolos nacionais e a incorporação dos silvícolas à comunhão nacional.

Se, pois, era, na vigência da Constituição de 1891, nacional o direito substantivo e estadual o direito adjetivo, pois cada Estado teve o seu código de processo, completa é agora a unidade material e formal do direito, a despeito das diversidades geográficas e populacionais dos Estados. Ponto foi êste em que se distanciou o federalismo brasileiro do federalismo norte-americano.

A supremacia da União em tudo e por tudo se manifesta, dentro da órbita de sua competência constitucional, que se adstringiu igualmente na matéria tributária, de maior importância nos regimes federativos. No afã de manter o justo equilíbrio financeiro, tocaram à União os impostos sôbre mercadorias de procedência estrangeira e de consumo das nacionais. Couberam-lhe os sôbre a produção, comércio, distribuição e consumo e bem assim sôbre a importação e exportação de lubrificantes líquidos e gasosos de qualquer origem ou natureza, estendendo-se êsse regime, no aplicável, aos minerais do país e à energia elétrica. Igualmente, os impostos sôbre rendas e proventos de qualquer natureza, a transferência de fundos para o exterior e os sôbre negócios da economia da União, atos e instrumentos regulados por lei federal.

Armou-se a União de todos os meios para o desenvolvimento da nação, sua segurança interna e seu prestígio e defesa no exterior, sem prejuízo da autonomia dos Estados.

O organismo político e administrativo dos Estados.

33. Observados os princípios, que estabeleceu, outorgou a Constituição federal aos Estados o poder para organizarem-se e regerem-se pelas Constituições e leis, que adotassem. Bateu ela no ponto nevrálgico do federalismo — no princípio dos Estados autônomos dentro da Nação soberana.

Existem, por efeito disso, em plano inferior e hierárquico ao da Constituição nacional, vinte Constituições dos vinte Estados federados. Elaboraram-se as ora vigentes sob o influxo dos princípios ditados pela Constituição nacional. A forma republicana federativa. A independência e harmonia dos poderes. A temporariedade das funções eletivas, limitada a duração destas à das funções federais correspondentes. A proibição de reelegerem-se governadores e prefeitos para o período imediato. A autonomia municipal. A prestação de contas da administração. As garantias do poder judiciário.

Traçaram-se dessarte as linhas perimétricas da dimensão política de cada Estado, de molde a organizarem-se em consonância com as peculiaridades de sua dimensão territorial. Detém-se o extravasamento possível por via da intervenção do govêrno federal nos Estados, nos casos previstos na carta magna. Para a mantença da integridade nacional. Para a repulsa de invasão estrangeira ou a de um Estado em outro. Para a terminação de guerra civil. Para a garantia do livre exercício de qualquer dos poderes estaduais. Para segurança da execução de ordem ou decisão judiciária. Para a reorganização das finanças do Estado que, sem motivo de fôrça maior, suspender por mais de dois anos consecutivos o serviço de sua dívida fundada externa. E para, enfim, a observância dos princípios constitucionais já debulhados.

Para a vigência dêsses princípios, decreta-se por lei do Congresso Nacional a intervenção federal, qual para a reorganização da vida financeira dos Estados. Decreta-a, nos demais casos, o presidente da República, *ad referendum* do Congresso Nacional. No caso de inobservância dos princípios constitucionais, entretanto, a iniciativa cabe antes ao Procurador Geral da República. Mediante representação dêste, o Supremo Tribunal Federal toma conhecimento do ato havido por inconstitucional. Declarada a inconstitucionalidade, a lei federal decreta a intervenção, se necessária. No maior número de vêzes, o acórdão declaratório da inconstitucionalidade é bastante para invalidá-lo, tornando-o inexequível. Aconteceu isso recentemente, ao elaborarem-se, sob o influxo da Constituição de 1946, as Constituições dos Estados federados. Excederam-se algumas adotando textos espúrios. Chamado a examiná-los no desempenho do seu altíssimo papel de guardião do regime, o Supremo Tribunal Federal proscreveu-os, por sua inconstitucionalidade; e êles se tornaram inanes. como se inexistissem.[31]

O preceito instituidor de revisão de tal porte inexistia na Constituição de 1891, sob cuja vigência a Constituição do Estado do Rio Grande do Sul, influenciada pela filosofia positiva de AUGUSTO COMTE, atribuiu ao presidente do Estado e chefe do poder executivo a faculdade de legislar com o só beneplácito das Câmaras Municipais; e êsse regime teve perdurança,[32] pela inexistência de outro meio que pudesse restaurar o regime presidencial democrático, naquele Estado, que não fôsse o da intervenção federal, que poderia ter provocado reação armada de ruinosos efeitos. É que ainda perduravam os do levante federalista, que tanto repercutiu em todo país. Só isso explica a predominância do regime primitivo implantado por JÚLIO DE CASTILHOS no Rio Grande do Sul e mercê do qual o presidente do Estado detinha os dois poderes — o executivo e o legislativo. A Assembléia dos Representantes era apenas orçamentária. Ou pouco mais do que isso. Cifra-

31. *Arquivo Judiciário.* do Rio de Janeiro, vol. 85. de 1948, págs. 3 a 211; vol. 87 de 1948, págs. 127 a 131; vol. 90, de 1948, págs. 233 a 247.

32. RUY BARBOSA, *A Constituição Rio Grandense, Obras Completas de Ruy Barbosa,* vol. XXII, ed. do Ministério da Educação e Saúde (Rio de Janeiro, 1952), págs. 193 a 222.

Pela Constituição Rio Grandense, que vigorou até 1930, a suprema direção governamental e administrativa do Estado competia ao presidente, que a exerceria livremente, conforme o bem público, "interpretado de acôrdo com as leis"; mas era êle mesmo que elaborava "as leis".

"E de que modo exerce o presidente essas atribuições?" Eis a pergunta que RUY BARBOSA formulou e assim respondeu:

"Promulgando" leis, diz a Constituição rio-grandense (art. 20, n. 1), para não dizer mais francamente "legislando". Mas, de fato, no uso desta autoridade o presidente do Estado não fêz senão legislar, no sentido rigoroso da palavra, e legislar com uma soberania mais absoluta que a dos corpos legislativos, pois, ao passo que os atos dêstes requerem, para vigorar, a sanção do outro ramo do poder, os decretos do executivo, no Rio Grande do Sul, não estão adstritos a limitação imperativa de ordem alguma. Nascem da vontade exclusiva do governador. e por ela exclusivamente se fazem leis mediante apenas a formalidade inútil de uma exposição prévia à censura popular, que a nada o obriga.

"Êsse processo preparatório é de uma ingenuidade ideal. "Antes de *promulgar* uma lei qualquer, salvo o caso a que se refere o

va-se em pouco a sua competência legislativa, executiva contida em nove itens: *a*) fixar anualmente a despesa e a sua receita; *b*) criar, aumentar, ou suprimir contribuições, taxas ou impostos; *c*) autorizar o presidente a contrair empréstimos e realizar outras operações de crédito; *d*) vetar todos os meios indispensáveis à manutenção dos serviços públicos criados por lei, sem intervir por qualquer forma nas respectivas organizações; *e*) mudar a capital do Estado; *f*) resolver sôbre os limites territoriais dêle; *g*) processar o presidente; *h*) apurar-lhe as eleições; *i*) fixar o subsídio ao presidente e seus representantes. Ainda agora, ao articular a nova Constituição daquele mesmo Estado, os seus artífices introduziram-lhe govêrno parlamentarista. Ter-se-ia no Estado federal presidencialista

art. 33", o presidente publicará o respetivo projeto, com uma circunstanciada exposição de motivos.

"A exceção do art. 33 alude aos atos da assembléia dos representantes, os quais se promulgam e fazem lei por imediata publicação cometida ao presidente.

"Quanto, porém, às leis da competência dêste, um prazo de três meses, a contar da publicação do projeto na sede do Govêrno, proporciona aos cidadãos do Estado ocasião de comentá-la, ou sugerir-lhe emendas.

"O presidente, examinando-as, adota-la-á, se houver por bem. Se não, "manterá inalterável o projeto" (*inalterado* quis êle dizer). E, em um ou em outro caso, será êle, "mediante promulgação convertido em lei do Estado". E aí está o chefe da administração exercendo, ao mesmo tempo, em escala mais ampla que a da assembléia dos representantes, as funções de legislador.

"Verdade é que, se a maioria dos conselhos municipais representar contra o ato, a lei considerar-se-á revogada (art. 23, § 4).

"Mas isso, em primeiro lugar, não apaga o absurdo gravíssimo de que essa deliberação chegasse ao estado soberano de lei por mero ditame da vontade individual do presidente. Depois, entre a promulgação e a revogação mediou tempo. Durante êle o arbítrio presidencial campeou em tôda a sua plenitude produzido malfazejos resultados."

É de suma importância, para o exame do regime que imperou de 1937 a 1945, o confronto da carta ditada em 10 de novembro de 1937 com a Constituição Rio Grandense de 14 de julho de 1891. Só assim se compreenderá o que foi aquêle regime e quais as suas raízes filosóficas. Fêz-lhe o esbôço, por êsse prisma, arguindo em concurso, na Faculdade de Direito de São Paulo, o Professor Ruy Cirne Lima, catedrático da Faculdade de Direito de Porto Alegre, em traços vivazes, o que antes já havia exposto Sobral Pinto em um dos jornais cariocas; a sugestão é das que reclamam mais largo desenvolvimento.

Estado federado parlamentar, o que não deixava de ser esdrúxulo. Provocado a examinar tão estranhos textos, o Supremo Tribunal Federal decretou-lhes a inconstitucionalidade, restaurando no Estado do Rio Grande do Sul o regime presidencial, levado a cabo por via de reforma de sua Constituição.[33]

Têm os Estados federados ampla autonomia a fim de proverem as necessidades de seu govêrno e da sua administração, cabendo à União prestar-lhes socorro em caso de calamidade pública. Legislam sôbre tôdas as matérias que não sejam da competência do Congresso Nacional. Reservaram-se-lhes os poderes que implícita ou explicitamente não lhes foram vedados pela Constituição nacional; e, em certos casos, a competência legislativa complementar das leis federais, atendidas as peculiaridades locais Limitou-se-lhes, como era natural, a esfera tributária. Tem a União os seus tributos. Pertencem aos Estados os impostos sôbre a propriedade territorial, exceto a urbana; sôbre a transmissão de propriedade *causa mortis* e da propriedade imobiliária *inter vivos* e sua incorporação ao capital de sociedades. Também o de vendas e consignações efetuadas por comerciantes e produtores, inclusive indústrias, isenta, porém, a primeira operação do pequeno produtor, conforme o definir a lei estadual. O de exportação de mercadorias de sua produção para o estrangeiro, até o máximo de cinco por cento *ad valorem,* vedados quaisquer adicionais. E os atos regulados por lei estadual, os do serviço da sua justiça e os negócios de sua economia.

São poderes dos Estados federados, independentes e harmônicos entre si, o legislativo, o executivo e o judiciário, dando a êste cada Estado a organização adequada.

Divide-se o território de cada Estado em Municípios autônomos, que constituem as células do organismo federal.

A autonomia dos Municípios.

34. São realmente autônomos os Municípios. Assegura-se essa autonomia pela eleição dos Prefeitos e dos vereadores. Também, e principalmente, pela administra-

---

33. *Revista Forense,* do Rio de Janeiro, vol. 126, de 1948, págs. 74 e 97.

ção própria, no que concerne ao seu peculiar interêsse, que se manifesta sobretudo pelo decreto e arrecadação dos tributos de sua competência, de molde a, aplicando suas rendas, bem organizar os serviços públicos locais.

Sofre exceção insigne o princípio de eleição dos prefeitos em casos especiais. Podem ser nomeados pelos governadores dos Estados ou dos Territórios os prefeitos das capitais, bem como os dos Municípios onde houver estâncias hidrominerais naturais, quando beneficiadas pelo Estado ou pela União. Êstes últimos, os prefeitos das estâncias hidrominerais, constituem, mercê de sua dupla investidura, figuras híbridas. Nomeados pelos governadores de Estados a fim de bem aplicarem os benefícios por ventura conferidos pela União e pelos Estados, são funcionários estaduais; mas, de outro lado, detêm o poder municipal, como órgão executivo dos Municípios. Nesta situação, colocam-se em posição superior à das Câmaras Municipais, por efeito de sua função estadual. Daí terem surgido conflitos entre os dois poderes municipais, em detrimento dos vereadores, eleitos pelo sufrágio popular e representantes diretos do povo. Não deixa de ser isso anômalo. É o que também se dá com os prefeitos dos Municípios declarados bases ou portos militares de excepcional importância para a defesa externa do país por lei federal, mediante parecer do Conselho de Segurança Nacional. É de nomeação do presidente da República o prefeito do Distrito Federal.

Têm rendas próprias os Municípios. O impôsto territorial e urbano. O de licença. O de indústrias e profissões. O sôbre diversões públicas. O sôbre os atos de sua economia ou assuntos de sua competência. Além disso, a parcela do sôbre lubrificantes e combustíveis líquidos ou gasosos, que tem a forma de imposto único, arrecadado pela União, do qual tocam sessenta por cento aos Estados, ao Distrito Federal e aos Municípios, proporcionalmente a sua superfície, população, produção e consumo, nos têrmos da lei federal. Ademais, dez por cento do impôsto sôbre a renda arrecadada pela União, a partilhar-se igualmente entre todos os Municípios, afora os das capitais, aplicando-se pelo menos metade da importância em benefícios de ordem rural.

Melhorou-se sensìvelmente a situação dos Municípios, cujos rendimentos eram escassos e mal chegavam em regra para a mantença do funcionalismo público. Ainda não se lhes deu o suficiente para emanciparem-se econômicamente, mas a melhora foi sensível.

Independem teòricamente os Municípios dos Estados, mas a coadjuvação econômica e financeira dêstes é indispensável. Resulta disso o poderem os Estados intervir nos Municípios sòmente para regularizar-lhes as finanças quando se verifique impontualidade no serviço de empréstimo garantido pelo Estado ou quando deixem de pagar, por dois anos consecutivos, a sua divida fundada.

O Distrito Federal e os Territórios.

35. O Distrito Federal é o Município em que se situa a capital da República. Os seus vereadores são eleitos; mas o seu Prefeito é nomeado pelo presidente da República.

Os Territórios são Estados em perspectiva, ou seja *in fieri*. Não gozam de autonomia. Têm governadores nomeados pelo presidente da República; mas os seus Municípios são autônomos.

O Distrito Federal e os Territórios são organizados pela lei federal.

Os círculos concêntricos de competência do federalismo.

36. A União compreende, além dos Estados, o Distrito Federal e os Territórios. Podem os Estados incorporar-se entre si, subdividir-se ou desmembrar-se para se anexarem a outros ou formarem novos Estados, mediante voto das respectivas assembléias legislativas, plesbicito das populações diretamente interessadas e aprovação do Congresso Nacional. E os Territórios também podem, mediante lei especial, constituir-se em Estados, subdividir-se em novos Territórios ou volver a participar dos Estados de que tenham sido desmembrados.

No memento atual, vinte são os Estados. Cinco, os Territórios. E um Distrito Federal. Tem a União à sua ilharga o Distrito Federal e os Territórios. Forma ela, com os Estados e os Municípios, sistema de círculos concêntricos de competência. Como pessoas jurídicas de direito público interno, são autônomos. Governam-se por si mesmos, sem interferências ou imiscuições hierárquicas, senão as de auxílio ou coadjuvança para a mantença do seu equilíbrio governamental e segurança da sua harmonia administrativa e política.

Dentro dos círculos de suas respectivas competências, traçadas pela Constituição nacional, os Estados e os Municípios são autônomos, como a União o é, sendo ela ademais soberana, no concêrto universal das Nações.

Para o exercício de sua atividade governamental têm a União, os Estados e os Municípios os três poderes: o executivo, o legislativo e o judiciário, independentes e harmônicos entre si.

Eis a essência do federalismo.

A investidura dos poderes e o regime representativo.

37. Todo o poder emana do povo e em seu nome é exercido.

Elege-se, pois que o regime é representativo, o presidente da República, com mandato por cinco anos, e, simultâneamente, o vice-presidente da República, a fim de substituí-lo ou suceder-lhe, pelo sufrágio universal e direto de todos os brasileiros.

O voto é secreto; e o alistamento dos eleitores, bem como todo o processo eleitoral, até ao reconhecimento e posse dos eleitos, realiza-se sob as vistas, a direção e o contrôlo da justiça eleitoral, que faz parte do poder judiciário federal.

Elegem os Estados os seu governadores e os componentes de suas Assembléias Legislativas; e ainda, cada Estado os seus representantes no Senado Federal e na Câmara dos Deputados, as duas casas do Congresso Nacional. Também os Municípios elegem os seus prefeitos e os seus vereadores. A eleição dos representantes do povo obedece ao princípio da representação proporcional dos partidos nacionais, na forma da lei.

Compadece-se com tal sistema de representação popular no regime federativo o govêrno parlamentarista ou de gabinete? Ou foi de sua criação que surgiu necessàriamente a forma de govêrno presidencial?

Capítulo VI

O PRESIDENCIALISMO NO BRASIL.

O presidencialismo como efeito de parada do regime parlamentar.

38.   Não faltou quem dissesse que, histôricamente, nos Estados Unidos da América, o regime presidencial tivesse surgido por efeito de parada de desenvolvimento do regime parlamentar.   Não teria nascido de concepção especial que visasse qualquer outra coisa nova e boa, por não ter passado de utilização ocasional de mau estado de coisas que, se se perpetuou, foi pelo poder paralizante que sempre exercem os códigos e as leis.[34]

A observação, em tais têrmos articulada, incompadece-se, examinada por primeiro prisma, com a verdade histórica.   Para que sua exatitude se tornasse intuitiva teria sido necessário que as colônias, que se converteram nos Estados Unidos da América, se houvessem, realmente, regido por sistema ao menos parecido com o parlamentar, que existia e imperava na Inglaterra, mas não se deparava nas suas colônias, submetidas a regime outro e diverso, de administração autárquica, sob o amparo da Coroa.

Se os colonos, ao localizarem-se nas terras virgens da América, entre si pactuavam o estabelecimento de forma de govêrno que condissesse com as suas aspirações de homens livres, nem por isso se deu o transplantio, que era impossível, do regime político dominante nas ilhas metropolitanas.   A isso se opunha, como óbice intransponível, a incipiência governamental que se instituia mais modestamente.

---

34.   MEDEIROS E ALBUQUERQUE, *Parlamentarismo e presidencialismo no Brasil,* ed. Calvino Filho (Rio de Janeiro, 1932), pág. 39.

Não se impulsionou o desenvolvimento do parlamentarismo para que se solucionasse sua continuidade, de molde a dar-se a parada que se amofinaria ou se avolumaria no regime que efetivamente se adotou.

Ensejou o argumento enunciado o de SUMMER MAINE, de comêço referido, de que os constituintes norte-americanos não nutriam o propósito de inovar, nem o de estabelecer rigorosa divisão de poderes independentes, senão apenas pôr em lugar de governador nomeado pelo rei presidente eleito pelo povo. Mas os fatos e a tradição histórica conspiraram contra o asserto. O sistema norte-americano, como observou JAMES BECK, originou-se, em parte, na fé profunda dos artífices da Constituição na doutrina de MONTESQUIEU, divisora do govêrno em três poderes independentes — legislativo, executivo e judiciário, embora a prática viesse a demonstrar a dificuldade de aplicar-se a doutrina em sua rigidez literal. E acrescentou que a separação dos poderes legislativo e executivo se efetivou pelo princípio da inamovibilidade das funções públicas, preferindo a Constituição atribuir-lhes mandato de prazo curto, de onde o ter apregoado que nisso estava o calcanhar de Aquiles da forma de govêrno dos Estados Unidos da América.[35]

Quando o mandato dos representantes é limitado a dois anos, nem cabe falar em necessidade de dissolver-se a Câmara dos Representantes, mercê das seguidas e bienais consultas ao povo, tanto mais quanto o mandato do presidente da República também é limitado e extingue-se ao têrmo do quatriênio.

Tal foi o regime de govêrno que os antigos colonos inglêses quiseram construir e efetivamente consolidaram na Constituição e mantiveram durante todo o tempo decorrido de 1787 até agora, a despeito das várias emendas que a modificaram com o correr dos dias e os fastos históricos.

Êsse foi o regime que se implantou no Brasil em 1891. Não tiveram os propagandistas republicanos o deliberado propósito de instituí-lo, pois que nos seus manifestos e na sua campanha não o incluíram nos articuladós de seu programa. Desde que, porém, a República surgia com o

---

35. JAMES M. BECK, *La Constitution des États Unis*, trad. de John Charpentier, ed. Armand Colin (Paris, 1923), pág. 113.

federalismo de tipo norte-americano, no enxertá-lo no organismo político da Nação apresentou-se a necessidade de adotá-lo com o presidencialismo norte-americano, dadas as dificuldades de fundi-lo com o parlamentarismo na vida política e administrativa dos Estados federados, mercê de sua autonomia. Quebrar-se-ia o espírito de unidade nacional no suceder dos acontecimentos políticos estaduais.

Pregoeiro, que sempre foi, da implantação do federalismo no Brasil — e o seu refrão foi o de "a federação com a Coroa, ou sem ela" — o problema da forma do govêrno apresentou-se a RUY BARBOSA quando o Govêrno Provisório da República, de que fazia parte, o incumbiu de elaborar o projeto de Constituição que se deveria apresentar à Assembléia Constituinte; e êle se orientou no sentido presidencialista, que lhe parecia o único côngruo com o federalismo.

O implante da fórmula norte-americana e suas variantes.

39. Consagrou-se na Constituição de 1891 o presidencialismo norte-americano.

Deu-se como que volta ao passado. No Brasil, desde que se implantou govêrno, no regime colonial, êsse foi o govêrno unipessoal, que D. João VI manteve, a Carta outorgada de 1824 consagrou e D. PEDRO I praticou, tanto quanto a Regência, assinalada, de resto, pela convicção inamolgável do Regente DIOGO FEIJÓ de que outro não era o por ela ditado e estabelecido.

A menoridade do imperador D. PEDRO II foi que ensejou o govêrno de gabinete, desde quando se criou o cargo de presidente do Conselho de Ministros, à margem da Constituição, o que não impediu que, pouco mais tarde, êle começasse a governar, de fato, exercendo o seu poder pessoal.

Êsse regime, em todo o caso, se praticou durante quarenta e dois anos, ou seja de 1847 a 1889. Não se passaria, pois, fácil e suavemente, de um para outro regime político de govêrno. É o que acontece em todos os países quando mutações dessa natureza se efetuam. Os usos dificilmente se modificam. Vinha-se da instabilidade dos gabinetes para a estabilidade governamental a prazo fixo O presidente da República passaria a governar como chefe do poder executivo e, ao mesmo passo, chefe de ministério, que a bem dizer inexistia, a despeito dos despachos coletivos que dava com os seus ministros. O desajustamento das peças do organismo administrativo criou o mal estar, que levou o primeiro presidente da República, o marechal DEODORO DA FONSECA, a dissolver o Congresso Nacional. Era o golpe de Estado. Reagiu o Congresso, sob a inspiração e a energia de PRUDENTE DE MORAIS. Deu-se a renúncia do presidente da República; e o vice-presidente, o marechal FLORIANO PEIXOTO se dispôs a suceder-lhe pelo restante do mandato, embora devesse determinar que se procedessem a eleições do sucessor, como inequivocamente mandava a Constituição. Sobreveio, nesse transe, a revolução, afinal dominada.

Ensejou tudo isso a revolta contra o regime: a culpa de todos os males residia, não podia deixar de estar senão na forma de govêrno; e surgiu a campanha parlamenta-rista,[36] em que se apregoaram os defeitos e os males do presidencialismo.

Tem êste subsistido a despeito dos acontecimentos políticos dos últimos anos.

Deu a revolução de 1930 por terra com a Constituição de 1891, que o instituiu; mas a Constituição de 1934, que a substituiu, manteve o govêrno presidencial. Ao golpe de Estado de 1945, que fez ruir a ditadura facista instaurada em 1937, sucedeu a Constituição de 1946, que conservou a forma de govêrno presidencialista.

Significa isso que o povo brasileiro, pelos seus atos subsequentes e repetidos, tem manifestado sua predileção pelo presidencialismo, não obstante os surtos em prol do parlamentarismo, ainda há pouco manifestados por via de emenda apresentada à Câmara dos Deputados, assinada por centena de representantes de todos os partidos políticos.

Momentos não lhe faltaram, antes foram inúmeros, em que poderia ter restaurado o regime que se generalizou

---

36. SÍLVIO ROMERO, *Parlamentarismo e Presidencialismo na República Brasileira*, Rio de Janeiro, 1893, ed. Companhia Impressora, pág. 23.

em quase tôda a Europa. Mal saídas da guerra última, consagraram-no a França e a Itália.

Vem mantendo o regime presidencial de govêrno, durante tôda sua vida republicana, a despeito de tudo, influenciado pelo preconceito da incompatibilidade do regime parlamentar com a federação. Não pouco se há debatido com o propósito de desfazê-lo, recorrendo a argumentos do mais variado estilo; mas êle subsiste arraigadamente como base de convicções formadas mais pelo senso da observação do que com o rigorismo das demonstrações doutrinárias, não poucas vêzes infecundas.

Nem tem obstado a êsse estado de espírito, que é de pertinácia, a tese das dissemelhanças entre o presidencialismo norte-americano e o que no Brasil se moldou no texto constitucional, mas sobretudo se praticou e se vem praticando através dos eventos políticos de mais de meio século, contados dos últimos dias de 1889 aos que estão a decorrer.

As formas de govêrno, transplantadas de um para outro povo, padecem deformações inevitáveis, que todavia não as desfiguram totalmente. Tal se deu com o govêrno de Gabinete, de feitio britânico, no segundo império brasileiro. Diferentemente não havia de ser com a prática do presidencialismo advindo do setentrião do continente americano, sobretudo quando se examinem os poderes do presidente da República e sua preponderância diante do órgão legislativo, de representação nacional.

A representação do povo e dos Estados no Congresso Nacional.

40. Como nos Estados Unidos da América do Norte, organizou-se, pela Constituição de 1891, o poder legislativo brasileiro bicameralmente — a Câmara dos Deputados, composta de representantes do povo, eleitos pelos Estados e pelo Distrito Federal, mediante o sufrágio direto, garantida a representação da minoria; e o Senado, composto de cidadãos maiores de trinta e cinco anos, em número de três por Estado e três pelo Distrito Federal, eleitos pelo mesmo modo que os deputados.

O número dêstes fixava-se por lei, em proporção que não excedesse de um por setenta mil habitantes, não devendo êsse número ser inferior a quatro por Estado. O mandato dos deputados era de três anos; e o dos senadores de nove anos, renovando-se o Senado pelo têrço trienalmente.

Competia à Câmara dos Deputados a iniciativa do adiamento da sessão legislativa e de tôdas as leis de impostos, das leis de fixação das fôrças de terra e de mar, da discussão dos projetos oferecidos pelo poder executivo, e a declaração da procedência ou improcedência da acusação contra o presidente da República e contra os ministros de Estado nos crimes conexos com os do presidente da República.

Cabia ao Senado privativamente julgar o presidente da República e os demais funcionários federais designados pela Constituição, nos têrmos e pela forma por ela prescritos. Deliberava então como Tribunal de Justiça, presidido pelo presidente do Supremo Tribunal Federal; mas não proferia sentença condenatória senão por dois terços dos membros presentes. Nem podia impor outras penas mais que a perda do cargo e a incapacidade de exercer qualquer outro, sem prejuízo da ação da justiça ordinária contra o condenado.

Afora isso, os projetos de lei podiam originar-se indistintamente na Câmara dos Deputados, ou no Senado, sob a iniciativa de qualquer dos seus membros. O projeto de lei, adotado numa das câmaras, era submetido à outra; e esta, se o aprovava, o enviava ao poder executivo, que, aquiescendo, o sancionava e promulgava.

Tinha o presidente da República o direito de veto.

A harmonia e independência dos órgãos da soberania nacional.

41. Tripartidos os órgãos da soberania nacional no poder legislativo, no poder executivo e no poder judiciário, assentou-se, na Constituição de 1891, o princípio de serem harmônicos e independentes entre si.

A independência lhes advinha de vários fatôres, a começar pelo de sua constituição, quanto ao poder legislativo e ao poder executivo, um e outro oriundos da soberania nacional, por eleitos diretamente o presidente da República, que a êste personifica e exerce, e os deputados e senadores, componentes daquele outro poder.

A eleição do presidente e do vice-presidente da República, por sufrágio direto da Nação e maioria absoluta de votos, podia deferir-se ao Congresso Nacional se nenhum dos votados para aquêles cargos houvesse alcançado tal maioria, limitando-se o pleito aos dois candidatos que tivessem alcançado, na eleição direta, as duas votações mais elevadas. Em caso de empate, o mais velho se consideraria eleito.

Não obstante, o Congresso Nacional é que apurava a eleição direta, proclamando e empossando os eleitos. Podia dar-se a posse ante o Supremo Tribunal Federal, quando não reunido o Congresso Nacional.

E êste apurava a eleição dos seus membros, constituindo-se sem interferência do poder executivo.

O poder judiciário federal, tendo por órgãos o Supremo Tribunal Federal na capital da República e tantos juízes e tribunais federais, distribuídos pelo país, quantos o Congresso Nacional criasse, se organizava por nomeação do poder executivo, apenas com a variante de que a dos membros do Supremo Tribunal Federal estava sujeita à aprovação do Senado Federal.

Por tal modo constituídos, os três poderes funcionavam independentemente um dos outros, por terem suas respectivas competências e atribuições inteiramente demarcadas na Constituição, vedado a qualquer dêles o arbítrio de delegar a outro o exercício de qualquer de suas atribuições próprias. Ademais, o cidadão investido em funções de qualquer dos três poderes estava inibido de exercer as de outro.

Estabelecidas as linhas lindeiras dos três poderes, especificaram-se os casos naturais de interferências a fim de que se mantivesse a independência dêles entre si, na harmonia do seu funcionamento.

Cumpria, assim, ao presidente da República, como detentor uno do poder executivo: *a*) propor ao poder legislativo os projetos de leis que entendesse convenientes à administração e sancionar, promulgar e fazer publicar as leis e resoluções daquele; *b*) convocar extraordinàriamente o Congresso Nacional; *c*) nomear os magistrados federais, mediante proposta do Supremo Tribunal Federal; *d*) submeter à aprovação do Senado a nomeação de ministros diplomáticos; *e*) designar, dentre os membros do Supremo Tribunal Federal, o procurador geral da República, cujas atribuições constavam de lei ordinária.

O presidente da República era submetido a processo e julgamento, depois que a Câmara dos Deputados julgasse procedente a acusação, perante o Supremo Tribunal Federal, nos crimes comuns, e, nos de responsabilidade, perante o Senado, nos têrmos já expostos.

No concernente às relações entre o poder executivo e o poder legislativo, dominava certa separação pois que se faziam, em regra, à distância, por via de mensagens escritas e protocolares. Basta dizer que o presidente da República dava conta, anualmente, da situação do país ao Congresso Nacional, indicando-lhe as providências e reforma urgentes, em mensagem; e esta se remetia ao secretário do Senado, no dia da abertura da sessão legislativa. Era isso, e ainda é, solenidade fria, que se tornava norma e fastidiosa, com a leitura de páginas de exposições longas e maçudas de livros impressos, distribuídos de antemão aos deputados e senadores. Mais natural seria que, como acontece nos Estados Unidos da América, pudesse o presidente da República, ao menos nos momentos históricos, comparecer diante do Congresso Nacional e de viva voz, expor-lhe a situação do país.

Mas não era só isso. Auxiliado por ministros de Estado, agentes de sua confiança, que lhe subscrevem os atos, presidindo cada qual a um dos ministérios em que se divide a administração federal, nem por via dêstes podia o presidente da República comunicar-se com o Congresso Nacional. Aos ministros era vedado comparecimento às sessões dêste; e só se comunicavam com êle por escrito, ou pessoalmente em conferências com as comissões das Câmaras. E isso era tão pouco que chegou a ser raridade.

Em todo o caso, os atos do presidente da República eram discutidos no Congresso Nacional, bem como as comunicações escritas de seus ministros, tanto quanto os seus atos privativos. Surgiu a necessidade da defesa do govêrno; e êste passou a exprimir-se, nas duas Câmaras, por intermédio de representante autorizado — o lider da maioria. Não era êste, em geral, eleito por esta, mas designado pelo presidente da República. Exercendo papel imprevisto nos dispositivos constitucionais, a figura dêsse representante do presidente da República alteou-se tanto, que se tornou dominadora, superpondo-se à do presidente da Câmara dos Deputados e à do Senado, embora fôsse êste o vice-presidente da República.

O comparecimento dos ministros às sessões do Congresso Nacional.

42. Saído o país do parlamentarismo e acostumado a presenciar os debates dos problemas governamentais pelos ministros de Estado, repontou em muitos espíritos a saudade dos grandes espisódios parlamentares, em que se destacaram estadistas, de renome feito por via dêles, e tribunos dos mais festejados pela opinião pública. Revertia isso em detrimento do regime presidencial apenas inaugurado.

Nem faltou, em livro de doutrina, a palavra de presidencialista convicto, como foi Assis Brasil, em prol do comparecimento dos ministros às sessões do Congresso Nacional.

"A nossa experiência de govêrno presidencial é muito curta", escreveu êle quando representava o Brasil em Lisboa, em 1896; "mas não vacilo em afirmar que quem fôr às câmaras em dia em que se discuta o orçamento, ou alguma outra lei sumamente interessante ao govêrno, há de lá encontrar, como figura obrigada, um ministro de Estado vagando pelos corredores, a segredar instruções a um representante amigo, enquanto o oposicionista lhe critica os projetos. Outras vêzes, há de aparecer agachado por trás da tribuna donde fala o defensor da sua obra, a puxar-lhe pela aba do casaco. Ora, não seria melhor, mais útil ao bem público, mais sensato e mais honesto trazer êste homem ostensivamente à tribuna, donde diria de viva voz o que sentisse, instruiria o poder legislativo e a opinião pública das intenções do govêrno, responderia a tôdas as dúvidas e se retiraria em paz, com a consciência satisfeita, deixando tôda a responsabilidade que não fôsse sua sôbre os ombros dos legisladores, em lugar de penetrar excusamente na casa dêstes, sempre desconfiando da sua falsa posição de hóspede importuno? Tôda a questão se reduz a isto: os ministros já vão às câmaras, já informam os legisladores, já influem nas votações: é melhor que façam tudo isso dos corredores, ou da tribuna? A hipocrisia será preferível à sinceridade?" [37]

Pôsto se achou, desde então, o problema, no plano puramente doutrinário. O comparecimento dos ministros de Estado à tribuna parlamentar fôra expressamente proscrito pela Constituição. Sòmente poderia vingar com o tempo e por efeito de reforma desta. Mas a tese não se lançou no vácuo. Ao contrário, ganhou muitos e brilhantes espíritos em seu prol, como provocou a de outros a oporem-se-lhe galhardamente. O que se sustentava era que, tendo o presidente da República a iniciativa de projetos de lei, deveria ensejar-se, pela palavra de seus ministros, que os estudaram e prepararam, a defesa das providências por êle sugeridas. Compreendia-se. De outro lado, dizia-se, carecem os legisladores de conhecimentos exatos da situação do país, das suas necessidades, dos seus recursos financeiros, a fim de aquilatarem da oportunidade de certas medidas legislativas. Certamente que a palavra dos ministros não terá por efeito demitir ou sustentar o gabinete de ministros, pela inexistência de tal gabinete, como nos regimes parlamentares; mas pode dar em resultado que a opinião pública force o presidente da República a exonerar o seu secretário que se mostrou inapto para o cargo de tanta relevância para que o nomeou.

Eis, escreveu ASSIS BRASIL, "vantagens de primeira ordem para a prática de um govêrno livre. Ajunte-se a isto que, por tal modo, seriam escolhidos com mais cuidado os homens de govêrno, não pelos dotes oratórios, porque não se trataria de comover, mas pelas qualidades de estadista, porque se trataria de demonstrar e convencer; que a responsabilidade moral do executivo teria mais meio de se fazer sentir; que se esclareceriam os elementos da responsabilidade legal confiada à justiça organizada; que entre os pedidos de informações e a sua satisfação mediaria menos tempo, sendo esta muito mais ampla; que, finalmente, se limparia o regime presidencial, sem prejuízo

---

37. J. F. DE ASSIS BRASIL, *Do Govêrno Presidencial na República Brasileira,* ed. Companhia Nacional Editora (Lisboa). pág. 323.

da fidelidade à doutrina, de uma das agruras que ainda o fazem antipático: e é de esperar que tudo isso pese mais no ânimo dos bons brasileiros do que a preocupação de copiar servilmente as instituições norte americanas."

A coordenação dos poderes na Constituição de 1934

43. Entrada no ocaso a Constituição de 1891, por efeito do movimento revolucionário vitorioso em 1930, seguiu-se período de govêrno discricionário unipessoal, que mais se teria alongado se não lhe tivesse encurtado os dias a revolução constitucionalista de São Paulo em 1932.

Vencido aquêle movimento admirável pelas armas, tornou-se irreprimível sua fôrça ideológica e não houve senão caminhar para o regime da lei.

Veio a Constituição de 1934.

Modificou esta em muitos e consideráveis pontos assim a forma federativa dos Estados, como o regime presidencial de govêrno.

Pelo texto constitucional, emanavam todos os poderes do povo e em nome dele exerciam-se. Conservaram-se como órgãos da soberania nacional, dentro dos limites constitucionais, os poderes legislativo, executivo e judiciário, "independentes e coordenados entre si". Manteve-se o vêdo aos poderes constitucionais de delegar as suas atribuições e de o cidadão investido na função de um dêles exercer a de outro.

Não obstante emanarem do povo os poderes, o poder legislativo adstringiu-se à Câmara dos Deputados, com a colaboração do Senado Federal, alterando-se sobremodo fisionomia e estrutura das duas Câmaras.

I. Compunha-se a Câmara dos Deputados de representantes do povo, eleitos mediante sistema proporcional e sufrágio universal igual e direto, e de representantes eleitos pelas organizações profissionais, na forma indicada na lei.

Tornou-se de composição híbrida a Câmara dos Deputados: os do povo, seriam em número proporcional à população de cada Estado e do Distrito Federal, não podendo exceder de um por 150.0000 habitantes, até o máximo de vinte, e, dêste limite para cima, de um por 250.000

habitantes; e os das profissões, em total equivalente a um quinto da representação popular. Os territórios elegiam dois deputados.

Os deputados das profissões escolhiam-se na forma da lei ordinária, por sufrágio indireto das associações profissionais compreendidas, para êsse efeito, e com os grupos afins respectivos, nas quatro divisões seguintes: lavoura e pecuária; indústria; comércio e transportes; profissões liberais e funcionários públicos.

O total dos deputados das três primeiras categorias era, no mínimo, de seis sétimos da representação profissional, distribuídos igualmente entre êles, dividindo-se cada uma em círculos correspondentes ao número de deputados que lhe cabia, dividido por dois, a fim de garantir a representação igual de empregados e empregadores. O número de círculos da quarta categoria correspondia ao dos seus deputados.

Excetuada a quarta categoria, havia em cada círculo profissional dois grupos eleitorais distintos: um, das associações de empregados; outro, das associações de empregados.

Constituiam-se os grupos de delegados das associações, mediante sufrágio secreto, igual e indireto, por graus sucessivos.

Na discriminação dos círculos assegurava a lei a representação das atividades econômicas e culturais do país.

A Câmara dos Deputados, assim constituída, podia convocar qualquer ministro de Estado para, perante ela, prestar informações sôbre quaisquer questões, prévia e expressamente determinadas, atinentes a assuntos do respectivo Ministério; e a falta de comparência do Ministro, sem justificação, importava crime de responsabilidade. Igual faculdade, e nos mesmos têrmos, cabia às Comissões da Câmara dos Deputados. Também ao Senado Federal podiam os Ministros prestar, pessoalmente ou por escrito, as informações por êle solicitadas.

Não ficou nisso o dispositivo constitucional. Foi além. Permitiu ao govêrno a interferência nas sessões da Câmara dos Deputados ou de suas Comissões. Por isso, estatuiu que aquela e estas designariam dia e hora para ouvir os ministros de Estado, que lhes quisessem solicitar providências legislativas ou prestar esclarecimentos.

Abriu-se nova prática parlamentar, não de muita freqüência e sucesso, desde logo se diga. Mas utilizou-se algumas vêzes, ou por convocação da Câmara dos Deputados ou por iniciativa do próprio govêrno, quando se sentiu na necessidade de chamar a atenção do país para a sua política administrativa. Nem por isso, deixou, e desde então, de ser criticada, sobretudo do ponto de vista doutrinário.

"Adotar" , prelecionou SAMPAIO DORIA na Faculdade de Direito da Universidade de São Paulo, "adotar, no presidencialismo, a peça parlamentar do comparecimento dos ministros à Câmara (sob pena de crime de responsabilidade), sem o contrapêso da dissolução do Congresso, quando entre a maioria partidária a por os interêsses pessoais, ou de sua grei, acima dos interêsses nacionais, a fazer o que se costuma chamar de politicagem, é o que jamais poderia acudir, como peça solitária do arcabouço político, senão a um povo de sangue caboclo. Seria manietar, escravizar, anular o presidente da República ao arbítrio de uma corporação irresponsável, que dite a seu salvo a lei, numa ditadura periódica, revesada de quatro em quatro anos".[38]

II. Eram de duas ordens as atribuições do poder legislativo ou da Câmara dos Deputados — privativas umas, exclusivas outras.

Competia-lhe privativamente, com a sanção do presidente da República: *a)* decretar leis orgânicas para a completa execução da Constituição; *b)* votar anualmente o orçamento da receita e da despesa, e, no início de cada legislatura, a lei de fixação das fôrças armadas da União, a qual, naquele período, sòmente podia modificar-se por iniciativa do presidente da República; *c)* dispor sôbre a dívida pública da União e sôbre os meios de pagá-la; regular a arrecadação e a distribuição das suas rendas; autorizar emissões de papel moeda de curso forçado; abertura e operações de crédito; *d)* aprovar as resoluções dos órgãos legislativos estaduais sôbre incorporação, subdivisão ou desmembramento de Estados, e de qualquer acôrdo entre êstes; *e)* resolver sôbre a execução de obras e manu-

---

38. A. DE SAMPAIO DORIA, *A Constituição de 1946,* em *Pelo bem de todos* (São Paulo, 1948), pág. 97.

tenção de serviços da competência da União; *f*) criar e extinguir empregos públicos federais, fixar-lhes e alterar-lhes os vencimentos, sempre por lei especial; *g*) transferir temporàriamente a sede do govêrno quando o exigisse a segurança nacional; *h*) legislar sôbre o exercício dos poderes federais; as medidas necessárias para facilitar, entre os Estados, a prevenção e repressão da criminalidade e assegurar a prisão e extradição dos acusados e condenados; a organização do Distrito Federal, dos Territórios e dos serviços nêles reservados à União; licenças, aposentadorias e reformas, não podendo por disposições especiais concedê-las, nem alterar as concedidas; *i*) tôdas as matérias de competência da União ou dependentes de lei federal, por fôrça da Constituição.

Entrava na competência exclusiva do poder legislativo: *a*) resolver definitivamente sôbre tratados e convenções com as nações estrangeiras, celebrados pelo presidente da República, inclusive os relativos à paz; *b*) autorizar o presidente da República a declarar a guerra, incabível ou malogrado o recurso do arbitramento, e a negociar a paz; *c*) julgar as contas do presidente da República; *d*) aprovar ou suspender o estado de sítio e a intervenção nos Estados, decretados no intervalo das suas sessões; *e*) conceder anistia; *f*) prorrogar as suas sessões, suspendê-las e adiá-las; *g*) mudar temporàriamente a sua sede; *h*) autorizar o presidente da República a ausentar-se para país estrangeiro; *i*) decretar a intervenção nos Estados para reorganizar as finanças do Estado que, sem motivo de fôrça maior, suspendesse, por mais de dois anos consecutivos, o serviço da sua dívida fundada, assim como para assegurar a observância dos princípios constitucionais; *j*) autorizar a decretação e a prorrogação do estado de sítio; *k*) fixar a ajuda de custo e o subsídio dos membros da Câmara dos Deputados e do Senado Federal, e também o do presidente da República.

As leis, decretos e resoluções da competência exclusiva do poder legislativo promulgavam-se pelo presidente da Câmara dos Deputados, que os mandava publicar.

III. Não era o Senado Federal, pròpriamente, órgão do poder legislativo. Cabia-lhe colaborar com a Câmara dos Deputados na elaboração de leis sôbre: *a*) estado de sítio; *b*) sistema eleitoral e de representação; *c*) organização judiciária federal; *d*) tributos e tarifas; *e*) mobilização, declaração de guerra, celebração de paz e passagem de fôrças estrangeiras pelo território nacional; *f*) comércio internacional e interestadual; *h*) regime de portos, navegação de cabotagem e nos rios e lagos do domínio da União; *i*) vias de comunicação interestadual; *j*) sistema monetário e de medidas, bancos de emissão; *k*) socorros aos Estados; *l*) matérias em que os Estados tinham competência legislativa subsidiária ou complementar.

Não residia nisso, entretanto, a grã função do Senado Federal. Não se enquadrou como órgão do poder legislativo. Transplantou-se para capítulo especial — o "da coordenação dos poderes". Com isso, desfigurou-se. Ou transfigurou-se. Convertido em super-órgão, de natureza eminentemente política, competia-lhe coordenar os poderes federais entre si, e eram o poder executivo e o poder legislativo, mantendo a continuidade administrativa. Acima de tudo, pertencia-lhe velar pela Constituição.

Para exercer poderes de tanta relevância, tinha que ser o Senado Federal dinâmico, o que nem sempre acontece com os órgãos colegiados; e ao seu lado gravitavam, como órgãos de cooperação nas atividades governamentais, o Ministério Público, o Tribunal de Contas e os Conselhos Técnicos, sendo que êstes não chegaram a constituir-se.

Entrava nas atribuições privativas do Senado Federal: *a*) aprovar, mediante voto secreto, as nomeações de magistrados, nos casos previstos na Constituição; as dos ministros do Tribunal de Contas, a do procurador geral da República, bem como as designações dos chefes de missões diplomáticas no exterior; *b*) autorizar a intervenção federal dos Estados, para pôr têrmo à guerra civil, e os empréstimos externos dos Estados, do Distrito Federal e dos Municípios; *c*) iniciar os projetos de lei sôbre a intervenção federal e, em geral, das que interessassem determinadamente a um ou mais Estados; *d*) suspender, exceto nos casos de intervenção decretada, a concentração de fôrça federal nos Estados, quando as necessidades de ordem pública não a justificassem.

Eis, nesse último enunciado, de que alto poder se investiu o Senado Federal! Imagine-se, porque isso sòmente se pode admitir imaginando, que tivesse êle de o exercitar. Teria, em tal momento, de gozar de autoridade tanta no organismo político nacional, que o seu exercício importaria em verdadeiro golpe de Estado. É que o presidente da República é o chefe supremo das fôrças armadas da Nação, que administra por intermédio dos órgãos competentes. . .

Ressalta de tudo isso, e de mais outras atribuições daquele singular órgão, investido de função legislativa, ao mesmo passo que de algumas de ordem executiva, que êle, assim organizado a fim de equilibrar, na Assembléia Nacional Constituinte, os ímpetos dos unicameralistas com a resistência tradicionalistas dos adeptos do federalismo e do presidencialismo instituído com a República, era, de natureza, verdadeiramente esdrúxulo. Colocou-se, por isso mesmo, nas pontas de dilema atroz: ou seria super-órgão, autêntico quarto poder; ou se convertia em simples câmara legislativa, quando tivesse que colaborar com a Câmara dos Deputados.

E foi esta a diretriz que êle seguiu.

IV. Mas não era tudo. Funcionava ademais permanentemente o Senado Federal. Por inteiro, e na plenitude de seus poderes de várias naturezas, em concomitância com a Câmara dos Deputados. Por metade, no intervalo das sessões legislativas, com representação igual dos Estados e do Distrito Federal.

Era a Secção Permanente.

Tinha por incumbência velar na observância da Constituição, quanto às prerrogativas do poder legislativo. Durante as férias dos deputados, ficava vigilante a fim de que se lhe não cerceassem as imunidades. Cabia-lhe, nesse particular, deliberar *ad referendum* da Câmara dos Deputados sôbre o processo e prisão de seus membros. Mas também sôbre a decretação do estado de sítio pelo presidente da República, quanto sôbre a ausência dêste para país estrangeiro. Podia, por derradeiro, convocar extraordinàriamente a Câmara dos Deputados, especialmente quando houvesse de deliberar sôbre vetos presidenciais; e, ainda, criar comissões de inquérito sôbre fatos determinados.

Vinha-se, para a Assembléia Nacional Constituinte, que preparou a Constituição de 1934, de duas revoluções — a de 1930, que instituiu o regime discricionário vigente, e a de 1932, que procurou encaminhá-la para o regime constitucional. Depararam-se naquela assembléia correntes de opinião díspares que deviam confluir, em transações, no texto definitivo da lei magna. Naquele transe, pensou-se quiçá na prática revolucionária sul-americana e não faltou lembrança daquele primoroso ensaio escrito por JOAQUIM NABUCO sôbre BALMACEDA e a revolução chilena de 1891, em que, com fina malícia, dissera não ter pretendido compor lição de revolução comparada, "cadeira que entretanto seria talvez útil criar nas Universidades Sul-Americanas, como complemento do nosso Direito Constitucional". Como no Chile existira, naquele tempo, a Comissão Conservadora, a qual, na ausência do poder legislativo, exercia sôbre a administração o direito de fiscalização que lhe era próprio, aqui se instituiu a Secção Permanente, por aquêle modêlo.

Exprimiu, de resto, JOAQUIM NABUCO o sentimento que teria ditado a constituição daquele órgão, em palavras que merecem revivescência: "As Câmaras são a Representação Nacional; a ficção é que elas são o país, ao passo que o Presidente não é senão um magistrado. Entre a Representação Nacional de um lado e o Presidente do outro, presume-se, havendo conflito, que a Nação está com os seus representantes e não com o seu delegado, e tanto assim que a Representação Nacional tem em certos casos, deixado exclusivamente ao seu critério, o direito até de o suspender e de o depor. Ela é o poder mais alto de todos. No caso de ruptura, não se compreenderia na Inglaterra um Parlamento, nem nos Estados Unidos, um Congresso *rebelde.* De certo o Presidente tem o direito de escolher livremente os seus ministros, mas êsse livremente entende-se dentro das normas, que formam a Constituição não escrita de cada país. Não é sòmente na Inglaterra que a Constituição não é escrita; escrevam-na como quiserem, imaginem os modos mais decisivos de demarcar os limites de cada poder, a Constituição terá sempre que ser o *modus vivendi* que êles assentarem entre si e que o país tiver sancionado. Nada mais prepóstero do que, em um país onde êsse *modus vivendi* estava desde tantos anos profundamente radicado, surgir de repente um Gabinete pretendendo governar sem as Câmaras e invocando para isso fragmentos arquelógicos ou postulados de ciência moderna".[39]

Como quer que tenha sido, a Secção Permanente exprimia, por um lado o estado de desconfiança da Nação no chefe do poder executivo; mas, por outro lado, revelava que tinha sido excessivamente desfigurado na Constituição de 1934, o presidencialismo tão bem plasmado na de 1891.

Dêsse estado de espírito nasceu o golpe de Estado de 1937.

---

39. JOAQUIM NABUCO, *Balmaceda,* Tip. Leuzinger (Rio de Janeiro, 1895), págs. 11 e 58.

CAPÍTULO VII

A DEFORMAÇÃO DEMOCRÁTICA PELA CARTA DE 1937.

A expressão popular nos textos constitucionais e as cartas outorgadas.

44. Nenhuma Constituição se forma de improviso, como trabalho intelectual de político ou de jurista. Resulta da cristalização de princípios e regras de conduta que cada povo espontâneamente adota e pela prática aprimora, para o seu bem e segurança da coletividade; é em consonância com êles que os governos se formam e organizam.

Os governos, disse-o THOMAS PAINE, em regra, surgem do povo e não sôbre o povo. Tal se deu com o govêrno da Inglaterra, que é um dos surgidos de conquista e não da sociedade. Erigiu-se, por isso, sôbre o povo; e, embora se hajam modificado extraordinàriamente as circunstâncias desde os tempos de GUILHERME, o Conquistador, o país não logrou regenerar-se e, em sequência, permanece sem Constituição. Como tal, é corpo de elementos a que todo o mundo pode referir-se, que se pode citar, artigo por artigo, e que contém os princípios sôbre os quais deve estabelecer-se o govêrno, indicando a maneira de organizar-se, os poderes que deve ter, a forma de eleger-se, a duração de seu parlamento ou órgão legislativo, bem como o âmbito de seus poderes na parte executiva e, por último, tudo quanto se relacione com o organismo completo do govêrno civil e os princípios, baseado nos quais deve agir e pelos quais também fique obrigado. Por isso, concluiu o escritor, a Constituição não é coisa que exista só de nome, mas de fato, devendo, mais do que idealmente, existir na realidade; e onde quer que visìvelmente não se apresente, inexiste.[40]

---

40. THOMAS PAINE, *Los Derechos del Hombre,* México, ed. Fondo de Cultura Económica, pág. 64.

O essencial de qualquer Constituição é que emane do povo, para que se elabore, e a que êle se submeta natural e espontâneamente, por exprimir sua vontade coletiva.

A outorga pelos príncipes de cartas constitucionais.

45. Já se historiou, embora sumàriamente, o episódio de que resultou para o Brasil a outorga por D. PEDRO I da carta constitucional de 25 de março de 1824. Note-se que, finado D. João VI, rei de Portugal, no Brasil coroado, e assumindo, em sucessão, a Coroa, aquêle mesmo príncipe, que veio a ser D. PEDRO IV, de Portugal, daqui lhe outorgou a carta constitucional de 29 de abril de 1826, abdicando logo depois.

Não foram, nem são poucas, as cartas políticas outorgadas.

E a história costuma repetir-se.

Alegando acharem-se a paz política e social perturbada por crescente dissidio partidário e por propaganda demagógica que procurava desnaturar-se em luta de classes, colocando a Nação sob a iminência da guerra civil; invocando o estado de apreensão criado no país pela infiltração comunista, dia a dia mais extensa e profunda, exigindo remédios de caráter radical e permanente; e atendendo a que, sob as instituições anteriores, não dispunha o Estado de meios normais de preservação e de defesa da paz, da segurança e do bem estar do povo — o presidente da República, com o apoio das fôrças armadas, em 10 de novembro de 1937, demoliu a ordem política existente e outorgou ao país carta constitucional, dando-lhe outras e novas instituições.

Fez êle mesmo uma revolução, que se desenrolou tranquilamente, como quase tôdas as revoluções brasileiras. Se êle, pela fôrça das armas, se empossou, em 1930, do poder, e teve de enfrentar a revolução armada de São Paulo, em 1932, é de não esquecer que a mais profunda de tôdas, a de 15 de novembro de 1889, que derrubou o Império, não passou de um movimento de quartéis. Caiu o Trono sem um tiro! Igualmente se processou a abdicação de D. PEDRO I em 1831. Também sem um tiro, senão entre aclamações entusiásticas, proclamou êle em

São Paulo, em 1822, a independência do Brasil. Houve, de permeio, diversas revoluções armadas; mas os golpes decisivos se deram de surpresa ou imprevistamente, desfazendo-se em êxitos...

Assim foi em 1937. Sem mudar de ministros e por simples proclamação publicada pelos jornais e anunciada pelas estações radiofônicas, teve o país, da noite para o dia, e precisamente assim, novo regime político, que se disse federal, mas não presidencialista.

A ereção do presidente da República em chefe supremo do Estado.

46. Pompeiavam, no momento histórico, suas vitórias na Europa os dois chefes de gabinete que, na Alemanha e na Itália, haviam convertido os seus postos nos de autoridades supremas, ainda que aparentemente com a colaboração e audiência de altos conselhos de direção política e administrativa.

Tendo diante dos olhos êsses exemplos, e mercê da carta política que outorgou ao Brasil, erigiu-se o presidente da República em autoridade suprema do Estado. Atribuiu-se poder para coordenar a atividade dos órgãos representativos, de grau superior, dirigindo a política legislativa de interêsse nacional e superintendendo a administração do país. Se, na sua competência privativa, arrolou os poderes presidenciais constantes das Constituições anteriores, tornou de sua prerrogativa indicar um dos candidatos à presidência da República, dissolver a Câmara dos Deputados quando esta deliberasse promover-lhe a responsabilidade, nomear os ministros de Estado, designar os membros do Conselho Federal, adiar, prorrogar e convocar o Parlamento e, por último, exercer o direito de graça.

Pela engrenagem política, então construída, o poder legislativo seria exercido pelo Parlamento Nacional, composto de duas Câmaras: a Câmara dos Deputados e o Conselho Federal. Não o exerceriam estas, no entanto, senão com a colaboração do Conselho de Economia Nacional e do presidente da República, daquele mediante parecer nas matérias de sua competência consultiva e dêste pela iniciativa e sanção dos projetos de lei e a promulgação de decretos-leis.

É que a iniciativa dos projetos de lei cabia, em princípio, ao govêrno, ou seja ao presidente da República. Em todo caso, não seriam admitidos como objeto de deliberação projetos ou emendas de qualquer das Câmaras, desde que versassem sôbre matéria tributária ou de que resultasse aumento de despesa. A nenhum membro de qualquer das Câmaras era lícito formular projetos de lei, senão apenas a um têrço de deputados ou de membros do Conselho Federal.

Não obstante, iniciado qualquer projeto em uma das Câmaras, suspender-se-ia seu andamento, desde que o govêrno comunicasse seu propósito de apresentar projeto regulando o mesmo assunto; mas prosseguiria se não apresentado o projeto governamental dentro de trinta dias.

Os projetos de iniciativa do govêrno, obtido parecer favorável do Conselho de Economia Nacional, submeter-se-iam a discussão única em cada uma das Câmaras, sem que se pudessem emendar: a Câmara, a que fossem sujeitos, limitar-se-ia a aceitá-los ou recusá-los. De resto, antes da deliberação, podia o govêrno retirar os projetos ou emendá-los, ouvido novamente o Conselho de Economia Nacional, se as modificações importassem em alterá-los substancialmente.

Ao cabo, o presidente da República, aquiescendo, sancionaria e promulgaria o projeto, que lhe fôsse apresentado; ou o vetaria, no todo ou em parte, quando o considerasse inconstitucional ou contrário aos interêsses nacionais.

A lei, quando de iniciativa do Parlamento Nacional, limitar-se-ia a regular, de modo geral, dispondo apenas sôbre a substância e os principios, a matéria que constituisse o seu objeto. O poder executivo expediria os regulamentos complementares; e poderia ser autorizado pelo Parlamento Nacional a expedir decretos-leis, mediante as condições e nos limites fixados pelo ato de delegação da função legislativa.

Mas havia melhor. Nos períodos de recesso do Parlamento Nacional ou de dissolução da Câmara dos Deputados, poderia o presidente da República, se o exigissem as necessidades do Estado, expedir decretos-leis sôbre as matérias de competência legislativa da União, salvo sôbre modificações à Constituição, legislação eleitoral, orçamento, impostos, instituição de monopólios, moeda, empréstimos públicos e alienação e oneração de bens imóveis da União. Ainda mais, lícito lhe seria, observadas as disposições constitucionais e nos limites das respectivas dotações orçamentárias, expedir livremente decretos-leis sôbre a organização do govêrno e da administração federal, o comando supremo e a organização das fôrças armadas.

O presidente da República, em tais têrmos, possuía a função legislativa e a executiva.

O bi-cameralismo do Parlamento Nacional.

47. No organismo arquitetado para o Parlamento Nacional, existiriam duas câmaras — a Câmara dos Deputados e o Conselho Federal, nenhuma a constituir-se pelo sufrágio direto do povo.

O regime destacava-se pelo que se qualificou de autoritarismo, ajuntando-se-lhe às vêzes o qualificativo democrático, como se pudessem afinar-se os dois vocábulos.

A Câmara dos Deputados, segundo os textos, compor-se-ia de "representantes do povo" eleitos mediante sufrágio indireto. Elegeriam os deputados os vereadores municipais e, em cada município, mais dez cidadãos, por sufrágio direto, no mesmo ato em que aquêles.

Teria a Câmara dos Deputados por atribuição precípua a iniciativa da discussão e votação das leis de impostos e de fixação das fôrças de terra e mar, bem como das que importassem em aumento de despesas.

Nenhum Estado teria menos de três, nem mais de dez deputados federais.

O Conselho Federal, qual dizia o texto que o criara, formar-se-ia de "representantes dos Estados". Cada Estado, por sua Assembléia Legislativa, elegeria um representante, cujo nome poderia ser impugnado, por veto do governador do Estado. Dez conselheiros seriam nomeados pelo presidente da República.

Organizar-se-ia heterogêneamente essa câmara parlamentar, em que se daria a predominância do presidente da República, embora os seus nomeados devessem ser cidadãos que se houvessem distinguido em algum dos ramos da produção e da cultura nacional, tanto mais que ela seria presidida pelo ministro de Estado que êle designasse.

Legislaria o Conselho Federal para o Distrito Federal e Territórios, no que se referisse a seus interêsses peculiares; e nêle se iniciariam a discussão e votação dos projetos de leis sôbre tratados e convenções internacionais, comércio internacional e interestadual e regime de portos e navegação de cabotagem. Seria de sua competência ainda aprovar as nomeações de ministros do Supremo Tribunal Federal e do Tribunal de Contas, dos representantes diplomáticos, exceto os enviados em missão extraordinária, e aprovar os acordos concluídos entre os Estados.

A faculdade dissolutiva da Câmara dos Deputados pelo presidente da República.

48. Engendrado como arremedo do regime presidencial, o consignado na carta de 1937 caracterizou-se como o da mais impressionante ditadura, sem outra lei que não fôsse o arbítrio do chefe do govêrno.

Não obstante, nela se definiram os crimes de responsabilidade do presidente da República. Mais, ainda, se estabeleceu a forma de seu processo e julgamento. Caberia êste ao Conselho Federal, depois de declarada a procedência da acusação por dois terços de votos da Câmara dos Deputados. A pena aplicável seria sòmente a de perda do cargo, com inabilitação, até ao máximo de cinco anos, para o exercício de qualquer função pública, sem prejuízo das ações cíveis e criminais cabíveis na espécie.

Permitia ela ao presidente da República, em caso de ameaça externa ou iminência de perturbações internas, ou existência de concêrto, plano ou conspiração tendente a perturbar a paz pública ou pôr em perigo a estrutura das instituições, a segurança do Estado ou dos cidadãos, declarar em todo o território do país, ou na porção particularmente ameaçada, o estado de emergência; e, desde que se tornasse necessário o emprêgo das fôrças armadas para a defesa do Estado, o estado de guerra.

Para nenhum dêsses atos necessitava êle de autorização do Parlamento Nacional, nem êste poderia suspender o estado de emergência ou o estado de guerra.

Cessados os motivos determinantes de um e de outro, comunicaria o presidente da República à Câmara dos Deputados as medidas tomadas durante o período de vigência dêles. Se ela não os aprovasse e promovesse a responsabilidade do chefe do govêrno, salvo era a êste o direito de apelar daquela deliberação para o pronunciamento do país, dissolvendo a Câmara dos Deputados e mandando proceder a novas eleições.

Com esta faculdade, assim reservada ao presidente da República êste sempre ficaria impune: nenhuma Câmara lhe promoveria a responsabilidade a fim de não ser dissolvida. Ademais, durante o estado de emergência, e se o exigissem os acontecimentos, poderia êle pedir à Câmara ou ao Conselho Federal a suspensão das imunidades de qualquer dos seus membros envolvidos no concêrto, plano ou conspiração; e se a licença não fôsse dada em doze horas ou viesse a ser recusada, o presidente da República, a seu juízo, podia dispensar a licença e detê-los e, até, desde logo praticar a detenção sem comunicar o fato a qualquer daquelas Câmaras.

E, durante a vigência do estado de guerra, a Carta deixaria de vigorar nas partes indicadas pelo presidente da República.

O tecnicismo administrativo e o Conselho de Economia Nacional.

49. Muito se falava, ao tempo, na racionalização dos órgãos governamentais e no seu tecnicismo. Instava banir da administração os políticos e entregá-la aos técnicos especializados.

Eis porque haveria, junto ao presidente da República, o Departamento Administrativo, incumbido de: *a)* estudar pormenorizadamente as repartições, departamentos e estabelecimentos públicos, com o fim de determinar, do ponto da economia e da eficiência, as modificações a fazerem-se na organização dos serviços públicos, sua distribuição e agrupamento, dotações orçamentárias, condições e processos de trabalho, relações de uns com os outros e com o público; *b*) organizar anualmente, de acôrdo com as instruções do presidente da República, a proposta orçamentária a ser por êste enviada à Câmara dos Deputados; *c*) fiscalizar, por delegação do presidente da República e na conformidade de suas instruções, a execução orçamentária.

Êsse departamento se converteu, pelo Decreto-lei n.º 579, de 30 de julho de 1938, no Departamento Administrativo do Serviço Público (DASP), cujo organismo e funcionamento se disciplinaram pelo Decreto n.º 20.489, de 24 de janeiro de 1946, que lhe deu regimento.

Ademais dêsse órgão, que foi o único que teve realidade, outro funcionaria com aquêle objetivo acima anunciado — o Conselho da Economia Nacional.

Constituir-se-ia êste aparêlho colateral do govêrno de representantes dos vários ramos da produção nacional, designados, dentre pessoas qualificadas por sua competência especial, pelas associações profissionais ou sindicatos, garantida a representação entre empregadores e empregados, e destinava-se, como órgão de classes: *a*) promover a organização corporativa da economia nacional; *b*) estabelecer normas relativas à assistência prestada pelas associações, sindicatos ou institutos; *c*) editar normas reguladoras dos contratos coletivos de trabalho entre os sindicatos da mesma categoria da produção ou entre associações representativas de duas ou mais categorias; *d*) emitir parecer sôbre todos os projetos, de iniciativa do govêrno ou de qualquer das Câmaras, que interessassem diretamente à produção nacional; *e*) organizar, por iniciativa própria ou proposta do govêrno, inquéritos sôbre as condições do trabalho, da agricultura, do comércio, dos transportes e do crédito, com o fim de coordenar, incrementar e aperfeiçoar a produção nacional; *f*) preparar as bases para a fundação de institutos de pesquisas, que, atendendo à diversidade das condições econômicas, geográficas e sociais do país, tivessem por objeto racionalizar a organização e administração da agricultura e da´indústria; estudar os problemas do crédito, da distribuição e da venda e os relativos à organização do trabalho; *g*) emitir parecer sôbre todas as questões relativas à organização e reconhecimento dos sindicatos ou associações profissionais; *h*) propor ao govêrno a criação de corporações de categoria.

A presidência do Conselho da Economia Nacional caberia ao ministro de Estado a quem o presidente da República a atribuisse; e até três dos membros de cada uma das secções seriam por êste indicados.

Organizaria o Conselho os seus conselhos técnicos permanentes, podendo contratar especialistas para estudos de determinadas questões sujeitas a seu parecer ou inquéritos recomendados pelo govêrno ou necessários ao preparo de projetos de sua iniciativa.

A todo tempo, mediante plebiscito, poderiam conferir-se poderes legislativos ao Conselho de Economia Nacional, sôbre algumas ou tôdas as matérias de sua competência; e a iniciativa do plebiscito seria do presidente da República, que, em decreto, especificaria as condições e as matérias de sua competência legislativa.

A irrealização do organismo político plasmado na carta de 1937.

50. Desenhou-se complexamente o mecanismo do que se batizou — de Estado Novo. Não puderam os seus artífices, por isso mesmo, pô-lo em funcionamento. Não passou a carta de 1937 de engôdo, destinado, pura e simplesmente, a disfarçar regime ditatorial em tôda a amplitude do conceito. Destituída de sinceridade, aquela carta teve existência apenas no papel. Eis porque o seu organismo político nunca se armou. Tudo quanto nela se planejou foi mera fantasia. Não passou de cometimento demasiadamente longo para que se pudesse haver como simples tentativa; mas caracterizou-se qual documento inapto, tardiamente desfeito, posto que inicialmente malogrado, para que se pudesse haver como Constituição, que assim indevidamente se qualificou.

Se, no conceito aristotélico, ainda não de todo esmaecido, na Constituição se distribuem os poderes do Estado e se disciplina seu funcionamento, aquela carta nasceu enfêrma e ferida em sua vitalidade. Esvasiou-se de conteúdo desde que os órgãos governamentais, por ela instituídos, não se formaram e, por isso mesmo, não chegaram a articular-se. Ela não colimou seu escopo. Tendo, de outro lado sido subordinada sua eficácia e vigência ao bene-plácito popular, por via de plebiscito, êste não se realizou. Faltou-lhe, dessarte, o sôpro vital, que a animaria e lhe daria o prestígio da consagração popular.

Essa carência de substância, como sentenciou FRAN-CISCO CAMPOS, seu autor putativo, importou em seu insu-cesso. Ela, êle o proclamou, não passou de "documento de valor puramente histórico", que "entrou para o imenso material que, tendo sido ou podendo ter sido jurídico, deixou de ser ou não chegou a ser jurídico, por não haver adquirido ou haver perdido a sua vigência".[41]

Motivo foi êsse porque, em seguida, veio PONTES DE MIRANDA a ponderar que a carta de 1937 "foi solapada, logo depois, pelos seus próprios autores. Não se realizou; não foi respeitada — quase tôda nem, sequer, existiu".[42]

Não chegou a carta de 1937, em verdade, a adquirir foros constitucionais. Não os alcançou por faltar-lhe o alento que sòmente lhe poderia ter vindo de ter sido ela-borada pelo povo brasileiro. Não resultou da observância e aprimoramento dos princípios constitucionais pelos quais êle sempre se orientou e se regeu. Não surgiu dêle, exprimindo-lhe as aspirações e sentimentos nítida e tra-dicionalmente democráticos.

Pelo contrário, ela se desfechou sôbre ou contra êle.

Não ganhou corpo porque, já se disse, e em reiterar nada se perde, êle não chegou a homologá-la com o seu voto, expresso em plebiscito procrastinado e nunca rea-lizado: ela lhe foi imposta pelas fôrças armadas, ou com o seu assentimento silencioso de cúmplices.

Para melhor completar a impostura, em seu penúl-timo artigo se declarou todo o país em estado de emer-gência, durante o qual juízes e tribunais não poderiam conhecer dos atos durante e em virtude dêle praticados.

Instituiu-se, dessarte, govêrno pessoal sem contraste de qualquer câmara ou conselho, pois a própria carta

---

41. *Revista Forense*, vol. CIII (Rio de Janeiro, 1945), pág. 175.

42. PONTES DE MIRANDA, *Comentários à Constituição de 1946*, vol. I, pág. 23.

constitucional destinada a conter-lhe os ímpetos não teve o impulso e a fôrça para reduzi-lo à continência.

Deu-se isso, sustentam-no muitos, pela naturalidade com que do presidencialismo se pode passar para regime ditatorial, mercê do crescimento dos poderes do presidente e da fraqueza dos outros dois poderes, principalmente quando detenha êle também o poder legislativo. Argumento foi êsse dos mais agudos contra o regime presidencial. Entre os que, por isso mesmo, o combateram, destacou-se SÍLVIO ROMERO, que arrolou os seguintes defeitos principais do presidencialismo: "*a*) é chegado ao militarismo, especialmente entre nós, e é muito mais jeitoso para o manter indefinidamente; *b*) é uma espécie de ditadura, nomeadamente entre os povos latinos da América, tendo todos os vícios desta modalidade de moléstia política; *c*) por uma péssima compreensão da divisão e harmonia dos poderes públicos, não tem a maleabilidade, o elastério indispensável ao jôgo político da democracia moderna, tornando-se um viveiro de revoluções armadas das quais as repúblicas americanas oferecem exemplos diários, já inumeráveis e de que o nosso Brasil já conta tristíssimos casos; *d*) acumula abuses incontrastáveis pela irresponsabilidade e indiscussão em que se acha abroquelado; *e*) tira a fôrça e o prestígio ao poder legislativo e ao mesmo tempo a respeitabilidade do executivo; *f*) por falta de cenário, de discussão, de luta das idéias, é um regime apropriado a elevar e manter no poder indivíduos medíocres, apenas hábeis em curvar a espinha aos caprichos do presidente; *g*) sofre de todos os vícios, e até mais agravados, dos manejos eleitorais, sem as suas vantagens; *h*) não tendo necessidade senão de poucos agentes, não tendo que dar satisfação às grandes correntes da opinião representadas nas assembléias, é próprio para manter-se pela corrupção, contra a vontade do país; *i*) na geral indisciplina e desorganização do caráter brasileiro, resvala fàcilmente para o despotismo; *j*) estando divorciado, por vícios de sua origem militar, da massa do nosso povo, não tem meios de o atrair, por sua natural tendência de viver à parte, sem precisar de atender, como se sabe, às aspirações da opinião; *k*) tem contra si a índole do nosso pcvo, no que ela tem de mais liberal, as suas tradições, no que elas têm de mais seleto; *l*) é antipático e suspeito à democracia, feição geral da vida social contemporânea, pelo afêrro com que o defende o doutrinarismo compressor e ditatorial dos positivistas".[43]

Muitos dos vícios nesse verdadeiro libelo articulados eram ao tempo e ainda agora se patenteiam mais pelas condições peculiares ao povo brasileiro do que das circunstâncias do regime político que se vem mantendo desde que se proclamou a República. Tanto se pode transitar do presidencialismo para a ditadura, como chegar a esta pelo parlamentarismo, a começar pelos exemplos históricos da Inglaterra, onde êste se originou, e a terminar pelos da Alemanha e da Itália, que as levaram à última conflagração mundial.

Ninguém ignora, no entanto, que exemplo do mesmo naipe se não depara na história norte-americana.

É que os regimes políticos, criados pelos povos anglo-saxões, e que foram os únicos originais na história política universal, nem sempre se adaptam em outras terras, para a regência de outros povos, com os seus característicos fundamentais. Não se dá a justaposição integral, de modo que não produzirão os mesmos efeitos; e podem até apresentar novos aspectos, de onde os efeitos mais díspares.

O regime instalado em 1937 no Brasil resultou não do presidencialismo que vicejou até 1930, mas da heterogeneidade dos dispositivos que o desfiguraram na Constituição de 1934; e, muito mais ainda, do propósito malsão de introduzir no país o idealismo e as práticas dos regimes que, com espetacular sucesso nos primeiros tempos da última guerra européia, a deflagraram, encontrando, no seu desfecho, sua ruína e aniquilamento.

---

43. Sílvio Romero, *Parlamentarismo e Presidencialismo na República Brasileira,* Rio de Janeiro, 1893, ed. da Companhia Impresora pág. 23.

Secção I

O ANTI-JUDICIARISMO DO REGIME.

A inapreciação judiciária dos atos do govêrno.

51. Elaborando às ocultas a carta com que surpreendeu o país, tratou o presidente da República de afastar óbices que pudessem neutralizar o seu arbítrio.

Para êsse objetivo, criou o estado de emergência e o estado de guerra; e estabeleceu que durante um ou outro dos atos em virtude dêle praticados não poderiam conhecer os juízes e tribunais.

Marcados uns e outros de suspeição, de imparcialidade, pois que poderiam salvaguardar os direitos e garantias dos cidadãos, no penúltimo artigo da carta de 1937 se declarou em todo o país o estado de emergência.

Evitou-se, dessarte, apreciação pelo poder judiciário, que foi mantido, dos atos de violência por ventura praticados durante a vigência do regime apenas instaurado.

Suspensa a garantia dos direitos individuais; irrealizado o plebiscito nacional homologatório do novo código político; não se tendo dado corpo ao organismo constitucional do Estado — o que de verdade sobrou foi o govêrno pessoal, de poderes ilimitados, exercidos sob o influxo de dispositivos constitucionais que não passavam de simulacro.

*A declaração judicial da inconstitucionalidade
das leis.*

52. Se a carta de 1937 não era, senão *in nomine*, o que se entende por Constituição, em seu contexto se deparavam preceitos que se poderiam haver como inderrogáveis senão em consonância com as formalidades por ela mesma prescritas. Diante da hierarquia das leis, algumas existem que, por sua própria natureza, se têm como constitucionais, irreformáveis pela forma ordinária.

Não era rígido o código político que naquela carta se continha. Era suscetível de modificações ou reformas, por via de emendas originárias do próprio presidente da República ou da Câmara dos Deputados. Desde que esta não chegou a constituir-se, no cenário político do país, como palmeira solitária no deserto em que a Nação se converteu, ficou apenas o presidente da República.

Nessa situação, praticou êle duas categorias de leis — as leis constitucionais e as leis ordinárias, estas expedidas como decretos-leis, com a só diferença formal de que aquelas se espigrafavam como leis constitucionais e traziam o referendo de todos os ministros de Estado e estas se intitulavam decretos-leis e se subscreviam pelo ministro ou ministros de Estados a cujas pastas a matéria dizia respeito.

Não obstante, era manifesta a preponderância das leis constitucionais sôbre as leis ordinárias.

Assim foi que o Supremo Tribunal Federal, chamado a decidir questão em que se arguia a inconstitucionalidade da incidência do impôsto de renda, decretada pelo govêrno, sôbre os vencimentos pagos pelos cofres públicos estaduais e municipais, deu por ela.

Diante dessa decisão do mais alto tribunal do país, o presidente da República, pelo Decreto-lei n.º 1.564, de 5 de setembro de 1939, considerando que ela não consultava o interêsse nacional e o princípio da divisão equitativa do ônus do impôsto, cassou o aresto em têrmos ríspidos:

"São confirmados os textos de lei, decretados pela União, que sujeitaram ao impôsto de renda os vencimentos pagos pelos cofres publicos estaduais e municipais; ficando sem efeito as decisões do Supremo Tribunal Federal e de quaisquer outros tribunais e juízes que tenham declarado a inconstitucionalidade dêsses mesmos textos".

Arvorou-se o govêrno, então, em instância judiciária, instituindo-se, por simples decreto-lei, em órgão revisor de sentenças e acôrdãos.

Secção II

A JUSTIÇA ESPECIAL PARA O PROCESSO E JULGAMENTO DOS CRIMES POLÍTICOS.

As condições de exercício do direito de manifestar o pensamento.

53. Definindo os direitos e garantias individuais, a carta de 1937 estatuiu que todo o cidadão tinha o direito de manifestar o seu pensamento, oralmente, ou por escrito, impresso ou por imagens, mediante as condições e nos limites da lei.

E esta podia prescrever: *a*) com o fim de garantir a paz, a ordem e a segurança pública, a censura prévia da imprensa, do teatro, do cinematógrafo, da radiofusão, facultando à autoridade competente proibir a circulação, a difusão ou a representação; *b*)medidas para impedir as manifestações contrárias à moralidade pública e aos bons costumes, assim como as especialmente destinadas à proteção da infância e da juventude; *c*) providências destinadas à proteção do interêsse público, bem estar do povo e segurança do Estado.

Lançados êsses preceitos, deu-se a imprensa como que a exercer função de caráter público, como se tivesse sido alçada a mais alto conceito; mas tratou-se de coarctá-la. Proibindo o anonimato, assentou-se, desde logo, que a jornal algum seria lícito recusar a inserção de comunicados do govêrno, nas dimensões que a lei determinasse; e assegurou-se a todo cidadão o direito de inserir, gratuitamente, nos jornais que o infamassem ou injuriassem, resposta, defesa ou retificação. Mas não se ficou nisso. Pôs-se em têrmos mui explícitos a responsabilidade das emprêsas jornalísticas, dando-se-lhes regimento especial. Constituídas sob a forma de sociedades anônimas, as respectivas ações não poderiam ser ao portador, nem delas co-participariam estrangeiros, vedado a êstes, como às pessoas jurídicas, participar delas como acionistas. Ao revés, a direção dos jornais, bem como sua orientação intelectual, política e administrativa, sòmente poderiam exercer-se por brasileiros natos.

A responsabilidade jornalística efetivar-se-ia por pena de prisão contra o diretor responsável e pena pecuniária contra a emprêsa; e, para êsse fim, as máquinas, caracteres e outros objetos tipográficos utilizados na impressão do jornal constituiam garantia do pagamento da multa, reparação ou indenização e das despesas com o processo, nas condenações pronunciadas por delito de imprensa, excluídos os privilégios derivados do contrato de trabalho da emprêsa jornalística com seus empregados. Essa garantia poderia ser substituída por caução depositada no princípio de cada ano e arbitrada pela autoridade competente, de acôrdo com a natureza, a importância e a circulação do jornal.

Com essas e outras providências, posteriormente adotadas, a liberdade de manifestação do pensamento converteu-se em servidão, aumentada com a criação de órgão especial destinado a dominar o jornalismo e a publicidade por tôdas as formas, mercê da censura prévia, que assumiu os mais altos graus de severidade e de arbítrio.

O tribunal especial para o processo e julgamento dos crimes contra a defesa do Estado.

54. Estabeleceu-se na carta de 1937 que os crimes contra a segurança do Estado e a estrutura das instituições seriam sujeitos a justiça e processos especiais, que a lei prescrevesse.

O tribunal especial, daí surgido, foi o Tribunal de Segurança Nacional; e o processo especial, que se criou para o processo e julgamento dos crimes contra a defesa do Estado, o instrumento da função punitiva daquele colégio.

Para que se aquilate de como então se agia contra os que, a despeito de tudo, insistiam nas suas convicções democráticas, inconformados com o regime vigorante, mais não é de mister do que a revivescência de episódio dos mais característicos como o que veio a ensejar pedido de *habeas-corpus* que os advogados brasileiros impetraram, em favor de exilados brasileiros, ao Supremo Tribunal Federal, e que êste, unânimemente, concedeu por acórdão de 11 de abril de 1945.[44] Redigiu-o WALDEMAR FERREIRA. Subscreveram-no mais de mil advogados de São Paulo, do Rio de Janeiro, de Minas Gerais e da Bahia, muitos por telegramas endereçados à mais alta Côrte de Justiça do Brasil.

Comentando o grande julgado, que tão profundamente repercutiu em todo o país, em sua edição do dia seguinte, o *Jornal do Comercio,* do Rio de Janeiro, nestes têrmos se exprimiu:

"Não nos cabe aqui examinar os fundamentos da sentença, nem discutir os têrmos do processo, em virtude do qual foi proferida a condenação. São aspectos jurídicos de natureza doutrinária, em tôrno de uma questão política

44. O acórdão, qual se publicou no *Diário da Justiça* apenso ao n. 249, de 1 de novembro de 1945, do *Diário Oficial,* do Rio de Janeiro, é do seguinte teor:

ACÓRDÃO

Vistos, relatados e discutidos êstes autos de *Habeas-corpus* n. 29.009, do Distrito Federal, em que são pacientes os Drs. ARMANDO DE SALES OLIVEIRA, OTÁVIO MANGABEIRA e PAULO NOGUEIRA FILHO, resolvem os Ministros do Supremo Tribunal Federal conceder a ordem, por unanimidade de votos, de acôrdo com as notas taquigráficas anexas.

Rio, 11 de abril de 1945. — EDUARDO ESPÍNOLA, Presidente. — ANÍBAL FREIRE, Relator.

Relatório

O Sr. Ministro Aníbal Freire — Em longa petição, o professor Dr. WALDEMAR FERREIRA e outros advogados, em número avultado, impetram a êste Tribunal uma ordem de *habeas-corpus,* em favor dos Drs. ARMANDO DE SALES OLIVEIRA, OTÁVIO MANGABEIRA e PAULO NOGUEIRA FILHO, condenados pelo Tribunal de Segurança Nacional a 2 anos de prisão, grau mínimo do art. 3.º inciso 9.º do Decreto-lei n. 431, de 1938.

Começa a petição por descrever o movimento conspiratório que declara ter sido policialmente arquitetado em São Paulo para chegar ao resultado almejado, o fechamento do *Estado de São Paulo.*

Salienta que do processo foram excluídos quarenta e três dos indiciados, de molde a prosseguir contra dez, sete dos quais foram absolvidos, vindo finalmente a ser condenados apenas os

ligada estreitamente ao regime instituído em 10 de novembro de 1937 e cuja análise escapa, no momento, ao objetivo dêste comentário.

"Queremos apenas acentuar que a decisão da suprema Côrte de Justiça do país constitui, nesta hora de graves preocupações, uma garantia de que a magistratura brasileira sobrevive, serena e integra, na magnitude de sua missão, apesar da desorientação e do confusionismo que ameaçam subverter a ordem dos valores morais e sociais da vida brasileira.

Drs. Armando de Sales Oliveira, Otávio Mangabeira e Paulo Nogueira Filho.

Aponta em seguida a petição a nulidade do processo e sentença condenatória. Neste ponto começa por acentuar a qualidade de exilados dos condenados, o que é notório, além de estar comprovado pela própria denúncia do Sr. Procurador adjunto ao Tribunal de Segurança Nacional.

Estando assim êles expatriados, com residências conhecidas em Nova York e Buenos Aires, teriam sido êles fàcilmente citados e assim o entendeu judiciosamente o juiz da 1.ª instância, Dr. Pereira Braga. Divergiu, porém, do entendimento o Tribunal pleno, que mandou aplicar ao caso o parágrafo único do art. 4.º do Decreto-lei n. 474, de 8 de junho de 1938.

Tornou-se, assim, o processo radicalmente nulo, por falta de citação pessoal dos acusados, pois não se achavam os mesmos soltos ou foragidos.

Invoca a petição em abono do seu ponto de vista o julgamento proferido pelo Supremo Tribunal Federal nos autos de *habeas-corpus* número 28.872, de Sergipe, de que foi relator o Sr. Ministro Laudo de Camargo (acórdão de 3 de dezembro de 1944).

Passa a petição a considerar a injustiça e inexeqüibilidade da sentença condenatória. Estende-se a êsse respeito, em amplas considerações, acentuando não haver crime na crítica, embora em têrmos vivazes, do panorama político brasileiro.

Acrescenta em seguida a petição que mudou sensìvelmente a ordem política, abrindo-se por fôrça das circunstâncias, tanto internas quanto e principalmente externas, ou melhor, internacionais, o debate em tôrno do sistema político e administrativo, suspendendo-se a censura à imprensa, permitindo-se a manifestação livre da opinião de doutos, academias, institutos.

"Como, em tais condições, pensar na execução da sentença condenatória pelo mesmo crime, se crime se praticou, dos três exilados brasileiros, quando agora e evidentemente crime tal não se considera?"

Em eruditas considerações, a petição desenvolve o seu ponto de vista, relembrando a opinião de autores sôbre a mitigação da

"O voto unânime dos juízes que compõem o egrégio Supremo Tribunal Federal traz à Nação inquieta a segurança de que a justiça no Brasil paira acima dos interêsses políticos, não se intimida com as restrições à sua soberania, não recua diante das armas do arbítrio punitivo do poder. Invocada pelos oprimidos, ressurge independente, para restaurar o direito ofendido e proteger a liberdade cerceada.

"Neste momento de tanta dúvida e inquietação, a decisão de ontem do Supremo Tribunal Federal reafirma no Brasil a grandeza do Poder Judiciário, cúpula magnificente

relação jurídica e abrogação das leis meramente outorgadas em regimes ditatoriais.

Conclui a petição:

"Cabe *habeas-corpus* sempre que alguém sofra ou se ache na iminência de sofrer violências ou coação ilegal na sua liberdade de ir e vir, salvo nos casos de punição disciplinar. Considera, de resto, o art. 648, ns. VI e VII, do Código de Processo Penal, coação ilegal a manifesta nulidade de processo, bem assim a instauração dêste, extinta a punibilidade. Do mesmo modo, é de concluir, o julgamento dêle, ou, ainda, a execução da sentença nele proferida. Que é manifestamente nulo o processo em que se lançou a sentença condenatória dos Drs. ARMANDO DE SALES OLIVEIRA, OTÁVIO MANGABEIRA e PAULO NOGUEIRA FILHO, à saciedade se demonstrou, sobretudo em face do acórdão de 3 de dezembro de 1944, consignado nos autos do *habeas-corpus* n. 28.872, do Estado de Sergipe. Que a sentença é injusta e inexeqüível, diante da mudança das condições que alteraram a ordem jurídica, que poderia justificá-la, se nula não fôsse, é de incomparável evidência. Eis a coação ilegal. Violência inaudita, por último, constitui o exílio forçado dos três brasileiros sôbre os quais a ditadura desfechou o raio da sua perseguição.

Concedendo-lhes a ordem de *habeas-corpus*, que em favor dêles se impetra, para que cessem a violência e coação ilegais, de que são vítimas, de molde a poderem, livres de culpa e pena, retornar a sua Pátria, o Egrégio Supremo Tribunal Federal, substituindo o arbítrio pela lei, cumprirá, mais uma vez, sua alta missão, de incorruptível nobreza, como poder moderador das rudezas governamentais e assegurador dos direitos do homem.

Nestes têrmos, D. e A., com os documentos anexos".

O pedido veio acompanhado de vários documentos. Solicitei informações ao Exmo. Sr. Presidente do Tribunal de Segurança

da vida democrática de um povo, fôrça que o protege, defende e ampara contra a violência, a ilegalidade e a injustiça.

"A expressiva demonstração ontem verificada de que essa fôrça perdura em meio dos erros, incertezas e desvairos desta hora, é reconfortante esperança que surge para os que se anseiam por ver o país retomar em ordem e rítmo de sua evolução democrática, no respeito às tradições jurídicas de sua formação histórica."

A petição de *habeas-corpus,* suprimidos seu introito e seu final, fórmulas judiciárias comuns, é a que se segue.

Nacional, que, imediatamente, me enviou o seguinte ofício acompanhado de todo o processo.

"Em atenção ao Ofício n. 49, de 5 do corrente, solicitando informações a respeito do que alegam os advogados dos pacientes na petição incial de *habeas-corpus* n. 29.002, impetrado a êsse Egrégio Tribunal em favor de ARMANDO DE SALES OLIVEIRA, OTÁVIO MANGABEIRA e PAULO NOGUEIRA FILHO, esclareço a V. Exa. que ditos acusados, denunciados como incursos, o primeiro nos incisos 9 e 13 do art. 3.º do Decreto-lei número 431, de 1933, combinado com o art. 5.º, n. II, b, da Consolidação das Leis Penais, no processo n. 1.142, desta Capital, foram absolvidos por sentença de 4 de dezembro de 1940, reformada na Apelação n. 663, por acórdão de 17-12-1940, para condenar os referidos acusados a 2 anos de prisão, grau mínimo do art. 3.º, inciso 9, do Decreto-lei n. 431, citado.

Outrossim, para melhor elucidação da hipótese, esta Presidência encaminha a V. Exa. os autos do processo n. 1.142 (apelação 663), em que foram condenados os pacientes, para que êsse Egrégio Tribunal aprecie devidamente as alegações feitas na petição incial.

Reitero a V. Exa. os meus protestos de elevada estima e distinta consideração.

O Presidente do Tribunal de Segurança Nacional. — F. DE BARROS BARRETO, Ministro."

Em 4 dêste mês o advogado doutor RUBENS SOUZA BARRETO, de São Paulo, pediu fazer juntar aos autos, razões sôbre o pedido formulado, renovando argumentos já expendidos e invocando jurisprudência do Supremo Tribunal Federal sôbre desigualdade na aplicação de lei por parte do poder público.

Fiz igualmente juntar aos autos telegramas de vários advogados da Bahia e desta Capital, de ampla solidariedade com os impetrantes.

O fechamento de grande órgão do jornalismo brasileiro.

55. "Nos últimos dias do mês de março de 1940, realizou a policia do Estado de São Paulo a prisão de cêrca de cinquenta pessoas (Adalberto Bueno Neto, Antônio Carlos de Abreu Sodré, Antonio Mendonça, Annio Pereira Lima, Aristides Bastos Machado, Aristides de Macedo Filho, Asdrúbal Guimarães, Aureliano

Votos

O Sr. Ministro Anibal Freire — Dois são os fundamentos do pedido: injustiça e inexeqüibilidade da sentença condenatória e nulidade do processo e sentença por vicio de citação.

Da referência à injustiça da sentença o âmbito do *habeas-corpus* não permite o conhecimento da matéria, além de que a lei básica não nos outorga a faculdade de órgão de cassação dos arestos de outros tribunais. A simples alegação de desacêrto não pode cimentar as nossas decisões. Só quando se verifica atentado contra a lei, tem de operar-se a ação reparadora do direito por parte dêste tribunal.

Ao discutir-se neste pretório a competência dêle para o conhecimento das decisões em *habeas-corpus* do Tribunal de Segurança Nacional, Costa Manso, com a sua grande autoridade, exprimiu em síntese conceito tradicionalmente seguido:

"O Supremo Tribunal Federal não pode, em julgamento de *habeas-corpus,* emendar as decisões dos tribunais inferiores. Desde, porém, que o constrangimento seja ilegal, isto é, extrìnsecamente contrário à lei, o remédio constitucional é admissível".

Castro Nunes, no seu magnifico trabalho sôbre o Poder Judiciário, asserta:

"O Supremo Tribunal não se substitui ao Tribunal de Segurança para rever ou reformar como instância superior a sua decisão. Limita-se a examinar, pelo *habeas-corpus* ou por via de conflito, a conformidade do exercicio da jurisdição com a preceituação legal ou constitucional".

Como se vê, sempre a observância do conteúdo legal em face da decisão; jamais o exame das razões de consciência que impulsionaram a ação do julgador.

Cumpre agora considerar o aspecto da inexeqüibilidade da sentença.

A despeito da valia e realce dos ilustres signatários da petição, não se me afigura que lhes assista razão neste ponto.

Não se trata na hipótese de apreciar os efeitos de um ato de autoridade referente à liberdade do indivíduo, nem sequer se esboça neste feito a duplicidade de conduta do poder administrativo na aplicação das leis concernentes à livre manifestação do pensamento por todos os meios postos ao alcance dos membros da

LEITE, AZOR MONTENEGRO, BERNARDINO DE OLIVEIRA, CAN-
TÍDIO DE MOURA CAMPOS, CARLOS VIEIRA DE CARVALHO,
CAROLINO DA MOTA E SILVA, EUGÊNIO DE TOLEDO ARTIGAS,
ERNANI PIERRE BARÉ, EUSÉBIO DE QUEIROZ MATOSO, FRAN-
CISCO MESQUITA, FRANCISCO MORATO, HEITOR SCHULTZ,
HENRIQUE SMITH BAYMA, HERBERT VICTOR LEVY, HENRI-
QUE OLAVO COSTA, HERMANN DE MORAES BARROS, IBANEZ DE
MORAES SALES, IRACI BARBOSA, JOSÉ AYRES NETO, JOSÉ DE
CAMPOS MELO, JOSÉ DE QUEIROZ MATOSO, JOSÉ EUGÊNIO DE
REZENDE BARBOSA, JOSÉ DOMINGOS, JÚLIO COSI, JULIÃO

comunhão social, hipótese em que ao judiciário poderia caber o
exercício de uma ação niveladora.

Em substância o que se pleiteia é a inexeqüibilidade de uma
sentença condenatória, proferida por tribunal competente, sòmente porque o objeto da condenação passou na fase atual da vida do
país a ser encarado por outro prisma pelos agentes da administração pública.

As pessoas mencionadas no pedido foram condenadas no grau
mínimo do art. 3.º, inciso 9.º, do Decreto-lei n.º 431, que define os
crimes contra a personalidade internacional, a estrutura e a segurança do Estado e contra a ordem social. Êsse inciso refere-se
à propaganda ou à posse de boletins, panfletos ou quaisquer outras
publicações.

A lei enumera taxativamente os casos de extinção de punibilidade. Em nenhum dêles se enquadra a hipótese dos autos.
Só poderia alcançá-lo a retroatividade da lei que não mais considerasse o fato como criminoso. Mas a lei que serviu de base
à condenação continua em pleno vigor, não se tendo operado em
relação a ela nenhuma das formas de revogação do direito.

José DUARTE, sempre propenso a acolher as sugestões da realidade em face dos fenômenos jurídicos, salienta que na linguagem técnico-jurídica se considera extinta a punibilidade, quando
conservando a ação ou a sua condenação, eficácia intrínseca,
surgem causas externas e fora do fato criminoso, que impedem
o ulterior desenvolvimento da ação e regras especiais, estranhas
aos elementos constitutivos e acessórios do crime, ao ordenamento
jurídico, por certas contingências, julga oportuno cancelar o exercício de ação ou deixar inexeqüível a condenação. (*Tratado de
Direito Penal, Da ação penal*, pág. 119).

O pensamento do douto tratadista tem de ser entendido na
hipótese de ocorrerem causas permanentes e continuas, contendo
eficácia jurídica capaz de obstar a exeqüibilidade da sentença
condenatória.

Prevalece na doutrina o ensinamento de CARLOS MAXIMILIANO,
ao tratar dos casos de revogação de direitos e reportando-se às
lições de JAVEIS e COVIELLO:

"Cessam a regra geral e as exceções respectivas quando desa-
parece o instituto jurídico a que se referem ou torna impossível

Antônio de Jesus, Leven Vampré, Líbero Ripoli, Luciano Pereira Brandão, Mário Baroni, Mário Otoni de Rezende, Manuel Corrêa Guimarães, Nelson Otoni de Rezende, Octavio Vaz de Oliveira, Paulo Ribeiro Magalhães, Plínio Barreto, Renato de Rezende Barbosa, Ruy Bennaton Prado, Rodrigo Soares de Oliveira, Urbano Otoni de Rezende e Waldemar Martins Ferreira) quase tôdas filiadas ao então extinto Partido Constitucionalista, por suspeitas de acharem-se envolvidas em trama subversiva, que teria sido chefiada pelo primeiro signatário desta,

um fato que era pressuposto necessário da lei. (*Hermenêutica e aplicação do direito*, n. 449).

Alegam os ilustres impetrantes que tendo sido a condenação motivada por ataques ao regime e havendo desaparecido os obstáculos à livre manifestação do pensamento, impõe-se a decretação da inexeqüibilidade da sentença.

Como já ficou acentuado, a lei, que serviu de base à condenação, não foi de qualquer modo derrogada, bem assim continuam vigentes as outras leis coercitivas de atividades consideradas subversivas.

É evidente que a administração pública entendeu conveniente não tornar executáveis no momento certos dispositivos referentes à liberdade de opinião, mas pode depois variar de compreensão e já se anuncia o restabelecimento da censura prévia dos jornais em alguns Estados.

Não me parece consentâneo com ôs preceitos jurídicos a anulação de sentença condenatória proferida por tribunal competente sòmente porque a autoridade policial tem intermitências de conduta na aplicação de medidas restritivas da liberdade de opinião.

Quanto ao outro ponto do pedido, pode nela deter-se o julgador, sem os embaraços opostos ao anterior.

A história da citação por edital no direito judiciário penal brasileiro mostra que só em circunstâncias execepcionais tem ela de ser admitida.

Não a inscreveu o antigo Código do Processo Criminal. Em substanciosa análise, deu o insigne João Mendes as razões dessa exclusão, concluindo com Cândido Mendes que, em forma de defesa, nula será *ab initio* a ação criminal intentada contra réu citado por edital.

Códigos estaduais, em consonância com o regime vigente sôbre a elaboração do direito processual, consignaram essa forma de citação e a jurisprudência a consagrou em julgamentos pelo júri e em processos de marcha especial. Inscriu-a em têrmos claros o atual Código de Processo Penal.

Dominou entretanto sempre o princípio de delimitação dessa forma de citação, aplicada a casos em que o réu não é encontrado ou se oculta ou é incerta a pessoa que tiver de ser citada.

Não podia a justiça ficar tolhida na sua ação corretiva.

com o fim do desencadeamento de golpe armado contra os poderes constituídos. Manifestara-se ela, ao sentir das autoridades que conheceram do caso, por intensa propaganda política, desenvolvido em ocasiões propícias, discursos candentes, entrevistas nos jornais, reuniões no edifício da emprêsa jornalística *O Estado de São Paulo* e nas residências de alguns próceres políticos, coincidindo com franca distribuição de manifestos subversivos de autoria ou de responsabilidade dos drs. ARMANDO DE SALES OLIVEIRA, OTÁVIO MANGABEIRA e PAULO NOGUEIRA FILHO procedentes

BENTO DE FARIA, sempre claro, acentua:

"A citação por edital tem lugar não sòmente quando ocorre a incerteza sôbre o lugar onde se encontra o acusado, como também quando o mesmo se *oculta* ou *dificulta* o seu encontro (*Código de Processo Penal,* vol. 1.º, pág. 407).

O respeito pelas formas de citação obedece ao princípio universal do direito de defesa. Sacrossanto, qualificaram-no MANZINI, GABRIELLI e CONSENTINO.

Não é só o interêsse público que está em jôgo, mas caracterizadamente o interêsse do imputado.

Assertou com precisão o Professor VINCENZO MANZINI:

"Assume più spicatto rilievo il nesso di relazione tra la sanzione e l'interesse dello Stato alla presenza del citato, é, come abbiamo già avertito, nei riguardi dell'imputato" (*Citazione penale,* no *Nuovo Digesto Italiano,* vol. 3.º, pág. 178).

O Decreto-lei n. 474, de 8 de junho de 1938, que dispõe sôbre o processo dos crimes de competência do Tribunal de Segurança Nacional, prescreve no parágrafo único do artigo 4.º:

"A citação será feita pessoalmente se o réu estiver prêso, ou quando sôlto ou foragido, por edital afixado à porta do Tribunal."

O processo a que responderam e em que foram condenadas as pessoas visadas no pedido obedeceu a êsse dispositivo.

Mas em tôda a evidência não podia ser êle aplicado à hipótese dos autos.

A lei distingue a situação dos réus: soltos ou foragidos.

Estariam soltos os condenados no presente processo? Parece-me irretorquível a negativa. Não se achavam êles na situação de plena liberdade nos seus movimentos, podendo regressar ao país sem qualquer risco, hipótese que a lei caracteriza ao usar da locução empregada. Foragidos? Muito menos. Na técnica jurídica, o têrmo abrange os que fogem deliberadamente, para se subtraírem à ação da justiça.

Achavam-se êles exilados, por determinação da autoridade, em razão de acontecimentos políticos nos quais se haviam envolvido e em lugar certo e sabido. Não há como confundir essa situação

dos países onde êstes se acham, ou, como disse o Procurador-adjunto, em sua denúncia ao Tribunal de Segurança Nacional, "onde se encontram exilados como elementos nocivos aos interêsses nacionais". Saliente-se, desde logo, êste fato, sobremodo significativo e afirmado pela autoridade pública, de encontrarem-se os pacientes exilados e, pois, no cumprimento de pena, que já lhes havia sido imposta pelo govêrno da República.

Ao mesmo tempo em que as prisões se efetuaram, em 25 de março de 1940, o govêrno federal, por portaria e

perfeitamente configurada na prova dos autos, com as situações que a citada lei precisa.

A hipótese dos autos é de delito político por manifestação de opinião. Quando tais delitos se restringirem a êsse aspecto, não revestem em regra caráter odioso. Não há neles a nódoa de sangue, nem o mercenarismo que disfarça ou avilta supostas ideologias.

Já FERRI na *Relação* do projeto de 1921 ressaltava que o elemento decisivo é sempre o psicológico e pessoal dos motivos determinantes dos autores do delito, entendendo com estas expressões os motivos e os escopos superiores e diversos dos motivos de vantagens egoísticas e pessoais.

Como recorda ALTAVILLA, êsse conceito não é monopólio da Escola positiva, pois MANZINI a êle se associa expressamente.

Embora o julgamento pelo tribunal especial seja feito por livre convicção, a citação em forma regular proporcionará ao julgador elementos mais amplos e eficazes, pelos recursos de que os acusados deveriam dispor em defesa própria, articulada de modo direto, e não por via de defensor de ofício, nem sempre apto a aprender todos os aspectos do caso, e a pôr no devido relêvo os motivos da atitude incriminada.

À observância da citação por edital no caso presente opõem-se assim princípios tradicionais de direito e os dizeres expressos do próprio texto aplicado.

Aliás, como o relembrou a petição, o Supremo Tribunal Federal, por decisão unânime, já deu ao parágrafo único do art. 4.º do Decreto-lei n. 474, de 1938, a interpretação exata. No *habeascorpus* n. 28.872, de Sergipe, de que foi relator o eminente Sr. Ministro LAUDO DE CAMARGO, êste tribunal concedeu a medida liberatória, por entender que o paciente não se achando rigorosamente sôlto nem foragido, não podia ficar compreendido na forma da citação prevista no citado dispositivo.

Nestes têrmos, considerando nulo o processo e em conseqüência a sentença condenatória imposta aos Drs. ARMANDO DE SALES OLIVEIRA, OTÁVIO MANGABEIRA e PAULO NOGUEIRA FILHO, por preterição de formalidade substancial, que importou no cerceamento do direito de defesa, meu voto é pela concessão da ordem.

intermédio do exmo. sr. general ministro da Guerra, e tal está dito na denúncia acima referida, ordenou à Superintendência de Segurança Política e Social de São Paulo o fechamento da redação do jornal *O Estado de São Paulo*, cujas atividades redatoriais cessaram naquela data, reabrindo-se depois, mas na posse, administração e redação de prepostos do Departamento de Imprensa e Publicidade, ou seja Dip.

O Sr. Ministro Filadelfo Azevedo — Da tradição de nosso direito é que o ausente do distrito da culpa pode ser citado por editais, quer diante da Ordenação, quer do Código de 1832, a despeito da reserva de João Mendes, segundo a praxe atestada por Galdino de Siqueira (§ 161), Pimenta Bueno (n. 180) e Paula Pessoa (nota n. 2.727) e reiterada pelos Códigos estaduais de Processo Penal, especialmente o dêste Distrito.

Quando da primeira lei de segurança, votada pelo Congresso em 1935, se dispôs que, não encontrado o acusado, seria citado por editais com dez dias de prazo (n. 38, art. 38, *b*), regra mantida, com redução para oito dias, no Decreto n. 244, de 1936; no Decreto-lei n. 474, de 8 de junho de 1938, se declarou, porém, que a citação seria feita pessoalmente se o réu estivesse prêso e por edital afixado na porta, quando sôlto ou foragido.

O próprio Tribunal de Segurança não aplicou porém, o texto ao pé da letra (Castelo Branco, *Anotações*, pág. 257) e esta Côrte, ainda há pouco, anulou processo, por falta de citação pessoal quando demonstrada a forçosa mudança do réu em época anterior.

Assim, o réu deve ser citado pessoalmente, quando demonstrada a forçosa mudança do réu em época anterior.

Assim, o réu deve ser citado pessoalmente, salvo ausente do distrito da culpa ou foragido; a mudança posterior ao crime, sem razão fundada, não pode, por isso, trazer vantagem, especialmente quando para o estrangeiro.

Se o delito é praticado, porém, já ao tempo da ausência do País, exigir-se-á citação pessoal, mediante rogatória, a que se refere, aliás, o novo Código de Processo Penal (art. 367), quando o lugar fôr sabido?

Penso que sim, salvo em relação a crimes políticos, em que as rogatórias não seriam cumpridas *a pari*, do que aconteceria entre nós, ligadas como se acham aos princípios que regem a extradição (art. 784, § 1.º) e muito menos a publicação de editais no estrangeiro.

Quando hoje o Estado, abandonando o velho princípio da territorialidade da lei penal, reprime atos praticados extra-fronteiras, fá-lo ainda com o interêsse declarado de seu processo imediato, ainda que à revelia ou por contumácia.

No regime do Código Penal de 1890, a punição só se daria, nos casos excepcionais, quando o criminoso viesse ao Brasil, espontâneamente ou por extradição.

O resultado do inquérito e a denúncia.

56. Removidos os presos políticos para o Rio de Janeiro e recolhidos, a princípio, a quartéis e fortaleza do Exército, e depois ao quartel do Regimento de Cavalaria da Polícia Militar do Distrito Federal, prosseguiu o inquérito a propósito aberto; e, aos 26 de abril de 1940, pelo dr. JOAQUIM DA SILVA AZEVEDO, procurador adjunto, com fundamento nêle e em obediência ao art. 39 do Decreto-lei

Já, em 1911, a lei de extradição n. 2.416, de 28 de junho de 1911, permitia o processo até pronúncia, inclusive, dos brasileiros, ainda que ausentes da República, que perpetrassem em território estrangeiro, entre outros, crimes contra a independência, integridade e dignidade da pátria, ficando o julgamento, todavia, adiado (art. 13).

A nova lei de extradição foi além, seguindo exemplos estrangeiros, para ordenar o processo e julgamento de brasileiros e estrangeiros, ainda ausentes do país, que, em território estrangeiro, praticassem ditos delitos.

O Código Penal de 1942 destacou, nos arts. 4.° e 5.°, as duas hipóteses: a de crimes previstos, praticados ou cometidos por brasileiros, quando entrassem os réus no território nacional e a de crimes cometidos no todo ou em parte, no território nacional, ou que nêle, embora parcialmente, produziram ou deviam produzir seu resultado, os quais serão punidos sem dependência das condições postas no primeiro caso, e bem assim contidos no n. I do art. 5.°.

Ora, na espécie, tanto o delito em foco fôsse considerado como aqui praticado ou no estrangeiro, ou, ainda na situação a que se refere o art. 4.°, isto é, de produzir resultado no país, a incerteza do lugar em que fôssem os réus encontrados, tendo variado, até de país, e a impossibilidade de rogatória, justificariam a citação edital, segundo a letra e o sentido do art. 4.° do Código Penal e da Lei n.° 394, conforme, aliás, desenvolvi, a propósito da ação penal derivada de notícias injuriosas insertas em jornais estrangeiros (Rec. Ext. n. 7.475).

A meu ver improcede, assim, o primeiro fundamento do pedido e bem assim, o segundo, eis que só a alteração de direito objetivo poderia influir sôbre a coisa julgada, para tornar a condenação inócua, e não a mera mudança de fatos ou atitudes, muito menos para ser examinada a espécie por *habeas-corpus*.

Todavia, conhecendo da hipótese, formei convicção no sentido de que o fato gerador da condenação não constituiria o delito imputado ou que, pelo menos, a sentença condenatória não teria fundamentação necessária, o que me levará a reconhecer sua nulidade.

n. 474, de 8 de junho de 1938, combinado com a alínea *b*) do art. 41 do regimento interno do Tribunal de Segurança, a êste, inicialmente, requereu fôssem excluídos do processo quarenta e três indiciados, de molde a prosseguir êle contra dez outros, sete dos quais foram absolvidos, vindo finalmente, a ser condenados os três exilados drs. ARMANDO DE SALES OLIVEIRA, OTÁVIO MANGABEIRA e PAULO NOGUEIRA FILHO.

Ao tempo da Constituição de 1934, respeitada a liberdade na manifestação de pensamento, sem dependência de censura, salvo em espetáculos públicos, era proibida a

> "propaganda de guerra, ou de processos violentos para subverter a ordem política ou social".

O Congresso, ao votar a lei de 1935, teve de enxertar um princípio mitigador da incriminação dessa propaganda, dizendo no art. 48:

> "a exposição e a crítica da doutrina feitas sem propaganda de guerra ou de processo violento para subverter a ordem política ou social não motivarão nenhuma das sanções previstas nesta lei".

Logo a seguir, porém, a mesma Câmara, a despeito de vários protestos, revogou expressamente êsse texto, no art. 19 da Lei n. 136, de 1935.

Sem dúvida que a medida era formalmente inconstitucional, mas, em verdade, a supressão do explicativo não alteraria a substância da lei — a propaganda doutrinária continuaria lícita.

Ora, o Decreto-lei n. 431, de 1938, aplicado aos pacientes, não alterou o texto anterior punindo a propaganda com o fim de

> "atentar contra a segurança do Estado ou modificar por meios não permitidos em lei a ordem política ou social".

Não haveria como estabelecer distinção fundamental entre êsse texto e os reguladores de delitos mais graves v. g. o da tentativa de

> "mudar por meios violentos a Constituição, no todo ou em parte, e a forma de govêrno por ela estabelecida".

Bastaria a definição de ordem política, fixada no art. 22, § 1.º, da Lei de 38:

> "A ordem política é a que resulta da independência, soberania e integridade da União, bem como da organização e atividade dos poderes políticos estabelecidos

O simulacro de conspiração e seu objetivo.

57. O desfêcho, que assim teve o processo n. 1.142 do Tribunal de Segurança Nacional, pos em singular relêvo o propósito que o animou. O grande jornal *O Estado de São Paulo*, de imperecível tradição na imprensa brasileira, que JÚLIO MESQUITA dirigiu, com sereno desassombro e o mais alto sentimento patriótico, constituía fortaleza da opinião pública, que a ditadura fascista, implantada em

> na Constituição da República, nas dos Estados e nas leis organicas respectivas".

Assim, para a condenação de alguém à sombra do art. 3.º, n.º 9, da Lei n.º 431, seria preciso demonstrar-se não só a propaganda, como o intuito ofensivo à ordem política, por meios violentos ou ilegítimos.

Assim, sem apreciar, no tocante à propaganda, a necessária publicidade, e, em geral, a idoneidade do meio usado, a apuração do dolo, por não bastante a simples culpa, ainda que gerada, v. g. por excitação algo imprudente, e até a própria autoria, não digo dos escritos, mas, o que é mais importante, da sua divulgação autônoma, não em ato público, mas, diretamente, com a remessa a certas pessoas, circunstâncias, aliás, postas em dúvida pelo Juiz PEREIRA BRAGA, e afinal constituindo matéria de fato, estranha ao *habeas-corpus,* teríamos, ao menos, de procurar o segundo elemento da figura criminal proferida.

No acórdão recorrido há referência à linguagem desrespeitosa aos poderes públicos e a seus agentes, como a indisposição das fôrças armadas com a ordem política do país e a própria provocação, quanto ao terceiro paciente, em cartas particulares, a amigos, para concêrto da futura ação direta, mas a nenhum dêsses fatos, capitulados em textos autônomos, determinou aplicação de pena, assim teriam de ser afastados.

Seria, antes, preciso acentuar que os escritos tivessem por fim ofender a segurança do Estado ou modificar, por meios não permitidos em lei, a ordem política.

Sem dúvida, o V. acórdão declara que

> "as cartas e manifestos constituem matéria de propaganda contrária ao regime, cuja mudança, por meios não permitidos em lei propugnava abertamente"

ou envolviam:

> "ação dissolvente";
> "propaganda subversiva da Constituição"; "atentado contra a ordem constitucional".

1937, insistia em tomar. Para tal resultado, arquitetou-se, policialmente, o movimento conspiratório de março de 1940. Nenhuma conspiração, sabidamente, existia. Cumpria inventá-la. Inventou-se. Prisões. Simularam-se apreensões de armas de guerra no edifício de *O Estado de São Paulo.* Promoveu-se escândalo de publicidade. Não se apurou que, no movimento, estivesse envolvido, ao menos, um soldado da Fôrça Policial de São Paulo ou do Exército Nacional. Impossível era, portanto, sem o auxílio de fôrças militares, derribar os poderes constituídos. Isso

Também aludiu o aresto ao pleiteado, embora impossível, apoio das classes armadas, e à viável colaboração de antigos correligionários, que, entretanto, não se manifestaram até hoje, passados cinco anos, demonstrando, assim, a absoluta ineficácia de meios.

Mas, aquelas expressões da sentença não caracterizavam suficientemente o objetivo de alteração da ordem política, devendo mencionar quais os meios, as fórmulas, os planos propostos para atingir aquêle resultado.

É possível que das cartas e manifestos isso constasse, e até outros propósitos, não pròpriamente dirigidos contra a ordem política, mas de caráter pessoal; tudo, porém, teria de ser especificado e não apenas referido em frases vagas, como as que acabamos de citar.

Poderia, por outro lado, faltar o *animus* necessário, envolvendo os documentos apenas a expansão de sentimentos dos que se viram contrariados em atitudes políticas ou obrigados a uma expatriação penosa e prolongada, como bem acentua a petição inicial.

Não conheço o teor dos documentos, mas não importaria fazer em *habeas-corpus* o exame de seu conteúdo, tarefa que caberia aos juízes de mérito.

Se envolvessem mera expansão de sentimentos pessoais ou de críticas, ainda que vivas, à nova ordem de coisas, não poderiam, ao menos por extensão ou interferência, justificar a aplicação da lei penal, pois a cláusula explicativa da Lei n. 38 continuaria, a meu ver, implícita em face da própria Constituição de 1937 e na ausência de texto expresso em contrário, não bastando para afastá-lo o raciocínio indireto, decorrente de supressão, ainda que intencionalmente, do preceito em plena vigência do pacto de 16 de julho.

Ao revés, o texto de 10 de novembro manteve a livre manifestação do pensamento, salvo limites prescritos em lei, que poderia adotar a censura da imprensa, do teatro, do cinematógrafo e da radiodifusão, mas sòmente no estado de emergência, excepcionalmente estender a censura à correspondência e a tôdas as comunicações orais e escritas.

Assim, e ao menos até a adoção de texto expresso, não verificada, a exposição e crítica de doutrina, ainda que de caráter

mesmo, de resto, o reconheceu e proclamou a Procuradoria, em têrmos que não perdem em ser relembrados, antes convém reproduzir para que bem se aquilate a violência que aos pacientes se fêz, e são êstes:

"No apenso II, figuram inúmeros manifestos de autoria dos drs. ARMANDO DE SALES OLIVEIRA e OTÁVIO MANGABEIRA, apreendidos na Censura Postal, bem assim os envelopes que continham êsses manifestos, sendo de notar que os envelopes enviados pelo acusado dr. ARMANDO DE SALES OLIVEIRA contêm, impressos, o nome de uma casa

político, ou através mesmo de processos permitidos na Constituição, que continha fórmula para receber modificações oportunas, além de um *referendum* popular, não poderiam em princípio, constituir atos criminosos; seria preciso que se demonstrasse abuso ou excesso, precisando-se qual a ofensa à ordem política e como deveria ilegìtimamente alcançada através da propaganda enxergada na remessa de cópias de documentos. Os delitos de opinião, de qualquer modo, exigem interpretação restrita, quando não afetam a integridade do país.

Pelo exposto, por ora considero apenas não fundamentado o acórdão do Egrégio Tribunal de Segurança Nacional e, de acôrdo com os precedentes por mim várias vêzes apoiados, tenho a condenação por nula e, assim, concedo a ordem impetrada.

O Sr. Ministro Goulart de Oliveira — O pedido assenta em dois fundamentos básicos: 1.°) — a nulidade do processo e sentença; 2.°) — a injustiça, e inexeqüibilidade da sentença.

Começarei pelo 2.°) — Os impetrantes procuram dar relêvo a um problema de vigência de leis, e dêle tirar efeito, a meu ver, sem apoio legal, sem apoio doutrinário, e até certo ponto subversivo.

Não cabe na esfera do *habeas-corpus* indagar da justiça ou injustiça do julgamento e acreditamos que a asseveração nesse sentido haja sido feita apenas como ressalte e moldura ao quadro esboçado, em seguida, com os retraços e tintas de inexeqüibilidade da sentença proferida.

Convêm os impetrantes em que o Tribunal de Segurança — tribunal político — cujos juízes podiam julgar por sua íntima e secreta convicção — divisou no caso a prática do crime político — e condenou os pacientes.

Convêm igualmente em que há mudança da ordem política — que preconizam — porque se abriu o debate em tôrno do sistema político e administrativo do país.

E, com isso, se tornou repugnante ao sentimento de justiça, ofensivo à eqüidade, que se considere agora, crime o praticado pelos pacientes, quando outros podem fazer o mesmo que êles fizeram...

Transformada a ordem política, os mesmos atos que se reputavam antes criminosos, transformaram os delinqüentes, em beneméritos, senão em heróis.

comercial, ou suposta casa comercial, estabelecida na República Argentina, meio de que se utilizava o remetente ora acusado, que, na sua santa ingenuidade, supunha ludibriar a ação policial.

"Quanto aos manifestos impressos sob o título *A Nação Brasileira,* de autoria do acusado dr. OTÁVIO MAN-GABEIRA, endereçados a várias pessoas, verifica-se, pelos envelopes apreendidos, que eram procedentes da República Francesa, onde se encontra o acusado como exilado político, por inconveniente aos interêsses de sua Pátria.

As afirmações com o seu cunho de verdade alicerçada na experiência e na tradição histórica não refletem, entretanto, o momento histórico.

Firmada a petição do remédio buscado por homens de Direito, educados no respeito às leis, o seu subconsciente revelou-lhes a convicção: "Em vigor técnico a lei sòmente por outra lei se revoga ou derroga". A citação é de HAUS.

Não há fazer desaparecer a fôrça obrigatória dos textos legais com o fato de se haver legislado torrencialmente, em enxames, nem porque haja leis que não chegaram a ter aplicação nem ainda porque há leis dispares da consciência do maior número!...

A invocação de BINDING não aproveita a hipótese...

O desuso do texto não importa por si na sua ab-rogação... O autor fala da impotência do legislador para conservar a lei.

A mudança da ordem política preciso é se realize efetivamente e se sancione pelos processos resultantes da tradição histórica: legitimidade da origem e consumação do fato.

Se os próprios fenômenos de fato, resultados das revoluções vitoriosas têm sagrado definitivamente o respeito às situações discricionárias dos ditadores, predominando sôbre tudo a razão do interêsse público como suprema legitimação dos seus atos, como exigir do Juiz a decretação de inexistência de sentença passada em julgado, proferida por Tribunal competente, calcada em lei em plena vigência, ao tempo da condenação, como ao tempo da provocação do remédio extraordinário?

Cabe *habeas-corpus,* na verdade, quando o fato por que hajam sido condenados os pacientes não constitua crime. Os impetrantes fazem decorrer essa asserção da afirmação da mudança da ordem política — de que resultou não se considerar agora crime aquilo por que foram condenados os pacientes.

A lei em que incidiram êles, na convicção dos juízes que os julgaram, dentro da sua competência, não foi revogada por outra lei. Permanece em inteiro vigor.

Êste Tribunal é chamado, assim, a decretar por um aresto seu fatos que excedem à sua competência: — a mudança da ordem política nacional e a conseqüente impunidade dos réus de crimes que essa mudança porventura venha acarretar.

Daí considerar eu subversiva a proposição.

"Existe ainda no apenso II, um livro de autoria do dr. ARMANDO DE SALES OLIVEIRA, hàbilmente disfarçado com o título — *Historia de la Australia, Obra premiada por la Sociedad Británica de Historia Colonial,* cujo livro, na realidade contém 20 manifestos de sua lavra, sob o título — *Diagrama de uma situação política* (Carta aos Brasileiros).

"Idênticos exemplares já constam dos diversos volumes dêste processo, apreendidos, em grande escala, pela Censura Postal de São Paulo.

Quanto ao 1.º argumento, já deixei manifestada a minha opinião. Não tomei parte no julgamento de que se fêz menção. Nêle se declara que o Sr. Ministro CASTRO NUNES e eu não estávamos presentes. Foi o caso que teve como relator o Sr. Ministro LAUDO DE CAMARGO e que teve a solução apontada. Entretanto, no julgamento de hoje, de que fui relator, manifestei a solução que teria dado, se estivesse presente naquele outro.

Em relação a esta conclusão que adotei, no ponto abordado, que reveste até certa altura, no primeiro fundamento do atual pedido de *habeas-corpus,* já ficou manifestada a minha opinião, que completo, agora: ou se considera o delito praticado dentro do Brasil — e — neste caso, a solução seria aquela que dei no *habeas-corpus* de que fui relator — ou se terão considerado os pacientes dêste processo como tendo ultimado o crime fora do país, e, neste caso, não se poderia, na situação em que se achavam, considerá-los réus foragidos, e, então, a solução, ainda assim, seria a de concessão da ordem na forma do voto do Sr. Ministro Relator.

Concedo a ordem.

O Sr. Ministro Waldemar Falcão — Sr. Presidente, invocando o art. 643, ns. VI e VII, do vigente Código de Processo Penal, dois são os fundamentos principais do presente pedido de *habeas-corpus:* é um dêles a extinção da punibilidade em que foram considerados incursos os pacientes; é o outro, o fato de estar nulo o processo por lhe faltar um têrmo substancial, ou fôsse a citação dos acusados.

Examinarei em primeiro lugar o fundamento relativo à extinção da punibilidade. Repousa êle, na linguagem dos doutos impetrantes, no fato de que, alterado o panorama político do Brasil, mudada em seus lineamentos essenciais a passagem dos acontecimentos sociais, em nosso meio, estaria desaparecido claramente o motivo inspirador, estaria desaparecida, igualmente, a razão de ser, a explicação mesma da condenação sofrida pelos pacientes.

Condenados por crime político, sofreriam os pacientes, até o momento dessa mutação as condições inerentes àqueles que não inculpados de atos ou fatos julgados inconvenientes à estrutura do Estado, e por tal, passíveis de punição. Não preciso recordar ao Tribunal a complexidade do conceito do *crime político;* como êle se dilui, se distende, se transforma através dos tempos. É mesmo uma contingência histórica inclutável. Seja êle encarado

"Eis em traços largos o modo pelo qual os acusados drs. ARMANDO DE SALES OLIVEIRA e OTÁVIO MANGABEIRA dão expansão aos seus designios subversivos.

"Frustradas as esperanças de governarem o Brasil, perdida a compostura que deviam manter nos países de asilo, êsses maus brasileiros, ora acusados, estão grandemente comprometidos na odiosa propaganda de caráter subversivo contra o govêrno de sua Pátria.

"É profundamente lamentável o que ocorre com êsses acusados e seu companheiro de empreitada, dr. PAULO

dentro do critério puramente subjetivo, seja êle encarado pelo chamado critério objetivo, seja ainda compreendido simultâneamente pelos dois critérios, como ainda agora, contemporâneamente se observa, êle, é, ainda assim, uma resultante conseqüência da evolução mesma das sociedades, da transformação dos fatos políticos, da maior ou menor repercussão que êsses fatos possam ter na consciência dos legisladores.

Mas, Sr. Presidente, caberá ao Juiz, no Tribunal, caberá ao Magistrado, no Pretório, sentir essas ressonâncias dos fatos políticos, ver nos fatos, então apontados como crime e hoje apontados como atos normais, elemento capaz de afastar inteiramente a conceituação criminosa dêsses fatos?

Certamente essa é a função dos sociólogos, do legislador, do estadista.

Quando o nosso Código de Processo Penal e quando o nosso Código Penal admitem a abolição da pena pela extinção da punibilidade: quando, por exemplo, o nosso Código Penal, no seu art. 108, parágrafo único, prevê a possibilidade dessa exaustão do delito pela extinção dessa punibilidade, quando ainda, no art. 2.º e em seu parágrafo único, o referido Código diz:

"Ninguém pode ser punido por fato que lei posterior deixa de considerar crime, cessando em virtude dela a execução e os elementos penais da sentença condenatória"; quando acrescenta no parágrafo único:

"A lei posterior, que de outro modo favorece o agente, aplica-se ao fato não definitivamente julgado e, na parte em que comina pena menos rigorosa, ainda ao fato julgado por sentença condenatória irrecorrível"; quando assim falam as nossas leis vigentes, logo se vê que constituem elas um imperativo para a consciência do julgador, eis que, em se verificando essas hipóteses, em se concretizando essas circunstâncias, êle não poderá mais condenar o acusado por um fato que se enquadra nessas provisões legais.

Mas, na presente hipótese, em que pese a argumentação tão interessante dos impetrantes, não vejo como configurar essa conjectura legal.

Por mais que se transformem os aspectos políticos e sociais do mundo contemporâneo, ainda êsses aspectos não tiveram até

NOGUEIRA FILHO, já focalizado por esta Procuradoria, no início da presente classificação de delito.

"Os seus atos alarmam uma sociedade inteira e por isso mesmo devem ser reconhecidos e proclamados como um exemplo perigoso às gerações que vão surgindo.

"Por tudo quanto fica exposto e mais pelo estudo atento de tôdas as peças do processo, como sejam: buscas e apreensões, várias publicações de caráter subversivo, declarações de acusados, depoimentos de testemunhas e, ainda, pelas circunstâncias em que foram apurados os fatos

o presente — ao que conste ao Supremo Tribunal Federal — a ressonância capaz de objetivar uma norma legal, que se imponha à consciência do julgador como um imperativo do seu dever.

É por essa circunstância que, não estando, a meu ver, extinta a punibilidade dos pacientes, não posso dar o *habeas-corpus* com o fundamento que em primeiro lugar abordei.

Resta examinar o segundo fundamento: a nulidade do processo por falta de um têrmo substancial — a citação dos acusados.

O Decreto-lei n.º 474, de 8 de junho de 1938, em seu art. 4.º, parágrafo único, previu a hipótese da citação do acusado por edital.

Obedecendo, em linhas gerais, à tradição do Direito brasileiro, que sempre exigiu, sobretudo em matéria penal, a citação pessoal do acusado, não poderia o legislador de exceção desprezar êsse princípio.

E, por isso mesmo, no seu art. 4.º, estabeleceu que o Juiz do feito mandará incontiênti citar os réus para defender-se e constituir advogado, dentro de 24 horas; nomeará defensor para os que não se apresentarem e concederá à defesa vista dos autos, em cartório, pelo prazo de 48 horas.

E acrescentou, no parágrafo único:

"A citação será feita pessoalmente se o réu estiver prêso ou, quando sôlto ou foragido, por edital afixado à porta do Tribunal".

Vê-se que abraçou o Decreto-lei n.º 474, de 1938, essa alteração que já se vinha notando no Direito Processual Penal, no sentido de admitir e acolher a possibilidade de citação edital de acusado, hipótese que, anteriormente, na vigência do velho Direito Processual do Império, não era admitida.

Foi por isso que se imaginou, no presente caso, ser perfeitamente legal a citação edital dos acusados no processo.

Mas, estariam êles enquadrados na hipótese prevista pelo legista de exceção?

Seriam êles réus *soltos* ou *foragidos?* Ou estariam êles numa situação especial, que demandaria uma forma diferente de citação, de acôrdo com a tradição mesma, com a fisionomia característica do Direito Processual Penal brasileiro?

Vê-se do processo, lê-se na denúncia mesma do Procurador do Tribunal de Segurança Nacional, que os acusados teriam praticado

chega-se à prova, sem dúvida possível de ser aceita, de que os delinquentes focalizados por esta Procuradoria, se bem que não concertassem declaradamente nenhum plano revolucionário, pelo menos desta vez, praticaram, contudo, uma série de delitos individuais contra os poderes constituídos.

"Narrados por esta Procuradoria, com perfeita exatidão, os sucessos largamente debatidos pelas autoridades policiais que procederam às diligências, salvando, sem dúvida, ao órgão do Ministério Público, o direito de orientar-se

o delito, de que são inculpados, precisamente por se acharem exilados do seu país e à sombra do asilo que lhes teriam concedido outras nações.

Nestas circunstâncias excepcionais de sua vida de homens públicos, êles teriam sido levados a propagar idéias, a divulgar conceitos, a distribuir panfletos, que importariam em subversão da ordem constitucional vigente do Brasil.

Logo, da própria descrição do delito feita pelo representante do Ministério Público no Tribunal de Segurança Nacional se vê que é da essência mesmo do crime inculpado aos pacientes a sua ausência, dêles acusados, do país; e, da circunstância da ausência, surgiu a possibilidade de, da própria terra estrangeira, terem querido insinuar entre concidadãos seus a alteração da estrutura mesma do Estado Nacional, vale dizer, do regime político de seu país.

Ora, se assim era; se assim entendia o Ministério Público; se êle sabia que não estavam os pacientes perambulando livremente no país, e que, ao invés, estavam êles compelidos a uma situação, outra, que não a de sua existência normal; e se era sabido, até mesmo pela colheita dos elementos informativos do crime, o ponto exato do território estrangeiro onde se encontravam os acusados e de onde teriam partido os papéis subversivos, tudo indicava a conveniência de ser observado êsse mandamento legal do Direito Brasileiro: a citação pessoal do acusado, mandamento que domina principalmente no Direito Penal, e que não pode ser postergado de modo nenhum quando se imputa ao cidadão uma acusação que dá azo a uma conseqüência punitiva.

Trata-se, pois, de uma preceituação que não pode ser abalada, quando se trata de liberdade individual.

Foi êsse mandamento que não foi observado.

E não o foi, porque a citação edital foi posta em prática numa circunstância de que, dispondo o Regimento do Tribunal de Segurança Nacional, que se daria o prazo de 48 horas para a citação-edital, não se poderia, de modo algum, admitir a hipótese de que cidadãos brasileiros, ausentes do seu país compulsòriamente, pudes-

em face das provas que os autos oferecem, devemos acentuar aqui, desde já, que o número dos indivíduos, de que nos dão notícia os autos, terá de ficar reduzido ao mínimo, como consequência imediata e lógica da inocência da maioria dos acusados.

"Nessas condições, a classificação do delito, pois, passa a ser feita por esta Procuradoria, tendo em vista, não os atos inequívocos, acaso idealizados ou praticados pelos delinqüentes, mas os crimes políticos bem caracterizados nas provas dos autos, isto é, crimes formais, que se consumam sem acorrer ao chamamento a Juízo e viessem aqui defender os seus direitos, em tão estrito prazo.

É, pois, dentro dessa convicção que eu, ainda, me permito recordar que se bem não fôsse rigorosamente igual, à hipótese ventilada na petição do *habeas-corpus* ora em aprêço, se bem que não seja êste caso idêntico ao que se julgou, aqui, no Tribunal, de referência ao *habeas corpus* n. 28.872 de Sergipe, há entre êle e o atual caso aparências e semelhanças que situam esta última dentro da jurisprudência adotada naquele caso por êste Egrégio Tribunal.

Naquele, havia um acusado, que tinha sido convocado para o Serviço Militar e estava, por fôrça dessa convocação, em lugar que deveria ser conhecido pela autoridade judicante; neste, não há um acusado convocado para o Serviço Militar, mas há brasileiros que foram obrigados, por circunstâncias que não vem a pêlo apreciar, mas que decorrem de ato de autoridade pública, a se ausentarem do pais e a permanecerem no estrangeiro.

Não poderia, por conseguinte, a autoridade judicante ignorar esta circunstância. lícito não seria omitir a formalidade essencial da citação pessoal dos acusados.

Isso pôsto, e fiel ao ponto de vista que adotei naquele caso, dentro da orientação do respeito ao princípio de coerência, que sempre procuro manter neste egrégio Tribunal, sou levado a acompanhar o voto do Sr. Ministro Relator, concedendo o *habeas-corpus* nos têrmos e para os fins do voto de S. Exa.

O Sr. Ministro Orosimbo Nonato — Sr. Presidente, com três argumentos lidam os impetrantes na fundamentação do presente *habeas-corpus*. Refere-se o primeiro à ausência de citação dos pacientes que, exilados, por determinação do Govêrno, não podiam ser considerados "soltos" ou "foragidos", hipótese única em que bastaria a citação por éditos. Ninguém deve ser processado inconscio da acusação e sem possibilidade de responder às capituladas do M. P.

Alude o segundo à injustiça da sentença.

O terceiro diz respeito à generalização, na consciência jurídica do país, de um estado de espírito incompatível com a punibilidade do fato por que foram os pacientes condenados, faltando, a essa conta, clima vital para a execução da sentença. Ocorreu o fenô-

com a prática do ato incriminado, independente das suas consequências.

"E sem que imponha a necessidade de fazer maiores apreciações sôbre o ocorrido, é procedida a classificação do delito:

1. Dr. ARMANDO DE SALES OLIVEIRA, qualificado indiretamente a fls. 490, incurso nos incisos 9 e 13 do art. 3.º do Decreto-lei n.º 431, de 18 de maio de 1938, combinado com o art. 5.º, n.º II, letra "b", da consolidação das leis penais;

---

meno a que UNGER denominou "mitigação da relação jurídica", dependendo a eficácia da lei, conforme o magistério de LASKY, menos da fonte de que derive do que de sua aceitação e generalidade. Deixou o fato de ser considerado crime pela consciência pública, e com tal e irresistível veemência, que é êle agora praticado, às declaradas, e sem o esbôço, sequer, de qualquer tentativa de repressão.

Tais, em síntese apertadíssima, os fundamentos do pedido.

Relegado de plano o segundo fundamento — injustiça da sentença — inexaminável em *habeas-corpus,* considerei o terceiro para negar-lhes assentimento. Convenho em que não guarda qualquer ligação com o caso dos autores o art. 3.º do Código Penal que versa a *ultratividade da lei excepcional ou temporária.* Teve em mira o legislador, quanto à lei excepcional, que se não confunde, como sàbiamente adverte BENTO DE FARIA (*Cód. Pen.,* vol. II, n.º II), àquela determinada por fato extraordinário. Mostram-no os exemplos de SALTELLI DI FULCO, invocados pelos exegetas da nossa lei penal (*brigantaggio, tempo di guerra, stato di assedio, terremoto, epidemia e simili*). E, ao aludir à lei temporária visou aquela que se destina a reger situação durante certo período de tempo ou durante a permanência de certo acontecimento (vêde JORGE SEVERIANO, *Com. ao C. Penal,* P. Geral, I, pág. 239). Em rigor e vistas ao longe da história, temporárias são tôdas as leis que traduzem o direito positivo, e que passam com o mudar das instituições e o dobrar dos tempos. Tôdas elas se estabelecem do precário, do finito, do perituro das criações humanas, que inspiraram as "tremendas palavras" de MEFISTÓFELES e a que se refere OERTMANN "sucedem-se as leis e os direitos como um mal eterno". Muito mais estreito, porém, foi o ângulo visual do legislador, ao enunciar o princípio do art. 3.º, e ao referir-se à lei transitória, que é a que se destina à vigência temporária (art. 2.º da Lei de Introd. ao Cód. Civil).

Não é o caso dos autos. E o asserto desenvolvido pelos impetrantes quanto à ineficácia da lei penal, por ausência de ambiente na própria consciência jurídica do povo, tem a contrastá-lo obstáculo insubordinável: o princípio de que a lei vigora até que outra a modifique ou revogue (art. 2.º da Lei de Introdução). O *cessante ratione legis cessat ipsa lex* não foi invo-

2. Dr. Otávio Mangabeira, não qualificado, incurso no inciso 9, artigo 3.º, do Decreto-lei acima citado, combinado com o art. 5.º, n.º II, letra "b", da consolidação das leis penais;

3. Dr. Paulo Nogueira Filho, qualificado indiretamente a fls. 490, idem, idem."

Minguou, como bem se vê, a acusação policial: o crime coletivo, que a Superintendência de Segurança Política e Social de São Paulo urdira, a fim de apropriar-se o govêrno de *O Estado de São Paulo*, reduziu-se a crimes individuais

cado no pedido. E, na real verdade, não lhe traria alento e esfôrço. No caso mesmo em que a lei penal tem a sua permanência subordinada à permanência de certo acontecimento ou situação, opina Jorge Severiano que a autoridade apta a reconhecer como cessadas as circunstâncias que determinam a lei é o legislador mesmo, *verbis*:

> "Sòmente quem faz a lei é que tem o poder de revogá-la, no todo ou em parte. Entre as atribuições do Poder Judiciário (Const. Fed., 99 e segs.) não encontramos a de revogar leis... ao juiz não é possível absolver alguém colhido nas malhas de uma lei especial ou temporária, só porque a êle deva parecer que as circunstâncias que a determinaram já não existem" (liv. cit., pág. 238).

E o asserto é verdadeiro quanto às leis que contenham a cláusula de emergência pura e simples.

Oscar Tenório:

> "Leis temporárias existem que não dependem de têrmo e condição. Contêm a cláusula de emergência pura e simples. Enquanto o poder legislativo não revogar a lei, considerando expressa ou implicitamente desaparecido o período de emergência, surtirá efeitos, terá eficácia. Por isto, não catalogam, rigorosamente, entre as leis temporárias. (Lei de Introdução, n. 45).

Mas, o problema não foi enterreirado pelos impetrantes nesse terreno, que seria deveras impróprio e nem o *cessante ratione legis* foi invocado, caso em que útil seria o adminículo de lições de Espínola e Espínola Filho, Paulo de Lacerda, Chironi e Abelo, Alves Moreira, Teixeira de Abreu e tantos outros. E nem se abre perspectiva para a controvérsia referente à possibilidade de revogar-se a lei pelo seu desuso.

O problema que os ilustres impetrantes propõem é outro, e ainda mais grave: é o da possibilidade de se declarar revogada certa lei pela mudança das circunstâncias que a inspiravam e que levam ao espetáculo de sua inaplicação. Tenho que não

pois que nenhum plano verdadeiramente revolucionário tinha sido elaborado. Tendo sido ponto de partida, para a descoberta da conspiração malograda, colóquio entre o professor WALDEMAR FERREIRA e o jornalista FRANCISCO MESQUITA, dirctor de *O Estado de São Paulo,* travado em plena rua, na esplanada do cruzamento da rua Líbero Badaró com o viaduto do Chá, na noite de sábado de Aleluia, que antecedera às prisões, na capital de São Paulo (colóquio ouvido por agentes de polícia); no processo provou-se documentalmente que, naquela noite, o primeiro se achava em Bragança Paulista, com suas fi-

pode o Juiz, em tais casos, declarar a invalidade da lei. Constitui verdadeiro *ius receptum* que a lei só se revoga por outra, em linhas de princípio. O seu desnível com a opinião pública e a sua mesma desaplicação não autorizam o juiz a declarar-lhe a ineficácia e a morte. No combate às leis injustas, mas vigentes, a posição do juiz não é na vanguarda, pois não lhe cabe a função de legislar. O que lhe compete é interpretar humanamente a lei e eleger, entre os vários sentidos que ela ofereça, o mais conforme ao bem público e à eqüidade. Seria subversivo, entretanto, dar-lhe o preceito de declarar sem vigência lei não revogada. Se entre a lei e o sentimento público abre-se discordância profunda, cria-se um problema angustioso, mas cujo desate compete ao legislador, e não ao juiz.

Quanto à *inaplicação* prática da lei, apregoar doutrina contrária é incidir ao êrro a que se refere TEIXEIRA DE ABREU: o de misturar *aplicação* com *vigência* da lei, quando o primeiro é o registro de um fato e o segundo contém um conceito de direito.

O prisma do juiz é o de jurista técnico: a razão da obrigatoriedade de um preceito de direito radica-se na ordem jurídica positiva a que ela pertence: para êle é obrigatório "todo aquel que con arreglo a las notas positivas establecidas en el ordenamiento vigente ostenta los caracteres de tal" (RADBRUCK, in *Sichs. Direcciones Cont. del pens. jur.,* pág. 191).

CAPITANT, apesar de referir-se como a *corpus mortus,* às leis cujo conteúdo de utilidade, em conseqüência das transformações sociais, esvaziou-se às completas, mantém, como princípio, o de que *la loi, une fois promulguée, reste em viguer tant qu'elle n'a pas été abrogée par une loi posterieure.*

E acrescenta o claro professor francês:

> *C'est au legislateur qu'incumbe la mission de remplacer une règle viellie et surannée par une autre, mieux appropriée aux conditions économiques actuelles. Le caractère de certitude, qui est le signe distinctif de la loi et en fait un mode perfectionné de production juridique, exige de la force obligatoire de la loi ne puisse être discutée en aucun cas, quand meme ses dispositions seraient devenues gênantes ou inutiles (Introd., n.º 50).*

lhas, num baile em clube daquela cidade, e o segundo se encontrava a passeio em Curitiba, capital do Paraná. E da dezena de acusados, acolhidos pela denúncia em suas malhas, apenas três, que se achavam, de há muito, sofrendo, no exílio, a pena a que o govêrno federal, arbitrária e ilegalmente, os submetera, foram condenados pelo Tribunal de Segurança Nacional. Mostra isso o critério a que obedeceram as diligências policiais, mercê das quais pessoas do mais alto conceito, pelas posições que ocupavam, e ainda ocupam, em São Paulo, a

Argumenta-se, porém, que, no caso, a mudança de circunstâncias retirou à lei o seu princípio de vida. Se aquela mudança se caracterizasse pelo estabelecimento de um *norus orde* legal incompatível com a lei, caso seria, de certo, de revogação tácita. Quando, porém como na hipótese, não há revogação implícita, virtual, o que prepondera é o princípio enunciado em SALVAT:

> *"La ley subsiste en todo su vigor, aunque no reciba aplicación práctica por el cambio o la desaparición de las circunstancias que la dieron nacimiento"* (Der. Civ. Arg., Parte Cen., n. 324 *in fine*).

É que a obrigatoriedade da lei não provém das razões que a inspiraram mas da autoridade de legislador. E seria temerário considerar o Juiz a lei revogada pela sua inaplicação.

O conceito é de BAUDRY-LACANTINÉRIE et FOURCADE, que elucidam:

> *"Quanto alla non applicazione della legge per prolungato che sia, essa può spiegarsi con molte ragioni del tutto estranee all'idea della abrogazione, ed anzi esclusive di questa, che sarebbe troppo temerario considerare una legge come abrogata pel fatto solo che non è osservata"* (Delle Persone, ed. Vallardi, I, pág. 103, n.º 123).

E tal é a irreprimível fôrça dêsse princípio que êle aparece através do pedido mesmo, formulado que foi por eminente jurista: — em rigor técnico lê-se na petição, uma lei só se revoga por outra. E é nesse "rigor técnico", que traduz, antes de tudo, o princípio vero e legítimo a melhor censura de direito, que, a meu ver, se fortalece o Juiz, que deve ser tão cioso das prerrogativas do Poder que representa como cuidadoso e circunspecto em não romper as lindes em que êste Poder se situa.

Mas, se não aceito êsse argumento, acolho o terceiro.

Aliás, neste ponto de vista firmemente coerente com o caso anteriormente julgado. No caso a que se referem os impetrantes e de que foi o relator o eminente Sr. Ministro LAUDO DE CAMARGO, a situação dos impetrantes ainda era mais favorável; tratava-se de

despeito de sua inocência, foram presas e processadas, por envolvidas em movimento conspiratório, absolutamente inexistente. Mas urgia, entretanto, que o grande processo, em tôrno do qual se fêz o maior estardalhaço, não terminasse, ao menos, sem a condenação de três cidadãos expatriados, cheios de serviços ao país e indefesos.

A nulidade do processo e da sentença condenatória.

58. Proferindo sentença, em primeira instância, o juiz ANTÔNIO PEREIRA BRAGA, que é jurista, suspendeu o julgamento dos acusados drs. ARMANDO DE SALES OLIVEIRA,

alguém que foi chamado a Serviço Militar e que podia comparecer, mediante chamado da autoridade; a situação de constrangimento em que se achou, pelo Serviço Militar é muito menos colorido, muito menos forte do que aquela de réus que se encontrem no estrangeiro por ato do Govêrno. De modo que se não há identidade entre um caso e outro, e para favorecer a hipótese presente, em que é mais destacada; mais sublinhada a criação em que se situam os pacientes.

Pela lei, a citação pessoal se faz aos presos, a edital se fazia ao sôlto ou foragido, pelo que não compreende a lei outra citação. Aplicado o art. 4.º, parágrafo único, do Decreto-lei n.º 474, de 8 de junho de 1938, interpretado *civili modo,* o que se vê é que a citação por éditos cabe quando o réu está "foragido" ou "sôlto". Cumpre ao Juiz verificar se os impetrantes se achavam na situação de pesoas "sôltas" ou "foragidas".

"Sôlto" não é apenas — eu já o disse no anterior *habeas-corpus* — o que não se acha encarcerado, privado de liberdade de locomoção, de defesa; quem se encontra em destêrro, quem se encontra impossibilitado de acudir à citação é pessoa "não sôlta" para os efeitos da lei. E o legislador, ainda, e especial, não foi cuidadoso em garantir a defesa que, como observou o Sr. Ministro GOULART DE OLIVEIRA, em argumento de muito realce, na própria hipótese de estar o réu fora do distrito da culpa, aplicava-se a lei, quando aplicável, isto é: ao ausente se garantia o mínimo de citação, que é por edital. Êsse mínimo seria claramente inútil, no caso da pessoa estar no estrangeiro. Seria uma citação ficta; o legislador pode fingir, mas a ficção tem limites na própria arte, na poesia, como observava HORÁCIO.

Na hipótese atual, era impossível aos réus, estando um na Argentina, outro nos Estados Unidos, acudir a um édito, com 48 horas. Se o fim da citação é o chamamento proveitoso a Juízo, se êsse fim, no caso, estava impossibilitado, por obstáculo materialmente invencível, aquela ficção de citação não podia preponderar.

Otávio Mangabeira e Paulo Nogueira Filho, sob o fundamento de que se achavam ausentes do país e, assim, sòmente poderiam ser julgados quando a êle regressassem. Não podia, realmente, ser de outro modo, tanto mais quanto êles se achavam, e ainda agora se encontram, fora do Brasil, contra suas vontades e interêsses, pois que, sabidamente, foram expatriados por ordem do sr. presidente da República, nos últimos dias de novembro de 1938. Acolhidos pela França, permaneceram em Paris até que, impelidos pelas ameaças da guerra, que afinal estalou, se

Fala-se no art. 17 da lei de extradição, mas essa lei não cuida do problema da citação, versa o problema da ultra-territorialidade da lei penal nos crimes cometidos no estrangeiro. De modo que a desadequação à espécie é conspícua e visível.

Coerente com meu voto anterior e pelo fundamento exposto, concedo a ordem.

O Sr. Ministro Castro Nunes — Sr. presidente, concedo a ordem pelo primeiro fundamento, nulidade do processo por falta de citação pessoal, e sòmente por êsse fundamento, porque estou de acôrdo com o Sr. Ministro Relator e com os votos manifestados no sentido de que não é possível aceitar o argumento dos impetrantes de que a lei não executada fica revogada.

Realmente, seria subversivo de tôda a ordem jurídica, se se admitisse tal argumento. A lei não se revoga ou derroga senão por outra lei. A tolerância da autoridade ou relaxamento na execução de uma lei não basta para fazê-la desaparecer.

Em matéria de contravenções existem precedentes conhecidos que poderiam ilustrar essa tese. As administrações policiais que se sucedem ora intensificam, ora relaxam a repressão de certas contravenções. E jamais se prtendeu pudessem ser soltos por *habeas-corpus* os réus sentenciados anteriormente, ao tempo em que os agentes do poder público estavam dando execução à lei. Não invoco êsses precedentes senão para mostrar ao vivo que o afrouxamento ou a intermitência na aplicação da lei não basta para fazer desaparecer a infração. A situação, juridicamente, é idêntica, embora aqui se trate de crimes políticos, delitos de opinião, que se situam em grau superior, e não nodoam o agente.

Mas o primeiro fundamento, a nulidade da citação, se impõe à evidência. Realmente, não se trata, no caso, nem de réu sôlto, nem de réu foragido. Do réu foragido não seria possível cogitar na hipótese, porquanto o réu foragido é aquêle que procura escapar ou consegue escapar, sair do distrito da culpa, procurando esquivar-se, evadir-se ao processo, sem ciência ou iludindo a vigilância das autoridades. De réu sôlto igualmente não se trata, porquanto réu sôlto só é aquêle que se pode locomover livremente no distrito da culpa, que pode ir e vir para onde entender. No caso, tratava-se de réus que foram covidados a sair do país. Estavam

transferiram para Nova York, de onde se transportaram os drs. ARMANDO DE SALES OLIVEIRA e PAULO NOGUEIRA FILHO para a grande capital argentina, Buenos Aires, que elegeram para lugar de seus domicílios de exilados. Ali, como em Nova York, permaneceram os dois grandes brasileiros cumprindo pena de tempo indeterminado, sob as vistas de polícias especiais, instituídas pelo govêrno que os deportou.

soltos, é certo, mas em país estrangeiro. Não é essa a hipótese de réu sôlto em face da lei.

O réu comprometido num crime político é convidado pela autoridade a retirar-se do país a fim de não ser prêso.

Temos frequentemente os exemplos ocorridos na República Argentina, onde, aliás, a Constituição declara que, na vigência do estado de sítio, pode o govêrno prender ou desterrar para outros pontos do território nacional, salvo se o cidadão preferir sair do país. De modo que já é muito freqüente a adoção dessa prática e quando o próprio govêrno não convida o cidadão a retirar-se do país, é êle mesmo que pede seu passaporte, para procurar asilo em país amigo.

De modo que, aqui como lá, não se trata pròpriamente de uma imposição, mas de uma injunção, de uma solução optativa. Dá-se ao comprometido na crise política, ao cidadão indiciado ou suspeito à autoridade, a opção entre a prisão e a saída do país.

Esta é que é a natureza da medida de cunho nìtidamente político, não é pena, não é expulsão, e já então seria inconstitucional, é uma opção que se lhe dá para preferir à prisão em seu país a liberdade em outro país. Sem dúvida, é sempre preferível esta última solução que o govêrno não concede a todos, solução mais branda pelo menos para o cidadão que tenha posses que lhe permitam viver no estrangeiro, melhor do que sofrer as agruras da prisão política.

Ora, no caso o que se terá dado foi isso: a autoridade pública convidou os pacientes a se retirarem do país. Mas se êles não saíssem do país seriam presos. De modo que réus, no processo que ocorreu dois anos depois, eram réus virtualmente presos, não eram réus soltos. Pacientes estavam fora do país porque o govêrno lhes permitiu a saída; mas, se voltassem, para se defenderem, seriam presos. Estavam, pois, na situação de réus presos e teriam de ser citados pessoalmente, por mandado ou mediante rogatória para o país em que estavam. E o Tribunal sabia onde estavam êles, porque das sobrecartas constava a procedência de onde vinham os manifestos e panfletos. Aliás, o govêrno poderia por meio de suas representações diplomáticas localizar os réus.

À vista disso, só posso acompanhar o voto brilhante e axaustivo do Sr. Ministro Relator, dando o *habeas-corpus*, de acôrdo com essas premissas, para que os pacientes possam voltar ao país livre de condenação do Tribunal de Seguraça Nacional.

A ausência dos acusados por banidos do país.

59. Que se acham os três, e ademais dêles outros cidadãos brasileiros exilados por ato do govêrno, e entre êles Paulo Duarte, com êles deportado em 1938, mais Luiz Pisa Sobrinho, estando êste em Buenos Aires e aquêle em Nova York, não há duvidar. É público e notório. Tempo houve em que o govêrno da República, expatriando os seus desafetos, assumia a responsabilidade de seus atos

Concedo a ordem.

O Sr. Ministro José Linhares — Sr. presidente, voto de acôrdo com todos os fundamentos do Sr. Ministro Relator, reafirmando o voto anterior. Concedo a ordem, por nulidade da citação porque não se pode considerar citado por edital aquêle que se acha nas condições dos pacientes.

O Sr. Ministro Laudo de Camargo — Pelo que li no memorial recebido e pelo que ouvi do relatório feito, dois constituiram os motivos de pedir: a) nulidade do processo, por falta de citação e b) insubsistência da condenação, por não ser criminoso o fato articulado.

A nulidade teria advindo da circunstância de se acharem exilados os pacientes e sem conhecimento do processo, para a necessária defesa.

Foi realmente o que aconteceu.

Houve ausência não voluntária mas forçada. Determinou-a ato das autoridades brasileiras.

São, portanto, situações diversas e que se não confundem: a do que se retira e a do que é forçado a retirar-se.

Se o primeiro pode locomover-se livremente, regressando, o segundo conserva cerceada a sua livre locomoção, com impossibilidade de regresso.

Sendo assim, os pacientes, como exilados e tolhidos na liberdade, teriam de ser citados pessoalmente, quando em lugar conhecido.

A sua situação se identifica com a do sorteado, que livremente não pode locomover-se, conforme o nosso julgamento, no caso de Sergipe e a que se reportou o pedido.

Vou mesmo além: maiores garantias deverá contar o que sofre restrições fora do país do que o que nêle se encontra nestas condições. É que êste poderá comparecer pessoalmente, enquanto àquele êste comparecimento é negado.

Se, entretanto, conhecido não fôsse o lugar do exílio e impossível aguardar-se pelo regresso dos acusados, sob o fundamento de ser permitido o procedimento criminal, não obstante a ausência, dada a natureza do delito que se lhes atribuiu e o lugar da sua prática, tudo em contrário ao que decidiu o juiz de primeira

expedindo decretos determinantes de tal medida. Foi no em que ocupou a presidência o Marechal FLORIANO PEIXOTO. No regime fascista, implantado em 1937, atos de tal porte se praticavam, e praticaram-se, clandestinamente. Foram todos intimados, verbalmente, pela Superintendência de Segurança Política e Social, a retirarem-se do país, dentro do prazo exiguo. Tal como na Itália mussoliniana. No caso, porém, prova existe do expatriamento dos pacientes.

instância, teria então lugar a citação por edital, mas em forma regular.

Já fiz apreciação ao texto legal, determinante de recordar as palavras de JOÃO MENDES, de ser preferível não facilitar "o perigoso expediente da citação por edital".

Reza o art. 4.º, parágrafo único, do Decreto-lei n.º 474, de 1934: "A citação será feita pessoalmente se o réu estiver prêso ou, quando sôlto ou foragido, por edital afixado à porta do Tribunal".

A só leitura do texto está a mostrar que, nem sempre, poderá a sua fria aplicação ajustar-se à regra geral e a merecer inteira observância. "A sua instrução criminal será contraditória, asseguradas, antes e depois da formação da culpa, as necessárias garantias da defesa".

É certo que à lei ordinária cabe estabelecer a diretriz do procedimento criminal.

Mas, não menos certo, que deverá fazê-lo de modo a atender, a não contrariar, ao enunciado pela lei maior.

Pelo texto, só o acusado prêso será citado pessoalmente. Ao que estiver sôlto, toca a citação por edital. E de que modo?

Pela simples afixação do chamado à porta do Tribunal, pouco importando que o interessado seja conhecido e tenha residência certa no lugar em que êle se acha instalado.

A presunção que daí pode decorrer será mais pela insciência do que pela ciência, uma vez desconhecido de quase todos o que ali ocorre diàriamente.

Razoável seria que, havendo imprensa, fôsse o chamado dado à publicidade, como de prática constante na processualística criminal comum e com prazo bastante.

Como conhecer o exilado o que veio a ser simplesmente afixado?

Dêste modo, na aplicação do texto, haverá sempre necessidade de atender às circunstâncias coerentes, de modo a não sacrificar-se o direito de defesa.

São ainda palavras do acórdão da condenação:

"a situação não traz ao réu sôlto qualquer prejuízo, de vez que pode constituir advogado, e, se não o fizer, não poderá o juiz julgar sem nomear defensor".

Aí o êrro.

Uma coisa é nomear defensor, outra diferente constituir advogado.

No tópico, já transcrito, da denúncia do Sr. Procurador-adjunto ao Tribunal de Segurança Nacional, afirmou êle, quanto ao Dr. OTÁVIO MANGABEIRA, que êste se encontrava na República Francesa, "como exilado, por inconveniente aos interêsses da sua Pátria", e, quanto aos três, censurou-os por haverem perdido a "compostura que deviam manter nos países de asilo".

Eis, pois, comprovado o exílio forçado dos três cidadãos brasileiros.

A falta de citação dos acusados e o prosseguimento do processo.

60. Expatriados, com residências conhecidas em Nova York e em Buenos Aires, fàcilmente teriam sido citados, se houvesse o propósito de assegurar-lhes o direito de

Nomeia-se defensor ao que faltoso é.

A quem o não seja, assegurado fica o direito de constituir advogado que o defenda.

Éste direito, entretanto, se prejudica, com a insciência do processo.

Tudo está, pois, a mostrar a nulidade pleiteada.

Assim, de acôrdo com o meu ponto de vista anteriormente manifestado, e sem necessidade de maiores considerações, concedo a ordem.

O Sr. Ministro Bento de Faria — Sr. presidente, no meu conceito, a única questão a considerar é a referente à citação, que se diz mal feita.

Mas, embora os pacientes tivessem sido citados pessoalmente, ainda assim, no caso, tal citação seria incapaz de produzir efeitos, porque se desejassem êles atender ao chamamento, estavam absolutamente impedidos de entrar no País, consoante a determinação do Poder Público, como decorrência do exílio compulsório.

E, assim, não poderiam comparecer perante o Tribunal que os condenou com evidente sacrifício do direito de defesa.

Por essa razão, vencido na preliminar de não conhecer do *habeas-corpus* em período de estado de guerra, concedo a ordem, de acôrdo com o voto do eminente Sr. Ministro Relator, cujas considerações, quanto ao mérito, subscrevo sem restrições.

Decisão

Como consta da ata, a decisão foi a seguinte:

Concederam a ordem, por unanimidade de votos.

Vencido na preliminar de não se conhecer do *habeas-corpus,* em vista do estado de guerra, o Sr. Ministro BENTO DE FARIA

Impedido o Sr. Ministro BARROS BARRETO.

defesa, para que a apresentassem no processo que se lhes intentou, e foi o de n. 1.142, perante o Tribunal de Segurança Nacional. Bem e avisadamente agiu, dessarte, o juiz de primeira instância, suspendendo o julgamento dos acusados até que retornassem ao país. Divergiu, porém, aquêle Tribunal e, pelo acórdão proferido, em 3 de setembro de 1940, na apelação n. 565, decidiu que voltassem os autos à instância primeira para que fôssem julgados os três exilados políticos.

E assim decidiu,

"considerando que o Meritíssimo Juiz da 1.ª Instância, prolator da sentença apelada, suspendeu o julgamento dos acusados ARMANDO DE SALES OLIVEIRA, OTÁVIO MANGABEIRA e PAULO NOGUEIRA FILHO, sob o fundamento de que se acham ausentes da República, e, assim, só poderão ser julgados quando regressarem ao país, conforme a interpretação que a mesma sentença deu ao art. 5.º, § 1.º, da consolidação das leis penais; mas,

"considerando que, na justiça especial, o caso é regido, não pela referida consolidação, mas pelo Decreto-lei n.º 474, de 8 de junho de 1938, cujo art. 4.º, parágrafo único, só exige a citação pessoal para os réus presos, determinando em relação aos demais — soltos ou foragidos — que se a faça por edital afixado à porta do Tribunal;

"considerando que, por fôrça do mesmo decreto-lei, entre os réus soltos, o Tribunal tem entendido que se encontram os ausentes em países estrangeiros, e, assim, os tem julgado, independentemente de seu regresso ao Brasil;

"considerando que essa situação não traz ao réu sôlto qualquer prejuízo, de vez que pode constituir advogado, e, se não o fizer, não poderá o juiz julgá-lo, sem lhe nomear defensor;

"considerando que aos réus ausentes foi dado advogado".

Tornou-se o processo, dessarte, radicalmente nulo.

A possibilidade da citação dos acusados, não soltos, nem presos.

61. Era indispensável a citação pessoal dos acusados, porque êles se encontravam, precisamente, na situação prevista no parágrafo único do art. 4.º do Decreto-lei n.º 474,

de 8 de junho de 1938. "A citação", nêle se lê, "a citação
será feita pessoalmente, se o réu estiver prêso, ou, quando
sôlto ou foragido, por edital afixado à porta do Tribunal".
Soltos evidentemente não se achavam. Tem o vocábulo
sentido próprio. Refere-se aos acusados que se podem locomover livremente, sem coação de nenhuma espécie, e livres
de qualquer violência ou arbítrio; mas, entenda-se bem,
dentro do território nacional. Exilados e impossibilitados,
ao tempo, de regressarem a seus lares e afazeres, porque
dêles violentamente expulsos por determinação do Presidente da República, não poderiam considerar-se soltos, no
verdadeiro sentido da palavra. Exprime esta os que se
acham livres de prisão, de cadeia. Os que não estão sujeitos a nenhuma pena, ou constrangimento em sua liberdade.
Podiam haver-se como soltos cidadãos expulsos de sua
Pátria, sumàriamente, sem a mais mínima figura ou simulacro de processo? Se soltos, no sentido jurídico da
expressão, não estavam, porque banidos do país, poder-
-se-iam, acaso, reputar foragidos? Não se consideram tais
os fugidos por crimes, ou homisiados? Os escondidos e
errantes, para escaparem à justiça? Homens digníssimos
e capazes de arcar, como sempre fizeram, com as responsabilidades dos atos de suas vidas públicas, não fugiriam
a elas. Não fugiram. Não se exilaram. Não eram foragidos. Mas exilados, deportados, banidos, sem culpa,
nem pena!

Não podiam, em condições tais, especialíssimas, ser
julgados, nem processados, sem que regressassem ao seu
país, ou, ao menos, sem que tivessem sido citados pessoalmente, para que pudessem receber suas notas de culpas e
defenderem-se cabalmente.

A necessidade da citação de acusado de paradeiro conhecido.

62.   Muito não há, pois foi por acórdão de 3 de dezembro de 1944, proferido nos autos do *habeas-corpus* n.
28.872, do Estado de Sergipe, impetrado pela advogada
Dra. Maria Rita Soares de Andrade, que o Egrégio Supremo Tribunal Federal houve por bem conceder a ordem,
declarando nulo todo o processo em que o Tribunal de
Segurança Nacional oficiou, condenando o acusado não

citado pessoalmente a um ano de reclusão. "Essa penalidade", lê-se na certidão do julgado e seu relatório, "essa penalidade foi imposta pelo Tribunal de Segurança Nacional. Mas, a sua imposição, se deu em processo radicalmente nulo, por falta de citação do paciente, que, citado fôsse, com facilidade desfaria tôda a ação".

Dando seu voto, favorável ao recurso, salientou seu revisor, o sr. ministro LAUDO DE CAMARGO, ser certo que a lei fala em réu prêso; mas, obtemperou, "o legislador teve em vista que, nestas condições, conhecido o lugar em que se encontra o acusado, possível não seria deixar de citá-lo pessoalmente. E, nos demais casos, evitando delongas processuais, a citação por edital tudo resolveria. Ora, o convocado estava servindo em lugar certo, conhecido do comando, segundo informou, e conhecido igualmente do juiz. Estava nas mesmas condições daquele que estivesse prêso, para gozar da medida, dadas as restrições com que contava. Não se deve interpretar a lei contra a sua finalidade e o seu espírito. E o espírito do texto do parágrafo único do art. 4.º do Decreto-lei n.º 478, de 38, está a mostrá-lo com clareza". Assim argumentou o grande juiz. Não viu "como dispensar a citação pessoal de quem de plena liberdade não contava. A falta de citação viciou, pois, de nulidade o processo e acarretou prejuízo à defesa, conforme alegação feita". E deferiu o pedido. No mesmo sentido manifestou-se o sr. ministro OROZIMBO NONATO. A seu crer, o relator "interpretou muito bem o dispositivo que permite a citação por éditos, mas de réu sôlto ou foragido. Foragido, não estava o réu, no caso presente; é exato, também, que não era encarcerado, mas estava em situação idêntica, para o efeito de se defender em processo". No mesmo ponto de vista se colocou o sr. ministro BENTO DE FARIA.

E a ordem de *habeas-corpus* foi unânimemente concedida, impedido o sr. ministro BARROS BARRETO, ausentes os srs. ministros CASTRO NUNES e GOULART DE OLIVEIRA, sendo declarado nulo o processo, por falta de citação pessoal do acusado.

Nem se argumente, neste transe, com o preceito do art. 17 do Decreto-lei n.º 394, de 28 de abril de 1938, de poderem ser processados e julgados, ainda que ausentes brasileiros e estrangeiros que, em território estrangeiro, perpetrem crimes contra a existência, a segurança ou integridade do Estado e a estrutura das instituições; e contra a economia popular. Não se argumente com êle, por duas razões. A primeira é a de não dispensar a ausência, no sistema do direito brasileiro, a citação do acusado, que importaria em cercear-lhe, senão em sacrificar-lhe a defesa, tornando-a quiçá impossível. A segunda é a de ter sido aquêle preceito derrogado pelo do art. 4.º, parágrafo único, do Decreto-lei n.º 474, de 8 de junho de 1938, a que o Egrégio Supremo Tribunal Federal emprestou singular relevância no acórdão de 13 de dezembro de 1944.

Haveria a considerar se aquêle dispositivo fôsse admissível e aplicável ao caso, o que se contesta, que, condenados os três insignes brasileiros por infração do art. 3.º, n.º 6, do Decreto-lei n.º 431, de 18 de maio de 1938, o crime, que se lhes imputou, sòmente poderia cometer-se no território brasileiro. Pune-se ali, realmente, com a pena de 2 a 5 anos de prisão, "fazer propaganda ou ter em seu poder, em sua residência ou local onde deixar escondida e depositada, qualquer quantidade de boletins, panfletos ou quaisquer outras publicações" contra a ordem política, naquele diploma definida. Aqui, portanto, onde os boletins, manifestos ou panfletos, se distribuíram, é que o crime seria praticado. Dentro do território nacional. Não no estrangeiro. Tanto que teriam sido apreendidos pelas autoridades policiais brasileiras e encontrados em poder de brasileiros, dentro do Brasil.

Tanto assim foi, de resto, que o juiz Antônio Pereira Braga, por sentença de 4 de dezembro de 1940, ao depois reformada, absolveu os acusados da imputação que se lhes fez,

"considerando que, relativamente ao acusado, Armando de Sales Oliveira, se o seu — *Diagrama de uma situação política,* impresso em Nova York, era remetido de Buenos Aires, não haveria senão mera presunção de ser êle quem o remetia, pelo correio, se provado ficasse estar nessa cidade ao tempo em que foram lançadas às caixas de coleta;

"considerando que, semelhantemente, o fato de o manifesto do acusado Otávio Mangabeira, impresso em Biarritz, ser lançado, ao correio, em Pau, apenas deixaria presumir ser êle quem o remetia, se provado ficasse estar neste lugar, ao tempo de serem entregues no correio;

"considerando que, relativamente ao acusado Paulo Nogueira Filho, os seus manifestos, impressos em Paris, foram lançados ao correio no Brasil, como se vê a fls. 390, o que nem aquela presunção deixa estabelecer".

Seja qual fôr o ângulo por que se examine o processo, ressalta sua nulidade, decorrente da falta de citação pessoal dos acusados. Existisse, no plano jurídico, a carta totalitária de 1937, em face dela se não poderia justificar texto que suprimisse a citação pessoal dos acusados, para que tivessem ciência da nota de culpa e pudessem defender-se. Pelo estabelecido por ela no art. 122, n. 12, *in fine,* "a instrução criminal será contraditória, asseguradas, antes e depois da formação da culpa, as necessárias garantias de defesa". Entre elas, e como principal, sublima, antes da formação da culpa, a citação pessoal do inculpado. Intuitivo é isso. Intuitivo e essencial. Nem se pode ter instrução contraditória onde e quando o acusado, por ignorância da denúncia ou do libelo, de que não teve ciência, impossibilitado se depare de contraditar...

A injustiça e inexeqüibilidade da sentença condenatória.

63. Não apenas ilegítima, por proferida em processo absolutamente nulo, mercê de preterição de formalidade substancial, qual a da citação dos acusados, não efetuada legalmente, é a sentença que condenou os três exilados brasileiros. Também injusta se teria de haver, se de manifesta nulidade não fôsse. Juntam-se a esta petição exemplares dos manifestos ou panfletos, que serviram de base à acusação, que se lhes intentou. Banidos de sua terra, a que prestaram os mais assinalados serviços, Armando de Sales Oliveira, como governador do Estado de São Paulo; Otávio Mangabeira como professor catedrático da Escola de Engenharia da Bahia, antigo ministro de Estado das Relações Exteriores da República e deputado federal pelo Estado da Bahia; e Paulo Nogueira Filho, como jornalista, diretor, que foi, do *Diário Nacional,* de São Paulo, e representante dêste Estado no Parlamento Nacional, como deputado — em nenhum momento deixaram de ser, como sempre foram, homens de dignidade e de honra, imbuídos do mais profundo sentimento patriótico. Bani-

dos de sua terra, sofreram, sem processo, sumàriamente, irrefragável arbitrariedade. Lícito não era ao presidente da República, mesmo em face da carta fascista, que êle ditou ao país, afastá-los dêste, como o fêz. As medidas, que ela lhe consentia, durante o estado de emergência, estavam limitadas à detenção em edifício ou local não destinado a réus de crime comum e ao destêrro para outros pontos do território nacional, senão ainda a residência forçada em determinadas localidades do mesmo território, com privação da liberdade de ir e vir. Tal dispunha o seu art. 168, neste ponto não alterado pela lei constitucional n. 3, de 10 de março de 1942. Não obstante, foram deportados para o estrangeiro, mercê de violência inominável. Teriam, neste transe, formulado, contra ela, o seu mais veemente protesto, já que condenados, sem forma, nem figura de juízo, a pena, a cujos efeitos ainda se acham submetidos e perdura por mais de seis anos...

Nesse protesto, que cada um formulara isoladamente, exercitando o direito sagrado de defesa, mais não havia, em verdade, do que o profligamento do ato de ilegalidade e de extrema violência, que sôbre êles se desferira; e, ao mesmo passo, o exercício do direito que lhes não poderia ser recusado, de manifestação de seu pensamento sôbre as suas convicções democráticas, que o seu infortúnio não esmorecera, antes sublimara. Crime nisso não havia, nem podia haver, mas tão sòmente crítica, sob o ponto de vista doutrinário, do panorama político brasileiro, em têrmos vivazes, por certo, mas à altura do insulto.

A missão punitiva dos tribunais políticos.

64. Tribunal político, na essência e na forma, bem assim na finalidade, cujos juízes podem julgar por sua íntima e secreta convicção, mais do que pelas circunstâncias do fato, preceitos da lei e princípios de direito — o Tribunal de Segurança Nacional divisou, no caso, a prática do crime político. E condenou os três exilados políticos brasileiros, agravando, dessarte e sobremodo, a pena de destêrro, em cujo cumprimento estavam e ainda estão, porque de tempo indeterminado. Nisso, evidentemente, êle se excedeu. Tinha êle razões, que a razão

desconhece. Os regimes totalitários fascistas, como o que se impôs ao Brasil por efeito do golpe de Estado de 1937, inadmitem a livre manifestação do pensamento. Proscrevem o direito de crítica. Só toleram, porque com êles condizentes, e são os elementos constituintes do clima político, em que podem viver e prosperar, o assentimento unânime, a bajulação sórdida e o incensamento perene, de todos os dias, horas e minutos, custe o que custar, pela compressão, pela adesão interesseira, pela corrupção ou pelo subôrno. Tudo quanto disso se afaste é crime.

E os três exilados brasileiros foram condenados...

A transitoriedade dos regimes totalitários.

65. Tudo, no mundo, passa. Passam os homens, mesmo os que se supõem eternos, na sua transitoriedade terrena, que não chega, em regra, a mais de um século. Passam os que se imaginam superhomens, criaturas eivadas de sôpro divino e, por isso mesmo, providenciais. Passaram ALEXANDRE e CÉSAR. NAPOLEÃO passou. Se não teve MUSSOLINI ainda sua tumba, é porque os seus ossos devem ainda manter-se, para que o famoso duce dos fascistas sinta, em sua própria consciência, a tragédia da sua lenta decomposição histórica. E HITLER, que sonhou ser senhor e possuidor do mundo, está a assistir, dentro dêle, ao desmoronamento do seu pequeno mundo germânico, destruído pelas armas das duas grandes democracias — a inglêsa e a americana.

Tinha, pois, que passar o fascismo brasileiro, compendiado na carta de 1937 e que os seus próprios autores, por suas próprias mãos, converteram, e quem o disse foi o talvez seu inspirador, FRANCISCO CAMPOS, em entrevista recentemente publicada nos jornais, em "documento de valor puramente histórico", que entrou "para o imenso material, que, tendo sido ou podendo ter sido jurídico, deixou de ser ou não chegou a ser jurídico, por não haver adquirido ou haver perdido a sua vigência..."

Se não passou de todo, está visìvelmente, no ocaso, que começou com o chamado ato adicional — a lei constitucional n.º 9. Mudou-se, sensìvelmente, a ordem política abrindo-se, por fôrça das circunstâncias, tanto internas, quanto, e principalmente, externas, ou, melhor, internacionais, o debate em tôrno do sistema político e administrativo. Suspendeu-se a censura à imprensa. Desde que isso aconteceu e se seguiu à vista de cortesia que o chanceler STETTINIUS, vindo de Moscou, fêz ao presidente da República, muitíssimo mais do que teriam escrito os srs. ARMANDO DE SALES OLIVEIRA, OTÁVIO MANGABEIRA e PAULO NOGUEIRA FILHO, nas publicações, por via das quais foram condenados pelo Tribunal de Segurança Nacional, têm dito, e estão ainda dizendo, em têrmos muitíssimo mais vigorosos e candentes, homens públicos, instituições, academias, universidades, com o aplauso, a bem dizer unânime de tôdas as correntes de opinião pública, sem que as autoridades tomem qualquer iniciativa processualística e sem que o Tribunal de Segurança Nacional lhes desfeche o seu látego condenatório. Anexam-se a esta petição as moções ou manifestos, em tal sentido, da Faculdade Nacional de Direito, da Faculdade de Direito da Universidade de São Paulo, da Faculdade de Direito de Recife, da Faculdade de Direito da Bahia, dos Institutos dos Advogados Brasileiros e de São Paulo, bem como da Ordem dos Advogados do Brasil, Secção de São Paulo, do Conselho da Universidade de São Paulo, e outros. Como, em tais condições, pensar na execução da sentença condenatória, pelo mesmo crime, se crime se praticou, dos três exilados brasileiros, quando, agora, e evidentemente, crime tal não se considera? Não é isso, acaso, repugnante ao sentimento de justiça? Permite a lei contrasenso de tamanha magnitude? Tolera a equidade, acaso, que pelo mesmíssimo fato, essencial e formal, uns se reputem criminosos e outros não?

O ambiente social e as causas ocasionais do crime.

66. Fornece o ambiente social as causas ocasionais do crime e, notadamente, do crime político, consistente nos atos tendentes à mutação da ordem política e social, existente em dado povo e país, em certo e determinado momento. Basta que se destinem a alterar a ordem política, embora inalterável permaneça a ordem social. Mudada a ordem política, os mesmos atos, que antes criminosos se reputavam, deixam de o ser, transformando-se, muitas

vêzes, os delinquentes em beneméritos, senão em heróis. Decorre disso, como tem sido acentuado pelos tratadistas, o caráter de relatividade do crime político, sensìvelmente mutável. Cumpre, para conceituá-lo, atender ao momento histórico, à época do comportamento punível e à transformação política ulterior, que o torne lícito ou penalmente indiferente. Dá-se o que denominou MEZGER, de "mitigação da relação jurídica", a propósito da legislação protetora das tendências da democracia social, "abrogadas as leis por decurso do tempo ou por outra causa, também a punibilidade tinha que cessar".[45]

O fenômeno é de observância mais frequente do que se imagina. Dá-se, até, inesperadamente, como aconteceu com a publicação do ato adicional de 1945. Dispensando êste a homologação plebiscitária a que se subordinou a eficácia da carta de 1937; admitida a possibilidade de sua outorga por simples manifestação da vontade do detentor do poder, mercê de ato de fôrça, ficou ela vazia de sentido e vigor. De outro lado, aquela lei, dita constitucional, acarretou situação diversa da anterior, introduzindo, em parte, condições políticas incompatíveis com as leis repressivas das manifestações da opinião, que explodiram em violência correspondente ao tempo em que estiveram comprimidas pelo regime férreo do mais estreito absolutismo, gêmeo do personalismo político dêste último e desastrado setênio. Abrogaram-se aquelas leis implìcitamente, por efeito da nova situação criada, tanto quanto por injunção vitoriosa do consenso popular. Não se acoime de infundado o asserto, porque, e foi HAUS quem o observou, "muitas vêzes também o legislador, sobretudo quando procede à reforma da legislação repressiva, realiza as mudanças de que se trata, modificando a definição de certas infrações, de molde a estender ou restringir a que lhe dava a lei precedente, fazendo assim entrar na disposição legal fatos que ela não compreendia ou eliminando dela atos que tombavam sob sua aplicação, qualquer que seja o modo escolhido pelo legislador para introduzir as mudanças que teve em vista". Mas não ficou nisso. Acresceu o velho criminalista que, "por outro lado, a lei que tira a um ato o

---

45. MEZGER, *Diritto Penale,* trad. italiana de MANDATARI (Padua, 1935), pág. 92.

caráter delituoso, deve receber aplicação imediata, mesmo a fatos anteriores à sua publicação".[46] Eis ensinamento que se ajusta ao caso concreto e não refoge da sistemática legal brasileira.

A impunidade pelos atos posteriormente havidos por lei como não criminosos.

67. Ninguém (o dispositivo é do art. 2.º do código penal) pode ser punido por fato que lei posterior deixa de considerar crime, cessando, em virtude dela, a execução e os efeitos penais da sentença condenatória. Ora, condenados foram os três exilados brasileiros por haverem externado suas convicções democráticas e sua repulsa aos regimes fascistas e totalitários. Não se pode mais contestar, em sã consciência, ter sido elaborada a carta de 1937, sob o influxo dos regimes políticos, que imperavam na Alemanha e na Itália, e quando o ditador brasileiro convencido da vitória das duas potências em guerra com as democracias, resolveu entrelaçar a sua sorte e, com ela, a do Brasil, às daqueles países e seus governantes. Desde que, porém, empalideceram as estrêlas dêstes e as vitórias nazistas se substituiram por derrotas espetaculares, que se sucederam em número e intensidade; desde que, premido pela opinião brasileira, o presidente da República, que recentemente se proclamou destituído de preconceitos de ordem política e partidária, se viu forçado a romper as relações diplomáticas e alfim a declarar guerra aos países do "eixo" — a transfiguração política do Brasil tinha que fazer-se, a despeito de retardada, no sentido democrático. Se, pois, crime era a defesa das instituições democráticas, agora tal não acontece. Na própria exposição ministerial que propiciou o ato adicional, se deparam conceitos e expressões, que antes a ninguém se permitiriam, sem que padecessem os rigores policiais e os anátemas do Tribunal de Segurança Nacional. A mudança da ordem política, a despeito de tudo, é sensível. Urge, pois, que cessem a execução e os efeitos penais da sentença, por que Armando de Sales

---

46. Haus, *Principes Généraux du Droit Penal Belge*, 3.ª ed. (Paris, 1879), vol. I, pág. 123 e 124.

OLIVEIRA, OTÁVIO MANGABEIRA e PAULO NOGUEIRA FILHO foram condenados pela manifestação de seu credo democrático, que o primeiro, encerrando o *Diagrama de uma situação política*, nestes têrmos orou:

"Creio que o povo brasileiro possui o instinto profundo do govêrno democrático e não se submete à sorte dos escravos voluntários. Creio que o problema da nossa unidade é o nosso problema fundamental e que seria uma geração execrável a que deixasse que se fracionasse em suas mãos a Pátria grande, herdada de seus pais. Creio que o sistema federativo, com as suas raízes mergulhadas nas origens de formação nacional, é o que melhor resguardará a nossa unidade. Creio que, na relatividade das instituições humanas, o princípio majoritário é ainda o melhor método de decisão política; que êsse princípio só se pode fundar no voto popular, secreto e livre, nunca no plebiscito policial; e que a eficácia do método está em grande parte nas mãos dos governos, pois tudo se resume num problema de educação. Creio que êsse voto deve ser coordenado através dos partidos políticos e que o princípio democrático é inseparável da idéia de responsabilidade e fiscalização e, portanto, da idéia de oposição. Creio que jamais a democracia brasileira será uma realidade se não se impedir que a organização partidária se fracione, não sòmente em partidos estaduais, mas ainda em absurdos partidos municipais; que a organização nacional dos partidos será a fonte de rejuvenescimento da vida democrática brasileira; e que só através dos partidos nacionais se corrigirão as desigualdades na importância política dos Estados e, por conseguinte, se robustecerá o ideal federativo. Creio no instinto das autonomias locais, que se revelou em épocas afastadas da existência do Brasil e que se fortaleceu sempre em tôdas as lutas da nacionalidade. Creio na necessidade de um poder político forte, sobretudo na União, mas desde que seja exercido por governantes temporários, sob as vistas da representação popular. Creio, porém, ao mesmo tempo, na necessidade de se manter a descentralização administrativa, para acelerar a circulação do sangue em todo o organismo da Nação e evitar que a hipertrofia do centro gele as suas extremidades distantes. Creio que a coesão nacional será alimentada com muito mais vigor pela cultura das peculiaridades de costumes, das características de temperamento e das tradições de cada região, do que pela sistemática, artificial e precária tentativa de uniformização de todos os brasileiros.

"Creio que só na liberdade o espírito do homem pode conservar a sua fôrça criadora, e que a personalidade humana é inviolável. Creio na cultura humanística como o melhor instrumento de exercício da liberdade e de fortalecimento da coesão social. Creio que há uma crise aguda do individualismo e que a palavra liberalismo, no seu sentido integral, talvez não sobreviva; mas que as críticas mais profundas que se fazem a essa crise são as dos grandes espíritos, que ainda acreditam na liberdade; e que, em todo o caso, os remédios prescritos pelos contemptores da liberdade só produziram, por ora, guerras de conquistas. Creio na solidariedade e na cooperação sociais como princípios inspiradores de qualquer organização dos nossos dias. Creio que, dentro do atual panorama do mundo, o problema brasileiro está pôsto em têrmos de sua independência. Acima de tudo, creio no Brasil. Êsse Brasil é democrático".

Transpiram palavras dêsse naipe nobreza de propósitos, dignidade humana, sadio e corajoso patriotismo. Merecem os que as emitiram aplausos e bênçãos. Não a condenação. Muito menos, o presídio. Poucos já não são os anos amargos do exílio...

Perdendo o fato seu característico criminal, mercê de lei posterior, esvai-se a sentença por que antes se condenara, cessando-se sua execução, se já iniciada, ou tornando-se inane, se não ainda. Desaparecido o crime, desaparecera a pena. Diluem-se em nada os efeitos penais da sentença condenatória. Mais ainda. Favorecendo ao agente posterior, de qualquer modo, aplica-se ao fato não definitivamente julgado e, na parte em que comine pena menos rigorosa, ainda ao fato julgado por sentença condenatória incorrigível. Com êsse, não com outro espírito, todo equitativo, e, por isso mesmo, justo, deve-se examinar o crime político, principalmente quando cometido, como no caso teria sido, mais pela manifestação do pensamento, do que por atos. Alteradas as circunstâncias que o caracterizariam, ou caracterizaram, não há puní-lo.

A inaplicabilidade das leis excepcionais.

68. Acolhida não mereceria, por certo, argumento, que no art. 3.º do código penal se fundasse. A lei excepcional, nêle se prescreveu, ou temporária, embora decorrido o período de sua duração, ou cessadas as circunstâncias, que a determinaram, aplica-se ao fato praticado durante sua vigência. O fato criminoso, dessarte, cometido em momento que tal fôsse a ordem política do país, mudada esta, punível ainda se torna, a despeito de cessadas as circunstâncias, por via das quais se erigiu o crime político em figura de direito penal. O argumento, ao pé da letra, induziria a absurdidades simplesmente espantosas e inconciliáveis com o senso jurídico.

Pouco importa que se defina o crime político no código e entrosado no sistema dêste, ou que se qualifique e discipline em lei separada ou especial. Esta, no caso, não é excepcional. De duração periódica muito menos. É crime como os demais da mesma natureza. E tem-se, pôsto isso, o motivo impediente do argumento, esboçado mais com ânimo de discutir, prevenindo, que de dar por sua legitimidade.

Como lei especial, abrogável é ela pela geral posterior sempre que seu conteúdo contraste com a norma por esta editada. Sustentou-o tratadista italiano, referindo-se até aos atos dos governos provisórios, entre os quais se incluem, certamente, os mais duradouros, mas de fato, sem organização jurídica definida, como a ditadura brasileira. As prescrições dos governos provisórios, doutrinou, abrogam-se quando contrárias a princípio de ordem pública contido em leis gerais para todo o reino, assim que entra em vigor a norma nova. Vale isso, são de RAGGI os conceitos, considerar a lei penal como inaplicável (*interpretatio abrogans*), onde não seja possível remover sua contradição com outra lei ou algum princípio fundamental de direito.[47]

Ora, o princípio fundamental do direito constitucional brasileiro é, no capítulo dos direitos e garantias individuais,

---

47. RAGGI, *Della Legge Penale e della sua Applicazione,* Milão, 1927, págs. 32 e 43.

o da livre manifestação do pensamento. Todos, em face do art. 179, n. 4, da Constituição do Império, podiam comunicar os seus pensamentos com palavras, escritos, e publicá-los pela imprensa, sem dependência de censura, contanto que respondessem pelos abusos que cometessem no exercício dêste direito, nos casos e pela forma que a lei determinasse. Em qualquer assunto, pelo dito no § 12 do art. 72, do capítulo da declaração de direitos, da Constituição da República, de 1891, era livre a manifestação do pensamento, nos mesmos têrmos do dispositivo constitucional anterior. Não divergiu, neste particular a Constituição de 1934.

Dês que, pois, ordenanças de govêrno ditatorial coibiram a manifestação do pensamento, notadamente em matéria de direito constitucional, quando pretendeu impor ao país, pela fôrça, a doutrina totalitária germânica ou italiana, puseram-se em contradição nítida com o princípio de ordem pública, secularmente dominante no Brasil e em todos os mais países policiados do mundo. Mudaram-se, porém, em dado momento, o que agora vivemos, as circunstâncias determinantes daquele sistema. Abrogaram-se aquelas normas, por fôrça de novas circunstâncias, que ensejaram a livre manifestação do pensamento, independentemente de censura prévia, mesmo sôbre o regime político imposto em 1937, e que tem sido descarnado sem maiores recatos, como se se tratasse de cadáver de indigente, em mesa de necrotério público, submetido a autópsia.

A eficácia das leis outorgadas por ditadores.

69. Leis outorgadas por ditadores têm valimento e eficácia apenas enquanto perdure o estado de coação permanente do espírito público. Revogam-se por sua repulsa unânime, tanto que se quebrem os grilhões a que o povo ficara submetido. Confina com o asserto o ensinamento de LASKI de independer a valia da lei não tanto da fonte, de que emane, quanto, e muito mais, de sua aceitação espontânea e generalizada. Expressão apenas de poder, carece o direito positivo de assento em princípios que lhe sobrepairem.[48] Coincidente com êsse pensamento é o de CATHREIN. "Sendo", escreveu êste, "sendo a lei norma obrigatória, verdadeiramente lei não poderá ser preceito algum contrário à razão. A obediência dos súditos precisa ser racional e não o seria se se lhes exigisse submissão a lei contrária a razão; seria essa obediência, de outro modo, renúncia do homem a sua verdadeira dignidade, à elevada qualidade que possui como ser racional e livre. A lei de NABUCODONOSOR, que prescrevia a admiração de sua está-tua, e de NERO, que exigia honras divinas para o seu cavalo, eram notòriamente imorais e não era lícito obedecê-las, a não se querer obrar imoral e irracionalmente".[49]

Fora de dúvida, as leis fascistas, que no Brasil impe-raram, constrangendo as consciências, impondo o silêncio forçado do pensamento, exigindo a admiração incoudicio-nal do peão gaúcho, de caudilhismo estilizado pela sua pro-paganda, insistente e caríssima aos cofres públicos, cede-ram diante da rebeldia nacional, que é evidente e vitoriosa. Vai para dois meses que as comportas se abriram, im-potentes à fôrça das águas. Não existe canto, nem recanto doutrinário ou administrativo, que esteja interdito à crí-tica da imprensa ou da tribuna radiofônica, quando não dos comícios populares, frequentes e desabusados.

A impotência da lei ditatorial na detença da campanha democrática.

70. Em rigor técnico, a lei sòmente por outra lei se revoga, ou derroga. Quando, porém, se legisla torrencial-mente, como tem acontecido nestes sete anos de ditadura fascista, a tal ponto que existem inúmeras leis que não chegaram a executar-se, tendo existência virtual ou poten-cial simplesmente, muitas caídas em inteiro desconheci-mento por ação do tempo, anomalia não é acentuar a fôrça dêste como destruidora das leis ou decretos-leis postos no olvido no mesmo dia em que publicados. O fenômeno é irrecusável. Inúmeros decretos-leis desvitalizaram-se e destituíram-se de autoridade, por abandono dêste, autên-

---

48. H. LASKI, *O Direito no Estado,* trad. de AZEVEDO GOMES, Lisboa, págs. 20 e 50.
49. CATHREIN, *Filosofia del Derecho,* trad. espanhola de JORDON E BAJA, 3.ª ed. (Madrid, 1941), pág. 54.

tico suicídio legislativo. Bateu BINDING na tecla, de singular ressonância, no tocante à inércia do próprio legislador, maior, certamente, quando também êle é o executor. Aludindo à norma penal, advertiu que "quando a inação do legislador repousa na impotência, deixando de conservar a lei, pode-se supor que não tenha êle querido mais conservar as limitações ou manter as proibições nela estabelecidas, mas, antes de tudo, satisfazer às exigências do desenvolvimento progressivo do direito".[50]

Fato é, inconcusso e sugestivo, que não é mais crime, no Brasil, fazer a propaganda democrática, que é contrária à ordem pública fascista, nos têrmos da carta de 1937. Desabou sôbre ela o temporal dos anátemas de tôdas as consciências livres. A marcha é, inevitàvelmente, para a organização política do país nos moldes democráticos, ao sabor da tradição, mais que secular, de povo livre e senhor de seus destinos.

A revogação da lei penal e seus efeitos sôbre a sentença condenatória.

71. Revogada a lei, sob cujo império tiveram os pacientes, os três grandes brasileiros exilados, o prêmio de sua condenação; revogada, senão explícita, implicitamente, em conseqência da mudança de ordem política, que ela se destinava a preservar, quando não pela dessuetude e reprovação geral — tem, necessàriamente, que haver-se por cessada a execução da sentença condenatória e todos os seus efeitos penais.

Nem existe por que se mantenha a repressão, no caso. Inspira ao magistério penal e regula-se êle pelo principio da pena, ditada pela justiça, tanto quanto necessária. "A autoridade", como advertiu CRIVELLARI, "a autoridade social não tem direito de punir, senão nos limites da pura necessidade; desde que, portanto, o fato não seja mais declarado delituoso, evidentemente, pelo princípio da necessidade de pena, não pode êle mais punir".[51]

---

50. BINDING, *Compendio di Diritto Penale,* trad. italiana de BORETTINI (Roma, 1937), pág. 127.

51. CRIVELLARI, *Il Codice Penale per il Regno d'Italia* (Turim, 1890), vol. I, pág. 114.

É o que se espera que seja proclamado, no caso vertente, pelo mais alto Tribunal do Brasil.

A autoridade da lei pelo assentimento geral dos cidadãos.

72. Depende a autoridade da lei de sua opinião para receber o assentimento mais ou menos geral de todos os cidadãos. Lei que se não imponha por motivos racionais aos a quem deva aplicar-se, acaba sempre em impasse e dá em resultado o desdém pela idéia mesma da lei. Disse-o HAROLD LASKI, para quem o problema da liberdade se tornou premente, em virtude de consistir sua salvaguarda a condição sem a qual não há vida civilizada; onde o fascismo aferrolha a liberdade, a flama do espírito humano se extingue. Disse-o o notável professor da Universidade de Londres, ajuntando ser princípio elementar de psicologia criminal a impossibilidade de erigir em crime atos que *a priori* a maioria das pessoas como tal não considera.[52]

Se, pois, a maioria da população brasileira não considera crime, antes condição imprescendível da subsistência da Nação, no conúbio universal, a par da liberdade de pensamento, a forma democrática de seu govêrno; mas se, de outro lado, govêrno de fato, fascista desde a medula até sua forma exterior, cerceiou a liberdade de pensamento e condenou os que, no exercício dêsse direito elementar, pregaram, antevendo os acontecimentos, a necessidade de restaurar-se o regime democrático no Brasil — a sentença, que os condenou, sucumbe ao pêso de gravíssima injustiça, além de incompatível com a ordem política do momento histórico que passa. Não é ela, em tais condições, suscetível mais de ser executada, sem que, para tanto, se subvertam os princípios de direito, sob cuja égide tem vivido, gloriosamente, o povo brasileiro.

Ademais, e antes de tudo, ela se proferiu em processo radicalmente nulo.

---

52. HAROLD LASKI, *La Liberté*, trad. francesa de ARNAUD DANDIEU & ROBERT KIÉFÉ (Paris, 1938), págs. 5 e 121.

A cabida do recurso para a suspensão da coação ilegal.

73. Cabe *habeas-corpus* sempre que alguém sofra ou se ache na iminência de sofrer violência ou coação ilegal na sua liberdade de ir e vir, salvo nos casos de punição disciplinar. Considera, de resto, o art. 648, ns. VI e VII, do código de processo penal, coação ilegal a manifesta nulidade do processo, bem assim a instauração dêste, extinta a punibilidade. Do mesmo modo, é de concluir, o julgamento dêle, ou ainda, a execução da sentença nêle proferida. Que é manifestamente nulo o processo em que se lançou a sentença condenatória dos drs. ARMANDO DE SALES OLIVEIRA, OTÁVIO MANGABEIRA e PAULO NOGUEIRA FILHO, à saciedade se demonstrou, sobretudo em face do acórdão de 3 de dezembro de 1944, consignado nos autos do *habeas-corpus* n. 28.872, do Estado de Sergipe. Que a sentença é injusta e inexequível, diante da mudança das condições que alteraram a ordem jurídica que poderia justificá-la, se nula não fôsse, é de incomparável evidência. Eis a coação ilegal. Violência infaudita, por último, constitui o exílio forçado dos três brasileiros, sôbre os quais a ditadura desfechou o raio da sua perseguição.

Concedendo-lhes a ordem de *habeas-corpus*, que em favor dêles se impetra, para que cessem a violência e coação ilegais, de que são vítimas, de molde a poderem, livres de culpa e pena, retornar a sua Pátria, o Egrégio Supremo Tribunal Federal, substituindo o arbítrio pela lei, cumprirá mais uma vez, sua alta missão de incorruptível nobreza, como poder moderador das rudezas governamentais e assegurador dos direitos do homem".

Eis peça processual, que merece relembrança. Teve, ao tempo, divulgação intensa e alcançou seu objetivo direto. Havia nela ademais o escopo de pôr a nu o regime político, que instava combater por todos os meios, inclusive no judiciário; e que estava a esboroar-se.

Tem-se, por via dela, documento histórico que poderá contribuir para que com justeza se caracterize período marcante do direito constitucional brasileiro, ainda de todo não desfeito, pela sobrevivência de muitos dos seus institutos de acentuado cunho político.

Capítulo VIII

A RESTAURAÇÃO DEMOCRÁTICA PELA CONSTITUIÇÃO DE 1946.

*O desmoronamento do regime ditatorial
implantado em 1937.*

74. Revela-se indisfarçàvelmente no episódio judiciário que ensejou a concedência do *habeas-corpus* aos três brasileiros exilados pela ditadura, e por esta condenados por sua justiça a isso destinada, que ela tinha perdido terreno e que seus dias se achavam contados. Esta conclusão não desmerece, de modo algum, a exateza jurídica do julgado, nem diminui o alto prestígio que tem aureolado o Supremo Tribunal Federal. É que a opinião pública tem fôrça irresistível e, por isso mesmo, penetrante. O regime ditatorial, implantado em 1937, era regime de opressão avassaladora, que, em certos momentos, atuou com pulso de ferro, a fim de manter-se e subsistir a todo transe. Angariou nisso o poderio que ostentava; mas sobretudo ampliou o seu império pela corrupção e desgaste das energias morais do povo. Eis no que êle se mostrou exímio. Tanto corrompeu que, a final, veio a igualmente corromper-se de escandalosa maneira.

Aconteceu, de resto, e muito contribuiu para a reação da opinião pública nacional, que a doutrina fascista, que o inspirara, se havia amortecido pelo desmonte primeiro do fascismo italiano e, depois do nacional-socialismo germânico, abatidos pela pujança das nações democráticas.

Caiu a ditadura pelo mesmo processo e forma por que se instituiu — sem nenhuma gota de sangue. Na manhã de 29 de outubro de 1945 as fôrças federais aquarteladas no Rio de Janeiro levantaram-se, tomando posições de combate, e intimaram o presidente da República a abandonar o alto posto, recolhendo-se aos seus pagos fronteiriços. Ele, sem a menor reação, rendeu-se.

E assumiu a presidência da República o presidente do Supremo Tribunal Federal.

A convocação da Assembléia Nacional Constituinte.

75. Deposto o presidente da República, teria que assumir o encargo de dirigir os destinos do país o seu substituto legal. Deveria ser o vice-presidente da República. Pelo que dispunha a carta de 1937, vagando, por qualquer motivo, a presidência da República, o Conselho Federal elegeria, dentre os seus membros, no mesmo dia ou no imediato, o presidente provisório, que convocaria para o quadragésimo dia, a contar da sua eleição, o colégio eleitoral do presidente da República, ou, na impossibilidade da eleição, assumiria o cargo o presidente do Conselho Federal.

Inexistente era êste, como a Câmara dos Deputados, nunca constituída.

Nessa emergência, diante da acefalia governamental; e porque, pelas Constituições anteriores, em casos tais, o presidente do Supremo Tribunal Federal assumiria o govêrno da República, as fôrças armadas sublevadas e vitoriosas, nêle empossaram o presidente do Supremo Tribunal Federal, que mandaria proceder às eleições dos representantes do povo a fim de instalar-se a Assembléia Nacional Constituinte. Era aquêle a mais alta autoridade, como chefe de um dos poderes do Estado e o único em exercício.

Aconteceu isso. Instalou-se e entrou a funcionar a grande assembléia política, assoberbada por imensa responsabilidade, que se realçaria com a própria relevância da investidura. Quando representantes do povo se reúnem em assembléia para elaborar a Constituição que há de reger o seu Estado, imaginam-se, como Moisés, no alto do Sinai, investidos de autoridade divina para redigir a lei das leis, ou seja o estatuto político da nação. Por isso, os representantes do povo brasileiro, convocados e eleitos para redigir a Constituição, que em 1946 promulgaram, disseram em seu introito que se haviam reunido "sob a proteção de Deus, em Assembléia Constituinte, para organizar um regime democrático".

Propuseram-se, de feito, e essa foi a grande tarefa que se lhes atribuia, organizar novo regime porque o Estado préexistia e até então sob outro e diverso regime.

Apresenta-se a Constituição, assim redigida, a um tempo, como lavor técnico, revestido de unidade, e como obra política do mais alto significado. Já havia dito alhures GABRIEL TARDE que as Constituições são a política acumulada, generalizada, sistematizada. Êste foi e tem sido o seu aspecto predominante, pois que nelas se depara o organismo político e jurídico das nações para que se constróem. São construções jurídicas harmônicas e inteiriças destinadas a vida duradoira, mas na realidade efêmera. Duradoira tem sido a primeira delas — a dos Estados Unidos da América do Norte, que é mais do que centenária. Data de 1787. É Constituição rígida; mas não permaneceu estática. Ela se adaptou às contingências da vida e do desenvolvimento da grande República da América; mas tal se deu lentamente pela ação das emendas que se lhe aditaram, da interpretação que ao seu texto se deu e dos costumes, que ao redor dela e sob sua sombra se criaram.

Acertadamente observou jurista francês que se as Constituições escritas pretendessem prender o futuro político e social da nação num labirinto de preceitos pormenorizados e rigorosamente coordenados, correriam simplesmente o risco de levar a ponto critico o conflito das fôrças políticas e as formas constitucionais, de certo modo o conflito entre a caldeira e o vapor. Tal ponderou JEAN CRUET no seu pessimismo acêrca da utilidade das leis.[53]

Nem sempre as caldeiras resistem; muitas vêzes explodem.

O entrechoque das correntes partidárias nos labores constitucionais.

76. Quando no mesmo recinto se encontraram, em princípios de 1946, os eleitos pelo povo brasileiro para reorganizarem politicamente a nação, dando-lhe nova estrutura, a guerra, que propiciara o regime pouco antes

---

53. JEAN CRUET, *La vie du Droit et l'impuissance des Lois* (Paris, 1918), pág. 104.

extinto, pôsto que, sob o ponto de vista militar encerrada com o esmagamento das potências que a provocaram e deflagraram, ainda fumegava no rescaldo do grande incêndio, que tanto destruíra e tão largamente se havia alastrado, abalando os princípios e os fundamentos da ordem social, ainda agora não de todo restabelecida. A insatisfação dos povos era evidente. Buscava-se novo tipo de estrutura social que servisse de fundamento sólido a construções políticas que pudessem ser eficientes e duradoras. Tinham os constituintes brasileiros diante de seus olhos e de seu espírito rebrilhante e imaginária interrogação, a que cumpria responder conveniente e sàbiamente. Não era, por isso, pequena, nem invulgar, a obra que lhes cumpria satisfazer; e sua complexidade se antolhava maior diante da heterogeneidade programática dos partidos que os elegeram. No mesmo conclave se deparavam democratas autênticos, democratas cristãos, remanescentes do regime totalitário destruído, integralistas, socialistas dos mais diversos sentidos, e comunistas orientados pelo credo soviético.

Era de prever duro embate, que as escaramuças dos primeiros dias faziam pressentir; mas as Constituições políticas são, já alguém o disse, verdadeiros tratados de paz entre os elementos que se ajuntam para elaborá-la, ciosos todos do estabelecimento de princípios que lhes assegurem as liberdades públicas e os direitos individuais. Transigências dos vários agrupamentos ensejaram entendimento que possibilitou a obra comum, levada a bom pôrto em pouco mais de sete meses. É que muito material existia no patrimônio moral da nação, que não mais podia abandonar-se. A tradição tem fôrça muito mais preponderante do que ensina a filosofia: ela se faz sentir irremovìvelmente como fatalidade que se diz histórica, mas que lhe é peculiar.

Havia, dessarte, de manter-se, sob o regime representativo, a federação dos Estados, que se instituíra com a República, e compatível com a imensidade territorial do país. Era conquista de que se não podia abrir mão, a despeito da sinalefa provocada pelo regime que se esboroara com o golpe de Estado de outubro de 1945. Ademais disso, o sistema de govêrno presidencial, criado pelo gênio político dos modeladores da República dos Estados Unidos da América do Norte, tornou-se o paradigma das demais repúblicas de tôda a América. Não serviu êle em tôda a sua pureza de origem porque, desde a Constituição de 1934, se transigira com a campanha parlamentarista, que sobremodo se alçou nos últimos tempos, estatuindo-se a obrigatoriedade do comparecimento dos ministros de Estado à Câmara dos Deputados e ao Senado Federal, quando convocados por qualquer das duas casas do Congresso Nacional. Afora isso, o organismo do Estado tinha que ser, e é, o que plasmou Ruy Barbosa na Constituição de 1891. Prós e contras têm-se manifestado quanto a essa inovação, que, na prática, se há neutralizado em inércia pela raridade do comparecimento dos ministros ao Parlamento, sempre possível e, em certos casos graves da vida política, de indisfarçável necessidade.

A dogmática das Constituições rígidas e a superlegalidade de seus textos.

77. Não devem as Constituições rígidas consignar no seu conteúdo mais do que o organismo do govêrno do povo e os poderes governamentais, a fim de que possa perdurar e servi-lo no evolver dos tempos e na cadência dos acontecimentos políticos, sociais e econômicos, que elas devem disciplinar quanto possível sem os empecer ou embargar. A simplicidade de sua estrutura orgânica assegura sua subsistência no desenrolar dos tempos, como sucede com a Constituição dos Estados Unidos da América do Norte, que foi a primeira no tempo e a mais feliz de quantas Constituições ao depois se promulgaram e tiveram, por sua complexidade teórica, vigência fugaz.

Evidente é todavia que, como Jiménez de Asúa observou, hoje em dia Constituição significa a pugna entre a técnica e a ânsia popular. Tècnicamente, ela não é mais do que peça para que confluem dois expedientes máximos: o que, desde tempos muitos antigos, se vem denominando de dogmática — a declaração dos poderes; e o que, ademais, serviu de ensejo para a batalha do povo contra a técnica, ansioso por ver consagradas suas aspirações e programas [54]

---

54. Luis Jiménez de Asúa, *La Constitución de la Democracia Española y el Problema Regional*, ed. Losada (Buenos Aires), pág. 22.

como superlegalidade indestrutível a qualquer momento pelos desvairos dos legisladores ordinários.

Houvera, até então, o propósito de assegurar, nos dispositivos constitucionais, os direitos do cidadão. Fizera a Constituição de 1891 a declaração dos direitos do homem, concernentes à liberdade, à segurança individual e à propriedade, em têrmos lapidares. Que isso não fôra o bastante, deu-se mostra na Constituição de 1934.

A declaração dos direitos individuais e dos direitos sociais.

78. Tinham os constituintes de 1946 de exprimir por certo, e fizeram-no, o pensamento do povo brasileiro, trabalhado pelas mais audaciosas correntes sociais, naquele momento.

A Constituição, cujas linhas se traçavam, guardaria a armadura peculiar ao regime republicano democrático, em consonância com a tradição política do país. Por isso mesmo, nela de primeiro se cuidou da organização, melhor do organismo federal. Fêz-se, como era da dogmática, a construção jurídica do govêrno; e a declaração dos seus poderes. Depois, cabia a declaração dos direitos, como na Constituição de 1891, mas, quanto a isso, muito se havia avançado na técnica constitucional. Não eram apenas os direitos do homem que instava declarar, senão, de acôrdo com os precedentes das Constituições do México de 1917, da Rússia dos Sovietes e da Alemanha de 1919, ou seja a de Weimar, os direitos da vida social, envolvendo os religiosos, os da instrução e da escola, os econômicos, os da família e os dos sindicatos. Além dos direitos individuais, os direitos sociais. Era capítulo novo que se abria e as Constituições posteriores adotaram. Entre elas, a Constituição do Brasil de 1934. Títulos novos nela se depararam, de inteira atualidade ao seu tempo. O da ordem econômica e social. O da família, da educação e da cultura. E o da segurança nacional.

Mantendo a corrente que assim se seguira, os constituintes de 1946, no seu anteprojeto, instituíram título especial — o dos direitos fundamentais, em que se articularam, em diversos capítulos, os direitos políticos, os direitos individuais e os direitos sociais.

Esta expressão ganhou, nos últimos tempos, fôrça mágica, quase mística; e assaz se propendeu pelo que também se chamou de — direito social, ou seja o direito atinente à política social do Estado, cuja matéria reside na questão social. Os preceitos, com que êle se tece, são os das regras jurídicas e leis do Estado destinados a proteger os elementos sociais mais fracos e destituídos de bens de fortuna, a reclamarem a intervenção do Estado no cosmos econômico.

Êsse não é, todavia, o direito social de que GEORGES GURVITCH se tornou o pregoeiro eminentíssimo. Pareceu aquêle entendimento errôneo ao sociólogo e jurista, do ponto de vista teórico, tanto quanto perigoso para a democracia, do ponto de vista prático. Errôneo se lhe antolhou aquêle conceito, por não ter em conta o "pluralismo jurídico" na vida real do direito, que é consequência do "pluralismo de fato" da realidade social. É que, êle o disse, cada grupo e cada conjunto possui a capacidade de criar a sua própria ordem jurídica autônoma, regulando sua vida interior. Eles não aguardam a intervenção do Estado para, como focos autônomos, participarem da trama jurídica na vida complexa do direito, em que as diferentes ordens de direito se contrastam, interpenetram-se e equilibram-se, colocando-se hieràrquicamente da mais variada maneira. E exemplificou, pensando na oposição entre o direito do trabalho autônomo, decorrente das organizações sindicais, e a legislação social do Estado; ou entre o direito autônomo dos trustes e dos cartéis e o direito constitucional do Estado democrático. Exemplificou assim para dar a exata medida do problema, que reflete tal direito social, que MAXIME LEROY enxergou como sendo a adaptação a circunstâncias novas do velho direito natural. Como êste, é êle pleno de generalidade, tendendo à unidade, a despeito da variedade das hipóteses sociais.[55]

Largo é, por certo, o panorama que, sob êsse aspecto, se apresenta a desfiar a atenção dos juristas e, especialmente, dos filósofos e sociólogos; mas não se embeberam de tal doutrina os que redigiram os textos constitucionais

---

55. GEORGES GURVITCH, *La Déclaration des Droits Sociaux* ed. de La Maison Française, Inc. (Nova York, 1944), pág. 80, e *Le Temps Présent et l'Idée du Droit Social* (Paris, 1931), pág. VIII.

dos últimos tempos, preocupados com resolver os problemas e amainar os embates da questão social, na vasta variedade de seus aspectos.

O amparo à produção e a proteção do trabalhador.

79. Estava no programa de todos os partidos políticos atuantes no plenário da Assembléia Nacional Constituinte o problema do amparo à produção e de tutela dos direitos do trabalhador.

Havia, nessa matéria, precedente a preservar.

Era o da Constituição de 1934.

No título da ordem econômica e social nesta se determinou que esta se organizasse conforme os princípios da justiça e as necessidades da vida nacional, de molde a possibilitar a todos existência digna. Dentro dêsses limites era garantida a liberdade econômica.

Prescreveu, lançados êsses princípios, que a lei estabelecesse as condições do trabalho, na cidade e nos campos, tendo em vista a proteção social do trabalhador e os interêsses econômicos do país. Debulhou, nesse particular, os preceitos que a legislação do trabalho deveria obedecer, além de outros que colimassem melhorar as condições do trabalhador. Proibiu a diferença de salários para o mesmo trabalho, por motivo de idade, sexo, nacionalidade ou estado civil. Assegurou a todos os trabalhadores salário mínimo, capaz de satisfazer-lhes as necessidades normais, de conformidade com as condições de cada região. Limitou a oito horas o trabalho diário, reduzíveis, mas só prorrogáveis nos casos previstos em lei. Vedou o trabalho a menores de quatorze anos; o trabalho noturno a menores de dezesseis; e, em indústrias insalubres, a menores de dezoito anos, bem como a mulheres. Estabeleceu o repouso hebdomadário, de preferência aos domingos. Concedeu férias anuais remuneradas. Assegurou indenização ao trabalhador dispensado sem justa causa. Reconheceu as convenções coletivas de trabalho. Mandou que se concedesse assistência médica e sanitária ao trabalhador e à gestante, assegurando a esta descanso antes e depois do parto, sem prejuízo do salário e do emprêgo. Determinou que se organizassem instituições de previdência, mediante contribuição igual da União, do empregador e do empregado, a favor da velhice, da invalidez, da maternidade e nos casos de acidentes do trabalho ou de morte. E prescreveu que se regulamentasse o exercício de tôdas as profissões, não se distinguindo o trabalho manual do intelectual ou técnico, nem entre os profissionais respectivos. Tudo isso, porém, quanto ao trabalho nas cidades. O trabalho agrícola seria objeto de regulamento especial, em que se atendesse, quanto possível, aos preceitos para aquêle estatuídos. Procurar-se-ia fixar o homem no campo, cuidando de sua educação rural e assegurando ao trabalhador nacional a preferência na colonização e aproveitamento das terras públicas.

Para dirimir questões entre empregadores e empregados, regidas pela legislação social, instituiu a Constituição de 1934 a Justiça do Trabalho, à qual se não aplicariam os preceitos por ela articulados quanto aos órgãos do poder judiciário, à margem do qual ficaria.[56] Obedeceria a constituição dos tribunais do trabalho e das comissões de conciliação sempre ao princípio da eleição de seus membros, metade pelas associações representativas dos empregados, e metade pelas dos empregadores, sendo o presidente livremente nomeado pelo govêrno, que o escolheria dentre pessôas de experiência e notória capacidade moral e intelectual.

Muito do que no texto constitucional se incorporou era já regulado pela lei ordinária; e mais não fez êle, em verdade, do que emprestar-lhe a preeminência dos dispositivos constitucionais.

Ofuscada a Constituição de 1934 pelo golpe de 1937, a carta política então outorgada recolheu boa parte de seu espólio, notadamente no concernente à legislação do trabalho, a que introduziu acréscimos e algo modificou, até em matéria simplesmente regulamentária. Bem é que se relembrem os seus preceitos. Os contratos coletivos do trabalho, concluídos pelas associações, legalmente reconhecidas, de empregadores, trabalhadores, artistas e especialistas, aplicar-se-iam a todos os que elas representassem, estipulando, obrigatòriamente, sua duração, importância e modalidades do salário, seu horário e disciplina interior, sendo aquelas as mais apropriadas às exigências do ope-

---

56. WALDEMAR FERREIRA, *Princípios de Legislação Social e Direito Judiciário do Trabalho*, 2 vols., São Paulo, 1938 e 1939.

rário e da emprêsa. Teria o operário direito ao repouso semanal aos domingos e, nos limites das exigências técnicas da emprêsa, aos feriados civis e religiosos, de acôrdo com a tradição local; e, depois de um ano de serviço ininterrupto na mesma emprêsa de trabalho contínuo, licença anual remunerada. Nas emprêsas de trabalho contínuo, a ruptura das relações de trabalho, a que o trabalhador não houvesse dado motivo, e quando a lei não lhe garantisse estabilidade no emprêgo, lhe daria direito a indenização proporcional aos anos de serviço; e, para êsse efeito, a mudança do proprietário das emprêsas não rescindiria o contrato de trabalho, conservando os empregados, para com o novo empregador, os direitos que tinham relativamente ao antigo. Reiteraram-se os dispositivos atinentes ao salário mínimo, trabalho noturno, e de menores, assistência ao trabalhador e à gestante, seguros de velhice, invalidez e de vida, bem como dos acidentes do trabalho. Manteve-se a Justiça do Trabalho, a que se não aplicariam os preceitos relativos à competência, recrutamento e prerrogativas da justiça comum, abolida a sua constituição paritária de empregados e empregadores. Por último, declararam-se a greve e o *lock-out* recursos anti-sociais, nocivos ao capital e ao trabalho e incompatíveis com os superiores interêsses da produção nacional.

A ordem econômica e social.

80. Não bipartiu a Constituição de 1946 os direitos públicos, como se sugerira em seus projetos, em direitos individuais e em direitos sociais.

No título declaratório dos direitos reservou capítulo para os direitos e as garantias individuais; mas no título da ordem econômica e social cuidou da legislação do trabalho e da previdência social, delimitando o âmbito de uma e de outra, em têrmos suscetíveis de alargamento e melhoria. Reiterou as normas constitucionais anteriores sôbre salário mínimo, igualdade de salário para o mesmo trabalho, repouso semanal remunerado, férias anuais remuneradas, reconhecimento das convenções coletivas do trabalho, higiene e segurança dêste, sua proibição a menores e mulheres, assistência à gestante e segurança do seu salário e emprêgo. Mas não ficou nisso. Determinou que se fixem as porcentagens de empregados brasileiros nos serviços públicos dados em concessão e nos estabelecimentos de certos ramos do comércio e da indústria. Assegurou a estabilidade, na emprêsa ou na exploração rural, e indenização ao trabalhador despedido, nos casos e nas condições que a lei estatuir. Previu a assistência aos desempregados. Tornou obrigatório o seguro, pelo empregador, contra acidentes do trabalho. Proclamou a liberdade da associação profissional ou sindical. Reconheceu o direito de greve, cujo exercício a lei regulará.

O reconhecimento constitucional do direito de greve.

81. Tolerava-se a greve nos regimes anteriores à carta de 1937. Proscreveu-a ela, como anti-social.

Caminhou-se, em 1946, para oposta doutrina.

A greve constitui direito dos trabalhadores, impostergável pela lei ordinária, reconhecido pela Constituição. Êsse direito existe. Poderá a lei ordinária regulá-lo, vedando aos grevistas o porte de armas, as depredações, os desacatos pessoais, o respeito aos que não queiram coparticipar do movimento grevista, coibindo as ameaças, proscrevendo a coação por qualquer forma e impedindo a ocupação de fábricas e usinas. Tudo isso poderá fazer o legislador ordinário, cujo âmbito de ação terá a largueza necessária, desde que não impossibilte o exercício do direito, superlegalmente instituído e merecedor de respeito leal e sincero, por isso mesmo que é direito.

A greve, na maioria das vêzes, é de iniciativa e de finalidades políticas; mas pode neutralizar-se e rarear sobremodo desde que se acostumem os operários a recorrer à Justiça, mas sobretudo a confiar nela. A Constituição de 1946 deu à Justiça do Trabalho maior realce com incluí-la no organismo do poder judiciário. Ela é um de seus órgãos. Compete-lhe conciliar e julgar os dissíduos individuais e coletivos entre empregadores e empregados, e as demais controvérsias oriundas das relações do trabalho, regidas por lei especial; e esta especificará os casos em que as decisões, nos dissíduos coletivos, poderão estabelecer normas e condições do trabalho. Assegurando, nos órgãos da Justiça do Trabalho, a paridade de representação de empregados e empregadores, outro não foi o propósito da Constituição senão o de prestigiá-la e torná-la digna da confiança dos operários, de molde a poderem êles voltar-se para ela, nos momentos de suas angústias coletivas, pleiteando melhores normas e condições de trabalho. O que cumpre, pois, é fortalecer os órgãos judiciários trabalhistas, cuja constituição, investidura, competência e garantias, bem como condições de exercício, pertencem à lei ordinária.

A participação dos trabalhadores nos lucros das emprêsas.

82. Ponto do mais alto significado e por ventura dos de mais difícil realização em que tocou a Constituição de 1946, é o referente à participação dos trabalhadores nos lucros das emprêsas.

Deixou o texto constitucional à lei ordinária determinar os têrmos e a forma por que se há de resolver o problema de tanta magnitude. De qualquer forma, e sem possibilidades de tergiversões, a participação é "obrigatória e direta". A largueza do enunciado é das que se não podem contrair por nenhum subterfúgio de hermenêutica; ela é precisa e profunda.

Se, entretanto, o texto constitucional se não ampliou tanto quanto o da Constituição espanhola de 1931, atribuindo aos trabalhadores ingerência nos conselhos diretores e administrativos das emprêsas, para a mais proveitosa produção dos lucros de que aquêles deveriam participar, o problema tem que ser examinado por tal prisma, por isso que a doutrina vem se desenvolvendo no sentido de serem aquêles preceitos corolários necessários da tese, principalmente para os que consideram os trabalhadores, como participantes obrigatórios dos lucros, sócios das emprêsas em que operem.

A matéria é nova. Articulou-a, pela primeira vez, o Partido Democrático de São Paulo, em 1932, quando o seu congresso, rearticulando o seu programa partidário, elaborou a cartilha mais avançada no sentido das realizações econômicas, sociais e políticas, por que propugnava. Nova e palpitante é, pois, a questão fundamental de participarem os trabalhadores nos lucros das emprêsas, sobretudo porque ainda não generalizada na trama legislativa, nem sedimentada pela prática dos tribunais. Por isso mesmo já foi havida em França como o nó da questão social, *le noeud de la question sociale,* tanto mais quanto a participação obrigatória dos empregados nos lucros das emprêsas estabelece entre êles e seus empregadores sociedade, senão formal, virtual ao menos.

Não se elaborou, no Brasil, a lei reguladora do assunto. A diversidade doutrinária refletiu-se na multiplicidade de projetos apresentados à Câmara dos Deputados; e ainda se não firmaram as diretrizes da lei em elaboração. Haver-se-á, em primeiro lugar, de tarifar o montante dos lucros líquidos a distribuírem-se aos empregados; e, em segundo lugar, de salientar os fatôres por via dos quais se possa aquinhoar cada um com o seu tanto por cento, quais o tempo de serviço na mesma emprêsa, o montante do salário atual, a produtividade de cada um, idade, estado civil, condições de família, assiduidade ao trabalho, dia a dia mais escassa.

Vasto e complexo é o problema, pois em verdade a propriedade, o capital e o trabalho, porque desempenham função social permanente, devem ajustar-se coordenadamente para a finalidade coletiva. Quando e onde se congreguem satisfatóriamente, os resultados serão os mais profícuos, quiçá duradouros.

A associação de empregados a empregadores.

83. A associação dos trabalhadores às emprêsas em que operem ensejou a JOSÉ FERREIRA BORGES inscrever no velho código do comércio de Portugal, de 1833, como tipo societário específico, a sociedade de capital e indústria. Recolheu-a de projeto a código do comércio de terra e de mar, que se elaborou para a Itália, em 1807. Era sociedade em que um ou alguns dos sócios forneciam fundos para negócios mercantis em geral ou para alguma operação particular; e outros entravam com a sua indústria ou trabalho sòmente. Êstes não respondiam pelos prejuízos acontecidos, mas participavam dos lucros verificados; e, salvo dolo ou fraude, em nenhum caso eram obrigados a repor o que tivessem recebido de prestações sociais nas épocas determinadas no contrato. Essa sociedade, originalíssima e sugestiva, foi pioneira na construção social da partici-

pação de lucros. Reproduziu-se, tal qual, no código do comércio do Brasil. Transplantou-se dêle para o da Argentina e dêstes para o do Uruguai, sendo frequentes na prática comercial das três republicas sul americanas. Opôs-se, na Argentina, com veemência, o professor Mario A. Rivarola, da Faculdade de Direito da Universidade de Buenos Aires, à campanha que ali se iniciou, no sentido de suprimi-la do sistema societário argentino, por entender que ela poderá satisfazer, em grande parte, aos anseios modernos de incentivo aos trabalhadores, consistindo fórmula por via da qual participem dos lucros das emprêsas em que cooperem.[57]. Êsse curioso exemplar de sociedade não logrou acolhida, entretanto, no código do comércio de Portugal, de 1888, que é o vigente; e realiza, de certo modo, o objetivo por que postulou Pio XI na famosa encíclica *Quadragésimo Anno*, n. 72:

"Nós julgamos, entretanto, mais apropriado às condições presentes da vida social, suavizar um pouco, na medida do possível, o contrato de trabalho com elementos tomados ao de sociedade. É o que já se começou a fazer em diversas formas com proveito não pequeno de operários e patrões. Dessa forma os patrões e os operários participam de algum modo quer no domínio, quer na direção do trabalho, quer nos lucros obtidos."

Esta forma de participação de lucros, oriunda da liberdade contratual, é quase centenária no Brasil e se acha consagrada no código comercial de 1850; mas a de que cuidou a Constituição de 1946 é muitíssimo mais ampla ainda da que cogitou o código social de Malines, aconselhando a cogestão das emprêsas por via do acionarado do trabalho, a dar-se nas sociedades anônimas pela atribuição gratuita aos empregados, individual ou coletivamente, de certo número de ações, que sejam chamados a subscrever. A participação dos trabalhadores nos lucros das emprêsas tornou-se obrigatória. Mais do que isso, direta. Independerá da vontade ou do arbítrio dos empresários. Poderão as sociedades anônimas brasileiras criar, a qualquer tempo, títulos negociáveis, sem valor nominal e estranhos ao capital societário, que são — as partes beneficiárias. Êsses

---

57. Mario A. Rivarola, *Tratado de Derecho Comercial Argentino*, vol. II (Buenos Aires, 1929), pág. 56, n. 42.

títulos são suscetíveis de venda pela própria sociedade, nas condições prescritas pelos estatutos ou pela assembléia geral dos acionistas, para que ela fortaleça o seu patrimônio; mas podem atribuir-se, gratuitamente, a fundadores acionistas ou terceiros, "como remuneração de serviços prestados à sociedade". Podem, portanto, ser contemplados os empregados; mas, quando tal aconteça, nem por isso serão êles privados de sua parte nos lucros, pela forma que a lei proscrever.

Não ficou nisso a Constituição.

O repouso semanal remunerado.

84. Assegurou ela ainda aos trabalhadores o direito ao repouso semanal remunerado, preferentemente aos domingos e, nos limites das exigências técnicas das emprêsas, nos feriados civis e religiosos, de acôrdo com a tradição local. Teve em vista o bem estar físico e a necessidade de conservar a capacidade de trabalho, retemperada pelo descanso semanal, que é obrigatório, porque remunerado. Não há de o operário trabalhar, em busca de aumento de salário, quando êste se acha garantido ainda que no gôzo do descanso semanal. O domingo, para todos, é livre.

A convenção coletiva do trabalho e a solução judiciária dos dissídios entre empregados e empregadores.

85. Como as que a antecederam, assegura a Constituição vigente a todos mais que a obrigação direito de trabalho, em ambiente livre que possibilite existência digna; mas outro não foi o destino da grande república sul americana. Se as contingências da política de sua colonização nela estabeleceram a escravidão do negro, êsse mesmo instituto de há muito que se tornou simples acontecimento histórico, por isso que gozam de isonomia os brasileiros e os estrangeiros residentes no país e todos podem trabalhar livremente e poucos não foram os que, para êle vindos em busca de paz e de felicidade, encontraram-nas, desfrutando o bem estar e o confôrto que conquistaram pelo seu próprio trabalho.

É igual o trabalho, seja o do engenho, seja o da arte, por equiparados ao mesmo dominador jurídico comum o trabalho manual e o trabalho intelectual ou artístico.

Instituído o govêrno para garantir a todos o gôzo dos direitos naturais e imprescritíveis, por isso que o fim da sociedade é a felicidade comum, de há muito no Brasil se iniciou a jornada socializadora que os preceitos constitucionais exaltaram. País agrícola, no seu mais desenvolvido centro agrícola, que é São Paulo, criou-se em 1911, o Patronato Agrícola, que tantos serviços prestou a quantos estrangeiros aqui se instalaram e prosperaram nos seus bens de fortuna e de afetos. Na antevisão dos conflitos, que teriam de solver-se equitativamente antes que provocassem convulsões sociais, instituíram-se, em 1922, os Tribunais Rurais, de organização paritária para a dirimência das querelas entre fazendeiros e colonos sôbre interpretação ou execução do contrato de trabalho agrícola. Circunstâncias decorrentes da organização judiciária comum e outras tornaram efêmera aquela instituição, ao tempo ousada, e que foi pioneira do regime que mais tarde se viria a adotar em vários países e é hoje no Brasil a consagrada pela Constituição. Desde 1919 se aplicava a lei de acidentes do trabalho pela justiça comum; e isso acontece ainda, com invulgar sabedoria.

Não era isso bastante. Muito mais havia que atender, principalmente no concernente aos dissíduos entre empregados e empregadores a propósito das relações jurídicas do trabalho. Na luta entre os mais fracos e os mais fortes a predominância dêstes era, ademais de postulado das leis físicas, a contingência da vida social. Deprimiam-se dessarte as condições dos trabalhadores, colocados invariàvelmente em plano inferior, no desequilíbrio de fôrças que deveriam ao menos neutralizar-se em regime de concórdia e de comunidade de interêsses.

Mas veio a situação a mudar-se.

Desde que se instituiu e entrou a vulgarizar-se a convenção coletiva do trabalho, patrocinada pelos sindicatos e associações dos trabalhadores e se criaram as Juntas de Conciliação e Julgamento, compostas de empregadores e de empregados, a fim de homologá-la e de ditar as condições do trabalho, formou-se, a pouco e pouco, o que, a princípio, se chamou de — *direito social,* mas que outro não era, nem é, senão, e autênticamente — *o direito do tra-*

balho. Teceu-se êste, como o direito comercial, corporativamente, como direito de classe, pela própria classe, através dos tribunais trabalhistas. Instituiu, efetivamente, a Constituição de 1934, a Justiça do Trabalho, à margem do aparelhamento judiciário comum. Instituiu-a como justiça especial, marcadamente especial, com característicos próprios e inconfundíveis com os da justiça ordinária. Primava sobretudo a especial constituição de seus órgãos, que ainda agora subsiste. Destacava-se a especialidade de seu âmbito jurisdicional, demarcado pelas questões regidas pela legislação social, tanto quanto a qualidade profissional dos que nelas poderiam litigar: os empregadores e os empregados. Só êles seriam os sujeitos ativos e passivos da relação processual. E havia a considerar, por último, a especialidade de seu processo, dividido em duas fases — a conciliatória e a contenciosa, esta a seguir ao insucesso daquela, mas pelo sistema da oralidade.

Posta essa justiça especial em funcionamento; promulgadas leis e decretos-leis continuamente, definindo as relações do trabalho individual, regulando os dissídios individuais e coletivos, fixando as condições do trabalho e concedendo prerrogativas e privilégios aos trabalhadores, de tôda a sorte, com tudo isso se foi criando direito especial, animado do espírito profissionalista, sedimentado por tribunais de classe. Teve êle, principalmente no regime corporativo de 1937, encerrado em 1945, desenvolvimento imprevisto, sob os auspícios do direito corporativo italiano. Têm assaz pronunciada a marca peculiar dêste as inúmeras monografias e alguns tratados que enriqueceram a literatura jurídica brasileira dos últimos tempos. Está, porém, a decantar-se a água, que a batizou; e o direito especial trabalhista a adptar-se à tradição e aos princípios gerais do direito brasileiro.

Curioso é — e merece especial destaque — que o direito do trabalho, ou seja o direito corporativo da Itália, não houvesse atingido o grau de maturidade que lhe imprimisse o caráter de direito autônomo, que adquiriu no Brasil.

Contribuiu para isso, por certo, a despeito da doutrina política que o inspirou e criou, o ter sido o direito corporativo italiano aplicado, desde que se originou, pela justiça comum e não por juízes ou tribunais especiais. Foi da Espanha que os tribunais trabalhistas, de estrutura paritária e classista, se transplantaram para o Brasil, não obstante a tentativa dos tribunais rurais de 1911.

Cônscio de seu alto papel social e político, os órgãos da Justiça do Trabalho vêm defendendo com bravura a sua própria jurisdição. Foi ela mesma que os levou, até com exageros, a proclamar a autonomia do direito do trabalho, que a Constituição de 1946 consagrou. Essa justiça especial é de constituição, investidura, jurisdição, competência, garantias e condições de exercício regulados por lei ordinária, desde que assegure a paridade de representação de empregados e empregadores, com os mesmos órgãos, que a Constituição lhe deu, para a finalidade, que lhe atribuiu. Esta é a de conciliar e julgar os dissídios individuais e coletivos entre empregados e empregadores, e as demais controvérsias oriundas de relações de trabalho, regidas por legislação especial, menos os atinentes a acidentes do trabalho, que são da competência da justiça ordinária.

A dignificação do trabalho pelas Constituições e pelas Encíclicas.

86. Senão malsinado ao menos amesquinhado, como foi em tempos antigos, porque havido como maldição divina pelo pecado original do homem; considerado por muitos como mercadoria alienável no mercado da exploração do infortúnio pelos afortunados — o trabalho manual transmudou-se em altíssima dignidade nos textos das Constituições modernas. Foram os próprios trabalhadores que com os seus sacrifícios e sofrimentos realizaram a grande conquista porque só assim se asseguram os direitos naturais, postergados pela opressão e pela fôrça. Quando, em 1793, a Convenção Nacional aprovou, em França, a célebre Declaração dos Direitos do Homem e do Cidadão, convencida de que o esquecimento e o desprêzo dos direitos naturais do homem eram as únicas causas das desgraças do mundo, resolveu declarar solenemente aquêles direitos sagrados e inalienáveis, a fim de que todos os cidadãos pudessem, comparando os atos de govêrno com os fins de tôda instituição social, deixar de ser oprimidos e aviltados pela tirania, tendo sempre diante dos olhos as bases de sua felicidade e de sua liberdade — ela acolheu dois grandes princípios. Primeiro, o de que nenhum gênero de trabalho, de cultura ou de comércio poderia ser vedado à indústria dos cidadãos. Segundo, o de que todo homem poderia engajar seus serviços e seu tempo, mas nenhum poderia vender-se ou ser vendido, por não ser sua pessoa propriedade alienável. A lei não reconheceria nenhuma domesticidade: entre o homem que trabalha e o que lhe dava o emprêgo mais não se admitiria do que a reciprocidade de cuidados e de reconhecimentos.

Dando a êsses princípios a valia imensa de sua autoridade, LEÃO XIII, na sua notável encíclica *Rerum Novarum,* evangelizou que as palavras divinas de que o homem comeria o seu pão com o suor de seu rosto não exprimiam maldição, mas vocação, chamando-o para a eternidade no desenvolvimento de sua atividade. Trabalhar é, dessarte, cumprir a vontade do Criador; e, por isso, o trabalhador não era escravo e não devia como tal ser havido, nem tratado: cabia à justiça exigir o respeito de sua dignidade pessoal, ressaltada ainda por sua dignidade de cristão.

Vindo de tão alto, com ressonância divina, a doutrina cristã do trabalho e de sua dignificação como virtude excelsa propagou-se por todo o mundo e exaltou-se de molde a impregnar-se na prática, modificando a disciplina jurídica das condições do trabalho.

Dêsse nobre pensamento se embeberam os representantes do povo brasileiro quando houveram de ditar as normas constitucionais do direito do trabalho.

Neste particular, o propósito da Constituição é o de que os dissíduos resultantes das relações de trabalho se resolvam com o mais alto espírito de equidade, sob a égide da lei, para o mais perfeito equilíbrio dos interêsses opostos e em presença. Propendeu pelo amainamento das paixões desencadeadas pela luta de classes, de molde a tornar menos desvairada a ganância dos empregadores e mais confortável a vida dos empregados, desde que remunerados com salário que a torne mais suave e mais humana, digna de ser vivida.

Mas não foi só isso.

Ao sabor dêsse mesmo sentimento, outras relações teriam que padecer modificações, a bem dos menos favorecidos da fortuna.

No entrechoque das reivindicações sociais ou econômicas dos povos insatisfeitos, nem tôdas as Constituições resistem, nem todos os regimes perduram. Aconteceu isso no Brasil. Embora de mais perfeita técnica jurídica e política, a Constituição de 1891 teve sua vigência cortada pelo golpe de Estado de 1930; e era estritamente política, como a norte-americana. O seu liberalismo, idêntico ao que a esta norteou, cedeu à pressão dos acontecimentos provocados pelas reivindicações econômicas e sociais, que nutriam a filosofia política do tempo. Se, até então, os direitos políticos primaram nos textos constitucionais sôbre o poderio militar, o seu primado, depois do tratado de Versalhes, teria de exercer-se sôbre o poderio econômico, a transferir-se para o Estado, porque até então manejado por grupos de homens em seu benefício próprio.

A interferência do Estado na ordem econômica.

87. Tornou-se moeda corrente a teoria da intervenção do Estado na vida econômica e pleiteou-se nova declaração dos direitos do homem, que estabelecesse nova ordem social asseguradora de prosperidade para todos, sem preconceitos de raça, de côr ou de credo, como a que proclamou o presidente ROOSEVELT, em nossos dias, a saber:

I, o direito a emprêgo útil e compensador nas indústrias, oficinas, fazendas ou minas do país;

II, o direito de todo agricultor vender os produtos de sua propriedade por preço que lhe proporcione e a sua família vida decente;

III, o direito de todo comerciante, grande ou pequeno, comerciar em livre concorrência, a salvo dos monopólios nacionais ou estrangeiros;

IV, o direito de tôda família ter casa decente, receber cuidados médicos adequados e oportunos e a oportunidade de fruir boa saúde;

V, o direito a proteção contra o mêdo econômico, originado em épocas passadas, resultantes de enfermidades, acidentes e desemprêgo;

VI, o direito a boa educação.

Para converterem-se em realidades os direitos nessa cartilha consignados, tem o Estado de assumir responsabilidades maiores que as por que lhe cumpre assegurar os direitos políticos dos cidadãos.

Aquêles articulados, com maior ou menor amplitude, lograram enxertia nos textos das Constituições elaboradas nestes últimos tempos; e êles se fixaram na Constituição de 1934, como na carta de 1937, nesta mercê, principalmente, da doutrina corporativa e sindicalista a que se submeteu.

Não variou de diretrizes, quanto a isso, a Constituição de 1946.

Na que a antecedeu, e era lugar comum, na iniciativa, no poder de criação, de organização e de invenção do indivíduo, exercido nos limites de bem público, fundava-se a riqueza e, com ela, a prosperidade nacional. A intervenção do Estado no domínio econômico só se legitimaria para suprir as deficiências da iniciativa individual e coordenar os fatôres da produção, de maneira a evitar ou resolver os seus conflitos e introduzir no jôgo das competições individuais o pensamento dos interêsses da Nação, representados pelo Estado; e essa intervenção no domínio econômico poderia ser mediata ou imediata, revestindo a forma de fiscalização, de estímulo ou de gestão direta.

Tem-se, em todos êsses textos constitucionais menos do que ordem de comando, pois exaram conceitos doutrinários, meros programas a serem executados pelo govêrno, de acôrdo com as exigências e necessidades do momento verdadeiramente torturante que o mundo vive e atravessa, cheio de expectativas nem sempre promissoras; e de inquietude. Fixou-se a norma intervencionista em têrmos claros na vigente Constituição.

Poderá a União, ou seja o govêrno federal, mediante lei especial, intervir no domínio econômico e monopolizar determinada indústria ou atividade. Eis aí. A interferência do Estado na ordem econômica será sempre possível, acrescentou o texto constitucional, tendo por base o interêsse público e por limite os direitos fundamentais assegurados pela própria Constituição. Acolheu ela a corrente doutrinária que se bateu pela tese vitoriosa, que tende às reivindicações socializadoras do Estado. Abriu-se, dessarte, vereda e caminhada para a socialização de certas e determinadas indústrias. Não sòmente de indústrias, note-se: também de atividades. A largueza conceitual dos enunciados apresenta perspectivas de grande amplitude para as construções futuras e concilia o regime ora vigente no Brasil com as preocupações que a todos atormentam, a fim de que se possa atender a tempo e hora o anseio da coletividade.

Não ficou a grande faculdade na dependência do arbítrio do presidente da República. Cabe-lhe a iniciativa de seu uso, desde que as circunstâncias o exijam, pois que, superintendendo a administração do país, também é de suas atribuições promover em casos que tais a política legislativa do interêsse nacional. Pertence ao Congresso Nacional elaborar a lei especial que permita o monopólio de indústrias ou atividades, a serem executados pela União e não pelos Estados Federados. Nem pelos Territórios. Tão pouco pelos Municípios. Mas isso sem prejuízo, e é evidente, dos serviços públicos peculiares a uns e outros, pois que a interferência do Estado se fará na ordem econômica privada.

As restrições ao direito de propriedade.

88. No que a Constituição de 1946 se adiantou sobremodo foi quanto ao direito de propriedade, em que se depara a pedra de toque dos sistemas individualistas e coletivistas. Em primeiro lugar, ela, no capítulo dos direitos e garantias individuais, assegurou o direito de propriedade, que consiste na faculdade de usar, gozar e dispor dos bens próprios e reavê-los de quem quer que injustamente os possua. Não lhe deu, todavia, o atributo de direito absoluto, mesmo porque à propriedade privada, no plano territorial e jurídico, se superpõe a propriedade pública. O território do Estado é nacional; mas grande parte da sua propriedade é privada. Nem por isso perde aquêle qualificado.

Compreende-se que, por isso mesmo, ao Estado seja lícito fazer prevalecer o seu interêsse ao do cidadão, desapropriando-o de seu trato de terras, urbanas ou rústicas. Essa é a primeira restrição ao direito da propriedade individual, de que a Constituição cogita. Garante ela, de verdade, aquêle direito, salvo o caso de desapropriação:

a) por necessidade ou utilidade pública;

b) por interêsse social, no caso de necessidade de distribuí-la, com igual oportunidade para todos.

Em todos os casos, mediante a prévia e justa indenização em dinheiro.

Se a desapropriação por necessidade ou utilidade pública é comum em todos os países, a desapropriação de terras particulares por interêsse social, para distribuir-se a quantos delas careçam com igual oportunidade para todos, é peculiar à Constituição brasileira, nos regimes idênticos ao por ela consagrado. Existem no Brasil terras em quantidade desproporcional à sua população. Talvez o maior mal do país seja o seu gigantismo. Sendo o seu território maior que o da Europa, a Rússia exclusive, a sua população pouco ultrapassa de 50.000.000 de habitantes. Devem êstes trabalhar e contribuir para que tão vasta extensão territorial lhes proporcione, tanto quanto possível, o mesmo grau de confôrto e de civilização que fruem os habitantes do continente europeu. Desenvolveu-se a campanha comunista, no Brasil, com o apoio do govêrno deposto em 1945, contra os latifúndios. E essa campanha de certo modo encontrou guarida no texto constitucional, pois que o partido comunista teve os seus representantes na Assembléia Constituinte. Explica-se o preceito, adaptado de resto, ao sistema jurídico, que a Constituição estabeleceu em segurança do direito de propriedade. Está a semente, dessarte, lançada; e pode germinar. Questão de tempo é essa; e também de sol.

Não se deteve nesse ponto a Constituição; condicionou o uso da propriedade ao bem-estar social. É que esta tem função social inequívoca e não se concebe abstratamente, ainda quando se lhe imprima o mais acentuado cunho individualístico. Incompreende-se o meu onde inexista o teu. O conceito de propriedade só se formula no plano comum da coletividade; eis porque êle evolveu no sentido socialista, o que equivale dizer que a propriedade se socializou, sem deixar de ser privada. Antes que a Constituição de Weimar houvesse erigido, em seu contexto, a propriedade como função social, já a tese tinha sido largamente defendida, entre outros, por MAURICE HAURIOU e LEON DUGUIT. Divisado já havia aquêle no mais individualista dos direitos individuais — o de propriedade, o elemento de função econômica; e havia êste outro doutrinado e exposto o fundamento da nova concepção da propriedade, em têrmos preclaros. Nas sociedades modernas, em que a consciência nítida e profunda de interdependência social se tornou dominante, assim como a liberdade é o dever do indivíduo de empregar sua atividade física, intelectual e moral no desenvolvimento dessa interdependência, a propriedade convolou-se para todo detentor de riqueza no dever, na obrigação de ordem objetiva de empregar tal riqueza no acréscimo e desenvolvimento da interdependência social. Por isso, ajuntou, todo indivíduo tem a obrigação de desempenhar na sociedade certa função, na razão direta do lugar que nela ocupe. O detentor da riqueza, por isso mesmo que a detém, pode satisfazer certa necessidade, que seja capaz de atender. Só êle pode aumentar a riqueza geral empregando o capital que está em suas mãos; e é obrigado a satisfazer essa necessidade e não será protegido senão quando a satisfaça. A propriedade não é direito subjetivo do proprietário, mas função social do detentor da riqueza.[58]

Não se mudou, evidentemente, o conceito da propriedade. É êle o mesmo conceito civilístico, que se depara em todos os códigos, em que se exarou o advindo da concepção romana. Deixou apenas a propriedade de ser absoluta para entrosar-se no relativismo das coisas terrenas e humanas. O homem é livre. Livre e autônomo. O reconhecimento dos seus direitos próprios, ou sejam os seus direitos individuais, lhe deu a faculdade de criar direitos na ordem privada, por via contratual, pois que o contrato tem fôrça de lei; e a fôrça obrigatória do contrato advém da idéia de direito subjetivo. Mas essa faculdade, a bem dizer divina, de criar direitos, só lhe pode ser admitida para que êle exercite a sua função social, como animal social, que é. A autonomia de sua vontade, tem-se sustentado, deve encontrar anteparo que a neutralize no interêsse da sociedade, no bem-estar coletivo. Para que isso aconteça, o Estado vem intervindo, de há muito, não apenas na ordem econômica, senão, e principalmente, na ordem contratual, para deter a ambição humana e reduzi-la ao justo e ao equitativo. E isso tem acontecido em caráter geral, ainda mesmo que se trate do direito de propriedade, suscetível de desapropriação, tanto no interêsse ou utilidade pública, quanto, nos têrmos da Constituição brasileira de 1946, no interêsse social, para a sua justa distribuição com igual oportunidade para todos.

58. LEON DUGUIT, *Les Transformations Générales du Droit Privé depuis le Code Napoléon* (Paris, 1912), pág. 158.

O uso da propriedade tem sido regulamentado no tempo e no espaço, por achar-se condicionado ao bem-estar social e em consonância com as irresistíveis exigências da vida em sociedade; e isso na Europa, como na América, por leis nacionais, por leis locais, de acôrdo com a divisão hierárquica do poder legislativo nos vários países. Nem vale a pena fazer o quadro das restrições padecidas pelo direito de propriedade, tantas são elas, nas cidades e nos campos, onde quer que o proprietário tenha que explorá-la para retirar dela os proveitos e os rendimentos de que ela é sempre capaz e generosa no oferecê-lo aos que a tratem com carinhoso cuidado.

Seja qual fôr a doutrina filosófica a cuja luz se examine o instituto jurídico da propriedade, o texto constitucional brasileiro parece havê-la focalizado antes como a própria coisa do que o direito que sôbre ela recai, seguindo na esteira, até certo ponto paradoxal, do pensamento de LEON DUGUIT, quando mais tarde doutrinou que a propriedade é protegida pelo direito, mas não é direito e sim coisa, utilidade, riqueza. O que o proprietário tem, dessarte, não é o direito: o que êle possui é a coisa. Ou bem que êle a usa e goza, sem encontrar resistência, e nenhuma coação se lhe pode aplicar; ou resistência se lhe opõe e a coação social, a pedido seu, tem cabida, para afastar o obstáculo. A propriedade reside na própria coisa.[59]

A propriedade é direito real; como tal, afeta a coisa direta e imediatamente, sob todos ou certos respeitos, e segue-a em poder de quem quer que a detenha. E a coisa sòmente pode ser usada pelo proprietário de conformidade com o bem-estar social. Êste inexiste sem que para ela contribua o bem-estar dos indivíduos, o da generalidade dêstes e não o de alguns que detenham a maior soma de riqueza, sobrepujando aos outros por seu poderio econômico.

59. LEON DUGUIT, *Traité de Droit Constitutionnel*, 3.ª ed. (Paris, 1927), 1.º vol., § 41, pág. 446.

*A repressão por lei ordinária de qualquer forma
do poderio econômico.*

89. Nutrida dêsse preconceito determinou a Constituição que a lei reprima tôda e qualquer forma de abuso do poder econômico; mas poder é faculdade que a alguém assista de mandar, de impor ou de coagir. Poderio é a faculdade em ação, em estado dinâmico, tanto quanto o poder é estático.

Contra êsse poderio é que a Constituição se voltou, a fim de que a lei reprima o seu abuso, onde e quando se manifeste, deprimindo os mais fracos econòmicamente, de molde a submetê-los, sob a forma contratual, à autonomia de vontade dos poderosos pelo dinheiro ou pelos bens de fortuna. Não é pequena a legislação nesse sentido desenvolvida em tôda a parte, em que se tem dado a interferência do legislador a fim de impedir que, no jôgo contratual, um dos contratantes não seja pelo outro prejudicado, mercê de sua fraqueza econômica; e isso pouco importando que tenha aceitado a situação em que se colocou. Dêste modo agindo, aceitando avença que lhe seja sobremodo desfavorável, torna-se vítima, não de sua vontade, que se não exprimiu livremente, mas das circunstâncias, que o forçaram a submeter-se ao que se lhe impôs. A desigualdade contratual estabelecida pelo poderio econômico de uma das partes sòmente se neutraliza por injunção legal.

Eis porque a Constituição prescreveu, ademais, e no mesmo tópico, dever a lei reprimir as uniões ou agrupamentos de emprêsas individuais ou sociais, seja qual fôr a sua natureza, que tenham por fim dominar os mercados nacionais, eliminar a concorrência e aumentar arbitràriamente os lucros. Bateu em ponto de invulgar altissonância, porque de audição mundial. Em todos os quadrantes vozes se têm levantado contra o poderio das emprêsas agrupadas vertical ou horizontalmente sob a forma orgânica dos trustes ou a transitória dos cartéis, no mundo dos negócios para atuação direta ou indireta nos mercados e nas bôlsas. Ainda ressoam em muitos ouvidos palavras insignes de FRANKLIN ROOSEVELT em oração famosa. "As urgentes exigências de nosso progresso no passado podem haver justificado a criação de *holdings,* mas as grandes irregularidades e perdas gigantescas, que se lhes devem, exigem contrôlo definido. Se nos cumpre restringir as operações do especulador e também do financista, creio que temos que aceitar a restrição como necessária, senão para coarctar ao menos para proteger o individualismo. Devemos fazer do individualismo americano o que se pretendeu fazer dêle: igualdade de oportunidade para todos, direito de exploração para nenhum".[60] É que se não desvaneceu o seu eco, tanto que no Brasil, antes mesmo do dispositivo constitucional em aprêço, se iniciou a luta que deve ser prosseguida em defesa da economia popular.

Os crimes contra a economia popular,
sua guarda e emprêgo.

90. No tempo dos decretos-leis, o de 18 de novembro de 1938 definiu os crimes contra a economia popular, sua guarda e seu emprêgo, proscrevendo os monopólios, os artifícios, fraudes e abusos contra a economia popular e a usura, pecuniária e real. Entre as figuras criminais, naquele diploma articuladas, depararam-se as "de promover ou participar de consórcio ou convênio, ajuste, aliança ou fusão de capitais, com o fim de impedir ou dificultar, para o efeito de aumento arbitrário de lucros, a concorrência em matéria de produção, transporte ou comércio" e de "reter ou açambarcar matérias-primas, meios de produção ou produtos necessários ao consumo do povo com o fim de dominar o mercado em qualquer ponto do país e provocar a alta dos preços". E também "exercer funções de direção, administração ou gerência de mais de uma emprêsa ou sociedade do mesmo ramo de indústria ou comércio com o fim de impedir ou dificultar a concorrência". Ademais disso, "obter ou tentar obter ganhos ilícitos em detrimento do povo ou de número indeterminado de pessoas mediante especulações ou procesos fraudulentos (bola de neve, cadeias, pichardismo, etc.)"

Não revogou, antes confirmou o código penál de 1940, aquela lei especial, que expressamente ressalvou, tanto que

---

60. ROOSEVELT, *Mirando adelante,* trad. esp. (Buenos Aires. 1933), pág. 65.

se absteve de caracterizar os crimes por ela previstos e punidos. Mas a verdade é que ela não atingiu os seus objetivos, no regime de economia dirigida em que viveu o Brasil por não muito curto período de tempo, sujeito a multiplicidade de decretos-leis que se sucediam alagadoramente. E as causas disso se deparam neste passo do notável livro de Georges Ripert sôbre os aspectos jurídicos do capitalismo moderno:

"Tudo muda no regime de economia dirigida. As regras do contrato são agora impostas pela lei e o preço das prestações não foi mais livremente fixado. O caráter voluntário do acôrdo assegurava-lhe outrora a execução. Não se pode mais contar com essa boa vontade pois não há desde o comêço perfeito acôrdo na consciência dos contratantes. Trata-se de fazer regras que dominam as vontades privadas. A sanção torna-se indispensável.

"O legislador não pode mais fazer crédito à consciência e à boa fé, pois a moral não parece comprometida na observância da lei. A violação da regra não é mais considerada pelos particulares como uma falta. Há, pensa-se, um direito de legítima defesa contra a ação arbitrária do Estado. Por conseguinte, a desobediência à lei não é considerada culpável.

"A violação constante da lei habitua os homens a considerar que o que não é respeitado não é respeitável. A lei cai em desuso ou não sobrevive senão à custa de repetidas modificações. Mas à fôrça de ser incessantemente modificada, ela não pode adquirir o prestígio que dá às instituições uma longa tradição. Não é mais respeitada por hábito. Melhor, espera-se muitas vêzes a obrigação ou a mudança da regra. O que era ilícito ontem torna-se legal meses mais tarde. Viram-se, por exemplo, na aplicação do contrôle dos preços, vendas declaradas ilícitas e culpáveis quando o preço julgado abusivo era inferior ao preço que um novo texto acabava de autorizar e os tribunais perguntavam a si mesmos se a infração podia ser relevada nesse caso.

"É preciso, portanto, para fazer respeitar as regras legais de direção econômica, criar sanções eficazes. É um novo problema. A regra pode bem ser excelente e claramente enunciada, mas será inútil se não fôr aplicada. De nada serve bloquear os preços em data precisa se não se podem impedir transações aos novos preços. O problema das sanções é um problema puramente jurídico. Ignorando-o, lançâmo-nos em obra vã".[61]

O que, em França, sugeriu ao emérito professor da Faculdade de Direito da Universidade de Paris as considerações que acabam de ser lidas, aconteceu no Brasil. Talvez o fato tenha sido universal. As leis repressoras mostraram-se ineficientes, mercê, em grande parte, da mutabilidade das condições sociais, que se apresentaram diversas em momentos sucessivos, estabelecendo regime de instabilidade incompatível com a estabilidade das normas jurídicas improvisadas contingentemente.

A contenção pela lei dos trustes e cartéis.

91. Terá a lei, entretanto, de reprimir o abuso do poderio econômico e o agrupamento de emprêsas para dominar os mercados nacionais, eliminar a concorrência e aumentar arbitràriamente os lucros. Não impede o texto constitucional o agrupamento de emprêsas: êsse é lícito. Mais ainda, é legítimo. O que ela veda é que elas se proponham aquêle tríplice objetivo, em que reside a ilicitude. Decreto-lei de 1945, dispondo sôbre os atos contrários à ordem econômica, estabeleceu sistema incompatível com a tradição brasileira, na repressão dos trustes. Era remédio mais pernicioso que a moléstia que se propusera debelar; por isso, no regime instaurado pelo golpe de Estado de outubro de 1945, revogou-se aquêle decreto-lei. O ministro da Justiça, que o havia elaborado, ressuscitou-o, apresentando-o depois como projeto de lei à Câmara dos Deputados. Considera êle formas de abuso de poder econômico os entendimentos, ajustes ou acordos entre emprêsas industriais ou agrícolas, ou entre pessoas ou grupos de pessoas vinculadas a tais emprêsas ou interessadas no objeto de

---

61. GEORGES RIPERT, *Aspectos Jurídicos do Capitalismo Moderno*, trad. de Gilda G. de Azevedo (Rio de Janeiro, 1947), n. 107. pág. 253.

seus negócios, que tenham por efeito: eliminar ou restringir a livre concorrência; fixar o preço dos respectivos produtos ou serviços, em detrimento do público ou de outras emprêsas; embaraçar, limitar, coarctar ou impedir a distribuição ou produção de quaisquer mercadorias ou serviços; influir para o estabelecimento de monopólio, ainda que regional; promover a escassez ou abundância de qualquer mercadoria ou serviço, de modo a dominar o respectivo mercado; estabelecer exclusividade de produção ou distribuição, em detrimento de outras mercadorias do mesmo gênero ou destinadas à satisfação de necessidades conexas. Ademais disso, todos os atos e contratos por que emprêsas se transfiram, transformem-se, fundem-se, incorporem-se ou as suas ações se transfiram, ou seus acervos se vendam para aquêles mesmos objetivos. Não existe ato que não tenha sido envolvido como abuso de poder econômico, em excesso legisferante evidentemente contraproducente, tanto mais que o projeto se propôs instituir comissão administradora de defesa econômica que será a orientadora e diretora de tôda a vida mercantil, industrial e agrícola do Brasil, dotada de poderes amplos e vastíssimos, para tudo prever, ordenar, controlar, dirigir e punir. Em tais têrmos, instituindo essa ditadura industrial, o projeto está fadado a insucesso e será modificado de molde a pôr-se em têrmos hábeis e eficazes.

O problema é, realmente, complexo; mas, sobretudo, difícil de atender satisfatóriamente a fim de equilibrar es interêsses gerais, separando o joio do trigo. O dispositivo constitucional, na advertência de um de seus mais insignes comentadores, "corresponde à intervenção penalista dos governos na economia. Corresponde também à época em que o Estado, perplexo diante da contradição que a economia liberal suscitava, se abstinha — ou, melhor, perseverava em se abster de intervir na economia e atacava os males nos seus agentes causadores, subjetivamente: o truste, o acôrdo secreto, o cartel, etc. Não dizemos que essas práticas não caibam durante a vida da Constituição que permita a intervenção; mas é dificílimo manobrar as duas políticas: a da intervenção na economia e a da luta contra os trustes. Acaba o Estado por ter tantas armas debaixo do braço — e tantos sabres e machados — que não possa ou não saiba usar, com acêrto, de nenhuma. Fixar preço e perseguir trustes, sem aparelhamento quase genial, senão genial, de economia e administração pública, é o mais perigoso dos empirismos".[62]

Era de aguardar a lei ordinária que tornasse realidade o cânone constitucional de tanta relevância; mas urgia que não partisse do pressuposto da ilicitude de todo e qualquer consórcio ou convênio entre comerciantes ou industriais, que algumas leis têm disciplinado.

Destaca-se, entre essas, o código civil da Itália.

Não deixou êste isento de normas adequadas a celebração de convênios entre os empresários que exercitam a mesma atividade econômica ou atividades conexas. Fê-lo no art. 2.602 e nos subsequentes. Fazendo-o, deu pela licitude de ajustes dessa natureza, exigindo que, sob pena de nulidade, se exarem por escrito, em que se mencionem: *a*) o objeto e a duração do consórcio; *b*) a sede do escritório eventualmente constituído; *c*) as obrigações assumidas e as contribuições devidas pelos consorciados; *d*) as atribuições e os poderes dos órgãos consorciais de molde a representarem-se em juízo; *e*) as condições de admissão de novos consorciados; *f*) os casos de recesso e de exclusão; *g*) as sanções para o inadimplemento das obrigações dos consorciados.

Mostrou-se o código italiano, dessarte, menos hostil aos entendimentos entre comerciantes ou industriais, reconhecendo o fato existente e dando-lhe estrutura jurídica definida. Colocou-os no rol dos contratos lícitos, trazendo à existência pública o que antes vicejava às ocultas, como coisa suspeita. Delimitou-lhe a vigência, com estabelecer o prazo de dez anos para sua duração, prorrogável, no entanto, antes de chegados a têrmo, com o consenso de todos os consorciados. Subentende decenal o de prazo indeterminado ou superior a dez anos.

Tratando-se de pacto entre vários interessados, exarou o princípio de que todos êles devem consentir o contrôlo e as inspeções por parte dos órgãos previstos no contrato, a fim de verificarem o exato cumprimento das obrigações por êles assumidas.

Forma-se, dêsse jeito, pôsto o texto não o houvesse dito, autêntico contrato de sociedade em conta de partici-

---

62. PONTES DE MIRANDA, *Comentários à Constituição de 1946*, vol. IV, pág. 28.

pação entre os consorciados, em busca de objetivo comum. É sociedade entre muros, existente sòmente entre os sócios, a agirem individualmente nas relações com terceiros, como se inexistente ela. É sociedade com atividade interna; mas. sociedade. Daí em falta de cláusula explícita, tomarem-se as deliberações relativas à atuação do consórcio quanto ao seu objeto, por maioria dos votos favoráveis dos consorciados. As tomadas com infringência dessa norma ou das consignadas no contrato são suscetíveis de impugnação judicial, dentro de trinta dias, contados, para os ausentes, da data da comunicação ou, se sujeitas a inscrição, da data desta.

Decorre disso a faculdade dos consorciados majoritários excluírem os divergentes, ou dêstes se retirarem, mercê de seu direito de recesso, nos casos previstos no contrato consorcial, hipótese em que a quota de um ou de outro se acresce proporcionalmente às dos remanescentes e, por via de consequência, cessa o mandato conferido ao retirado ou ao excluído.

O contrato consorcial, salvo dispositivo em contrário, sòmente por acôrdo unânime dos consorciados é modificável; mas sempre por escrito, pena de nulidade.

Transferindo-se o estabelecimento de consorciado, toma-lhe o lugar no consórcio o adquirente, a menos que o vede cláusula expressa. Existindo todavia justa causa e tratando-se da transferência do estabelecimento por ato entre vivos, lícito é aos outros consorciados, dentro de um mês, contado do dia em que tenham ciência do trespasse, excluir o adquirente. É que predomina a *affectio societatis;* e pode dar-se que se torne inconveniente a admissão do novo consorciado.

Dissolve-se o contrato consorcial pelo têrmo do prazo de sua duração. Pelo conseguimento de seu objeto ou pela impossibildade de consegui-lo. Por deliberação da maioria, existindo justa causa. Por atos de autoridade, nos casos admitidos em lei. E pelas demais causas previstas no contrato consorcial.

Essa é a forma dos consórcios fechados ou particulares, de atividade interna, dentro do âmbito dos consorciados apenas, sem reflexo nas relações com terceiros. Mas pode dar-se que o contrato preveja a instituição de escritório ou órgãos destinados a desenvolver atividade com terceiros. Quando assim seja, os administradores, dentro de trinta dias, são obrigados a inscrever, no registro das emprêsas dos lugares em que aquêle órgão tenha sede, o contrato consorcial, por extrato, mencionado: *a*) a denominação e o objeto do consórcio e a sede de seu órgão administrativo; *b*) o cognome e o nome dos consorciados; *c*) a duração do consórcio; *d*) a pessoa a quem tenha sido atribuída a presidência, a direção e a representação do consórcio e respectivos poderes; *e*) o modo de formação do fundo consorcial e as normas relativas a sua liquidação.

As modificações contratuais sobrevindas também se inscreverão no mesmo registro das emprêsas.

Forma-se, vista por êste novo prisma, como que nova personalidade jurídica, não sòmente por atuar em juízo, por via de seu diretor ou presidente, como pela existência do fundo consorcial. Focalizou-o o art. 2.614: *"I contributi dei consorziati e i beni acquistati con questi contributi costituiscono il fondo consortile. Per la durata del consorzio i consorziati non possono chiedere la divisione del fondo, e i creditori particolari dei consorziati non possono far valere i loro diritti sul fondo medesimo".* Eis o ponto vivaz. O fundo consorcial é do consórcio e não de seus componentes; e os credores particulares dêstes não podem fazer recair sôbre êle os seus créditos.

Pelas obrigações assumidas em nome do consórcio pelas pessoas que o representam, por isso mesmo, os seus titulares sòmente podem fazer valer seus direitos sôbre o fundo consorcial; e pelas mesmas obrigações respondem ademais ilimitada e solidàriamente as pessoas que agirem em nome do consórcio.

Pelas obrigações assumidas, todavia, pelos órgãos do consórcio, por conta individual dos consorciados, respondem êstes solidàriamente com o fundo consorcial.

No caso de insolvência, nas relações entre os consorciados, o débito do insolvente reparte-se entre todos, na proporcionalidade das quotas.

Assim dispondo, o código civil italiano recolheu o acervo corporativo instituído, nesse particular, pelo govêrno fascista, que o preparou e logo depois veio a desaparecer; e, assim, não se esqueceu de, quando os consórcios sejam de molde a influir no mercado geral dos bens, sujeitá-los à aprovação governamental, nêles intervindo por via de administrador e, até, nos casos mais graves, dissolver os próprios consórcios, ainda mesmo os consórcios fechados, quando o mesmo com êles aconteça.

Não se ateve sòmente a isso o código civil italiano; a despeito de sua natureza privatística, entrou em matéria penal, punindo as falsas comunicações e a distribuição ilegal de lucros; a divulgação de notícias sociais reservadas; a violação das obrigações próprias dos administradores; os empréstimos e as garantias dadas por êstes, etc.

Ainda não se enfrentou o problema, no Brasil, do ponto de vista legislativo, senão em pequenas doses, mais de caráter demagógico, por parte do próprio govêrno, do que com o intuito de atender e disciplinar instituições, que se não podem afastar definitivamente, antes há que considerá-las no que elas têm de útil, a fim de repudiar o que nelas possa existir de prejudicial aos interêsses coletivos.

O encarecimento, cada vez maior, das condições de vida, de um lado; e, de outro, a prosperidade assustadora de empreendedores sem escrúpulo, levou o govêrno a, por via de mensagem, propor ao Congresso Nacional providências tendentes a conjurar o mal para cujo desenvolvimento tem êle próprio consideràvelmente contribuído. Sugeriu que se alterassem dispositivos da legislação vigente sôbre os crimes contra a economia popular, que se consubstanciaram na Lei n.º 1.521, de 26 de dezembro de 1951; e solicitou preceitos por via dos quais pudesse intervir no domínio econômico para assegurar a livre distribuição de produtos necessários ao consumo do povo, que confluíram na Lei n.º 1.522, de 26 de dezembro de 1951.

Aquela primeira lei, em face do problema dos consórcios ou convênios industriais ou mercantis, não inovou, nem podia fazê-lo, quanto à caracterização do crime praticável por via dêles contra a economia popular, por já configurado pelo dispositivo do art. 149 da Constituição. A lei, e é bom reiterar, "a lei reprimirá tôda e qualquer forma de abuso do poder econômico, inclusive as uniões ou agrupamentos de emprêsas individuais ou sociais, seja qual fôr a sua natureza, que tenham por fim dominar os mercados nacionais, eliminar a concorrência e aumentar arbitràriamente os lucros".

Por êsse ângulo, o art. 2.º, n.º VIII, da Lei n.º 1.521, de 26 de dezembro de 1951, pune com a pena de detenção de seis meses a dois anos e multa de Cr$ 2.000,00 a Cr$ 50.000,00, quem "celebrar ajuste para impor determinado preço de revenda ou exigir do comprador que não compre de outro vendedor". Êsse ajuste é proscrito; mas também incide na sanção penal, nos têrmos do art. 3.°, n. III, daquela mesma lei, o que "promover ou participar de consórcio, convênio, ajuste, aliança ou fusão de capitais, com o fim de impedir ou dificultar, para o efeito de aumento arbitrário de lucros, a concorrência em matéria de produção, transporte ou comércio".

O texto, qual se acha redigido, é infeliz, quando alude a "consórcio, convênio, ajuste, aliança ou fusão de capitais". Tem-se a impressão de que devera focalizar antes as pessoas, naturais ou jurídicas, que se consorciam, convencionam, ajustam ou aliam-se para aquêle objetivo, do que os "capitais", que nem sempre se fundem para o mesmo escopo.

Não vale, no momento, entrar nessa seara, senão apenas salientar que nenhum consórcio, convênio, ajuste, aliança ou fusão de capitais é vedado, por si só. Para que alguma dessas modalidades contratuais possa ser incriminada, é indispensável que tenha por finalidade o aumento arbitrario de lucros, desde que impeça ou dificulte a concorrência em matéria de produção, transporte ou comércio.

A exploração industrial das minas e demais riquezas do subsolo.

92. Propendeu-se, no regime encerrado em 1945, pela política nacionalizadora das indústrias e principalmente pelo aproveitamento dos recursos minerais e da energia hidráulica. Veio tal política da Constituição de 1934. Sòmente brasileiros ou emprêsas organizadas no Brasil, tendo acionistas brasileiros, explorariam minas, jazidas minerais, águas, energia hidráulica, bancos e seguros; e também as indústrias básicas ou essenciais à defesa econômica ou militar da Nação. Bancos de depósitos e companhias de seguros estrangeiros em prazo razoável se nacionalizariam. Poderiam fazer parte de tais sociedades brasileiros casados com estrangeiras ou brasileiras casadas com estrangeiros, ainda que no regime comum de bens; mas as quotas, partes ou ações, de que fôssem titulares sòmente se transfeririam *inter vivos* ou *causa mortis* a brasileiros. Eram intransmissíveis a estrangeiros. Em falta de herdeiro ou legatário brasileiro, vender-se-iam judicial ou extrajudicialmente a brasileiros. Por isso, as ações não poderiam ser ao portador mas sempre seriam nominativas. No regime de separação de bens, o marido estrangeiro, ainda que lhe coubesse administrar os bens da mulher sócia ou acionista, estaria impedido de exercer atos de administração da sociedade ou companhia. Se tutores ou curadores dos filhos menores acionistas, não os representariam nas assembléias gerais. Os representantes tambem seriam brasileiros.

Em face da Constituição de 1946, as minas e demais riquezas do sub-solo, bem como as quedas dágua, constituem propriedade distinta da do solo para o efeito de exploração ou aproveitamento industrial, dependente de autorização ou concessão do govêrno federal, na forma da lei. Mas as autorizações ou concessões conferem-se sòmente a brasileiros ou a sociedades organizadas no país, assegurada ao proprietário do solo preferência para a exploração. A navegação de cabotagem para o transporte de mercdorias é privativa dos navios brasileiros, salvo caso de necessidade pública; e os proprietários, armadores e comandantes de navios brasileiros, bem como dois terços, pelo menos, dos tripulantes, devem ser nascidos no Brasil, ainda que de pais estrangeiros, não residentes êstes a serviço de seu país, ou filhos de brasileiro ou brasileira, nascidos no estrangeiro, estando os pais a serviço do Brasil; ou, não o estando, se passarem a residir no Brasil e optarem pela nacionalidade brasileira dentro em quatro anos. É vedado a estrangeiros serem proprietários de emprêsas jornalísticas, políticas ou noticiosas, bem como radiofusoras. Nem êles, nem pessoas jurídicas, excetuados os partidos políticos, podem ser acionistas de sociedade anônimas proprietárias de emprêsas jornalísticas ou radiofusoras; e as ações serão necessàriamente nominativas e inconversíveis em ações ao portador. A brasileiros não naturalizados cabe dirigi-las e responder por elas, bem assim orientá-las intelectualmente. Só a brasileiros são acessíveis os cargos públicos civis e militares. Sòmente brasileiros natos podem prestar assistência religiosa às fôrças armadas e aos estabelecimentos de internação coletiva.

Não é mais privativo de brasileiros, natos ou naturalizados, explorar bancos de depósitos, emprêsas de seguros, de capitalização e de fins análogos. Tão pouco estabe-

lecimentos de crédito especializado de amparo à lavoura e
à pecuária. Ou emprêsas concessionárias de serviços
públicos federais, estaduais e municipais.

A isonomia de brasileiros e estrangeiros residentes no país e a política imigratoria.

93. Têm os estrangeiros residentes no Brasil, pela
Constituição de 1946, afora nos casos em que ela expressamente estatuiu em contrário, os mesmos direitos que os
brasileiros, concernentes à vida, à liberdade, à segurança
individual e à propriedade. Os mesmos direitos e a mesma
inviolabilidade. Deparava-se na Constituição de 1891 dispositivo idêntico; e, por tal dispositivo, doutrinou RUY
BARBOSA, "cuja amplitude não encontra símile nem entre as
Constituições européias, nem mesmo na dos Estados Unidos, a garantia dos direitos individuais, que, na carta imperial de 1824, era privativa dos cidadãos brasileiros é,
pela Constituição republicana em vigor, fôro comum, assim
dos nacionais, como dos estrangeiros residentes no país.
O texto não podia ser mais formal. A cláusula nêle posta
acêrca dos estrangeiros se reduz a que sejam "residentes
no país". Logo, em se estabelecendo a residência no país,
pelo que toca aos direitos individuais, ao estrangeiro assiste
a mesma garantia constitucional que ao brasileiro".[63]

Eis a política que a República adotou e, por largo
tempo, produziu os mais salutares resultados. O seu subs-
trato econômico era indisfarçável, pela necessidade de incentivar e desenvolver as correntes emigratórias para o
Brasil, tão carecedor de braços que trabalhassem para o
seu engrandecimento material, quanto de engenhos que lhe
permitissem aprimorá-lo na marcha ascendente de seu poder civilizador. Não exprimia aquela política apenas incentivo, mas segurança de bem-estar para os que o pro-
curassem com o propósito de neste país assentar raízes
e lares. E assim se procedeu em tôda a América, de resto.
Nem foi outra a prédica de ALBERDI quando asseverou ser
essencialmente econômico o fim da política constitucional

---

63. RUY BARBOSA, *Comentários à Constituição Federal Brasileira,* ed. de Homero Pires, vol. V, pág. 195.

e de govêrno na América, pois que, na América, governar era povoar. Definir de outro modo o govêrno seria desconhecer sua missão sul-americana; e essa missão se lhe adjudicava pela necessidade que representava e dominava tôdas as outras. No econômico, como nos demais, o direito sul-americano devia acomodar-se às necessidades especiais do continente. Se essas necessidades não eram as mesmas que na Europa haviam inspirado tal sistema ou qual política econômica, cumpria ao direito sul-americano seguir a voz da necessidade continental e não o ditado por necessidades diferentes ou contrárias. E exemplificou o grande estadista sul-americano. Se, por exemplo, em face da crise social que sobreveio à Europa, nos fins do século passado por falta de equilibrio entre as subsistências e a população, a política econômica protestou, pela pena de MALTHUS, contra o aumento de população, porque nêle viu a origem certa ou aparente da crise — aplicá-la à America, cuja população constitui precisamente o melhor remédio para o mal europeu temido por MALTHUS, seria o mesmo que pôr a criança extenuada por falta de alimentos em rigorosa dieta pitagórica, por motivo de haver-se aconselhado tal tratamento para corpo enfêrmo de pletora. Tiveram os Estados Unidos, antes de MALTHUS, com seu exemplo prático, a palavra, em matéria de população: com o seu aumento rapidíssimo, operaram os milagres do progresso que fêz dêles o assombro e a inveja do universo.[64]

O ciclo da economia liberal e da economia dirigida.

94. Viveu o Brasil, como todos os países sul-americanos, sob o signo dessa política de sentido econômico, consentânea com o largo e glorioso período de paz universal que coincidiu com o reinado da excelsa rainha da Inglaterra, que lhe emprestou qualificado. Foi aquêle o período vitoriano, que também foi a época clássica do fastígio do liberalismo econômico, a despeito de que o princípio do livre câmbio não fôsse absoluto em país algum. As barreiras alfandegárias desempenhavam papel idêntico ao dos

---

64. JUAN BAUTISTA ALBERDI, *Organización de la Confederación Argentina*, Buenos Aires, El Ateneo, vol. I, pág. 183.

diques levantados nas praias holandesas. Se as indústrias assaz se multiplicaram, ao mesmo tempo aumentando, em quantidade e em qualidade, os produtos industriais, comércio vivacíssimo, que as transpôs, alargou os mercados consumidores, de molde a equilibrar a produção com o consumo. Não se fêz necessária a interferência do Estado, em nenhum país, senão em grau minúsculo, para que a política econômica se desatasse serenamente, senão com os borbulhos das águas que deslizam nos leitos dos rios.

Não obstante isso de vez em quando a superprodução levantava diques maiores que os costumeiros; e o Brasil foi nisso dos primeiros, quando, em começo dêste século, o seu govêrno interveio ostensivamente na economia nacional, para iniciar a política da valorização do café. Armou-se, então, o plano inclinado.

A guerra de 1914 a 1918 encerrou, verdadeiramente, o ciclo da economia liberal, abrindo o ciclo da nova economia, com a direta interferência do Estado, que passou a ser por êle dirigida, orientada, fiscalizada e, mesmo, executada.

O alargamento da atividade social e seu extravasamento.

95. Transferiu-se a atividade econômica do campo privado para o público e a economia integrou-se no Estado, alargando-se sobremaneira a sua atividade social. A guerra exacerbou-a, mercê de sua modificação. Se antes ela se feria entre exércitos de um e de outro lado acampados, transmudou-se em guerra de nações, que se convolou em guerra mundial; e cada nação em luta passou a exigir tudo de tôdas as suas fôrças produtivas, na imensa variedade de seus setores. A economia, a ela subordinada, e para ela dirigida, passou a servir integralmente o interêsse nacional. Entumesceu-se, dessarte, desmesuradamente, o papel econômico do Estado, que a bem dizer, se tornou, pelo império das circunstâncias, totalitário. Tudo e todos para o Estado era o lema em voga; e assim foi. Não houve ramo de atividade individual sôbre que o Estado não exercesse atuação efetiva. Na indústria. Na agricultura. No comércio. Intrometeu-se na ordem contratual, até então estritamente privada; e para ela estabeleceu norma de todo o estilo, a bem de um ou de outro dos contratantes, estabelecendo encargos, restringindo direitos, limitando obrigações. Era, enfim, a economia de guerra; mas não deixou de ser a economia nacional planificada, dirigida, realizada pelo Estado, o guerreiro.

Sobrevinda a paz, muito do que se fizera era conquista de que o Estado não mais largaria; e ali ficara a estrutura do Estado totalitário esboçada, para logo mais apresentar-se com a sua armadura social e política.

Com tudo isso, a economia se socializou; e nunca a economia política justificou com tanta propriedade o seu qualificado. Socializando-se, também se nacionalizou, por fôrça dos fatos econômicos, políticos e sociais. O Estado, que se havia apoderado das grandes emprêsas de transportes e das grandes emprêsas industriais, básicas da economia nacional, tratou de mantê-las sob seu domínio, duradouramente. Surgiram autarquias administrativas dos mais diversos tipos. Ampliou-se a interferência do Estado nas várias sociedades anônimas, adquirindo-lhes a maioria das ações, nomeando-lhes os órgãos diretores e de fiscalização; e as sociedades de economia mista proliferaram. Nas em que não foi de necessidade intervir o Estado por tal forma, êle impediu a interferência de estrangeiros de qualquer proveniência, nacionalizando-as, ainda mesmo que casados com nacionais. Mas não ficou nisso. Vedou o acionarado até aos estrangeiros naturalizados, em muitos casos.

A política do arbitramento nos conflitos internacionais.

96. Não escapou o Brasil ao influxo dessa política nacionalizadora, que se refletiu na sua Constituição de 1934 e, com maior intensidade, na carta outorgada em 1937. Retomou a Constituição de 1946 a tradição da política brasileira quanto aos estrangeiros aqui estabelecidos com ânimo definitivo de permanecer, contribuindo para seu engrandecimento. Ainda não é o mundo um mundo só. Os nacionalismos, que se exaltaram, ainda não perderam sua agressividade e o seu prurido de domínio mundial. Eis a tese do momento que passa. A alternativa, por que muitos espíritos de elite se manifestam, é a de um govêrno mundial ou de um império mundial. O conceito da soberania dos Estados está em declínio pela interdependência dos interêsses econômicos, que a todos liga e a todos interessa.

O Brasil, que não alimenta ódios, nem preconceitos imperialistas, foi o primeiro país do mundo que inscreveu na sua Constituição de 1891 o prncípio de que, em caso algum, se empenharia em guerra de conquista, direta ou indiretamente, por si ou em aliança com outra nação, e a Constituição de 1934 antecedeu essa mesma declaração de ordem internacional com a de que o Brasil só declararia guerra se não coubesse ou malograsse o recurso do arbitramento.

Estes princípios cristalizaram-se na Constituição de 1946, em sentido ainda mais alto. Por ela, o Brasil só recorrerá à guerra se não couber ou se malograr o recurso ao arbitramento ou aos meios pacíficos de solução do conflito, regulados por órgão internacional de segurança, de que participe; e em caso nenhum se empenhará em guerra de conquista, direta ou indiretamente, por si ou em aliança com outro Estado.

Tem o texto a virtude da antecipação, pois que funde, no direito público interno, regra ainda não consolidada na doutrina, nem na prática de política externa de outras nações. Exprime, acima de tudo, ensinamento de política internacional, mais humana, e eivada, por isso mesmo, de maior senso de solidariedade internacional! Não refugindo de submeter-se a órgão internacional de segurança, que venha a ser criado, desde que coparticipe de sua constituição e de seu funcionamento, para solver os conflitos de ordem internacional, que não possa resolver por via do arbitramento, o Brasil confia no espírito de justiça de tôdas as nações e promete, por isso mesmo, acolher com o mesmo espírito quantos procurem obter com o trabalho, em seu território generoso e fecundo, a segurança de melhores dias e de noites dormidas sossegadamente à sombra da lei e sob a proteção de justiça humana mais acolhedora e sagaz, pronta para garantir a felicidade que os homens, na ânsia do poderio e de riqueza, nem sempre põem ao alcance de suas próprias mãos.

Secção I

O PODER EXECUTIVO.

O chefe eletivo da Nação.

97. Muito se há criticado a denominação, pôsto que clássica em direito público, de *poder executivo* ao que exerce o presidente da República. Destaca-se João Barbalho entre os que formularam a crítica; mas a Constituição é explícita quanto a isso. O poder executivo é exercido pelo presidente da República. Ela o diz no art. 78. Por igual o dizia a Constituição de 1891, assentando que êle exercia tal poder, mas como "chefe eletivo da Nação". Mereceu esta cláusula os gabos daquele constitucionalista. Acentuou êle que, "nesta qualidade é êle colocado no fastígio da governação como órgão principal e primeiro zelador dos interêsses nacionais. E, se nesta posição não lhe confere supremacia sôbre os outros poderes, tendo cada um sua distinta esfera de ação, é indubitável que — pela natureza de sua missão, pela grandeza, importância e alcance de suas atribuições, pelos recursos e meios que ficam a seu dispor, — o presidente da República, chefe político, civil e militar da Nação, é o maior quinhoeiro do poder público e de fato a maior autoridade nacional".[65]

Chefe eletivo da nação, ou, como Ruy Barbosa emendara, mas não vingou, "chefe eletivo e supremo da nação" com mais propriedade se haveria em face da Constituição de 1891 do que no regime da Constituição de 1946. Por aquela, eleger-se-ia o presidente (e por igual o vice-presidente da República) por sufrágio direto "e maioria absoluta de votos". A maioria, assim quali-

---

65. João Barbalho U. C., *Constituição Federal Brasileira. Comentários.* Tip. da Companhia Lito-Tipografia (Rio de Janeiro, 1902), pág. 158.

ficada pelo adjetivo que se lhe apôs, tinha a virtude de envolver a figura do eleito em halo de prestígio considerável, dignificando a autoridade peculiar ao cargo maior da representação popular.

Quando, por serem vários os candidatos, nenhum dos votados alcançasse a maioria absoluta dos votos, o pleito se transferia para outro cenário — o do Congresso Nacional, que se compunha de dois ramos: a Câmara dos Deputados e o Senado. Nêle reunidos, deputados e senadores, por maioria de votos, elegeriam um dentre os que, na eleição direta, tivessem recebido as duas votações mais elevadas. Caso seria êsse, de resto nunca verificado na prática republicana, de eleição presidencial indireta, circunscrita a dois nomes indicados pelos votos das correntes políticas nacionais. Em caso de empate considerar-se-ia eleito o mais velho.

Fórmula era essa transplantada da Constituição dos Estados Unidos da América. Quando, nos têrmos do art. 2.º, § 3.º, a maioria absoluta não se concentrasse (e o preceito ainda é o mesmo) no mesmo candidato, caso seria da Câmara dos Representantes escolher o presidente entre os cinco candidatos mais votados. Justificando-a, doutrinou HAMILTON que, acontecendo que a maioria absoluta não confluísse num só indivíduo, não seria prudente permitir que uma minoria fizesse prevalecer sua vontade; e eis porque a Constituição decide que, nessa circunstância, a Câmara dos Representantes escolherá dentre os cinco candidatos que obtiveram os maiores números de votos, o que ela julgar o mais digno de ocupar o lugar. Êste modo de eleição dá a certeza moral de que jamais a função de presidente cairá nas mãos de homem que não se encontrasse dotado, em grau eminente, das qualidades necessárias.[66]

Claudicou, nesse particular, a Constituição de 1946.

Prescreve esta, qual se lê em seu art. 81, que o presidente e o vice-presidente da República "serão eleitos" simultâneamente, em todo o país, cento e vinte dias antes do têrmo do período presidencial. Por que

---

66. A. HAMILTON, J. JAY & J. MADISON, *Le Fedéraliste* (*Commentaire de la Constitution des États Unis*), ed. V. Giard & E. Brière (Paris, 1902), pág. 568.

número de votos se elegerão não disse, senão apenas que "serão eleitos". Caberia à lei ordinária, por certo, estabelecer o critério da maioria absoluta. A dúvida de realce seria se, à semelhança do texto de 1891, lícito seria transferir o desenlace do problema para o Congresso Nacional, instituindo a eleição indireta. Opinou-se pela negativa diante do princípio lançado no art. 134 de que "o sufrágio é universal e direto; o voto é secreto". Proscreveu-se, dessarte, a eleição indireta. A lei ordinária não poderia ir a tanto e teria que abrir vasa para nova eleição se nenhum dos votados tivesse atingido a maioria absoluta.

Eis porque, embora não aquinhoado por esta, está o presidente da República no exercício do cargo por cinco anos, pela só vontade da minoria.

As atribuições políticas e governamentais do poder executivo.

98. Afirmando a Constituição brasileira, como a americana, exercer o presidente da República o poder executivo, não animou propósito outro senão o de exprimir que êle, por si só, é um dos poderes da União. É o poder executivo com efeito o único poder personalizado e, o que é mais, unipersonalizado, se se quiser, num homem encarnado. O poder legislativo e o poder judiciário exercitam-se pluripersonalmente e mesmo colegiadamente, sem embargo das atribuições e poderes individuais de muitos de seus órgãos e componentes, nas diversas categorias e serviços em que se situam e desdobram suas atividades constitucionais.

O exercício pelo presidente da República do poder executivo empresta-lhe realmente situação ímpar, que não o converte todavia em senhor todo poderoso, por circunscrita a órbita de sua ação pelos dispositivos constitucionais que lhe delimitaram poderes e atribuições.

Sendo os poderes da União independentes e harmônicos entre si, tem cada qual função própria, que lhe é privativa, ademais e sem prejuízo das funções em que se harmonizam, colaborando uns com os outros para a mantença da ordem interna e externa e a segurança dos direitos e garantias individuais.

Enganar-se-á redondamente quem, em face do art. 87 da Constituição, supuser que nêle se hajam enumerado tôdas as atribuições do presidente da República. Arrolaram-se naquele texto as primaciais, condizentes com o papel político do chefe de govêrno. São dessa natureza a de sancionar, promulgar e fazer publicar as leis e regulamentos, para que fielmente se executem. A de vetar, no todo ou em parte, o projeto de lei que lhe pareça inconstitucional ou contrário aos interêsses nacionais. A de manter relações com os Estados estrangeiros. A de celebrar tratados e convenções internacionais *ad referendum* do Congresso Nacional. A de declarar guerra, depois de autorizado pelo Congresso Nacional, ou sem essa autorização, no caso de agressão estrangeira, quando verificada no intervalo das sessões legislativas. A de permitir, depois de autorizado pelo Congresso Nacional, ou sem autorização, no intervalo das sessões legislativas, que fôrças estrangeiras transitem pelo território do país ou, por motivo de guerra, nêle permaneçam temporàriamente. A de decretar a mobilização total ou parcial das fôrças armadas, pois que exerce seu comando supremo, bem assim o estado de sítio e, também executando-a, a intervenção federal nos Estados. A de fazer a paz, com autorização e *ad referendum* do Congresso Nacional.

Eis, no âmbito político, as atribuições do presidente da República.

No círculo administrativo mostrou-se o texto de excessiva modéstia. Cabe-lhe, por via dêle, nomear e demitir os ministros de Estado, o prefeito do Distrito Federal e os membros do Conselho de Economia Nacional, para que o auxiliem na administração pública. Mais, ainda, prover, na forma da lei e com as ressalvas estatuídas pela Constituição, os cargos públicos federais. Além disso, administrar as fôrças armadas por intermédio dos órgãos competentes.

Acrescentem-se a essas as atribuições de autorizar brasileiros a aceitar pensão, emprêgo ou comissão de govêrno estrangeiro e a de conceder indulto e comutar penas, com audiência dos órgãos instituídos em lei, e tem-se o quadro completo da atividade presidencial, sobremodo restrito, mas que, em verdade, nêle não se esvai. Quase tôdas as atribuições nêle enumeradas são privativas.

I.   A promulgação das leis é suscetível de exercício pelo presidente, pelo vice-presidente da República ou pelo vice-presidente do Senado.

O projeto de lei, enviado ao presidente de República pela câmara onde se concluiu sua votação, deve ser por êle sancionado; ou vetado, no todo ou em parte por inconstitucional ou contrário aos interêsses nacionais, dentro de dez dias úteis. Decorrido o decêndio sem veto, o silêncio do presidente importa em sanção.

Sancionado, deve seguir-se-lhe a promulgação; mas, reza o § 4.º do art. 70 da Constituição, não promulgada dentro de quarenta e horas a lei, o presidente do Senado a promulgará; e, se êste o não fizer em igual prazo fá-lo-á o vice-presidente do Senado.

II.   O veto é privativo do presidente da República. Ato é êsse por via do qual êle se recusa a cooperar com a sua sanção para que o projeto se transfigure em lei ou dêle extirpe os dispositivos inconstitucionais ou inconvenientes.

Não fulmina o veto de pronto o projeto ou os dispositivos não sancionados. Suspende-os. Deixa-os no ar, como advertência, a reclamar novo exame por parte dos representantes do povo; e eis porque o veto tem que ser justificado. "Se", lê-se no § 1.º do art. 70 da Constituição, "se o presidente da República julgar o projeto, no todo ou em parte, inconstitucional ou contrário aos interêsses nacionais, vetá-lo-á, total ou parcialmente, dentro de dez dias úteis, contados daquele em que o receber, e comunicará no mesmo prazo, ao presidente do Senado Federal os motivos do veto. Se a sanção fôr negada quando estiver finda a sessão legislativa, o presidente da República publicará o veto". Decorrido o decêndio o seu silêncio importará sanção.

Comunicado o veto ao presidente do Senado Federal, cabe-lhe convocar as duas câmaras de Congresso Nacional a fim de, em sessão conjunta, discutirem-no, considerando-se aprovado o projeto que obtiver o voto (e voto secreto!) de dois terços dos deputados e senadores presentes. Não é o veto, pròpriamente, que se vota, embora seja êle que se debate: é o projeto, se totalmente vetado, ou as suas disposições, que dêle tenham sido objeto. Opera o veto, nessas condições, como apêlo do presidente da República ao Congresso Nacional para que reconsidere a matéria pelos prismas por que os examinou.

Não era comum o veto no regime da Constituição de 1891. Não o era porque sòmente poderia abranger todo o projeto de lei. Tinha que ser integral. Dispunha ela, no § 1.º do art. 37, que se o presidente da República julgasse inconstitucional, ou contrário aos interêsses da Nação, o projeto enviado a sua sanção, negá-la-ia dentro de dez dias úteis, daquele em que o tivesse recebido, devolvendo-o, nesse mesmo prazo, à câmara onde se houvesse iniciado, com os motivos da recusa. Exigia essa circunstância que o presidente da República acompanhasse de perto e atentamente os trabalhos parlamentares, de molde a evitar os dispositivos ou emendas inconvenientes. Criou-se, para isso, a figura do — líder da maioria, na Câmara dos Deputados e no Senado Federal. A maioria, pela inexistência de partidos de minoria, mercê da vigência do princípio majoritário nas eleições, era massiça. Uma ou outra patrulha oposicionista se infiltrava nas câmaras, ou dentro delas se criava pela cissiparidade da própria maioria. O líder da maioria era o eufemismo por que se indicava o líder do presidente da República. Era aquêle o porta-voz do govêrno. Era êle quem organizava as comissões parlamentares. Era êle quem preparava as ordens do dia. Era êle quem orientava as votações. Por isso mesmo, antes do início das sessões, êle ouvia o govêrno, cujo pensamento representava.

A despeito disso, as minorias formavam-se e faziam-se presentes na elaboração orçamentária, assim por interêsses particulares, como por interêsses regionais. E até por interêsses nacionais. Foi a época, que RUY BARBOSA causticou, dos *orçamentos rabilongos*. Na certeza de que o presidente da República não poderia vetar a lei do orçamento, pela impossibilidade de governar sem êle, apunha-se-lhe cauda imensa, versando os mais variados assuntos. E desenvolvia-se, na tribuna, a obstrução.

Nessa dura emergência, tinha o govêrno que ceder; e transigia!

Resultou disso a campanha pela revisão constitucional de 7 de setembro de 1926, mercê da qual se aprovaram diversas emendas constitucionais, entre elas a que introduziu o veto parcial, dando ao § 1.º do art. 37 êste conteúdo:

"Quando o presidente da República julgar um projeto de lei, no todo ou em parte, inconstitucional ou contrário aos interêsses nacionais, o vetará total ou parcialmente, dentro de dez dias úteis, a contar daquele em que o recebeu, devolvendo, nesse prazo e com os motivos do veto, o projeto, ou a parte vetada, à Câmara onde êle se houver iniciado".

O veto, até então, abria crise política, pela explosão do conflito entre o poder executivo e o poder legislativo. Mesmo depois de instituído o veto parcial, que acresceu o poderio do presidente da República, constituía raridade.

Agora, não. Não se interessa muito o presidente da República pela elaboração legislativa. Num ou noutro caso é que o líder da maioria intervém, de molde a obter, nas comissões e no plenário, o expurgo das leis e disposições inconstitucionais ou inconvenientes. Quando os projetos de leis sobem à sanção é que o presidente da República entra a examiná-los, de molde a vetá-los total ou parcialmente. Êle, por isso mesmo, usa e abusa do poder de vetar. Há semanas em que o Congresso Nacional se reúne sòmente para a votação dos vetos.

Na vigência da Constituição de 1891, após à revisão de 1925, o projeto ou parte vetada se devolvia à câmara em que se tivesse iniciado e as duas câmaras o debatiam e votavam separadamente. A câmara revisora só votaria quando aprovado pela câmara iniciadora pelo sufrágio de dois têrços dos seus membros presentes. Se desaprovado, teria o veto atingido sua finalidade. No regime da Constituição de 1934, o Senado sòmente co-participaria da votação do projeto vetado, quando houvesse colaborado na sua feitura.

Agora, a Câmara dos Deputados e o Senado Federal, sob a direção da mesa dêste reúnem-se em sessão conjunta para deliberar sôbre o veto.

Representa êste fôrça considerável posta nas mãos do presidente da República, pois que, como observou exímio monografista, ela lhe permite, sem maior esfôrço e no lapso de tempo suficiente para escrever "não" e algumas frases explicativas, amainar o resultado de longa e árdua batalha parlamentar. Pode o presidente, sem riscos e com probabilidades de sucesso, deter as leis que o desagradem; e, pela ameaça do veto, sempre suspensa sôbre as cabeças do representantes, imprimir à legislação o sentido que deseje.

E acrescentou:

"De fato, tal qual se acha organizado, o veto americano tem prestado serviços imensos ao chefe do executivo, que dêle usa com mais frequência do que se poderia esperar, por ser a sua arma de luta eficaz contra o Congresso. A teoria da separação dos poderes levou os constituintes a isolar completamente o executivo do legislativo. O veto representa o ponto de contacto entre êsses dois poderes; a participação do presidente na legislação resolve-se por êsse direito negativo de suspender as leis. E é graças a êle que a doutrina de MONTESQUIEU do contrôlo mútuo e necessário dos poderes se acha respeitada".[67]

A iniciativa governamental das leis.

99. Tendo consentido em atribuir ao presidente da República o direito de veto, havido, no tempo, como interferência indébita do poder executivo nas deliberações do poder legislativo, os construtores da Constituição dos Estados Unidos da América não lhe deram o de tomar a iniciativa das leis. Nisso foram tímidos. O mais que lhe consentiram foi o dever da prestação periódica de notícia do estado da União ao Congresso, *and recommend to their consideration such measures as he shall judge necessary and expedient.* Não mais do que isso, o que, em verdade, não importava, nem se considera como iniciativa de projetos de leis.

Desde que existe govêrno representativo, observou LOUIS MICHON, e que a lei não é obra de um só, mas deve passar necessàriamente pelas deliberações dos representantes do país, é indispensável que, antes de ser adotada pelos órgãos do poder legislativo, seja concebida, formulada e proposta: eis o ato primordial de sua elabo-

---

67. MAURICE MAYER, *Le veto legislatif du Chef de l'État.* ed. Georg & Cia. (Genebra, 1948), pág. 89.

ração. Propor uma lei, em têrmos de direito constitucional, é dar o impulso, pelos representantes do poder público, que tenham constitucionalmente qualidade para isso, de pôr movimento ao poder legislativo: é o exercício do que se chama — o *direito de iniciativa*.[68] Êsse direito não é o mesmo que o de sugerir, de recomendar ou, mesmo, de solicitar a lei; mas o de apresentar o seu projeto às câmaras legislativas, a fim de seguir os trâmites regimentais até sancionar-se, promulgar-se, publicar-se e entrar em execução.

Essa iniciativa, assim entendida, não tocou ao presidente da República dos Estados Unidos da América, mas de certo modo se atribuiu ao do Brasil pela Constituição de 1891. Competia, por esta, à Câmara dos Deputados a iniciativa do adiamento da sessão legislativa e de tôdas as leis de fixação das fôrças de terra e de mar, da discussão dos projetos oferecidos pelo poder executivo, e a declaração da procedência ou improcedência da acusação contra o presidente da República por crime de responsabilidade e contra os ministros de Estado nos crimes conexos com os do presidente da República. Bem claro nela se deixou a faculdade dêste de oferecer projetos de lei; e projetos, na terminologia parlamentar, sempre se entenderam as propostas aceitas e articuladas concisa e claramente, precedidas da ementa enunciativa de seu objeto, destinadas a converterem-se em leis ou em resoluções. É por via dêles que as câmaras exercem a função legislativa. E ao presidente da República facultou-se provocar o exercício desta por projetos de cuja discussão a Câmara dos Deputados teria a iniciativa.

Variou, quanto a isso, a Constituição de 1934. Dando a iniciativa dos projetos de lei a qualquer membro ou comissão da Câmara dos Deputados, ao plenário do Senado Federal e ao presidente da República, deixou à competência exclusiva da Câmara dos Deputados e do presidente da República a iniciativa das leis de fixação das fôrças armadas e, em geral, de tôdas as leis sôbre matéria fiscal e financeira. Era essa competência ex-

---

68. Louis Michon, *L'initiative parlementaire et la reforme du travail legislatif*, ed. Chevalier-Marescq (Paris, 1898), pág. 1.

clusiva, mas simultânea, que se adstringiu pelo § 2.º do art. 41 daquela Constituição. Ressalvada a competência da Câmara dos Deputados e do Senado. Federal, quanto aos respectivos serviços administrativos, houve ela como da competência exclusiva do presidente da República a iniciativa dos projetos de lei que aumentassem vencimentos de funcionários, criassem empregos em serviços já organizados ou modificassem, durante o prazo de sua vigência, a lei de fixação das fôrças armadas.

Restringiu-se nesse particular a iniciativa parlamentar, criando-se casos de iniciativa governamental necessária, em detrimento do poder legislativo. Converteu-se o poder executivo, dessarte, em poder co-legislador.

Não dispôs diversamente a Constituição de 1946. Não denegou ao presidente da República idênticos poderes legiferantes. Reconheceu-lhe até certa primazia, ao enumerar, no art. 67, entre os titulares do direito de iniciativa das leis o chefe do poder executivo: cabe essa iniciativa, ressalvados os casos de competência exclusiva, "ao presidente da República e a qualquer membro ou comissão da Câmara dos Deputados e do Senado Federal"; e a discussão dos projetos de lei de iniciativa do presidente da República começará na Câmara dos Deputados.

É co-legislador o presidente da República. Assiste-lhe a iniciativa de projetos de lei, quer na matéria de sua competência exclusiva, quer na de interêsse nacional. Homologa as leis votadas pelo poder legislativo, sancionando-as e promulgando-as: é o seu assentimento que lhes imprime a fôrça obrigatória. Mas também lhe é dado vetá-las parcial ou totalmente. Promulgadas, cumpre-lhe publicá-las. Por demais, entra nos seus poderes o de expedir decretos e regulamentos para que fielmente se executem.

I. Lei de suma importância é a do orçamento. Ditou-lhe a Constituição estrutura e condições de elaboração. O orçamento é uno. E é ânuo. Incorporam-se à receita, obrigatòriamente, tôdas as rendas e suprimentos de fundos. Inclúem-se discriminadamente na despesa as dotações necessárias ao custeio de todos os serviços públicos. Não pode conter dispositivo estranho à previsão da receita e à fixação da despesa para os serviços anteriormente criados, salvo: *a*) a autorização para abertura de créditos suplementares e operações de crédito por antecipação de receita; *b*) a aplicação do saldo e o modo de cobrir o *deficit*. O orçamento da despesa divide-se em duas partes: uma, fixa, que não pode ser alterada senão em virtude de lei anterior; outra, variável, que obedecerá a rigorosa especialização.

Ora, a iniciativa da lei orçamentária pertence ao presidente da República, o que bem se compreende. Estando à testa dos negócios e serviços públicos, ninguém, mais do que êle, se encontra em melhores condições para o preparo da proposta do orçamento. Serviço é êsse a cargo do Departamento Administrativo do Serviço Público, por sua comissão de orçamento.

Para que a elaboração legislativa se dê a tempo, pois se o orçamento não tiver sido enviado à sanção até 30 de novembro, o que estiver em vigor se prorrogará para o exercício seguinte, determina o art. 87, n. XVI, da Constituição, que o presidente da República envie à Câmara dos Deputados a proposta respectiva, dentro dos dois primeiros meses da sessão legislativa. A infringência dêsse dispositivo caracteriza o crime de responsabilidade contra a lei orçamentária, definido e punido pela Lei n.º 1.079, de 10 de abril de 1950.

II. Muito se tem discutido se o presidente da República, no exercício de seu poder de regulamentar, está adstrito aos dispositivos legais, ou se pode modificá-los, ampliando-os de molde a abranger casos por êles imprevistos. Nem faltam os que advoguem a tese de que naquele poder se encontre delegação implícita do legislativo a fim de que a lei possa alcançar os objetivos que o legislador havia colimado e ficaram inatingidos no elaborá-la.

Não é fácil, em verdade se diga, justificar essas e outras doutrinas que se aglutinaram sob o influxo do largo regime ditatorial em que viveu o país por não menos curto tempo.

Incompadecem-se elas com o texto constitucional, tão expressivo a êste propósito. Está, por via dêle, na competência privativa do presidente da República sancionar, promulgar e fazer publicar as leis e expedir decretos e regulamentos para "a sua fiel execução".

Exclui esta cláusula qualquer demasia regulamentadora. O presidente, no expedir decretos e regulamentos, está adstrito a essa fidelidade; e infidelidade é muito mais do que pecado venial.

Os ministros de Estado em face do regime.

100. Era de relevância a função dos ministros de Estado em face da Constituição de 1891.

Por esta, o presidente da República era auxiliado pelos ministros de Estados, "agentes de sua confiança", que lhe subscreveriam os atos. Cada um dêles presidiria a um dos ministérios em que se dividisse a administração federal.

Eis definida a situação dos ministros de Estado. Nada mais claro. O serviço público se dividiria de tal modo, que cada qual pertenceria a um ministério. Não haveria serviço por que um ministro não respondesse, de onde a natureza administrativa das funções dos ministros, além da política de subscrever os atos do presidente da República, a fim de autênticá-los.

Exprimiu bem JOÃO BARBALHO êsse pensamento. "A repartição do serviço executivo em ministérios é reclamada pelo grande número e vastidão dos objetos que êle abrange. É uma aplicação do frutuoso princípio da divisão do trabalho. Concorre de modo grandemente eficaz para a boa expedição e desempenho dos negócios públicos. Distribuídos e coordenados êles em grandes grupos, segundo sua natureza e afinidades, cada um dêstes fica a cargo e sob a superintendência de um agente superior da administração pública — o ministro, e constitui uma *repartição ministerial, ministério* ou *secretaria de estado,* com os funcionários e empregados necessários ao exame, estudo e expediente dos negócios".[69]

Esta função nìtidamente expressa de chefe de serviços públicos, por êles responsáveis perante o presidente da República, que tinham os ministros de Estado, por sua conformação constitucional, desvaneceu-se, de certo

---

69. JOÃO BARBALHO, *Constituição Federal Brasileira. Comentários.* Tip. da Cia Lito-Tipografia (Rio de Janeiro, 1902), pág. 94.

modo, na Constituição de 1934. Deu-lhes o art. 60 desta, além das atribuições que a lei ordinária lhes fixasse, competência para: *a*) subscrever os atos do presidente da República; *b*) expedir instruções para a boa execução das leis e regulamentos; *c*) apresentar ao presidente da República o relatório dos serviços de seu ministério no ano anterior; *d*) comparecer à Câmara dos Deputados e ao Senado Federal nos casos e para os fins especificados na Constituição; *e*) preparar as propostas dos orçamentos respectivos.

Competia mais ao ministro da Fazenda: 1.º, organizar a proposta geral do orçamento da receita e despesa com os elementos de que dispusesse e os fornecidos pelos outros ministérios; 2.º, apresentar, anualmente, ao presidente da República, para ser enviado à Câmara dos Deputados, com o parecer do Tribunal de Contas, o balanço definitivo da receita e despesa do último exercício.

I. É de não esquecer que à Constituição de 1934 sucedeu a carta de 1937, instituidora da ditadura disfarçada em govêrno constitucional. No regime, por ela instituído e que era o do mais puro discricionarismo, os ministros de Estados converteram-se em figuras decorativas, desvestidas da mais tênue autoridade. Subscritores dos atos presidenciais, dêstes tinham conhecimento, em regra, depois de publicados no *Diário Oficial*. Não seria demais, portanto, que ficassem privados das atribuições orçamentárias, que antes lhes competiam, especialmente o ministro da Fazenda. Criou-se, para a elaboração orçamentária e outros misteres, o Departamento Administrativo.

Seria uno o orçamento. Incomporar-se-iam obrigatòriamente à receita todos os tributos, rendas e suprimentos de fundos. Incluir-se-iam na despesa tôdas as dotações necessárias ao custeio dos serviços públicos. A discriminação ou especialização da despesa far-se-ia por serviço, departamento, estabelecimento ou repartição, organizando-se para cada qual o quadro discriminador por itens das despesas que deveriam realizar.

O orçamento, depois de preparada a respectiva proposta, devidamente fundamentada, encaminhar-se-ia à Câmara dos Deputados, que não chegou a existir; e, por isso, era promulgado pelo presidente da República.

Não cabia, pois, aos ministros de Estado colaborar, por direito próprio, emanente de dispositivo constitucional, na feitura orçamentária.

II. Era essa a situação quando se elaborou a Constituição de 1946. A despeito do esfôrço empregado por muitos de seus artífices em recolher os ensinamentos da Constituição de 1891 e de sua prática, detiveram-se no labor configurativo dos ministros de Estado. Não puderam dispensá-los, considerados auxiliares indispensáveis do presidente da República. Tiveram, no entanto, minguadas as suas atribuições. Além das que a lei fixar, e nenhuma disso especificadamente se incumbiu, compete-lhes: a) referendar os atos assinados pelo presidente da República; b) expedir instruções para a boa execução das leis, decretos e regulamentos; c) apresentar ao presidente da República relatório dos serviços de cada ano realizados do ministério; d) comparecer à Câmara dos Deputados e ao Senado Federal nos casos e para os fins indicados na Constituição.

Quando se debateu o anteprojeto constitucional, cuidou-se de atribuir aos ministros o encargo de preparar a proposta orçamentária de seus ministérios; e ALIOMAR BALEEIRO propôs-se "a colaborar para modificar a alínea no sentido de que não fôsse o preparo da proposta orçamentária de cada pasta entregue ao respectivo ministro, mas sim cada um dêles fornecesse ao ministério da Fazenda os elementos para que êste então elaborasse o orçamento do país. A Constituição de 1937 criou o órgão para êsse fim, que falhou ao seu objetivo e nunca preparou a proposta orçamentária. Havia uma comissão de orçamento, a exemplo da que existe nos Estados Unidos. O ideal é que o ministro da Fazenda prepare, como um todo orgânico, o orçamento, com os dados que lhe sejam fornecidos. Daí oferecer uma emenda substitutiva, que é aprovada e está nestes têrmos: "fornecer ao ministro da Fazenda os dados de suas respectivas pastas, para o preparo da proposta orçamentária".[70]

Não vingou essa emenda. Caiu outra destinada a conferir ao ministro da Fazenda a superintendência da

---

70. JOSÉ DUARTE, *A Constituição Brasileira de 1946* (Rio de Janeiro, 1947), vol. II, pág. 243.

proposta geral do orçamento. Naquele ministério, entretanto, funcionava, pôsto que não presidida pelo ministro, mas pelo diretor do departamento administrativo do serviço público, a comissão de orçamento, criada pelo Decreto-lei n.º 2.026, de 21 de fevereiro de 1940, e constituída de duas divisões — a da receita e a da despesa, chefiadas por funcionários ou extranumerários designados pelo presidente da República; e êsse organismo não pereceu.

A descentralização, por cissiparidade, dos serviços públicos.

101. Não enumerou a Constituição os poderes do presidente da República. Deteve-se na discriminação de suas atribuições; e nestas se deparam algumas que mais pròpriamente se diriam poderes e outras que mais acertadamente se qualificariam como deveres. Não se mostrou o texto de rigor técnico nesse particular. Daí perguntas de contínuo formuladas. Qual a linha confinante dos poderes presidenciais? Que pode legìtimamente fazer o presidente da República a fim de bem exercer seu alto cargo, mercê da exiguidade dos poderes consignados na tábua de sua competência governamental? Assiste-lhe direito para fazer tudo quanto exijam as necessidades do país e não lhe seja expressamente vedado pela Constituição e pelas leis?

Torna-se cada dia mais intensa e mais extensa a tarefa administrativa dos serviços públicos, a reclamarem soluções imediatas e profícuas. Aqui é assim, como em tôda parte. Revela a história do ofício do presidente dos Estados Unidos da América que o desenvolvimento técnico de nossa era lhe adicionou poderes de indubitável significação, poderes não mencionados, nem teòricamente contemplados pela Constituição. Dizem-no CHARLES & WILLIAM BEARD. O enorme crescimento dos empregados federais, a crescente complexidade e o caráter científico da administração pública e, sobretudo, a inevitável tendência do Congresso de aumentar a função regulamentária do presidente, têm contribuído para o entumescimento dos labores do executivo e o desdobramento dos departamentos governamentais. Deparam-se nas leis frequentemente dispositivos de caráter geral, deixando senadores e deputados aos órgãos técnicos do executivo desenvolvê-los pormenorizadamente e interpretá-los, com evidente declínio do legislativo e a expansão dos serviços do govêrno. *The legislature declines, at least relatively, and the executive fattens with the continual expansion of governmental enterprises into new fields.*[71]

Deu-se o mesmo fenômeno no Brasil. Cresceu desmesuradamente o poder executivo. Não, porém, por motivos idênticos.

Desde que em 1930 desapareceu a Constituição de 1891, instituindo-se a ditadura, desfez-se o federalismo. Mantiveram-se geogràficamente os Estados. Politicamente, conservaram êste nome, mas perderam os seus poderes de administração autônoma, que passaram a exercer-se por delegados da confiança do presidente da República, sem a colaboração de câmaras ou assembléias. Teve êsse regime, como já se salientou em capítulos anteriores, a sua fase mais aguda depois de 1937. Se nos Estados se criaram simulacros de conselhos, o empenho do presidente da República foi o de assenhorear-se da máquina administrativa e política do país. Centralizou êle em suas mãos os cordéis da admnistração pública federal, estadual e municipal, a fim de que prevalecesse em tudo e por tudo a onipotência de sua vontade na expressão inequívoca de seu poderio sem contraste, nem limites de ordem legal.

Os seus ministros, a pouco e pouco, tiveram suas atribuições administrativas diminuídas. Urgia, como era da moda e estilo, coordenar os serviços públicos, nacionalizando-os, imprimindo-se-lhes autonomia a fim de que se tornassem mais eficientes. Retiravam-se, com êsse fundamento, da engrenagem ministerial. Colocavam-se à margem, dotados de maior liberdade de movimentos, sob a chefia de diretores ou presidentes da confiança direta do presidente da República, a êste diretamente subordinados e por êle orientados. Manifestara-se desde algum tempo a conveniência de dar-se certa autonomia a alguns

---

71. CHARLES A. BEARD & WILLIAM BEARD, *The American Leviathan. The Republic in the Machine Age*, ed. Macmillan (Nova York, 1931), pág. 255.

serviços públicos, descentralizando-os e pondo-os fora 'da disciplina hierárquica administrativa, por motivos de ordem técnica ou mesmo de ordem política, sobretudo os serviços industriais do Estado. Teve-se em mira de primeiro disciplinar a produção, dando-lhe organismo eficiente, de molde a obtê-la em condições mais econômicas. Depois buscou-se subtraí-la das injunções políticas momentâneas que de regra se exercem sôbre os serviços públicos em geral.

Pretendeu-se, para êsse desiderato, imprimir aos serviços públicos armadura eminentemente industrial e mercantil, fora dos quadros burocráticos. Implicaria isso em conceder-se-lhes liberdade de ação e de movimentos. Emprestou-se-lhes, numa palavra, autonomia. Revestiram-se de personalidade jurídica. Chamaram-se entes autárquicos. Transmudaram-se, em suma, em autarquias.

Não era, nem é novo o vocábulo. Empregou-o ARISTÓTELES em tempos que lá se vão por eras priscas. A novidade está em ter sido utilizado para significar a nova orientação dada aos serviços públicos de caráter industrial; e até certa política concentradora da atividade industrial e social do Estado dentro de suas fronteiras. Tudo por efeito do economismo avassalante. Autarquias econômicas. Autarquias administrativas. Entidades paraestatais. Serviços públicos personalizados. Ganhou o fenômeno aspecto impressionante, principalmente sob a égide dos governos totalitários, profundamente pessoais, paradoxalmente desmanchados, por cissiparidade, em inúmeros órgãos estatais, verdadeiros sovietes, cada qual investido de poderes a bem dizer ilimitados, sem rei, nem roque.

Para exequir-se programa de tanta envergadura tinha-se como indispensável racionalizar os serviços públicos, impregnando-os de ciência onde militava o empirismo, de harmonia onde imperava a discórdia e de espírito de equipe onde predominava o dos indivíduos, de molde a obter-se o rendimento máximo onde a produção era mesquinha.

Era a descentralização por serviços que se aconselhava e propunha. Consistia o regime, que se tentava instituir como sistema administrativo, em dar-se aos serviços públicos completa autonomia jurídica, administrativa e política, por desmembramento da pessoa jurídica de direito público interno, que é a União, ademais das pessoas territoriais, que são os Estados, os Territórios, os Municípios e o Distrito Federal, em outras pessoas jurídicas da mesma natureza, mas sem base territorial, em verdadeira florescência de personalismo jurídico. Cada serviço público teria a sua personalidade. Nesta classe de entidades, que são administrativas, doutrinou RAFAEL BIELSA, compreendem-se as que prestam serviços públicos e descentralizaram-se na administração pública, atribuindo-selhes personalidade jurídica (autarquia, estabelecimentos públicos, etc.). Respeito a essas entidades não é necessário o patrimônio, diversamente do que ocorre com as pessoas jurídicas de direito comum: *sólo basta la afectación de recursos económico-financeiros, y aun una afectación en forma potencial.*[72]

Para que essas autarquias se organizassem e funcionassem era de mister regime financeiro adequado e amplo, de tal arte que se mantivesse inteiramente estranho ao regime financeiro da nação. Desvincular-se-iam por inteiro dos embaraços burocráticos a fim de poderem agir como se fôssem auto-suficientes em tudo e para tudo, pequeninos Estados a gravitarem como micro-satelites no cosmos administrativo do Estado, preocupado mais com a realização do serviço público do que com os órgãos que o produziriam. Não se lhes poderia dessarte aplicar o regime financeiro dos serviços públicos normais. Nada de orçamentos rígidos! Nem de fiscalizações de seu cumprimento senão por via dos próprios membros das autarquias — os seus superintendentes, gerentes ou diretores, ou os seus conselhos, sem a interferência sequer do Tribunal de Contas.

Eis o que se reclamava como da essência do regime autárquico; e seria fundamental.

Essa descentralização do poder administrativo haveria de dar os mais fecundos resultados. Explicou-se o fenômeno da desintegração. "A autarquia nasce da concessão de sua personalidade jurídica pelo poder público — Estado federal ou Estado federado — que destaca de si mesmo, por assim dizer, de sua substância administra-

---

72. RAFAEL BIELSA, *Derecho Administrativo,* 3.ª ed. Lajouane & Cia., vol. II (Buenos Aires, 1938), pág. 271, n. 465.

tiva, um departamento, ou organiza um serviço a quem confere essa personalidade. As outras entidades, a que a lei civil confere personalidade, criam-se pela vontade de um ou mais indivíduos que, se intentam a realização de algum fim de ordem pública, e não privado, só o podem conseguir por uma concessão, por uma delegação, por um reconhecimento do poder público. E essa concessão, essa delegação, êsse reconhecimento não constituem personalização. A personalidade jurídica destas últimas entidades é um pressuposto. As autarquias administrativas são, pois, pessoas jurídicas de direito público".[73]

Essas entidades, e vale reeditar o ensinamento de THEMISTOCLES CAVALCANTI, "revestem diversas formas, substituindo a administração, exercendo serviços públicos que só pelo Estado podem ser executados: *a*) ou como órgãos fiscalizadores das atividades profissionais — Ordem dos Advogados, Conselho Federal de Engenharia e Arquitetura; *b*) ou como diretores da produção e distribuição da riqueza, como — ô Departamento Nacional do Café, o Instituto de Açúcar e Álcool; *c*) ou como organizadores de crédito — Banco do Brasil, Caixas Econômicas; *d*) ou dirigindo emprêsas industriais como o — Lloyd Brasileiro; *e*) ou colaborando na formação da estrutura social do Estado, como — os sindicatos; *f*) ou assegurando, pelas organizações de previdência e amparo social, a subsistência das classes menos favorecidas e, em geral, dos que trabalham, como — os Institutos de Previdência e as Caixas de Aposentadoria e Pensões".[74]

Ao que observou o mesmo tratadista, êsse fenômeno de descentralização administrativa por serviço, por meio de órgãos financeiramente autônomos, cuja vida interna dependeria dos seus dirigentes, não poderia romper o cordão umbelical que os prenderia ao Estado, pois que deveriam subordinar-se "diretamente à superintendência do Estado, quer pela intervenção imediata dos membros

---

73. TITO PRATES DA FONSECA, *Autarquias administrativas*, ed. Livraria Acadêmica (São Paulo, 1935), pág. 72.

74. THEMISTOCLES BRANDÃO CAVALCANTI, *Instituições de Direito Administrativo Brasileiro*, 2.ª ed. Freitas Bastos (Rio de Janeiro, 1938), vol. I, págs. 125 e 129.

do govêrno (ministros de Estado), quer pela subordinação dos diretores dêsses órgãos à administração pública, visto serem nomeados pelo próprio govêrno".

Se alguns dêsses institutos autárquicos, como os de fiscalização profissional, elegem os seus conselhos deliberantes e seus órgãos administrativos, outros (notadamente os de ingerência na ordem política, econômica e financeira) se colocaram na dependência direta do presidente da República, por via de delegados de sua confiança e escolha.

Outorgou-se-lhe, dessa forma, meio eficaz de intervenção direta naquelas autarquias, munido de poderes incontrastaveis. Compreendia-se. Vigorava ao tempo o regime de ditadura, que a carta de 1937 exacerbou; e em face da qual podiam até exercitar a função legislativa, delegada pelo presidente da República, que era o único poder estatal existente, por via de portarias, avisos ou instruções.

O regime financeiro das autarquias e o seu contrôlo pelo Tribunal de Contas.

102. Para a mantença das autarquias instituíram-se contribuições do mais diverso estilo. Contribuições mensais dos profissionais inscritos. Impôsto sindical. Taxas. Preços e sôbre-preços. E as autarquias entraram a exigir e cobrar os diversos tributos, que lhes foram adjudicados por leis especiais, por si mesmas, no exercício de direito próprio, incorporando as quantias assim coletadas aos seus respectivos patrimônios, quando o mais razoável teria sido que pela lei orçamentária se lhes conferissem as importâncias necessárias para a consecução dos serviços públicos que lhes pertencessem.

Não valeria discutir a legitimidade de tais tributos em face e no regime da carta de 1937. Mas o problema é outro diante da Constituição de 1946.

I. Já se disse, e não é demasia reiterar, que nas Constituições se deparam capítulos atinentes à declaração dos direitos. Como tais se tem, doutrinou SORIANO DE SOUZA, "o solene reconhecimento de certos princípios fundamentais de direito público, inerentes a todo cidadão dum país livre. É espécie de foral político, em que estão inscritos os direitos imprescritíveis do cidadão. O fim principal das — *declarações de direitos* é impor limites aos poderes públicos, inibindo-os de desrespeitarem certos direitos, dos quais dimanam tôdas as liberdades dos cidadãos".[75]

No título — da *declaração dos direitos,* e no capítulo — dos *direitos e garantias individuais,* assegurou a Constituição de 1946, no art. 141, a brasileiros e estrangeiros residentes no país a inviolabilidade dos direitos concernentes à vida, à liberdade, à segurança individual e à propriedade; e, no § 34, preceituou:

"Nenhum tributo será exigido ou aumentado sem que a lei o estabeleça; nenhum será cobrado em cada exercício, sem prévia autorização orçamentária, ressalvada, porém, a tarifa aduaneira e o impôsto lançado por motivo de guerra".

Êsse não é, como incautamente se poderia imaginar, princípio tão sòmente de matéria tributária ou seja de direito fiscal ou financeiro. Cabe-lhe por certo êsse significado. Transcende, porém, a direito e garantia individual. Efetivamente o é. Emerge do dispositivo obrigação de todo brasileiro ou estrangeiro residente no país pagar os tributos decretados pela União, pelos Estados, pelo Distrito Federal e pelos Municípios; mas cada uma dessas pessoas jurídicas de direito público interno só os poderá cobrar nos seus respectivos territórios, em cada exercício, desde que tenham sido criados por lei e mercê de prévia autorização orçamentária. Sem esta, afora a tarifa aduaneira e o impôsto lançado por motivo de guerra, nenhum tributo pode ser exigido ou aumentado.

É de assinalar-se o rigor do preceito constitucional assim proclamado. Não dispunha a Constituição de 1891, no art. 72, § 3.º, senão que nenhum impôsto de qualquer natureza poderia cobrar-se a não ser em virtude de lei que o autorizasse. Não exigia a prévia autorização orçamentária. Não obstante, Ruy Barbosa sentenciou que "a administração não pode cobrar o impôsto, sem orça-

---

75. José Soriano de Souza, *Princípios Gerais de Direito Público e Constitucional,* ed. Emprêsa da *A Província* (Recife, 1893), pág. 399.

mento, que o taxe. De todos os direitos, que a nossa organização política nos afiança, êsse é o mais alto, o mais inviolável, o mais absoluto". Não tendo mão a contê-la na fôrça do raciocínio, a pena do jornalista incomparável avançou que "o povo, que ceder neste artigo dos seus foros, terá quebrado o último elo de sua existência com a liberdade, e soçobrado na ignomínia do mais abjeto cativeiro", acentuando, linhas adiante, que "sem lei, que nos tribute, em vão os agentes do fisco tentariam invadir-nos a algibeira".[76] E assim se exprimia na ausência de texto que exigisse a prévia autorização orçamentária.

Esta é providência nova. Ela é, como observou PONTES DE MIRANDA, "novidade da Constituição de 1946", advertindo que "não se cobram impostos e taxas não orçados para o exercício. Aliás, o orçamento é prorrogável (art. 27) se não foi até 30 de novembro enviado à sanção. Se dêle não consta algum impôsto ou taxa, então é vedado cobrar aquêle ou essa; salvo tarifa alfandegária, que foi votada e não consta do orçamento, e impôsto que foi lançado por motivo de guerra".[77]

Não divergiu CARLOS MAXIMILIANO ao assentar que "o estatuto básico exige que o ônus fiscal seja instituido por lei especial e não entre em cobrança senão depois de figurar em orçamento geral da União, do Estado ou Município".[78]

Abriu o texto constitucional novas linhas ao direito orçamentário do país. Não se pode fugir ao seu ditame, incisivo e preclaro. Por via dêle, é absolutamente impossível exigir ou aumentar qualquer tributo, seja qual fôr, sem que: a) tenha sido criado ou aumentado por lei especial; b) tenha sido consignado na lei orçamentária federal, estadual ou municipal, para sua cobrança no exercício para que ela se elaborou ou se prorrogou.

Não é de admitir-se que as autarquias se ponham a salvo do texto constitucional. As taxas, os impostos, o

---

76. RUY BARBOSA, *Comentários à Constituição Federal,* ed. de Homero Pires, vol II, pág. 180.

77. PONTES DE MIRANDA, *Comentários à Constituição de 1946,* 1.ª ed., vol. III, pág. 373.

78. CARLOS MAXIMILIANO, *Comentários à Constituição Brasileira,* 4.ª ed. de 1948, vol. III, pág. 167, n. 582.

que quer que seja com que hajam de contribuir os cidadãos para os serviços públicos, para cuja execução se erigiram, hão de constar, a fim de tornarem-se exigíveis, do orçamento geral do país, senão do estadual ou do municipal quando sejam estaduais ou municipais. Elas não podem gozar de privilégio de que não gozam a União, os Estados, ou os Municípios e de que elas são meras emanações, por delegação de poderes.

Caso existe, eminentemente esdrúxulo, como o do Instituto Brasileiro de Geografia e Estatística, que é autarquia federal investida de poder para cobrança da chamada — *taxa de estatística,* a incidir sôbre as entradas em casas ou lugares de diversões (cinematógrafos, teatros, cine-teatros, circos, etc.) e que mais não é do que o impôsto sôbre diversões públicas, que o art. 29, n. IV, da Constituição de 1946, atribuiu aos Municípios.

Êsse impôsto, não obstante, continua a ser exigido, dentro dos Municípios, por aquela autarquia federal, sem lei municipal que o haja criado e sem que figure nos respectivos orçamentos. A cobrança é indevida, porque vedada incisivamente pelo preceito constitucional.[79] Para que fôsse legítimo e, pois, devido, teria que ser instituído por lei municipal e constar da lei orçamentária municipal. É da índole, observou JOÃO BARBALHO, "e essência dos governos democráticos que os cidadãos não paguem impostos em que não tenham consentido. O contrário disso fôra inteiramente repugnante e avêsso ao princípio basilar dêsses govêrnos. O consentimento é dado diretamente nas democracias puras pelas assembléias do povo para isso reunido na conformidade da lei, e indiretamente nas democracias representativas pelos parlamentos por êle eleitos; e em um e outro caso, por meio de ato legislativo para êsse efeito votado. Não há obrigação, pois, de pagar impôsto que não tenha sido criado por lei, porquanto sòmente por fôrça desta êle existe e é devido".[80]

Criado por lei federal, quando dominava a carta de 1937, tornou-se o impôsto, chamado de *taxa de estatística,*

---

79. WALDEMAR FERREIRA, *A taxa de estatística em face da Constituição de 1946,* em *Direito,* ed. Freitas Bastos, vol. LVII (Rio de Janeiro, 1949), pág. 5 a 30.

80. JOÃO BARBALHO, *Constituição Federal Brasileira. Comentários,* 1.ª ed. Cia. Lito-Tipografica (Rio de Janeiro, 1902), pág. 335.

caduco com a superveniência da Constituição de 1946, que o adjudicou aos Municípios. De resto, todo impôsto é ânuo: vive com o orçamento em que se inscreve; e a anualidade dos orçamentos é garantia dos direitos individuais.

Tratando-se de renda, que a Constituição adjudicou aos Municípios, para que nestes seja exigido por autarquia federal, tornou-se indispensável: a) que cada Município, tanto que constituído constitucionalmente, houvesse delegado àquela autarquia poderes expressos para o lançamento e cobrança da taxa que, a despeito de sua denominação, sòmente se pode enquadrar entre os impostos sôbre diversões públicas, depois de criada por lei municipal; b) que cada orçamento municipal inscreva tal impôsto na sua receita a fim de tornar-se devido e exigível no exercício a que corresponda.

Decidiu o Tribunal Federal de Recursos, por acórdão de 27 de outubro de 1950, que, não constituindo o sêlo de estatística renda do Estado, mas do Instituto Brasileiro de Geografia e Estatística, que goza de autonomia financeira, não precisa ela constar de orçamento geral.[81] A autonomia financeira, peculiar às autarquias, sòmente pode se conceber quanto à administração e aplicação dos recursos financeiros que pelo Estado lhes sejam ministrados; mas nunca, e em hipótese nenhuma, para a criação dos tributos e sua imposição, como no caso, aos Municípios, sem lei que os institua e orçamento municipal que os contemple. Não sendo ninguém obrigado a fazer ou a deixar de fazer alguma coisa senão em virtude de lei; sendo o impôsto sôbre diversões (pouco importando que se denomine taxa ou sêlo de estatística) por atribuição constitucional impôsto municipal — é inadmissível sejam os munícipes constrangidos ao seu pagamento, sem lei municipal que o crie e orçamento municipal que o consigne.

É inconcebível que as autarquias federais (por simples efeito de sua autonomia financeira), possam exigir, nos Municípios, êsse impôsto municipal, quando a própria União não tem poder igual! Entra na cabeça de alguém

81. *Revista de Direito Administrativo,* vol. 27 (Rio de Janeiro, 1952), pág. 174.

que a União possa cobrar impostos municipais? Evidentemente, não; e, no entanto, isso se permite às autarquias federais, que não são mais do que serviços públicos federais, com ares de pessoas jurídicas superpostas à própria União.

Não é essa a única exdruxularia tributária de que gozam as autarquias federais. Há outras da mesma estirpe, a despeito das normas constitucionais com que se chocam. Aconteceu isso porque elas se organizaram e entraram a funcionar antes da Constituição de 1946. Promulgada esta, continuaram elas (e tanto valem as fôrças estáticas!) como se a ditadura, que as criara, subsistisse ainda. Solertes e vivazes, não abriram mão de suas prerrogativas; e estão a desafiar as instituições, porque a justiça ainda não se apercebeu bem de que a sua missão é de resguardá-las. Enquanto êsse estado de coisas, inegàvelmente anômalo, perdura, elas prosseguem no seu fadário...

II. Estão a surgir-lhes tropeços. Arrecadando taxas e impostos, sentiram-se destituidas da obrigação de prestar contas, esquecidas de que, em verdade, são elas, na essência e no objetivo, serviços públicos estruturados de forma especial. Quanto mais insistem elas em manter o segrêdo de sua administração e dos seus negócios, invocando o princípio da sua autonomia financeira, avulta a campanha, que no Parlamento tem tomado proporções insignes, a fim de obrigá-las a darem contas dos dinheiros que arrecadam. Fácil seria elaborar projeto de lei nesse sentido; mas, às vezes, nada existe de tanta dificuldade quanto as coisas fáceis.

Deverá partir da presidência da República a iniciativa de medidas tendentes à boa publicidade das contas das autarquias, que êle superintende por delegados de sua confiança e investidura. Nem haveria mais do que expedir decreto regulando-lhes as contas e determinando a publicidade de balancetes mensais, preparatórios do balanço anual, a que estão obrigadas as emprêsas particulares, que revestem a forma anônima. Por que não adotar sistema idêntico para as emprêsas públicas sob a forma autárquica?

Dessa ausência de publicidade e diante do regime de irresponsabilidade que ela incentiva decorrem os mais famosos escândalos na aplicação dos dinheiros públicos por inúmeras autarquias federais, como o que trouxe a público inquérito aberto e levado a efeito pela Câmara dos Deputados, quanto aos negócios de certa emprêsa jornalística, fundada sob os auspícios do próprio presidente da República e de seus íntimos. Organizada em companhia com o capital de Cr$ 12.000.000,00 pouco depois elevado para Cr$ 30.000.000,00, antes mesmo que tivesse lançado a público o seu periódico, celebrou em 9 de maio de 1951 com a autarquia Serviço Social da Indústria (SESI) contrato de publicidade futura no valor de Cr$ 4.500.000,00, seguido de outro, em 28 de outubro de 1952, do montante de Cr$ 4.500.000,00, pago em prestações mensais de Cr$ 250.000,00.

Êsse fato não tem o atributo de esporádico e ocorre, sabidamente, com outras autarquias. É de importância considerável para que bem se aquilate de como se acha entumescido o poder executivo. Apurou-se, no mesmo caso e por via do mesmo inquérito parlamentar, que a mesma emprêsa jornalística havia feito com o Banco do Brasil, S.A., que é sociedade de economia mista, cujos diretores são pessoas da confiança do presidente da República e por êste nomeadas, contrato idêntico de publicidade futura, na soma de Cr$ 2.420.064,00, além de ter feito a bem dela operações de crédito no total de Cr$ 38.000.000,00 pela Carteira de Crédito Agrícola e Industrial e de Cr$ 24.000.000,00, pela Carteira de Crédito Geral.

III. Pode-se duvidar que o Serviço Social da Indústria seja realmente autárquia. Matéria foi essa apreciada a propósito de instituto congênere, o Serviço Nacional de Aprendizagem Industrial (SENAI). Apreciou-a o Tribunal Federal de Recursos, por acórdão de 20 de agôsto de 1951; e então decidiu que se trata de entidade privada, que não está obrigada a prestar contas ao Tribunal de Contas da União. Êsse acórdão, [82] graças a Deus, teve dois votos vencidos, os dos ministros CUNHA VASCONCELOS e ALFREDO BERNARDES.

---

82. *Revista de Direito Administrativo,* vol 29 (Rio de Janeiro, 1952), págs. 147 a 182.

Merece destaque o voto dêste ministro, que pôs as coisas nos seus devidos lugares, em têrmos irrefutáveis a saber:

"Os característicos principais das autarquias são os seguintes:

"*a*) criação por ato estatal outorgando a personalidade jurídica;

"*b*) desempenho de serviço público, assim considerado por natureza e por fôrça de lei;

"*c*) caráter técnico ou especializado do serviço;

"*d*) autonomia administrativa ou de direção, entendendo-se como tal o poder de girar os negócios a seu cargo sem dependência das normas burocráticas e orçamentárias peculiares à administração centralizada;

"*e*) autonomia patrimonial que se exprime pela atribuição de recursos financeiros próprios e pela liberdade de aplicação de tais recursos na realização das finalidades do serviço;

"*f*) contrôlo estatal através do qual se tornaram efetivos os limites prestabelecidos à autonomia".

Moldou-se êsse voto em ensinamento de SEABRA FAGUNDES, emitido como Consultor Geral da República, em parecer em que deduziu argumentos de alta precisão cientifica, considerando que:

"*a*) o SENAI foi criado pela União, através o Decreto-lei n.º 4.048, de 22 de janeiro de 1942, embora nesse ato não se lhe reconheça expressamente a personalidade jurídica, esta decorre de se lhe atribuir, então, como posteriormente, no regulamento aprovado pelo Decreto n.º 10.009, de 16 de julho de 1942, a capacidade para exercer direitos e contrair obrigações, ora atinentes ao ensino, que lhe foi confiado, ora concernentes à arrecadação e aplicação de recursos financeiros (Decreto-lei n.º 4.048, arts. 2.º, 4.,º 6.º e 7.º, regulamento aprovado pelo Decreto n.º 10.009, arts. 7.º, 10, 13, 16, 21 e 23);

"*b*) desempenha serviço público. Compete-lhe realizar um dos aspectos da política educacional do Estado, através a organização e administração, em todo o país, de "escolas de aprendizagem para industriários, visando a estabelecer um sistema nacional de aprendizagem, com unidade de objetivos e de planos gerais (regulamento aprovado pelo Decreto n.º 10.009, art. 2.º);

"*c*) o serviço cujo desempenho se lhe outorgou, é de cunho especializado: aprende-se isto à primeira vista;

"*d*) conta com autonomia de direção; rege-se por órgãos que, pela constituição e atribuições, se põem acima de ingerências diretas da administração central (regulamento aprovado pelo Decreto n.º 10.009, arts. 4.º, 6.º, 7.º, 9.º, 10, 11, 12, 13, 15, 16 e 17);

"*e*) dispõe de recursos próprios de *origem tributária* — contribuição mensal dos estabelecimentos industriais enquadrados na Confederação Nacional da Indústria (Decreto-lei n.º 4.048, art. 4.º);

"*f*) está sujeita ao contrôlo da União, seja mediante a aprovação do respectivo regimento pelo presidente da República (Decreto-lei n.º 4.048, art. 8.º), o que significa o poder de determinar o modo de exercício das suas atividades, seja através diretrizes preconizadas pelo ministério da Educação, aprovação de certos atos por êste, e interposição de recursos para o ministro dessa pasta (Decreto n.º 10.009, art. 7.º, letras *h, i, j, o, p* e *t*)".[83]

Seria o Serviço Nacional de Aprendizagem Industrial (SENAI), como as demais instituições da mesma natureza, pessoa jurídica de direito privado, se se houvesse constituído pelos industriais, que formam as associações confluídas na Confederação Nacional da Indústria, e fôsse por êles mantidas como sócios voluntários dela. Tê-los-ia confederado a *affectio societatis;* e êle seria associação de fins não econômicos, regida pelos seus estatutos. Desde que, porém, a União o criou por lei e por lei tributou os estabelecimentos industriais a fim de mantê-la, êle nasceu como autarquia federal. Pelo dito no § 1.º do art. 1.º do Decreto-lei n.º 6.016, de 22 de novembro de 1934, "consideram-se serviços das autarquias os que a Constituição, explícita ou implìcitamente, atribui à União ou Municípios".

Quando o Decreto-lei n.º 4.048, de 22 de janeiro de 1942, criou o Serviço Nacional de Aprendizagem Industrial (SENAI), vigorava a carta de 1937. Pelo constante da terceira alínea do art. 129 dêsse diploma, era "dever dos industriais e dos sindicatos econômicos criar,

83. *Revista de Direito Administrativo*, vol, 29 (Rio de Janeiro, 1952), pág. 180.

na esfera de sua especialidade, escolas de aprendizagem, destinados aos filhos de seus operários ou associados"; e a lei regularia "o cumprimento dêsse dever e os poderes que caberiam ao Estado sôbre essas escolas, bem como os auxílios, facilidades e subsidios a lhes serem concedidos pelo poder público".

Previu o texto o dever "dos industriais e dos sindicatos econômicos" de criar escolas de aprendizagem na esfera de suas especialidades. Era para a iniciativa particular que se apelava. Cumprido o dever, naqueles têrmos traçado, o poder público viria fortalecê-lo, concedendo "auxílios, facilidades e subsidios", como, de resto, é correntio desde muito.

Não foi isso entretanto o que se fêz. Tratando-se de serviço que era da União, esta criou a fim de executá-lo, não apenas uma, mas diversas autarquias, tributando, para mantê-las, os estabelecimentos industriais e dando-lhes formas havidas como as mais convinháveis, no momento. Para que se não duvide da afirmativa, tenha-se diante dos olhos o contexto do art. 2.º do Decreto-lei n.º 6.016, de 22 de novembro de 1942, mercê do qual se considera autarquia "o serviço estatal descentralizado, com personalidade de direito público, explícita ou implìcitamente reconhecida por lei".

Refugiu o Tribunal Federal de Recursos do conceito legal da autarquia; e é de aguardar que, noutra assentada, venha êle a trilhar o bom caminho, de molde a obrigar as autarquias à prestação de suas contas perante o Tribunal de Contas, contribuindo, dessarte, para que cesse o regime de irresponsabilidade na aplicação dos dinheiros públicos, que está corroendo a nação no seu cerne.[84]

---

84. Espírito afeito ao trato dos problemas constitucionais, bordou OTO PRAZERES considerações de muita valia a propósito do acórdão do Tribunal Federal de Recursos, em artigo publicado no *Jornal do Comércio*, do Rio de Janeiro, de 17 de dezembro de 1953.

"Há", escreveu o constitucionalista, "há um traço nítido, seguro que resolveria a questão de maneira justa e êsse traço está em verificar se o órgão recebe, ou não, dinheiros públicos. Preciso se torna, para isso, definir o que seja *dinheiro público*.

"Êsse dinheiro não é sòmente o dinheiro que se encontra nos cofres públicos e que é dado ou separado para ajudar ou amparar uma organização de serviços. *Dinheiro público* é mais do que isto;

IV.   Mui pouco se há caminhado em prol do regime de responsabilidade na aplicação dos dinheiros públicos. O da irresponsabilidade, que se generalizou sob a ditadura extinta em 1945, prolongou-se sob o império da Constituição de 1946; e teima em subsistir.   Não obstante, de-

dinheiro público é todo aquêle que resulta de uma lei do Estado. É tôda taxa, contribuição ou seja qual fôr a denominação, que é entregue por imposição do Estado a uma organização de serviço. Esse dinheiro não passa pelos cofres do Estado, não é incorporado ao patrimônio do Estado, não figura na lei orçamentária, mas nem por isso deixa de ser público em virtude da sua procedência. Não é a simples estada de um dinheiro num cofre do Estado que caracteriza o dinheiro público, porque, repetimos, é público todo dinheiro que é exigido em virtude de uma imposição do Estado, passe ou não pelos seus cofres.

"Conseguintemente, tôda e qualquer organização que estiver beneficiada pelo favor do Estado, dando-lhe êste rendas através de contribuição, impôsto, taxa — lida com dinheiros públicos, aplica dinheiros públicos, dispõe de dinheiros públicos e não pode fugir ou não deve fugir ao contrôle do Estado, que tem o direito de lhe pedir contas.

"Eis porque julgo que a razão está do lado dos juízes do Tribunal de Recursos que votaram a favor da exigência de prestação de contas do Serviço Nacional de Aprendizagem Industrial".

E concluiu:

"Não se compreende que haja recebimento e aplicação de dinheiros provenientes do Estado, dinheiros oficiais, sem que o Estado fiscalize, tenha notícia e julgue da aplicação.

"Não se compreende que o Presidente da República seja responsabilizado pelo mau emprêgo dos dinheiros públicos e haja dinheiros públicos aplicados por uma organização livre de qualquer fiscalização.

"A Constituição declara que é crime de responsabilidade os atos do Presidente da República que atentarem contra: "VII — a guarda e o *legal emprêgo* dos dinheiros públicos".   Se a organização recebe dinheiro público e sòmente pode receber em virtude de lei, está sujeita ao contrôle do Estado, para que se apure se está aplicando êsse dinheiro de acôrdo com a lei.   Está sujeita a mais do que pode ser classificado de *tomada* de contas, que pode envolver sòmente uma lista de despesas plenamente explicadas ou somadas de acôrdo com os recursos, porque se torna imprescindível verificar bem se tais despesas foram realizadas de acôrdo com a lei, se o dinheiro público foi aplicado de maneira que está determinada em lei e produzindo os esperados benefícios".

— Corre trâmites na Câmara dos Deputados o projeto n. 2.760, de 1953, da autoria do deputado BILAC PINTO, regulando a prestação de contas das entidades de direito privado ou de direito público, que recebem e aplicam contribuições parafiscais, criadas ou autorizadas por lei federal (*Revista Forense,* vol. 145, de 1952, pág. 562).

liberou o Tribunal de Contas da União, em 1951, responder ao ministro do Trabalho estarem obrigados a prestar-lhe contas a Comissão do Impôsto Sindical, a Comissão Técnica de Orientação do Impôsto Sindical e os diversos sindicatos, pelas quotas partes que recebem daquele impôsto e outras contribuições.[85]

Devera o ministro do Trabalho exigir que a aplicação daquele impôsto se fizesse produtiva e eficazmente; mas o que por conta dêle tem sido arrecadado se converteu em *verba secreta* do próprio ministério do Trabalho, que, como é notório, se converteu, sob o consulado do atual presidente da República, na sua secretaria eminentemente política. É por via dêle que êle realiza a sua demagogia, custeada pelo chamado impôsto sindical, estranho ao orçamento e insubordinado às leis tributárias da nação e manejado discricionàriamente pelos sindicatos.

Quanto a êstes, exigindo-lhes contas, aproveitou o Tribunal de Contas da União o ensejo para havê-los como órgãos que colaboram com o poder público, criados que foram para a defesa dos interêsses da categoria profissional. Acham-se agora destituídos dos grãos poderes de que fruíram pelo contexto do art. 138 da carta de 1937. Os sindicatos regularmente reconhecidos, ademais do direito de representação legal dos participantes da categoria de produção para que se constituíam e de defender-lhes os direitos perante o Estado e as outras associações profissionais; ou de estipular contratos coletivos de trabalho, obrigatórios para todos os seus associados — tinham o de *"impor-lhes contribuições* e exercer em relação a êles funções delegadas de poder público".

Êsse poder tributário, em tese, se lhes esvaiu; mas, na prática, como antes faziam, ainda agora continuam a lançar o impôsto sindical, fora do âmbito orçamentário da nação...

O poderio econômico do poder executivo.

103. Não data de pouco, fôrça é reconhecê-lo, o paulatino acréscimo do poderio econômico do poder exe-

---

85. *Revista de Direito Administrativo,* vol. 30 (Rio de Janeiro, 1952), pág. 315.

cutivo, de certo modo ignorado nos dispositivos constitucionais. O desenvolvimento do país originou necessidades que houveram de atender-se a fim de que êle não estacionasse, a marcar passos. E êsse atendimento importou em alargar-se com pujança a competência federal.

Bosquejou LEVI CARNEIRO em linhas antigas o quadro dêsse crescimento. Não se perde em aviventá-las. "Os impostos federais diretos — especialmente o de sêlo, o de consumo e, agora, o de renda; a superintendência e a fiscalização do ensino; a regulamentação do exercício das profissões liberais; os serviços do Ministério da Agricultura e os da Saúde Pública; o serviço militar; a distribuição de melhoramentos locais; as subvenções aos Estados; empreendimentos comerciais ou industriais, como o Banco do Brasil e o Lloyd Brasileiro; a burocracia federal cada vez maior, *et j'en passe*... têm dado ao govêrno federal fôrça crescente, domínio absoluto e esmagador sôbre os Estados. À União foi reconhecida senhoria dos terrenos de marinha, que, a princípio, se entendia pertencer aos Estados. Os impostos interestaduais foram condenados. As polícias estaduais transformaram-se, por lei federal, em fôrças de segunda linha do exército nacional. O govêrno federal proíbe, e proíbe até por simples portaria de ministro — a importação ou a exportação dêste ou daquele artigo. Esta é a prática corrente de nossa administração".[86]

Argumentou assim o jurista exímio (e foi em 1925) na demonstração da tese de como se havia modificado, e sensìvelmente, o federalismo brasileiro, pelo extravasamento da competência federal. O que, porém, aconteceu, foi o engrossamento do poder executivo. Não se conteve êste dentro do âmbito traçado nos textos constitucionais. O fenômeno, então denunciado como expressivo, em verdade tornou-se mesquinho diante do que se instalou, em 1930, a ditadura unipessoal do então chefe do govêrno provisório organizado pelo movimento revolucionário então triunfante, eclipsada transitòriamente pela Constituição de 1934, mas reaparecida com maior veemência com a carta de 1937.

---

86. LEVI CARNEIRO, *Federalismo e Judiciarismo,* ed. Oficinas Gráficas Alba (Rio de Janeiro, 1930), pág. 158.

Sob o influxo desta, rotos os laços do federalismo só em nome subsistente, não teve meças o poder executivo, que era o único poder do Estado. Por paradoxo incrível, buscou centralizar tudo, todos os negócios do país, principalmente os de ordem econômica, a fim de descentralizá-los, distribuindo-os pelas diversas e inúmeras autarquias, sociedades de economia mista, simples patrimônios autônomos, sindicatos, associações de classes, comissões, departamentos, institutos e caixas de aposentadorias e pensões, câmaras de reajustamento econômico, institutos de tôda a natureza, cada qual com autonomia financeira, e todos com poderes maiores ou menores, dirigindo e dispondo da economia nacional.

Com essa trama, tornou-se senão impossível, difícil a prática de qualquer ato ou negócio sem a palavra de ordem do diretor ou presidente do órgão estatal. O lema, que então se fundiu, e ganhou prestígio inconfundível, foi o — de criar dificuldades a fim de venderem-se facilidades...

Ponha-se como fundo de quadro a nuvem escura da irresponsabilidade geral e tem-se a medida do poderio econômico de que se dotou, para o bem e para o mal, o poder executivo.

Eis a fonte amarga dos escândalos financeiros.

I. Não escapou o problema à análise de Rafael Bielsa, cujo pensamento se passa a reproduzir em vernáculo. Não poucos se condóem da indiferença e do ceticismo do povo nas campanhas defensivas da democracia. Assiste o povo resignado e frouxo na campanha dos que querem conservar seu emprêgo na função representativa e, com seu emprêgo, os ganhos e privilégios. Momentos se deparam todavia em que o espírito popular não se resigna, antes reage, com maior ou menor indignação, contra a ordem institucional, o que ocorre ante os escândalos administrativos e financeiros, em que os políticos se achem comprometidos. Essas reações populares são justas e monitórias. Geralmente, os políticos cúmplices (materiais ou morais ao menos) dessa delinquência são falsos apóstolos da democracia. Desgraçadamente, a forma do delito financeiro e os efeitos de sua publicidade repercutem no povo de maneira estranha, em grande parte devida ao periodismo ou pasquinismo sensacionalista e venal. Diante do escândalo financeiro, aquêle toma imediatamente posição: cerca o fato de contornos e legendas curiosas e até românticas, que neutralizam a gravidade delituosa do fato, para apresentar o delinquente como iludido, mágico equivocado e até como vítima de sua imaginação; ou o destacam como bandido de clube. No primeiro caso, a explicação deve encontrar-se na caixa da emprêsa ou do diário; e também no segundo. Ademais, certa imprensa não dá importância ao fato, já porque estejam implicados políticos e pessoas influentes, já, entre os bons, por espírito patriótico, a fim de evitar escândalo nacional, que possa afetar o regime eleitoral.[87]

A descentralização do poder executivo deu em resultado escândalos financeiros, que, desgraçadamente, o presidente da República nem evitou, quando pôsto de sobreaviso, nem puniu, depois de vindos a público, com grande alarme no país.

II. Entre os escândalos financeiros, que marcaram época no país, estão os do Banco do Brasil, S. A., cujo presidente é nomeado pelo presidente da República e que com êste despacha semanalmente. Relatório, por comissão especial elaborado e entregue ao presidente da República, mas lido da tribuna da Câmara dos Deputados em 1952, revelou negociatas de cifras estonteantes, com grande prejuízo para o erário público nacional, com a só punição do funcionário que facilitou a divulgação do relatório e a impunidade dos aproveitadores dos dinheiros públicos.

O próprio presidente do Banco do Brasil, S. A., que dirigiu o inquérito administrativo aludido, participou de escândalo financeiro de proporções tão avultadas, denunciadas e documentalmente comprovadas na tribuna da Câmara dos Deputados, que se viu obrigado a demitir-se; na carta, por que o exonerou, o presidente da República aludiu "aos imensos serviços à nação, à atividade de s.s. para o bem do Brasil".[88]

---

87. RAFAEL BIELSA, *Reflexiones sobre Sistemas Políticos* (Buenos Aires, 1944), pág. 7, n. 3.

88. BILAC PINTO, *Novos escândalos do Banco do Brasil,* Edições Democráticas (Rio de Janeiro, 1953). pág. 27.

Secção II

O PODER LEGISLATIVO.

O sistema bi-cameral do Congresso Nacional.

104. Delegou a Constituição do Império do Brasil o poder legislativo à Assembléia Geral, com sanção do Imperador. Compunha-se de duas câmaras: Câmara dos Deputados e Câmara de Senadores ou Senado, aquela temporária e esta vitalícia. Os deputados elegiam-se, na forma da lei. Cada Província daria tantos senadores quantos fôssem metade dos respectivos deputados; com a diferença que, quando o número dos deputados fôsse ímpar, o dos seus senadores seria metade do número imediatamente menor, de maneira que a Província que houvesse de dar onze deputados daria cinco senadores. A que tivesse um só deputado elegeria todavia o seu senador. Eleger-se-iam os senadores pela mesma maneira que os deputados, mas em listas tríplices, sôbre os quais o Imperador escolheria o têrço na totalidade da lista.

Os príncipes da Casa Imperial seriam senadores por direito e teriam assento no Senado logo que chegassem à idade de vinte e cinco anos.

Buscou-se no bicameralismo elemento de equilíbrio e de segurança. Viu-o por êsse ângulo PIMENTA BUENO. "Cada uma das câmaras da Assembléia Geral, diversamente composta e animada, pensando e funcionando em separado, agita, avalia, encara os negócios públicos e as medidas legislativas não por uma só face, sim em tôdas as suas diferentes relações. Se uma vê sòmente o interêsse móvel, local, o progresso mais ou menos imaginário ou perigoso, outra contempla o interêsse estável, geral, o princípio conservador; assim são os negócios públicos e a legislação bem e maduramente meditados. É necessário que a medida proposta, depois de ilustrada discussão, mostre-se realmente útil, para que os dois órgãos inspirados por idéias distintas, por espírito e condições diversas, concordem em sua adoção pura, ou mais ou menos modificada. Se as paixões políticas, o êrro, a fôrça de uma idéia, o fanatismo predominante, o interêsse do momento ou de partido, a influência de um ministro, ou de um favorito da maioria, a eloquência, o entusiasmo, o temor, a violência, ou desejo de popularidade, leva uma câmara a adotar precipitada ou indevidamente um projeto porventura perigoso, a outra câmara opõe um dique, um veto constitucional que neutraliza a precipitação, ou o perigo: evitam-se assim os males que uma oligarquia onipotente por sua unidade pudera lançar sôbre o país".[89]

Adjetivando de sábia a Constituição, José Carlos Rodrigues apreciou o problema do bi-cameralismo, divisando nêle o equilíbrio, mas do elemento popular com o monárquico. "O govêrno constitucional representativo, ou, o que é o mesmo, o govêrno misto, participa de dois elementos, o popular ou democrático, e o monárquico. Se houvesse uma só câmara, e esta fôsse temporária, como é a Câmara dos Deputados, não estaria mais seguro o elemento monárquico. Se houvesse, por outro lado, uma só câmara vitalícia, como é o Senado, e os seus membros fôssem só por nomeação imperial, o elemento popular não estaria assaz garantido. Era pois necessário, indispensável, equilibrar ambos os elementos, e por isso criou a Constituição duas câmaras, uma temporária e de eleição popular, e outra vitalícia, mas com a escolha do Imperador, tirada da lista tríplice".[90]

Não foi o bi-cameralismo norte-americano que tiveram em mira os elaboradores da Constituição do Império do Brasil. Muito mais sôbre êles influiu o paradigma britânico. Aquêle outro preponderou fundamente nos labores da Constituição de 1891, em que se fêz sentir o predomínio da construção constitucional dos Estados Unidos da América. Estava isso no pensamento de Ruy

89. José Antonio Pimenta Bueno, *Direito Público Brasileiro e Análise da Constituição do Império,* ed. J. Villeneuve & C. (Rio de Janeiro, 1857), pág. 49, n. 53.

90. José Carlos Rodrigues, *Constituição Política do Império do Brasil,* ed. Eduardo & Henrique Laemmert (Rio de Janeiro, 1863), pág. 16.

Barbosa, seu principal artífice. Tinha a Constituição americana uma teoria, que êle adotou, consistente "em que o Senado representa os Estados como organizações inteiriças e distintas; ao passo que os membros da Câmara dos Representantes se elegem simplesmente segundo a base da população. Cada Estado da União é representado por dois senadores, cada um dos quais possui um voto. A representação uniformemente dúplice, não obstante as variações de importância e extensão entre as províncias representadas, imita o sistema outrora admitido na Inglaterra, onde, antes da reforma de 1832, cada Condado, grande, ou pequeno, populoso ou semi-deserto, disputava dois *knights of the shire* à Câmara dos Comuns".[91]

Eis a teoria que se infiltrou na Constituição de 1891, ao compor o Congresso Nacional, a que atribuiu o exercício do poder legislativo, com a sanção do presidente da República, com dois ramos: a Câmara dos Deputados, formada de representantes do povo, eleitos pelos Estados e pelo Distrito Federal, mediante o sufrágio direto, garantida a representação da minoria, em proporção que não excedesse de um por setenta mil habitantes, não devendo êsse número ser inferior a quatro por Estado; e o Senado, constituído de três senadores por Estado e três pelo Distrito Federal, eleitos pelo mesmo por que o fôssem os deputados. Duraria nove anos o mandato de Senador, renovando-se o Senado pelo têrço trienalmente. Era trienal o mandato dos deputados.

I. Não é o bi-cameralismo, sustentou-o João Mangabeira, essencial à federação, pois que "o regime federativo pode existir e funcionar sem dualidade de assembléia. O essencial, para a federação, é que os textos constitucionais definam e precisem a autonomia dos Estados; distribuam, especificadamente, as competências que são suas e as que pertencem à União; impossibilitem a reforma da Constituição sem prévio consentimento dêles, mediante voto expresso das suas assembléias, e, por fim, erijam um tribunal supremo que julgue e dirima ques-

---

91. Ruy Barbosa, *Queda do Império*, tomo II, ed. Livraria Castilho (Rio de Janeiro, 1921), *O Senado Americano* (Estudo) pág. 337.

tões entre Estados-membros ou entre um dêles e a União. Se tais garantias existem, a federação vive perfeitamente e livremente funciona".[92]

Não é impossivel, com efeito, que funcione a federação sem que os Estados federados disponham de órgão que, no plano político e legislativo, os iguale, a despeito da desigualdade de sua representação na câmara popular. Tem-se, nesse caso, federação adernada; e, de certo modo, combalida.

Teve-se demonstração disso na vigência da Constituição de 1934. Conferiu-se, por via dela, o poder legislativo à Câmara dos Deputados, com a colaboração do Senado Federal, convolado em órgão coordenador de poderes. A supremacia, que àquela se deu sôbre êste, colocou-o em plano de inferioridade, a despeito de havido como colégio de representantes dos Estados e do Distrito Federal. Sentia-se que o organismo federal não apresentava inteireza e falhara em seu funcionamento pela deficiência de sua engrenagem. Quantos se dedicavam ao seu exame, sobretudo com a responsabilidade do mandato popular, percebiam a erronia dos elaboradores daquela Constituição. O mal estar por tudo se denunciava, revelando os males decorrentes da fuga aos ensinamentos da teoria americana do Senado.

Era o que então se plasmou órgão estranho, à margem do aparelhamento funcional do regime federativo, que se apresentara deformado. Percebiam-no os parlamentares; e os mais afeitos aos problemas constitucionais não dissimulavam sua inquietude em face da anomalia, que deterpurara a tradição brasileira do federalismo.

Não se achava perdida a ressonância do doutrinamento de RUY BARBOSA, quanto ao papel do Senado no regime federativo. Nem todos se deslembravam de que, como proclamara o mestre do constitucionalismo brasileiro, em oração famosa, "tamanha importância tem, neste regime, a representação dos Estados no Senado, que nem por meio constituinte admite o pacto federativo

---

92. João MANGABEIRA, *A organização do Poder Legislativo nas Constituições republicanas*, na *Revista Forense*, vol. 145 (Rio de Janeiro, 1953), pág. 9.

alterar-se-lhe a igualdade; sendo ainda em homenagem a esta que, por uma anomalia peculiar às instituições americanas, o presidente daquela câmara não sai dentre os seus membros. Todos os Estados têm no seio dela o mesmo valor, como em Congresso diplomático, em assembléia de embaixadores, cada nação representa uma unidade deliberante, ainda quando múltiplo o número de seus ministros. O Senado é uma espécie de dieta federal, onde cada Estado mantém, digamos assim, a sua embaixada permanente; de modo que, entre nós, como nos Estados Unidos da América do Norte, o caráter de mandatário popular, comum a tôda representação nacional, recebe, na função senatória, o sêlo especial de delegação dos Estados, acentuado-se-lhe assim a inviolabilidade representativa".[93]

Eis, em têrmos preclaros, o papel do Senado no regime federativo, no sentir do constitucionalista sem par, que tudo resumiu em frase incisiva, dizendo que "o senador é a personificação eletiva de um Estado".

Não se ajusta com a teoria do federalismo a tese de que não seja de sua essência a dualidade de assembléia, de tal arte que numa se tenha a representação dos Estados.

II. Reatando a tradição da de 1891, a Constituição de 1946 conferiu o poder legislativo ao Congresso Nacional, que se compõe da Câmara dos Deputados e do Senado Federal.

Elegem-se os deputados por quatro anos, segundo o sistema de representação proporcional, pelos Estados, pelo Distrito Federal e pelos Territórios. São os representantes do povo, em número fixado por lei e em proporção que não exceda um para cada 150.000 habitantes, e, além dêsse limite, uma para cada 250.000 habitantes. Cada Território terá um deputado e o número mínimo de deputados é o de sete por Estado e pelo Distrito Federal.

Fixou a Lei n.º 2.140, de 17 de dezembro de 1953, em 326 o número de representantes do povo a elegerem-se

---

93. RUY BARBOSA, *O Partido Republicano Conservador. Documentos de uma tentativa baldada*, ed. Casa Mont'Alverne (Rio de Janeiro, 1897), pág. 19.

para a legislatura a iniciar-se em 1955, cabendo aos Estados de Amazonas, 7; Pará 9; Maranhão, 10; Piauí, 7; Ceará, 18; Rio Grande do Norte, 7; Paraíba, 11; Pernambuco, 22; Alagoas, 9; Sergipe, 7; Bahia, 27; Espírito Santo, 7; Rio de Janeiro 17; Minas Gerais, 39; São Paulo 44; Goiás, 8; Mato Grosso, 7; Paraná, 14; Santa Catarina, 10; Rio Grande do Sul, 24; Distrito Federal, 17; e aos Territórios do Acre, 2; Amapá, 1; Guaporé, 1; e Rio Branco, 1.

O Território de Fernando de Noronha, que é ilha em que se situa presídio militar de tanta notoriedade nos eventos políticos do país, não goza de representação na Câmara dos Deputados.

O Senado Federal constitui-se de três representantes dos Estados e do Distrito Federal, eleitos segundo o princípio majoritário. É de oito anos o mandato de senador. A representação de cada Estado e a do Distrito Federal renovam-se de quatro em quatro anos alternadamente por um e dois terços, substituindo-se o senador licenciado e sucedendo-se, em caso de vaga, pelo suplente com êle eleito.

III. Não têm os Territórios representantes no Senado Federal. Não os têm por não serem senão Estados em perspectiva. Poderão êles, mediante lei especial, constituir-se em Estados, subdividir-se em novos Territórios ou volver a participar dos Estados de que tenham sido desmembrados.

O Ato das Disposições Constitucionais Transitórias, promulgado simultâneamente com a Constituição de 1946, extinguiu os Territórios de Iguaçu e Ponta Porã, cujas áreas se restituíram aos Estados do Paraná e de Mato Grosso, de que se haviam desmembrado; mas prescreveu que o Território do Acre será elevado à categoria de Estado, como a denominação de Estado do Acre, logo que as suas rendas se tornem iguais às do Estado atualmente de menor arrecadação.

Eis caso de emancipação política por efeito de economia própria, idêntica à que concede o código civil aos menores de vinte e um anos de idade que se estabelecem, civil ou comercialmente, com economia amealhada com o próprio esfôrço.

Trata-se, portanto, de situação de fato. No momento em que o Território do Acre tiver suas rendas em montante igual à do Estado de menor arrecadação em 1946, só por isso êle se convolará em Estado sem outro requisito.

As condições de elegibilidade, investidura, perda e cassação do mandato legislativo.

105. Condições eram de elegibilidade para o Congresso Nacional, na vigência da Constituição de 1891, estar na posse dos direitos de cidadão brasileiro, e ser alistável como eleitor, dês que tivesse o candidato para a Câmara dos Deputados mais de quatro anos da cidadania brasileira e mais de seis para o Senado.

Reputava aquela Constituição cidadãos brasileiros: *a*) os nascidos no Brasil, ainda que de pai estrangeiro, não residindo êste a serviço de sua nação; *b*) os filhos de pai brasileiro, e os ilegítimos de mãe brasileira, nascidos em país estrangeiro, se estabelecessem domicílio no país; *c*) os filhos de pai brasileiro, que estivesse noutro país ao serviço da nação, embora nela não viessem domiciliar-se; *d*) os estrangeiros que, achando-se no Brasil aos 15 de novembro de 1889, não declarassem, dentro em seis meses da entrada em vigor da Constituição, o ânimo de conservar a nacionalidade de origem; *e*) os estrangeiros, que possuíssem bens imóveis no Brasil, e fôssem casados com brasileiras ou tivessem filhos brasileiros, contanto que residissem no Brasil, salvo se manifestassem a intenção de não mudar de nacionalidade; *f*) os estrangeiros por outro modo naturalizados.

Mercê dêsses dispositivos podiam eleger-se deputados e senadores assim brasileiros natos, quanto estrangeiros naturalizados; e, nessas condições, observou João Barbalho, "facultada a eleição de estrangeiros naturalizados, fôra incurial que não se lhes marcasse um prazo para, preenchido êle, tornarem-se então aptos para o mandato político. Esta exigência habilita os eleitores a bem conhecerem o mérito, capacidade e caráter do novo cidadão e facilita a êste o conhecimento do caráter, necessidades e idéias de seus novos concidadãos (Story, § 618). A Constituição brasileira fixou êsse prazo em quatro anos para eleição de deputado e de seis para a de senador, dispensando porém desta exigência os cidadãos de que trata o art. 69, n. 4, isto é, os estrangeiros que, achando-se no Brasil a 15 de novembro de 1889, não declararam, dentro de seis meses depois de promulgada a Constituição, querer conservar a nacionalidade de origem".[94]

Mudou de orientação a Constituição de 1934, quanto à elegibilidade dos brasileiros naturalizados, vedando-a, desde que admitiu sòmente a de brasileiros natos, alistados eleitores, maiores de 25 anos para a Câmara dos Deputados e maiores de 35 anos para o Senado Federal.

Dispôs igualmente a Constituição de 1946. São no regime desta brasileiros: a) os nascidos no Brasil, ainda que de pais estrangeiros, não residentes êstes a serviço de seu país; b) ós filhos de brasileiro ou brasileira, nascidos no estrangeiro, se os pais estiverem a serviço do Brasil, ou, não o estando, se vierem residir no país, caso em que, atingida a maioridade, deverão, para conservar a nacionalidade brasileira, optar por ela, dentro em quatro anos; c) os que adquiriram a nacionalidade brasileira nos têrmos do art. 69, ns. IV e V, da Constituição de 1891; d) os naturalizados pela forma que a lei estabelecer, exigidas aos portuguêses apenas residência no país por um ano ininterrupto, idoneidade moral e sanidade física.

Equipara-se ao brasileiro nato, a fim da eleição para deputado ou senador, o nascido no estrangeiro, filho de brasileiro ou brasileira, nas condições expostas na segunda alínea acima. Os demais são inelegíveis.

I. É pela posse que deputados e senadores se investem do mandato, mas desde a expedição do diploma até inauguração da legislatura seguinte não poderão ser presos, salvo em flagrante de crime inafiançável, nem processados criminalmente, sem prévia licença de sua câmara. No caso de flagrante, remeter-se-ão os autos, dentro de quarenta e oito horas, à câmara respectiva para que resolva sôbre a prisão e autorize, ou não, a formação da culpa, deliberando pelo voto da maioria dos seus membros.

---

94. João Barbalho, *Constituição Federal Brasileira. Comentários.* Ed. Cia. Lito-Tipográfica (Rio de Janeiro, 1902), pág. 76.

É de suscitar-se a hipótese da prisão em flagrante entre a expedição do diploma e a inauguração da nova e subsequente legislatura a fim de indagar se, nessa situação, cabe à legislatura em curso resolver sôbre a prisão ou se se haverá que aguardar a para que o senador ou deputado se elegeu, continuando, nesse ínterim, detido. Ao primeiro exame, não faltará quem se manifeste pela competência da legislatura por vir; mas considerando-se que o problema condiz mais com o poder legislativo que com o deputado ou senador de que se trate, impõe-se concluir que a legislatura em curso tem competência para resolver sôbre a prisão e mantê-la ou revogá-la, tanto mais que se trata de matéria de urgência que a espectativa da inauguração da nova legislatura procrastinaria sem remédio imediato.

Milita o próprio texto em prol dessa afirmativa, exigindo que os autos da fragrância se remetam dentro de quarenta e oito horas à câmara respectiva; e essa sòmente pode ser a da legislatura em curso. Nem se diga o contrário argumentando que o prêso só será senador ou deputado depois de inaugurar-se a legislatura subsequente. Não se diga tal porque o caso afeta sobretudo à câmara e, como ponderou Carlos Maximiliano, a "imunidade parlamentar foi estabelecida por motivos políticos, tendo-se em vista o interêsse público, e não o particular; não constitui direito subjetivo, e sim objetivo; não é privilégio individual, fizeram-na perrogativa de uma coletividade independente e vigilante".[95]

Dispuseram diversamente as Constituições republicanas anteriores. Na de 1891, os deputados e senadores, desde que tivessem recebido diploma até a nova eleição, não poderiam ser presos, nem processados criminalmente, sem prévia licença de sua câmara, salvo caso de flagrância em crime inafiançável. Neste caso, levado o processo até pronúncia exclusive, a autoridade processante remeteria os autos à câmara respectiva, para resolver sôbre a "procedência da acusação", se o acusado não optasse pelo julgamento imediato. A câmara entrava

---

95. Carlos Maximiliano, *Comentários à Constituição Brasileira*, Rio de Janeiro, 1948, 4.ª ed. Freitas Bastos, vol. II, pág. 55, n. 302.

no exame do mérito da acusação, antes do despacho judicial da pronúncia; e o parlamentar se conservava em prisão até êsse momento. Eis porque lhe era lícito optar pelo julgamento imediato. Orientou-se diversamente a Constituição de 1934. Além de ter extendido a imunidade ao suplente imediato do deputado em exercício, estabelecia que a prisão em flagrante de crime inafiançável seria logo comunicada ao presidente da Câmara dos Deputados, com a remessa do auto e dos depoimentos tomados, para que ela resolvesse sôbre a "legitimidade e conveniência" e autorizasse, ou não, a formação da culpa. Referiu-se o texto sòmente ao deputado; mas outro posterior declarou que os senadores tinham imunidades, subsídio e ajuda de custo idênticos aos deputados e estavam sujeitos aos mesmos impedimentos e incompatibilidades.

II.   Se, por um lado, gozam os parlamentares de imunidades, de outro se submetem a vários impedimentos, tais como os de:

1.º)   desde a expedição do diploma: *a*) celebrar contrato com pessoa jurídica de direito público, entidade autárquica ou sociedade de economia mista, salvo quando obedecer a normas uniformes; *b*) aceitar e exercer comissão ou emprêgo remunerado de pessoa jurídica de direito público, entidade autárquica, sociedade de economia mista ou emprêsa concessionária de serviço público;

2.º)   desde a posse: *a*) ser proprietário ou diretor de emprêsa que goze de favor decorrente de contrato com pessoa jurídica de direito público, ou nela exercer função remunerada; *b*) ocupar cargo público do qual possa ser demitido *ad nutum;* *c*) exercer outro mandato legislativo, seja federal, estadual ou municipal; *d*) patrocinar causa contra pessoa jurídica de direito público.

Condições de inelegibilidade não se deparam nessa enumeração; mas de atos ou contratos que se incompadecem com a investidura parlamentar. Senadores e deputados devem ter como lema de conduta o da independência em face do poder executivo, a fim do leal cumprimento do mandato popular. Para êsse escopo, enquanto durar êsse mandato o funcionário público é afastado do exercício do cargo, que ocupa, contando-se-lhe todavia o tempo de serviço apenas para promoção por antiguidade e aposentadoria. Êsse afastamento, retirando-o da hierarquia burocrática, suspende seus deveres de disciplina, como acontece com os militares de terra, água e ar. Com isso, liberto dela, adquire liberdade de movimentos propícia para manifestar seu pensamento sôbre os problemas nacionais, quaisquer que venham a ser. Eis porque os deputados e os senadores são invioláveis no exercício do mandato por suas opniões, palavras e votos; e não podem, quer civis, quer militares ser incorporados às fôrças armadas senão em tempo de guerra e mediante licença de sua câmara. Sujeitam-se, nessa hipótese, à legislação militar.

Permite o texto constitucional ao deputado ou senador, com prévia licença da sua câmara, desempenhar missão diplomática de caráter transitório, ou participar, no estrangeiro, de congressos, conferências e missões culturais.

Afora nesses casos e nas condições previstas, a infringência do vêdo constitucional importa em perda do mandato.

III. O dispositivo concernente à perda de mandato teve regulamento em lei ordinária — a de n. 211, de 7 de janeiro de 1948. Extingue-se, por efeito dessa lei, o mandato dos membros dos corpos legislativos da União, dos Estados, do Distrito Federal, dos Territórios e dos Municípios: *a*) pelo têrmo de seu prazo; *b*) pela morte; *c*) pela renúncia expressa; *d*) pela sua perda nos casos dos §§ 1.º e 2.º do art. 48 da Constituição Federal; *e*) pela cassação do registro do respectivo partido, quando incidir no § 13 do art. 141 da Constituição Federal; *f*) pela perda dos direitos políticos.

Chegando ao têrmo final, extingue-se o mandato legislativo de pleno direito, tal qual chegando ao fim, pela morte, a vida do parlamentar. Êsses têrmos são fatais; e abre o segundo, se não coincidente com o primeiro, a sucessão pelo respectivo suplente.

Não havendo suplente para preencher a vaga, o presidente da câmara em que se haja verificado comunicará o fato ao Tribunal Superior Eleitoral para providenciar a eleição, salvo se faltar menos de nove meses para o têrmo do período. O deputado ou senador eleito para a vaga exercerá o mandato pelo tempo restante.

Nos casos de extinção de mandato pela perda dos' direitos políticos ou de cassação do registro do respectivo partido, as mesas das câmaras a que pertencer o senador, deputado ou vereador declararão o seu mandato extinto. Êsse é, pois, ato da mesa; e não do plenário, que é indispensável nos outros casos previstos na lei, nos têrmos do respectivo regimento interno.

III.   No capítulo dos direitos e garantias individuais, art. 141, § 13, da Constituição de 1946, é vedada a organização, o registro ou o funcionamento de qualquer partido político ou associação, cujo programa contrarie o regime democrático, baseado na pluralidade dos partidos e na garantia dos direitos fundamentais do homem. Teve o preceito, que assim finalmente se redigiu, bem definido seu propósito nos debates do projeto constitucional.   Emenda de MILTON CAMPOS era no sentido de que "os direitos fundamentais e as liberdades públicas enumerados neste artigo serão protegidos contra qualquer processo ou propaganda tendente a suprimi-los ou a instaurar sistema incompatível com a sua existência". Apoiando-a EDUARDO DUVIVIER bem a esclareceu, dizendo que "o regime democrático baseia-se no valor do indivíduo, na liberdade de cada um respeitada por todos. Não é admissível que alguém se sirva da liberdade para avocá-la como privilégio seu, de seu grupo ou de seu partido.   Para que haja unidade social, é mister seja a liberdade um bem de todos e de cada um.   Nenhum regime pode subsistir se não se defende; e a idéia de defesa da liberdade, pelas indispensáveis restrições do seu uso, isto é, no sentido de não ser utilizada para sua destruição, é um princípio que se vê já aceito no campo internacional".   Salientou-se o objetivo de "acautelar o prevalecimento da democracia".[90]

Fundados no dispositivo que tinha essa finalidade, dois cidadãos representaram ao Tribunal Superior Eleitoral solicitando-lhe o cancelamento do registro do Partido Comunista Brasileiro, que tinha eleito um senador e quatorze deputados federais.   Alegara um que êsse

96.   JOSÉ DUARTE, *A Constituição Brasileira de 1946* (Rio de Janeiro, 1947), vol. III, pág. 25.

partido se caracterizava como organização internacional, orientada pelo comunismo marxista-leninista da União das Repúblicas Socialistas Soviéticas e que, em caso de guerra do Brasil com a Rússia, com esta ficariam os seus partidários. Acrescentara o outro que, após seu registro, aquêle partido passou a exercer ação nefasta, insuflando luta de classes, fomentando greves e criando ambiente de confusão e desordem. Longo foi o processo e largos os debates em todo o país em seu tôrno, vindo o Tribunal Superior Eleitoral, por acórdão de 7 de maio de 1947, a cancelar o registro do Partido Comunista Brasileiro, nos têrmos do art. 141, § 13, da Constituição de 1946.

Opostos embargos a essa resolução, a fim de que se declarasse que a cassação do registro do Partido Comunista Brasileiro importava na extinção dos mandatos dos seus senador e deputados federais, o Tribunal Superior Eleitoral, pela resolução n. 2.048, de 20 de junho de 1947, decidiu que nada havia a declarar, pois o seu julgado não fôra omisso.

Êsse julgado provocou o recurso extraordinário n. 12.369, de que o Supremo Tribunal Federal não tomou conhecimento, por acórdão de 14 de abril de 1948, sob o fundamento de que o Superior Tribunal Eleitoral, cancelando o registro, que fizera, de partido político, apenas desfizera ato seu, sem declarar a invalidade de qualquer lei, para que coubesse o recurso interposto. Em virtude da estrutura, jurisdição e competência do judiciário eleitoral, o legislador constitucional deixou de incluir as hipóteses de cabimento do recurso extraordinário eleitoral (art. 120) nos mesmos incisos constitucionais referentes à admissibilidade do recurso extraordinário comum (art. 101, n. III, *a, b, c* e *d*). Por outro lado, atribuiu êle ao Tribunal Superior Eleitoral (art. 121), como órgão supremo que é no mecanismo judiciário eleitoral, em relação a matéria eleitoral, a tarefa que cabe ao Supremo Tribunal em todo o país. Vale isso dizer que, com relação ao cabimento do recurso excepcional, estatuiu o nosso código máximo normas especiais que hão de ser obrigatòriamente observadas, uma vez que, onde há regras especiais, não se aplicam as gerais.

Tanto que cancelado o registro do Partido Comunista Brasileiro, três senadores do Partido Social Democrático consultaram o Tribunal Superior Eleitoral acêrca do mandato dos deputados daquele partido. Pretendiam saber como se preencheriam as vagas dos deputados comunistas, acrescentando que se a solução fôsse de nova eleição, caberia ao Congresso Nacional marcar-lhe a data. Absteve-se o Tribunal de conhecer do pedido, advertindo na resolução n. 2.122, de 29 de julho de 1947, que a matéria escapava de sua competência.

Nessa emergência, e diante da variedade das opiniões, foi que se votou a Lei n.º 211, de 7 de janeiro de 1948, regulando os casos de extinção dos mandatos eletivos, sôbre cuja constitucionalidade se manifestou o Tribunal Superior Eleitoral, dois dias depois, pela resolução n. 2.565, de 9 de janeiro de 1948.

A Câmara dos Deputados e a Câmara Municipal do Distrito Federal comunicaram ao Tribunal Superior Eleitoral que haviam declarado extintos os mandatos dos deputados, vereadores e suplentes sufragados sob a legenda do Partido Comunista Brasileiro; mas aquêle, pela resolução n. 2.674, de 16 de março de 1948, se declarou incompetente para deliberar sôbre o preenchimento das vagas assim abertas, tendo o voto vencedor salientado que a lei ordinária criara caso novo de perda de mandato, imprevisto na Constituição.

Nessa conjuntura, o Congresso Nacional, pela Lei n.º 648, de 10 de março de 1949, decretou que os lugares tornados vagos nos corpos legislativos, em consequência do cancelamento do registro do Partido Comunista Brasileiro, pela resolução n. 1.841, de 7 de maio de 1947, do Tribunal Superior Eleitoral caberiam a candidatos de outro ou outros partidos, votados na eleição de que se tinham originado os mandatos. Para êsse efeito, aquêle Tribunal Superior alteraria o quociente eleitoral verificado, considerando nulos os votos da legenda extinta.

Foi o que êsse tribunal se recusou a cumprir; e assim agiu, pela resolução n. 3.222, de 20 de maio de 1949, declarando a inconstitucionalidade da Lei n.º 648, de 10 de março de 1949.

Os partidos políticos nacionais na eleição e
funcionamento das câmaras legislativas.

106. Baseia-se o regime democrático, pelo princípio consignado no § 13 do art. 141 da Constituição de 1946, na pluralidade dos partidos e na garantia dos direitos fundamentais.

Tem-se nêsse binômio o ponto de cristalização do regime.

Eis porque, no art. 134, declarando universal e direto o sufrágio e secreto o voto, ela assegurou a representação proporcional dos partidos políticos nacionais, na forma que a lei estabelecesse. Dispositivo foi êsse de muito e afinado debate, quer na comissão constitucional, quer na revisão do projeto por ela preparado.

Era diverso o preceito do anteprojeto: "o sufrágio é universal e direto, assegurados o sigilo do voto e a representação das minorias na forma que a lei estabelecer". Coube, na comissão, a RAUL PILA a iniciativa da primeira emenda, substitutiva da cláusula "e a representação das minorias na forma que a lei estabelecer" por "e a representação proporcional das correntes de opinião". Apresentou-se, assim, o critério da proporcionalidade de representação, não dos partidos, mas das correntes de opinião. Justificando a emenda, escreveu seu autor que "a representação popular deve ser proporcional e, dentro do possível, rigorosamente proporcional. É um princípio êste que, pelo mesmo título que o sigilo do voto, precisa estar inscrito da lei magna". Opinou NEREU RAMOS pela emenda que coincidia com o ponto de vista dos elaboradores do anteprojeto. Tendo SOARES FILHO apresentado emenda no mesmo sentido, orou dizendo que empregara a expressão "mediante sistema proporcional", por dois motivos: "primeiro, para ficar de acôrdo com o que já foi votado, a propósito do poder legislativo, isto é que a Câmara dos Deputados era eleita mediante sufrágio direto, secreto, de sistema proporcional; e, depois, por entender que o sistema proporcional caracteriza perfeitamente o voto como o temos admitido, na sua expressão pura, para diferençar dos sistemas de lista, de votos cumulativos e tantos outros que, também, garantem a representação da minoria". Não ficou nisso o deputado fluminense. Examinou a cláusula final "a forma que a lei estabelecer", ponderando que "a forma de representação da minoria que queremos assegurar é feita pelo sistema proporcional, o qual tem uma conceituação, uma doutrina já perfeitamente esclarecida. De sorte que "a forma que a lei estabelecer" só pode ser dentro do sistema proporcional e não qualquer outra garantidora da minoria, visando, também, a que a fixação se faça mediante a prática do sistema proporcional". Substituida, a final, em plenário, a cláusula "representação das correntes de opinião", da proposta RAUL PILA pela de "partidos políticos nacionais", o preceito ganhou forma definitiva, que se consubstanciou no art. 134".[97]

Incontroverso é, pois, que as câmaras legislativas, afora o Senado Federal, devem formar-se pela representação proporcional dos partidos nacionais, assim no âmbito federal, como no estadual, no territorial e no municipal.

Ganharam os partidos nacionais, portanto, função própria na eleição das câmaras legislativas; e estabeleceu-se que êles seriam os órgãos aptos para exercê-la.

Não foi assim nos regimes constitucionais anteriores.

I. Desconheceu os partidos políticos a Constituição de 1824. Analisando-lhe os dispositivos, desenvolvendo-lhe os princípios e expondo sua doutrina, mais não se ensejou a PIMENTA BUENO no seu magistral tratado de direito público brasileiro do que pouco mais de meia dúzia de linhas sôbre o direito de associação política. Bem é reproduzi-las. "As associações políticas não têm outro fim senão de intervir no regime político do Estado, e como legitimidade dessa intervenção não pode proceder senão no gôzo dos direitos políticos, é consequente que só os que têm tal habilitação podem fazer parte de semelhantes associações; o principio oposto seria não só contraditório, mas a nosso ver perigoso, seria o princípio da fôrça sem direito".[98]

---

97. José DUARTE, *A Constituição Brasileira de 1946,* (Rio de Janeiro, 1947), vol. II pág. 498.

98. José ANTONIO PIMENTA BUENO, *Direito Público Brasileiro e análise da Constituição do Império,* ed. J. Villeuneuve & C. (Rio de Janeiro, 1857), tomo II pág. 484.

Essas associações políticas, destinadas a "intervir no regime político do Estado", legitimadas pelo "gôzo dos direitos políticos" de seus componentes, de outro modo seriam a efetividade do princípio da "fôrça sem direito", somente haveriam de ser os partidos políticos em que se converteriam, e isso aconteceu, os grupos e facções dos primeiros tempos da vida autônoma da nação.

Os escritores, e vem a calhar o rápido esbôço de AMÉRICO BRASILIENSE, que "se têm ocupado dos acontecimentos políticos do Brasil, dizem que feita a revolução de 7 de abril de 1831, tendo sido a sua imediata consequência renunciar o primeiro Imperador a corôa em favor de seu filho o Sr. D. PEDRO DE ALCÂNTARA, apareceram na arena do combate os partidos *restaurador*, *republicano* e *liberal*. O primeiro pugnava pela volta do Sr. D. PEDRO I ao Brasil a fim de ocupar o trono ou como regente reger os negócios do Estado. O segundo pretendia a abolição da monarquia. O terceiro sustentava a necessidade de reformas da carta constitucional, conservada a forma monárquica. Muitos de seus membros as queriam amplas, e outros mais restritas. Dividiu-se logo êste partido em *moderado* e *exaltado*, assinalando-se êste por vistas mais democráticas e principalmente pela idéia de *monarquia federativa*. Em resultado das lutas, que se deram, alcançou o partido *moderado* tornar-se senhor da situação. Mas para evitar que novas desordens nascessem da desarmonia, que reinava, e dificultassem a realização das reformas, o *moderado* aceitou princípios do *exaltado*. Em consequência dêste acôrdo e para consórcio de todos foi desfraldada a bandeira liberal".[99]

Data de 1831 a fundação do partido liberal.

A luta entre o poder executivo e o poder legislativo e a renúncia do Padre DIOGO FEIJÓ à regência do Império, interinamente substituído por PEDRO DE ARAÚJO LIMA, mudaram consideràvelmente o cenário político do país, ensejando a formação do partido conservador, em 1837, cujo programa pleiteava a interpretação do ato adicional, restringindo as atribuições das assembléias pronvinciais;

---

99. AMÉRICO BRASILIENSE, *Os Programas dos Partidos e o 2.º Império*, ed. Jorge Seckler (São Paulo, 1878), pág. 7.

a rigorosa observância dos preceitos da Constituição; a resistência a inovações políticas que não fôssem maduramente estuadadas; o restabelecimento do Conselho de Estado; a centralização política, dando tôda fôrça à autoridade e leis de compreensão contra as aspirações anarquizadoras, a fim de que se restaurasse a paz, a ordem, o progresso pautado e refletido e a unidade do Império sob o regime representativo e monárquico, que exclusivamente conseguiria fazer a nação prosperar e engrandecer-se.

Êsses dois partidos — o liberal e o conservador foram as duas grandes fôrças partidárias que intervieram no regime político do Estado, sem contar o partido progressista (1862), o partido liberal-radical (1868) e o partido republicano (1870); e mantiveram-se atuantes até à vitória dêste com a proclamação da República em 1889, existindo por si mesmos, sem lei que os disciplinasse e houvesse estabelecido o seu entrosamento no regime político.

II. Proclamada a República, não estava o partido republicano preparado para o govêrno, sobretudo porque não se havia organizado eficientemente em tôdas as províncias. Se na de São Paulo, na de Minas Gerais, na do Rio Grande do Sul ostentava vitalidade, comprovada pela eleição de deputados republicanos nos últimos anos da monarquia, nas demais não havia senão patrulhas republicanas, quando não simpatizantes com o programa de 1870.

De resto, os partidos monárquicos não titubearam em enrolar as suas bandeiras; e expressivo foi o que em São Paulo ocorreu. No dia 18 de novembro de 1889, acudindo a convocação do Conselheiro ANTÔNIO DA SILVA PRADO e do Dr. AUGUSTO DE SOUZA QUEIROZ, os dois chefes dos partidos liberal e conservador, reuniram-se no Teatro São José as figuras de relêvo dos dois tradicionais partidos e aderiram à forma de govêrno proclamada três dias antes.[100]

---

100. Publicou *O Estado de São Paulo,* em sua edição de 15 de novembro de 1951, êste _ interessantíssimo documento histórico:

"Ata da reunião popular que realizou-se nesta Cidade de São Paulo no Teatro São José no dia dezoito de novembro de mil

Nessas condições, o regime republicano se instaurava sem competição partidária; e o partido republicano, da noite para o dia, teve as suas águas grandemente engrossadas pelo adesismo geral, constituindo o partido dominante, ou seja o partido do govêrno.

Por isso mesmo, ao elaborar-se a Constituição de 1891, não se cuidou da organização partidária, firmando-se a inalterabilidade dos seguintes princípios constitucionais: *a)* a forma republicana; *b)* o regime representativo; *c)* o govêrno presidencial; *d)* a independência e harmonia dos poderes; *e)* a temporariedade das funções eletivas e a responsabilidade dos funcionários; *f)* a autonomia dos municípios; *g)* a capacidade para ser eleitor ou elegível nos têrmos da Constituição; *h)* um regime eleitoral que permita a representação das minorias; *i)* a inamovibilidade e vitaliciedade dos magistrados e a irredutibilidade dos seus vencimentos; *j)* os direitos políticos e individuais assegurados pela Consti-

oitocentos e oitenta e nove, promovida pelos doutôres ANTÔNIO DA SILVA PRADO e AUGUSTO DE SOUZA QUEIROZ, para o fim de aderir à forma de govêrno no país.

"No dia dezoito de novembro de mil oitocentos e oitenta e nove as seis horas da tarde, reunidos no edifício do Teatro de São José, crescido e imponente número de cidadãos, representantes de tôdas as classes sociais, que acudiram à convocação feita pelos Doutôres ANTÔNIO DA SILVA PRADO e AUGUSTO DE SOUZA QUEIROZ, para o fim de manifestarem solenemente sua adesão à forma de govêrno proclamada no país depois dos acontecimentos do dia quinze de novembro corrente, ocuparam a Presidência da referida reunião os referidos Doutôres ANTÔNIO DA SILVA PRADO e AUGUSTO DE SOUZA QUEIROZ, tendo sido os mesmos recebidos pela multidão com prolongada salva de palmas. Em seguida tomando a palavra o Doutor ANTÔNIO DA SILVA PRADO, por êle foi dito, que tendo os últimos sucessos determinado completa transformação política, e criado um estado de caráter provisório, que não pode oferecer segura garantia à ordem e tranquilidade pública e aos grandes interêsses sociais, entendia, que todos os brasileiros, esquecendo antigas dissensões partidárias, deviam confraternizar no único pensamento, de cooperarem para a organização politica da pátria livre, formando assim o partido nacional — o grande partido republicano. Para êsse fim convocam a presente reunião para darem público testemunho de suas convicções, para o que oferecia a moção que passava a ler e que era do teor seguinte:

"Os cidadãos aqui reunidos pelo impulso do patriotismo, que exige o concurso de todos os brasileiros, nas atuais circunstâncias, para salvação da pátria, para manutenção da ordem e tranqui-

tuição; *k*) a não reeleição dos presidente e governadores; *l*) a possibilidade de reforma constitucional e a competência do poder legislativo para decretá-la.

Não deu a Constituição papel algum aos partidos políticos. Terá razão quiçá AFONSO ARINOS DE MELO FRANCO no seu asserto de que "a mentalidade republicana era federal em primeiro lugar; em segundo, antipartidária, no sentido nacional. Aliás, esta última atitude decorria, até certo ponto, da primeira".[101] Mas não foi bem isso. O que impediu a formação partidária nacional foi a circunstância da proclamação da República antes que o partido republicano se achasse organizado em todo o território nacional, de modo a que pudesse receber imediatamente o govêrno em tôdas as províncias a transformarem-se em Estados. Os trabalhos da consolidação do regime e as lutas armadas que se travaram impediram que se formassem partidos de âmbito nacional.

lidade pública, e para garantia dos direitos civis e políticos, aceitam, para forma do Govêrno Brasileiro a República Federativa dos Estados Unidos do Brasil. Outrossim, protestam leal e decidido apoio ao Govêrno Provisório do Estado de São Paulo, para que êle possa cumprir o seu dever". Esta moção, assim como o discurso, foram constantemente interrompidos por delirantes aplausos. Em seguida, usou da palavra o Doutor AUGUSTO DE SOUZA QUEIROZ, e declarou que, como representante do partido liberal extinto, confirmava as palavras do chefe do partido conservador na monarquia, e que, com seus amigos aderiam à moção, que não era mais do que o consorciamento dos antigos partidos, que nunca tinham tido as suas fronteiras perfeitamente definidas, e que agora unem-se para a glória da pátria e para a Constituição da Republica Federativa. Suas palavras foram constantemente aplaudidas. Tomando de novo a palavra o Doutor ANTÔNIO DA SILVA PRADO, declarou, que se lavraria uma ata desta solene reunião, para ser assinada pelas pessoas presentes que quisessem aderir à moção. Entendia que a melhor forma de fazê-la votar, era bradar — Viva a República dos Estados Unidos do Brasil. Viva o Estado de São Paulo! saudações essas que foram freneticamente respondidas pela multidão que enchia a espaçosa sala da reunião. Em seguida foram levantados muitos vivas e foi suspensa a reunião, recebendo eu JOÃO BAPTISTA DE MORAES, ordem para lavrar esta ata, o que fiz e assino — JOÃO BAPTISTA DE MORAES".

101. AFONSO ARINOS DE MELO FRANCO, *História e Teoria do Partido Político do Direito Constitucional Brasileiro* (Rio de Janeiro, 1948), pág. 61.

A primeira tentativa de constituição de partido nacional foi, na primeira metade do quatriênio de PRUDENTE DE MORAIS, a do Partido Republicano Federal, planejado e organizado por FRANCISCO GLICÉRIO, chefe de grande prestígio, que o presidiu, mas não logrou insuflar-lhe vida prolongada.

Era a situação quando CAMPOS SALES assumiu a presidência da República a de ausência de partidos. Disse-o mais tarde. "Os agrupamentos políticos que encontrei, já o disse, eram frações do Partido Republicano Federal, que não era pròpriamente um partido político, senão apenas uma grande agregação de elementos antagônicos. Aí estava o morbus que lhe corroeu a existência. Os elementos que dêle se desagregaram levaram no seio os vícios de origem. Desconexo, sem direção e sem aspirações definidas, não era nas divergências desta natureza que se encontrava a causa das suas novas lutas. Não me achei, portanto, entre partidos opostos, mas simplesmente entre facções rivais, que se haviam desagregado com objetivo no govêrno da República. E todavia, ao meu apêlo, em nome dos grandes interêsses da República, responderam patriòticamente os dois lados em que se dividia o Congresso Nacional; e, se por algum tempo deixou de ser perfeito e real o congraçamento dos dois grupos entre si, é entretanto certo que se estabeleceram desde logo, entre os congressistas de ambas as facções e o presidente da República, relações de mútua cordialidade e confiança. O tempo fêz o resto".

Nasceu então a *política dos governadores,* que CAMPOS SALES preferiu que se denominasse, por exprimir melhor o seu pensamento, a *política dos Estados,* justificada nestes têrmos:

"Nessa, como em tôdas as lutas, procurei fortalecer-me com o apoio dos Estados, porque — não cessarei de repeti-lo — é lá que reside a verdadeira fôrça política. Na monarquia inglêsa, como na república americana, é das unidades do poder local que converge a ação para o centro. Foi em Birminghan, não em Londres, que CHAMBERLAIN estabeleceu a célebre organizaçâo partidária, que se irradiou por tôda a Inglaterra e produziu o advento da idéia liberal no poder com a elevação de GLADSTONE a primeiro Ministro da Coroa. Em que pese aos centralistas, o verdadeiro público que forma a opinião e imprime direção ao sentimento nacional é o que está nos Estados. É de lá que se governa a República por cima das multidões que tumultuam, agitadas, nas ruas da Capital da União.

"Neste regime, disse eu na minha última mensagem, a verdadeira fôrça política, que no apertado unitarismo do Império residia no poder central, deslocou-se para os Estados. A *política dos Estados,* isto é, a política que fortifica os vínculos de harmonia entre os Estados e a União, é pois, na sua essência, a *política nacional.* É lá, na soma dessas unidades autonomas, que se encontra a verdadeira soberania da opinião. O que pensam os Estados pensa a União.

"Se assim é e há de ser no curso normal da vida do país, muito mais agora, que não existe no centro uma organização partidária bastante forte para poder concentrar a autoridade diretora".[102]

Não era realmente possível outra política sob o regime da Constituição de 1891.

Quem atentamente sôbre ela medite compreenderá logo que ela imaginou tipo ideal de cidadão, agindo polìticamente por si mesmo, independente de qualquer agrupamento ou partido político. Não o situou dentro dêste e êste operando em todo o território nacional.

Em falta de partidos, o que se tinha em cada Estado, polìticamente organizado, era o próprio Estado, com todo o seu mecanismo político, administrativo policial e judiciário. Nêle, portanto, residia a fôrça política, a bem dizer insuperável. Cada presidente de Estado era, dessarte, o chefe do govêrno e, concomitantemente, o chefe político por excelência, o presidente do partido republicano no Estado.

Constituíram-se não obstante inúmeros partidos, nacionais alguns; e outros, e em maior número, estaduais. Entre êstes, talvez o primeiro partido da República, é de relembrar-se o que, coligando-se representantes dos dois partidos monárquicos — liberais e conservadores, com os dissidentes do partido republicano histórico, se formou em Pôrto Alegre a 8 de junho de 1890 — a União Nacional. Presidiu-o CORRÊA DA CÂMARA (Vis-

---

102. CAMPOS SALES, *Da propaganda à presidência* (São Paulo, 1908), págs. 236 a 252.

conde de Pelotas) em diretório em que figuravam FRANCISCO DA SILVA TAVARES, JOAQUIM PEDRO SALGADO, APOLINÁRIO PÔRTO ALEGRE, CUNHA BITTENCOURT, CATÃO AUGUSTO DOS SANTOS ROXO, JOAQUIM PEDRO SOARES, ERNESTO REINHOLD LUDWIG, ADRIÁNO NUNES RIBEIRO e DOMINGOS FRANCISCO DOS SANTOS. No acervo, que do partido liberal extinto lhe veio, destacava-se — *A Reforma*, o grande órgão que o Conselheiro GASPAR DA SILVEIRA MARTINS, então exilado, orientava. Fiel à doutrina dêste, o novo partido inscreveu como ponto fundamental de seu programa a restauração do regime representativo parlamentar, de molde a restringir-se quanto possível a ação do poder executivo, de maneira a limitar a influência pessoal do chefe do Estado. Seria indispensável, para isso, modificar profundamente a Constituição de 22 de junho de 1890, decretada pelo Govêrno Provisório, e que foi a primeira matriz da Constituição de 24 de fevereiro de 1891. Caracterizava-se o partido nascente como revisionista dessa Constituição, antes mesmo de promulgada, o que é assaz interessante.[103]

Efêmera, essa coligação partidária transformou-se, em 23 de abril de 1891, no Partido Republicano Federal, de acentuado cunho positivista. Não poucos os que dêle divergiram entraram a co-participar do Partido Republicano Federalista do Rio Grande do Sul, fundado em Bagé a 31 de março de 1892 e a que o Conselheiro GASPAR DA SILVEIRA MARTINS emprestou o fulgor de seu verbo e a tenacidade de sua energia de estadista. Êsse partido, tendo inscrito em seu escudo o aforismo de que "idéias não são metais que se fundem", pelejou valentemente pela implantação de seu dogma parlamentarista, circunscrito todavia às lindes da terra gaúcha. Tanto padeceu no desenrolar dos eventos, que, mesmo comprimido pela fôrça, se manteve na convicção de seus adeptos, convolando-se em autêntico estado de alma, que o sagrou na história política brasileira. Amortecido, posto que vívido no culto da memória de seus chefes e de seus heróis, dissolveu-se no Congresso de Bagé (de que coparticiparam WALDEMAR FERREIRA, PAULO NOGUEIRA FILHO, BERTO

---

103. JOAQUIM LUIS OSÓRIO, *Partidos Políticos no Rio Grande do Sul,* Pôrto Alegre, 1930, ed. Livraria do Globo, págs. 17 e segs.

Condé e Paulo Pinto de Carvalho como representantes do Partido Democrático de São Paulo), aos 3 de março de 1928. Tomou-lhe o pôsto, recolhendo-lhe os troféus, o Partido Libertador, que naquele mesmo congresso se ergueu das cinzas do que se extinguiu, tendo J. F. de Assis Brasil como primeiro presidente.

Em quase todos os Estados outros partidos formaram-se para embates eleitorais, vivendo o instante que passava, na generalidade dos casos por divergências com o partido governamental, como o Partido Dissidente de São Paulo, no declínio do quatriênio presidencial de Campos Sales, sob a chefia de Prudente de Morais.

No quadro nacional, poucas não foram as tentativas da fundação de partidos ramificados por todos os Estados. Baldada foi a de Ruy Barbosa em 1897, lançando o Partido Republicano Conservador. Coligações. Alianças. Tudo era passageiro. Nada se podia construir de definitivo; e isso porque o sistema eleitoral do país não o ensejava. O govêrno era o govêrno. Dispunha de meios que o tornavam invencível nos municípios e nos Estados — a máquina eleitoral, que comprimia e esmagava, assim pela fraude em todos os aspectos, como principalmente pela vigência do principio majoritário, muito bem assinalado por Gilberto Amado, comparando-o com o da representação proporcional. Esta, disse, "é o sistema eleitoral que se destina a garantir a cada partido que possua uma certa base numérica de membros, um mínimo de representantes correspondente àquela base. Distingue-se do sistema de maioria em que neste tôda a representação é atribuída à maioria dos sufrágios. Naquele, na proporcional, são representadas no parlamento tantas opiniões quantas existam em número suficiente para formar uma base mínima constituída em partido, No regime da maioria o país é sempre representado, no mínimo, pela metade e mais um dos membros do corpo eleitoral. Para bem compreender a diferença entre os dois sistemas, imaginemos uma circunscrição de 70.000 eleitores tendo de eleger 7 deputados. Dividem-se os eleitores, por hipótese, em três partidos: o partido A, o partido B, o partido C. O partido A reuniu, na hipótese, 35.001 votos, o partido B 23.999 votos e o partido C 10.000 votos. Pelo sistema de maioria o partido A, que obteve a maioria de votos, isto é, metade e mais um, elegeu todos os 7 deputados. É o que vemos todos os dias. No exemplo dado — 35.001 votos elegem 7 deputados; 34.499 votos não elegem um só deputado. As minorias que constituem metade menos um dos eleitores da circunscrição, representam em consequência do regime de maioria uma soma de sufrágios que vale pràticamente zero".[104]

Não gozava a minoria, com êsse regime, que por tanto tempo predominou, o direito de representação, garantido pelo dispositivo constitucional. Não era êle propício para a formação de partidos duradouros e pugnazes!

Com isso, só um partido ficou no cenário nacional como detentor único de todos os cargos da União, dos Estados e dos Municípios. Êsse partido, apoiado pelo presidente da República, era dirigido, em cada Estado, pelo respectivo presidente. Não teve contendores. Formaram-se, ora aqui, ora ali, partidos de efêmera existência, mercê de alguma divergência com o dominante. Nenhum pôde formar-se de mais prolongada vigência, por dois motivos, dos quais o primeiro excluia o segundo. O primeiro era que as eleições não passavam de farças eleitorais. Realizavam-se, em verdade, em muitos lugares, com regularidade, por simples aparência, quanto à recepção das cédulas nas urnas. A apuração, entretanto, se não realizava, porque as atas eram falsificadas e a apuração competia às próprias Câmaras, quando diplomavam os eleitos. O segundo é que o voto, a despeito disso, era o majoritário: o partido, que levava maior número de votos, preenchia todas as vagas, de modo que não sobrava nenhuma para as minorias, ou seja para "a oposição"...

Quando os partidos não governamentais se preparam para os prélios eleitorais e, não alcançando a maioria, nada conseguem, perdendo seu esfôrço integralmente; e quando, ademais, têm que lutar contra a fraude eleitoral sob a égide do govêrno — não é possível que subsistam. As leis eleitorais dispuseram normas como a de voto cumulativo ou a do voto por turnos, tendentes a

---

104. GILBERTO AMADO, *Curso de Direito Público. Eleição e representação*, ed. Oficina Gráfica Industrial (Rio de Janeiro, 1931), pág. 77.

facilitar a representação minoritária. Mas isso dependia da complacência governamental. Eis porque uma ou outra vez se elegeram aqui ou acolá deputados da oposição...

Êste foi o motivo primacial da ausência de partidos sob o influxo da Constituição de 1891 e mercê do sistema eleitoral que ela ensejou. A situação de mal estar, que o problema eleitoral provocou, agravada por outros males políticos, levou o povo às revoluções de 1922 e de 1924; e prepararam estas o ambiente que deu em resultado a fundação do Partido Democrático, em São Paulo, em 1926, sob a presidência do Conselheiro ANTÔNIO PRADO.[105] Partido de âmbito estadual, propunha-se converter-se em ala de partido nacional. Ao seu propósito corresponderam os cariocas fundando o Partido Democrático do Distrito Federal. Logo depois, em março de 1928, colaborou, em Bagé, para a criação do Partido Libertador, a que se aliou para a estruturação de grande partido nacional. Êste partido, ganhou vida em convenção celebrada no Rio de Janeiro a 3 de setembro de 1929, de que se originou o Partido Democrático Nacional, cujo primeiro diretório se constituiu de J. F. DE ASSIS BRASIL, presidente, deputado pela Aliança Libertadora do Rio Grande do Sul; PAULO DE MORAES BARROS, secretário geral, deputado pelo Partido Democrático de São Paulo; ADOLFO BERGAMINI, secretário, deputado pelo Distrito Federal; FRANCISCO MORATO, deputado pelo Partido Democrático de São Paulo; JOSÉ ADRIANO MARREY JÚNIOR, deputado pelo Partido Democrático de São Paulo; PLÍNIO DE CASTRO CASADO, deputado pela Aliança Libertadora do Rio Grande do Sul; e J. BATISTA LUSARDO, deputado pela Aliança Libertadora do Rio Grande do Sul.

A atividade desenvolvida pelo Partido Democrático Nacional atingiu todo o território do país, ensejando a organização de outras alas senão em todos em quase todos os Estados, por efeito de propaganda ativa e eficiente, sem caráter demagógico, no sentido que hoje tem essa expressão. Sem receio de êrro, póde-se dizer que

---

105. NAZARETH PRADO, *Antônio Prado no Império e na República,* ed. F. Briguet & Cia. (Rio de Janeiro, 1929), págs. 389 a 447.

coube ao Partido Democrático de São Paulo a virtude de ter-se constituído em célula máter do primeiro partido nacional brasileiro, eficiente e fecundo, sobretudo porque duradouro e ainda agora subsistente, mercê de sua evolução com o tempo, até convolar-se, com a agregação de outras fôrças políticas e correntes de opinião, na União Democrática Nacional.

Ao Partido Democrático Nacional aliaram-se outras fôrças políticas confluentes na Aliança Liberal que desfechou o movimento revolucionário vitorioso em 1930.

III.   Entre os pontos primazes do programa do Partido Democrático Nacional era relevante o de "impor pelo voto secreto o sigilo absoluto do sufrágio eleitoral, como condição impreterível da sua moralidade, assegurando-o com a independência do eleitorado em geral, com o castigo dos fraudadores e com medidas acauteladoras do alistamento, do escrutínio, da representação proporcional, da apuração e do reconhecimento".[106]

No programa do Partido Democrático de São Paulo, aprovado no congresso partidário de 8 de julho de 1932, inscreveram-se, no capítulo dos direitos políticos, êstes articulados:

"Sufrágio universal, voto secreto e proporcional, reconhecimento de poderes por uma côrte de Justiça Eleitoral, obrigatórios para os Estados, Províncias ou Territórios Federais e Municípios.

"Reconhecimento legal dos partidos, concedendo-lhes a faculdade de cassar o mandato eleitoral conferido a seus membros, quando eliminados de suas fileiras, bem como a faculdade de designar substitutos em caso de impedimento temporário dos eleitos; das decisões cabe recurso, suspensivo, para o Tribunal Eleitoral.

"Punição rigorosa dos violadores da liberdade, do sigilo e da verdade das eleições".[107]

Eram êsses, de resto, os princípios generalizados e dominantes naquele momento histórico, acolhidos, de resto, pelo Decreto n.º 21.076, de 24 de fevereiro de 1932, por

---

106.   J. F. DE ASSIS BRASIL, *Atitude do Partido Democrático Nacional*, Pôrto Alegre, 1929, ed. Livraria do Globo, pág. 107.

107.   *Programa do Partido Democrático* (São Paulo, 1933), pág. 8.

via do qual o Chefe do Govêrno Provisório da República dos Estados Unidos do Brasil promulgou — o código eleitoral, mercê do qual se imprimiram novos rumos ao direito eleitoral brasileiro.

Instituiu-se a Justiça Eleitoral, com funções contenciosas e administrativas, tendo como órgãos o Tribunal Superior, na Capital da República; Tribunais Regionais, nas capitais dos Estados, do Distrito Federal e na sede do govêrno do Território do Acre; e juízes eleitorais nas comarcas, distritos ou têrmos judiciários, asseguradas aos magistrados eleitorais as garantias da magistratura federal.

Disciplinou-se o alistamento, desde a qualificação, a inscrição e a expedição do título, assegurados os direitos dos cidadãos. Estabeleceu-se o processo eleitoral, adotando-se o sistema do sufrágio universal direto, voto secreto e representação proporcional; e, para efeito desta, prescreveu-se a interferência dos partidos em todo o processo eleitoral, de molde a firmar-lhe o êxito.

Consideraram-se partidos políticos os que: *a*) adquirissem personalidade jurídica, mediante inscrição no registro prescrito pelo art. 18 do código civil; *b*) não a tendo adquirido, se apresentassem em caráter provisório, com o mínimo de quinhentos eleitores; *c*) e as associações de classe legalmente constituídas.

Aquêles e estas deveriam comunicar por escrito ao Tribunal Superior e aos Tribunais Regionais das regiões em que atuariam sua constituição, denominação, orientação política, órgãos representativos, enderêço de sua sede principal e o de um representante local pelo menos.

Reconheceu-se, pela primeira vez, a personalidade jurídica de direito privado dos partidos políticos, dando-se-lhes ingresso na vida jurídica e atribuindo-se-lhes função específica — a da sua interferência no processo eleitoral, a sua representação perante a Justiça Eleitoral e a sua contribuição proporcional para a formação das câmaras legislativas da nação.

Foi em consonância com o código eleitoral de 1932 que se processou a eleição da Assembléia Nacional Constituinte que elaborou e promulgou a Constituição de 16 de julho de 1934, para a qual se transplantou a Justiça Eleitoral, incorporando-a definitivamente ao poder judiciário, com a competência privativa para o processo das eleições federais, estaduais e municipais, inclusive as dos representantes profissionais nas assembléias legislativas.

Cabia à Justiça eleitoral: *a*) organizar a divisão eleitoral da União, dos Estados, do Distrito Federal e dos Territórios, a qual só poderia alterar quinquenalmente, salvo em caso de modificação na divisão judiciária ou administrativa do Estado ou Território e em consequência desta; *b*) fazer o alistamento; *c*) adotar ou propor as providências para que as eleições se realizassem no tempo e na forma determinados em lei; *d*) fixar a data das eleições, quando não determinada na Constituição da República ou nas dos Estados, de maneira a que se efetuassem, em regra, nos três últimos ou nos três primeiros meses dos períodos governamentais; *e*) resolver sôbre as arguições de inelegibilidade e incompatibilidade; *f*) conceder *habeas corpus* e mandados de segurança em casos pertinentes a matéria eleitoral; *g*) proceder à apuração dos sufrágios e proclamar os eleitos; *h*) processar e julgar os delitos eleitorais e os comuns que lhes forem conexos; *i*) decretar perda de mandato legislativo, nos casos estabelecidos na Constituição Federal e nas dos Estados.

Lançou-se o princípio da irrecorribilidade das decisões do Tribunal Superior da Justiça Eleitoral, salvo as que pronunciassem a nulidade ou invalidade de ato ou de lei em face da Constituição Federal e as que negassem *habeas corpus,* caso em que havia recurso para a Côrte Suprema.

Curioso é que na Constituição não se houvesse feito senão uma referência aos partidos políticos — a do art. 170, n. 3, mercê do qual o funcionário público que se valesse da sua autoridade em favor de partido político, ou exercesse pressão partidária sôbre os seus subordinados, seria punido com a perda do cargo, quando provado o abuso em processo judiciário.

Destacada referência merece a formação da Ação Integralista Brasileira, em 1933, sob a chefia de PLÍNIO SALGADO, expressão brasileira do fascismo mundial, que se organizou, instalou e funcionou como autêntico partido político nacional, agindo em todo o território brasileiro sob a mesma disciplina rígida e propagando a mesma doutrina, com sucesso impressionante em virtude do seu processo demagógico e da sua propaganda de sabor estranho, ao estilo germânico e italiano, tão do agrado dos descendentes dos antigos imigrantes de origem alemã ou romana. Outra fôrça política, que por igual então se levantou, com sucesso quase idêntico, foi a da Aliança Libertadora, de doutrina comunista, que teve LUIZ CARLOS PRESTES como chefe.

IV. O golpe de Estado de 10 de novembro de 1937, que instaurou no país o regime fascista, feriu de início os partidos políticos, entre outros motivos consignados no intróito do Decreto-lei n.º 37, de 2 de dezembro de 1937, que os dissolveu, porque "os partidos políticos até então existentes não possuiam conteúdo programático nacional ou esposavam ideologias e doutrinas contrárias aos postulados do novo regime, pretendendo a tranformação radical da ordem social, alterando a estrutura e ameaçando as tradições do povo brasileiro, em desacôrdo com as circunstâncias reais da sociedade política e civil". Ademais disso, porque "o novo regime, fundado em nome da nação para atender às suas aspirações e necessidades, devia estar em contacto direto com o povo, sobreposto às lutas partidárias de qualquer ordem, independente da consulta de agrupamentos, partidos ou organizações, ostensivamente ou disfarçadamente destinados à conquista do poder público".

Definindo-se, em expressões assim preclaras, o regime político que então se instaurou denunciou sua natureza fascista, de incompatibilidade com os partidos políticos. Mais ainda revelou indisfarçàvelmente ser regime de arbítrio e de onipotência. Não foi, pois, sem ironia que permitiu que os partidos dissolvidos continuassem a existir como associações civis para fins culturais, beneficentes ou desportivos, desde que o não fizessem com a mesma denominação com que se haviam registrado. Fôssem, ademais, cautelosos, faltou recomendar o decreto-lei. Em outro tópico anterior já havia proibido que se organizassem de qualquer forma, ainda que de sociedades civis destinadas ostensivamente a outros objetivos uma vez que se verificasse haver em sua organização o propósito próximo ou remoto de transformarem-se em instrumento de propaganda de idéias políticas...

V. Desfeito aquêle regime pelo levante militar que depôs o titular do govêrno que o encarnava; promulgada a Constituição de 1946, instituiu a Lei n.º 1.164, de 24 de julho de 1950, novo código eleitoral, em que os partidos políticos se configuraram. Antes, para que como tais se houvessem, deveriam investir-se da personalidade jurídica de direito privado. Submetiam-se, nesse particular, aos ditames do código civil, como associações ou sociedades de pessoas tendo por finalidade a mantença ou a reforma de certa ordem no Estado. Por êsse ângulo observou FRANÇOIS LACHENAL, que é o do direito civil, não se distingue o partido político dum clube, dum círculo, duma associação ou de qualquer sociedade política. O que distingue o partido de outras associações políticas não é sua forma jurídica, mas o fim a que se destina e os meios que emprega. E propôs-se a demonstrar, o que fêz com galhardia, que o partido político preenche função pública eminente, a despeito de que as instituições políticas suíças impliquem sua existência, sem todavia fundá-la em direito.[108]

Orientou-se nessa diretriz o código eleitoral. Erigiu os partidos políticos nacionais em pessoas jurídicas de direito público interno, por efeito de seu registro pelo Tribunal Superior Eleitoral. Transfigurou-os, dando-lhes lugar adequado no organismo político do Estado, como participantes da formação de sua vontade. Pelo escopo que se atribuem — a conquista do poder do Estado; e pelos meios de que se servem a fim de alcançá-lo — a organização da opinião e da representação popular, os partidos políticos exercem função pública e submetem-se ao domínio do direito público, como pessoas jurídicas de direito público interno, investidos dos atributos de órgãos do Estado, que realmente são. Dúvidas que quanto a isso se pudessem suscitar não mais agora se justificam diante da necessidade da existência de partidos políticos nacionais para a formação e funcionamento de um dos poderes do Estado — o poder legislativo.

É com a colaboração dêsses partidos que êste poder se forma; e é com a co-participação dêles que funciona.

Eis porque a lei cuidou de dar-lhes organismo e personalidade jurídica, estabelecendo-lhes as condições de

---

108. FRANÇOIS LACHENAL, *Le Parti Politique. Sa fonction de droit public*, ed. Helbing & Lichtenhahn (Basiléia, 1944), pág. 13.

vitalidade e as linhas estruturais. Nenhum partido nacional pode formar-se sem o concurso de vontade de, pelo menos, 50.000 eleitores, distribuídos por cinco ou mais circunscrições eleitorais, com o mínimo de 1.000 eleitores em cada uma. Têm êles essa *affectio societatis* como pressuposto de sua organização corporativa, mais o da adoção de programa condizente com o regime democrático, baseado na pluralidade dos partidos e na garantia dos direitos fundamentais do homem.

Reger-se-ão os partidos pelos estatutos, que elaborarem e em que mencionem o número, a categoria e o modo de escolha dos membros de suas convenções, determinando o que lhes cumpre e como devem funcionar. As convenções, órgãos deliberativos, tripartindo-se em nacionais, regionais e municipais, são as assembléias gerais dos membros ativos dos partidos nas três esferas concêntricas de sua atuação política, na União, nos Estados e Territórios e nos Municípios. Cabe-lhes ditar as diretrizes políticas traçando a linha partidária nas contingências políticas nacionais ou locais, bem assim reformar os próprios estatutos a fim de submeterem-se à aprovação do Tribunal Superior Eleitoral, cuja apreciação é restrita aos pontos sôbre que ela versa.

É nos estatutos que se prescreve como se devem constituir e funcionar os diretórios, como órgãos de direção, tendo, na cúpula, o diretório nacional, com sede no Rio de Janeiro, capital da República, e em ligação e colaboração íntima com êle, os diretórios estaduais, em idêntica coordenação com os diretórios municipais, sem prejuízo, como é de ver, do princípio de autonomia de que são dotados nos limites territoriais em que se confinam, a bem dos interêsses políticos dos seus Municípios, Territórios ou Estados e dos da Nação. No Distrito Federal, com organização e funções correspondentes às dos diretórios municipais, os estatutos instituirão os necessários diretórios locais.

Os diretórios têm que registrar-se pela Justiça Eleitoral: o nacional, pelo Tribunal Superior Eleitoral; e os regionais, assim como os municipais ou locais, pelo Tribunal Regional Eleitoral de que sejam jurisdicionados. Registrados (e os despachos num ou noutro sentido publicam-se no órgão oficial para interposição dos recursos cabíveis), de sua decisão dará o Tribunal Superior, em quarenta e oito horas, comunicação, pelo telégrafo ou pelo correio, aos Tribunais Regionais Eleitorais, e êstes, no mesmo prazo e pelo mesmo modo, aos juízes eleitorais.

As alterações na composição dos diretórios serão igualmente registradas, publicadas e comunicadas.

Órgãos dirigentes, os diretórios subordinam-se às convenções de tal arte que o que se tornar responsável por infringência do programa ou dos estatutos ou desrespeitar qualquer das deliberações nelas regularmente tomadas, incorrerá na pena de dissolução. Caberá, nessa emergência, à convenção que o dissolver promover o cancelamento de seu registro e, dentro do prazo de trinta dias, se não fixado outro nos estatutos, eleger o novo diretório, considerando-se reconduzidos na função os membros que tiverem votado contra o ato incriminado ou dêle tiverem expressamente discordado. Não poderá ser imediatamente reeleito o que, por falta individual ou coletiva, tiver decaído.

A responsabilidade apurar-se-á, para êsse efeito, de conformidade com os estatutos, que são a lei interna de cada partido.

É cancelável, pelo Tribunal Superior Eleitoral, o registro partidário. Como os partidos têm que ser nacionais, perante êsse tribunal é que se registram primacialmente; e dêsse registro depende sua existência nos Estados, nos Territórios, no Distrito Federal e nos Municípios. Dissolvendo-se o partido, por não pretender subsistir ou por deliberar fundir-se com outro ou outros em novo partido, que a todos suceda, caso é êsse de cancelamento do registro a pedido do próprio partido. Mas o registro poderá ser cancelado independentemente dessa vontade e até ao contrário dela, se, no seu programa ou na sua ação, vier a contrariar o regime democrático, baseado na pluralidade dos partidos e na garantia dos direitos fundamentais do homem.

Muito se tem debatido a propósito do princípio da pluralidade partidária. Tem sido um bem? Ou tem sido maléfico? O problema é complexo e, por isso mesmo, referto de dificuldades. Exaltam-no uns. Deprimem-no outros pelo motivo de que a pluralidade partidária produziu resultados não muito satisfatórios. O voto é universal e direto. O povo esteve ausente, por mais de quinze anos, dos prélios eleitorais. A geração de agora desconhecia o mecanismo eleitoral, na sua generalidade; e ignorava o mecanismo das câmaras legislativas. Desprovida de educação política, não atentou muito para os atributos pessoais dos candidatos que aquinhoou com o seu voto.

Os males disso advindos são consideráveis, mas remediáveis, quiçá passageiros. Se, de um lado, se elegeram cidadãos ainda não dotados de sentimento cívico e partidário, que vivem a mudar de partido com o desembaraço dos destituídos de senso comum; de outro se vem salientando a incapacidade de boa parte dos sagrados pela investidura para os postos de representação popular. Dois fatos, embora esporádicos, comprovam o asserto. Ainda há pouco, constituída a mesa de câmara de município confinante com o de São Paulo, o vereador eleito secretário imediatamente declinou do cargo, confessando seu analfabetismo: sabia apenas assinar o nome! A despeito de que o Estado de São Paulo seja o de mais alto grau cultural do país, assim por sua maior população, como pela intensidade de sua vida industrial e universitária, a sua Assembléia Legislativa se viu na contigência de criar uma Assessoria Legislativa, para suprir a incapacidade dos deputados. Esta é que prepara os projetos de lei. Redige as emendas. Formula substitutivos. Elabora discursos que são lidos na tribuna parlamentar, em que se destacam, em maior quantidade, os lentes do que os oradores, que, graças a Deus! também existem. É a Assessoria que, ao cabo, escreve os pareceres das comissões parlamentares sôbre os projetos, substitutivos ou emendas que ela mesma compôs...

Decorre de tudo, como bem se pode imaginar, que está por fazer-se obra de grande envergadura, qual a de fortalecer os partidos para que possam exercitar a função política que a Constituição lhes conferiu; e os partidos têm que ser, a um tempo, instrumentos de ação política, a exercer-se nos prélios eleitorais, tanto quanto centros de atividade cívica, contribuindo para a elevação do nível do eleitorado. De outro modo, falharão êles na sua tarefa e deixarão inexecutados os seus programas.

Esse, todavia, e para consolo nosso! não é um mal só do Brasil. É de todos os povos e de todos os países. Quer dizer é mal do momento, que se reflete nos governos, sejam presidenciais, sejam parlamentares. E tudo tem acontecido porque o Estado abarcou todos os ramos da atividade humana e infiltrou-se em tôda a parte, tornando a vida muito mais difícil e a administração pública muitíssimo mais complexa, de modo que nem todos os problemas, ainda os mais prementes, podem ser resolvidos satisfatòriamente...

Cancelando-se-lhe o registro, perde o partido a personalidade jurídica. Permanecem, todavia, na plenitude de seus mandatos, nas assembléias legislativas, os deputados ou vereadores eleitos sob a legenda partidária. Permanecem, porque uns e outros, pôsto que representantes de partidos, são eleitos pelo povo: o seu mandato é popular. Nem é com outro argumento que se mantêm em suas cadeiras os trânsfugas partidários, que já constituem número avultado a atestar a decadência da moralidade política. Não é pequena a classe dos sem-legendas, ou, como pitorescamente se qualificam na linguagem popular — dos *vira-casacas*, que perambulam pelos plenários e corredores das assembléias legislativas como sombras de si mesmos.

Caso existe no entanto em que o cancelamento do registro partidário importa na perda do mandato dos eleitos sob a legenda extinta: é o de realizar-se por ter o partido contrariado o regime democrático na sua essência pluripartidária ou na garantia dos direitos fundamentais do homem. É o que preceitua o art. 150 do código eleitoral, em consonância com o art. 1.º, *e*, da Lei n.º 211, de 7 de janeiro de 1948, por infringência do § 13 do art. 141 da Constituição.

VI. Aos partidos políticos, por seus diretórios, independente de licença da autoridade pública e de qualquer tributo, é assegurado pelo código eleitoral o direito de: *a*) ter, na fachada de suas sedes e dependências, o nome que os designe, pela forma que melhor lhes parecer; *b*) instalar alto-falantes nas suas sedes e dependências, assim como em veículos seus ou que estejam à sua disposição, em trânsito por qualquer ponto do território nacional, podendo fazê-los funcionar normalmente das 16 às 20 horas e, no período da campanha eleitoral, das 14 às 22 horas; *c*) fazer a propaganda própria ou dos seus candidatos (e igual direito cabe a êstes individualmente, desde que registrados) mediante cartazes, assim como, no período da campanha eleitoral, por meio de faixas afixadas em qualquer logradouro público.

Ninguém poderá impedir o exercício dessas mesmas faculdades, nem inutilizar, alterar ou perturbar meio de propaganda, devidamente empregado, respondendo o infrator pelo dano, além de ficar sujeito à competente ação penal.

O período da campanha eleitoral é o de três mêses anteriores às eleições para presidente e vice-presidente da República e, em cada circunscrição eleitoral, os três mêses anteriores às suas eleições gerais.

É dispendiosa a propaganda partidária e os partidos políticos devem viver com as contribuições de seus próprios membros. A fim de coibir o poderio econômico de governos ou de emprêsas, exige o código eleitoral que os estatutos partidários estabeleçam preceitos que: *a*) os obriguem e habilitem a fixar e apurar as quantias máximas que os seus candidatos podem, em cada caso, dispender pessoalmente com a própria eleição; *b*) limitem as contribuições e auxílios dos seus filiados; *c*) rejam a sua contabilidade, mantendo, para isso, rigorosa escrituração das suas receitas e despesas, precisando a origem daquelas e a aplicação destas.

Os livros de contabilidade do diretório nacional, serão abertos, encerrados e terão as suas fôlhas rubricadas pelo presidente do Tribunal Superior Eleitoral. Os presidentes dos Tribunais Regionais Eleitorais e os juízes eleitorais exercerão a mesma atribuição quanto aos livros de contabilidade dos diretórios regionais da respectiva circunscrição e dos diretórios municipais da respectiva zona.

É vedado aos partidos políticos: *a*) receber direta ou indiretamente, contribuição ou auxílio pecuniário ou estimável em dinheiro, de procedência estrangeira; *b*) receber de autoridade pública recursos de procedência ilegal; *c*) receber, direta ou indiretamente, qualquer espécie de auxílio ou contribuição das sociedades de economia mista e das emprêsas concessionárias de serviço público.

O Tribunal Superior Eleitoral e o Tribunal Regional Eleitoral, mediante denúncia fundamentada de qualquer eleitor ou de delegado de partido, com firma reconhecida, ou representação, respectivamente, do procurador geral ou do procurador regional, determinarão o exame da escrituração de qualquer partido político e bem assim a apuração de qualquer ato que viole as prescrições legais ou estatutárias a que, em matéria financeira, são obrigados os partidos políticos e os seus candidatos.

Estatuiu o art. 31, n.º V, *b*, da Constituição que à União, aos Estados, ao Distrito Federal e aos Municípios é vedado lançar impôsto sôbre bens e serviços de partidos políticos.

VII. Êsses partidos, ademais de contribuírem, proporcionalmente a seu eleitorado, para que se constitua a Câmara dos Deputados, tanto que esta se ponha em têrmos de funcionar, entram a co-participar eficientemente nos labores legislativos. Se, pelo disposto no art. 40 da Constituição, a cada uma das câmaras compete dispor, em regimento interno, sôbre sua organização, polícia, criação e provimento de cargos; em seu parágrafo único ficou expresso que, na organização das comissões, se asseguraria, tanto quanto possível, a representação dos partidos nacionais que participem da respectiva câmara.

Não era fácil cumprir-se êsse dispositivo pelo voto do plenário, como bem se percebe. Que critério se deveria seguir para que o texto constitucional se observasse?. Teria cada deputado ou senador fôrça íntima bastante para compor suas cédulas eletivas e secretas de modo a que se realizasse satisfatòriamente aquêle objetivo?

Resolveu o regimento interno da Câmara dos Deputados a dificuldade. Foi no art. 25. As comissões permanentes organizam-se dividindo-se o número de membros da Câmara pelo número de membros de cada comissão, e o número de deputados de cada partido pelo quociente assim obtido. Representando o quociente geral o número de membros do partido, a indicação dos nomes respectivos pertence ao seu lider.

Os partidos representados pelo quociente partidário, cujo resto final fôr, pelo menos, um quarto do primeiro quociente, concorrem com os demais partidos ainda não representados ao preenchimento das vagas por ventura existentes. Dá-se por acôrdo dos partidos interessados o preenchimento de tais vagas; e, na falta, o presidente da Câmara dos Deputados procederá à designação.

O trabalho das comissões permanentes, tanto quanto o das comissões especiais, é de relevância. No seio delas é que as proposições se discutem, provocando sérios e profundos estudos; mas êsse é trabalho a bem dizer silencioso, que pouco e raramente repercute fora do ambiente. Não enseja exibicionismo tribunício. Não provoca manifestações das galerias, que até inexistem, ao contrário do que acontece no plenário. É que as comissões desempenham papel técnico. A de Finanças, por exemplo, opina sôbre a proposta do orçamento; aberturas de créditos e sua autorização; matérias atinentes à receita, despesa, sistema monetário, regime de haveres e empréstimos públicos, inclusive papel moeda; normas gerais de direito financeiro; e sôbre proposição que concorram para aumentar ou diminuir assim a receita como a despesa. A de Constituição e Justiça manifesta-se sôbre o aspecto constitucional, legal ou jurídico das matérias que lhe forem distribuídas e sôbre o mérito de todos os assuntos atinentes ao poder judiciário e ao ministério público, e das proposições que envolvam matéria de direito civil, comercial, penal, processaul, eleitoral e aeronáutico ou referentes a regime penitenciário; registros públicos e juntas comerciais, desapropriações; naturalização, entrada, extradição e expulsão de estrangeiros; emigração e imigração; condições de capacidade para o exercício das profissões técnico-científicas e liberais; e sôbre perda de mandato e licença para o processo de deputados. As outras comissões têm em suas próprias denominações a referência às matérias de suas especializações. Assumem dessarte os líderes partidários responsabilidade de vulto na escolha de seus liderados para as comissões parlamentares. Hão que ter em conta, por certo, o critério partidário na partilha dos encargos; mas devem ter senso divinatório para destacar para cada comissão os que possam dar-lhe trabalho especializado e fecundo. Deputados existem, e senadores por igual, arredios das espetaculares discussões do plenário, que nunca assomaram às suas tribunas e que, no entanto, conseguem pelo seu trabalho nas comissões a estima e o respeito de seus pares.

Valha, quanto a isso, a observação de JOSEPH BARTHÉLEMY, ao asseverar que o trabalho nas comissões parlamentares é a melhor escola de legisladores. Não poucas vêzes pessoas de fora, referindo-se a tal ou qual deputado ou senador, duvidam de sua aptidão para a faina legislativa, exclamando: é um veterinário! é um farmacêutico! ou é um tabelião! Mas que êrro e que injustiça! Quem, observou o professor da Faculdade de Direito de Paris, chega ao Parlamento, tem, seja qual fôr sua formação anterior, necessidade de aprender. Qualquer pessoa de bom sénso e de inteligência, sem cultura jurídica ou econômica anterior, pode, ao fim de algum tempo, dispondo-se a trabalhar, adquirir a aptidão de deputado mediano. A comissão é a melhor escola do novo eleito, desde que aspire fazer alguma coisa mais do que eleitoralismo ou demagogia. Oficial da marinha real que se achava nas colônias ao irromper a Revolução, VILLÈLE só reentrou em França depois de passada a tormenta. Gentilhomem languedociano, elegeu-se, em 1814, ao retôrno de LUIZ XVIII, prefeito de Tolosa. Como, alguns anos depois, se revelou ministro das finanças de merecimento? Pelo trabalho nas comissões parlamentares. Mostrou JOSEPH DURIEUX, em livro, como PIERRE MANGE, modesto advogado provinciano em Périgueux, ignorava as questões orçamentárias quando desembarcou em Paris, deputado eleito. Entregando-se ao estudo das questões submetidas às comissões de que fêz parte, venceu sua timidez, tornou-se relator do orçamento, chegando a lançar a teoria de poder-se obter o equilíbrio orçamentário por via de empréstimo, quando destinado ao aparelhamento dos serviços públicos em benefício de muitas gerações. Se não se qualificou homem de gênio, foi dos mais notáveis ministros das finanças do século XIX.[109]

Se têm as comissões parlamentares produzido resultados como êsses, em todos os países, por formarem-se nelas os administradores e os estadistas, que não se improvisam, como acontece no Brasil no momento que passa; se isso justifica o interêsse dos partidos em comparticiparem delas a fim de formarem os homens de govêrno de que hão de precisar ao assumirem-no — o que, sobretudo, os preocupa é a fiscalização dos negócios públicos, que têm, necessàriamente, de ser examinados nas comissões parlamentares, principalmente nas comissões permanentes. Dentro delas, muito mais do que nos de-

---

109. JOSEPH BARTHÉLEMY, *Essai sur le travail parlementaire et le système des commissions,* ed. Librairie Delagrave (Paris, 1934), pág. 176.

bates do plenário, é que os partidos exercitam, com eficiência, sua função legislativa e política.

Não se deslembrou disso o constituinte de 1946 quando concedeu aos partidos políticos a representação proporcional nas comissões da Câmara dos Deputados e do Senado Federal; e eis como êles interferem no funcionamento do poder legislativo, cujas atribuições não são apenas as legislativas.

As atribuições do Congresso Nacional.

107. Reúne-se o Congresso Nacional na capital da República a 15 de março de cada ano, funcionando até 15 de dezembro, a menos que extraordinàriamente convocado pelo presidente da República ou por iniciativa do têrço de uma das câmaras.

A Câmara dos Deputados e o Senado Federal reúnem-se naquela data, sob a direção da mesa dêste, para inaugurar a sessão legislativa; e, ademais, para elaborar o regimento comum, receber o compromisso do presidente e do vice-presidente da República e deliberar sôbre os vetos presidenciais.

Afora nesses casos, as duas câmaras funcionam separadamente, cada qual em sua casa — a Câmara dos Deputados no Palácio Tiradentes e o Senado Federal no Palácio Monroe, para o exercício das atribuições do poder legislativo, que são conjuntas com o presidente da República umas, nas quais êle intervém com a sua sanção; e outras de sua competência exclusiva.

Compete ao Congresso Nacional, com a sanção do presidente da República: *a*) votar o orçamento; *b*) votar os tributos próprios da União e regular a arrecadação e a distribuição das suas rendas; *c*) dispor sôbre a dívida pública federal e os meios de solvê-la; *d*) criar e extinguir cargos públicos e fixar-lhes os vencimentos, sempre por lei especial; *e*) votar a lei de fixação das fôrças armadas para o tempo de paz; *f*) autorizar abertura e operações de crédito e emissões de curso forçado; *g*) transferir temporàriamente a sede do govêrno federal; *h*) resolver sôbre limites do território nacional; *i*) legislar sôbre bens do domínio federal e sôbre tôdas as matérias da competência da União, ressalvada a de competência exclusiva do próprio Congresso Nacional.

Estão as matérias de competência da União enumeradas no art. 5.º da Constituição e são as debulhadas por miúdo no n. 32 dêste volume.

Os projetos de lei, destinados a regular as matérias de privativa competência da União e do poder legislativo, com a sanção do presidente da República, ultimada sua colaboração, sobem até êste, no prazo de dez dias, prorrogável até a metade, para que a sancione, promulgue e faça publicar; ou vete. Quando não faça nem uma, nem outra coisa no prazo marcado pela Constituição, êste transfere a promulgação ao presidente ou ao vice-presidente do Senado Federal.

II. É da competência exclusiva do Congresso Nacional: *a*) resolver definitivamente sôbre os tratados e convenções celebradas com os Estados estrangeiros pelo presidente da República; *b*) autorizar o presidente da República a declarar guerra e a fazer a paz; *c*) autorizar o presidente da República a permitir que fôrças estrangeiras transitem pelo território nacional ou, por motivo de guerra, nêle permaneçam temporàriamente; *d*) aprovar ou suspender a intervenção federal, quando decretada pelo presidente da República; *e*) conceder anistia; *f*) aprovar as resoluções das assembléias legislativas sôbre incorporação, subdivisão ou desmembramento de Estado; *g*) autorizar o presidente e o vice-presidente da República a se ausentarem do país; *h*) julgar as contas do presidente da República; *i*) fixar a ajuda de custo dos membros do Congresso Nacional, bem como o subsídio dêstes e os do presidente e do vice-presidente da República; *j*) mudar temporàriamente a sua sede.

Encerrada a elaboração legislativa de projetos sôbre matérias da competência exclusiva do Congresso Nacional, promulga-os e dá-lhes publicidade o presidente do Senado Federal, que é o vice-presidente da República, investido sòmente do voto de qualidade.

As atribuições privativas do Senado Federal.

108. Conferiu a Constituição ao Senado Federal atribuições, que lhe são privativas, não apenas de natureza legislativa, senão eminentemente judiciárias e políticas.

I. Entre as atribuições judiciárias é de maior monta a do julgamento do presidente da República nos crimes de responsabilidade e os ministros de Estado nos crimes da mesma natureza conexos com os daquele, bem como os ministros do Supremo Tribunal Federal e o procurador geral da República.

Descriminou o art. 89 da Constituição como crimes de responsabilidade os atos do presidente da República que atentarem contra a própria Constituição e, especialmente, contra: *a*) a existência da União; *b*) o livre exercício do poder legislativo, do poder judiciário e dos poderes constitucionais dos Estados; *c*) o exercício dos direitos políticos, individuais e sociais; *d*) a segurança interna do país; *e*) a probidade na administração; *f*) a lei orçamentária; *g*) a guarda e o legal emprêgo dos dinheiros públicos; *h*) o cumprimento das decisões judiciárias.

Êsses crimes, acrescentou-se em parágrafo único, definir-se-iam em lei especial, que estabeleceria as normas do processo e julgamento; e foi o de que tratou a Lei n.º 1.079, de 10 de abril de 1950.

Proferir-se-á a sentença condenatória pelo voto de dois terços dos membros do Senado Federal, que não poderá impor outra pena que não seja a perda do cargo com inabilitação até cinco anos para o exercício do cargo, sem prejuízo da ação da justiça ordinária.

II. A despeito da autonomia dos poderes e de caber ao presidente da República nomear autoridades e funcionários públicos, casos existem em que a investidura depende da homologação do Senado Federal. Colaboram nisso o poder executivo e o poder legislativo por uma de suas câmaras. Pertence, pois, ao Senado Federal papel preponderante: cabe-lhe concordar ou dissentir da investidura. Exercita função acentuadamente política, no legítimo sentido desta expressão. Compete-lhe privativamente aprovar, mediante voto secreto, a nomeação dos ministros do Supremo Tribunal Federal, a despeito de que a escolha deva recair entre brasileiros de trinta e cinco anos, "de notável saber jurídico e reputação ilibada". Não dispunha assim a Constituição de 1891. Exigia esta, ademais dos outros requisitos, a de que a indicação se fizesse "dentre os cidadãos de notável saber, elegíveis para o Senado".

Dando ao dispositivo o sentido mais amplo, entendeu o Marechal FLORIANO PEIXÔTO que podia nomear, e nomeou, dois cidadãos de notável saber, elegíveis para o Senado, mas destituídos de saber jurídico — um, BARATA RIBEIRO, médico eminentíssimo, que se empossou no cargo e tomou parte em julgamentos; e, outro, o general EWERTON QUADROS, que, mais ponderado, aguardou a manifestação do Senado. Êste, em sessão secreta de 24 de setembro de 1894, não homologou o ato marechalício; antes, aprovou parecer da Comissão de Justiça e Legislação, de que foi relator o senador JOÃO BARBALHO, mais tarde ministro do Supremo Tribunal Federal, em que concluiu:

"que nas atribuições do Supremo Tribunal Federal envolvem-se as funções da mais alta transcendência com relação a graves interêsses da ordem política, civil e judiciária, quais as que constam dos arts. 59 e 60 da Constituição;

"que para o regular e completo desempenho dessas funções é absolutamente necessário que os ministros que compõem aquêle tribunal, notáveis por seu saber em quaisquer ramos de conhecimentos humanos, não menos o sejam nos diversos e vastos ramos de jurisprudência que entendem com a organização política do país, legislação federal e estadual, tratados e convenções internacionais, direito marítimo, direito criminal e civil internacional, e criminologia política;

"que êsse alto conselho nacional, conservador da Constituição, das leis, das garantias e direitos dos Estados e dos indivíduos, não poderá desempenhar sua grandiosa missão, se em pessoas menos aptas recair a nomeação dos que o devem compor, sendo que por isso exige a Constituição, art. 56, que os nomeados sejam pessoas de *notável saber e reputação;*

"que êsse requisito de *notável saber,* exigido pela Constituição, refere-se especialmente à habilitação científica em alto grau nas matérias sôbre que o tribunal tem de pronunciar-se, *jus dicere,* o que supõe nos nomeados a inteira competência e sabedoria que no conhecimento do direito devem ter os jurisconsultos;

"que assim se entende nos países em que existe instituição semelhante ao nosso Supremo Tribunal Federal, *v. gr.* na Suiça. *On statua encore dans l'article 108 que tout citoyen suisse élégible au Conseil National peut aussi être nommé au Tribunal Fédéral, d'ou il résulterait que le Tribunal Fédéral ne devrait pas nécessairement être composé de juristes,* ce que sans doute n'arrivera jamais (J. DUBS, *Le Droit Public de la Confédération Suisse,* 2.ª parte, pág. 121);

"que mentiria a instituição a seus fins se se pudesse entender que o sentido daquela expressão *notável saber,* referindo-se a outros ramos de conhecimentos humanos, independesse dos que dizem respeito à ciência jurídica, pois que isso daria cabimento ao absurdo de compor-se um tribunal judiciário, *v. gr.,* de astrônomos, químicos, arquitetos, etc., sem se inquirir da habilitação profissional em direito;

"que, se combinado o citado art. 56 com o art. 72, § 24, da Constituição, poder-se-ia concluir pela legitimidade da nomeação, para o Supremo Tribunal Federal, de um indivíduo não diplomado por alguma das Faculdades de Direito da República, não se pode, todavia, concluir senão pela nomeação de pessoa de notável saber jurídico e não de quem nunca gozou dessa reputação, nem há revelado sequer medíocre instrução em jurisprudência".[110]

Fechou-se o parecer com essa interpretação, única admissível, acentuando que, "conforme a Constituição, para ser alguém nomeado ministro do Supremo Tribunal Federal, não basta sòmente ser jurisconsulto, mas ainda é necessário ser notável por seu saber nas matérias sôbre que versam as funções do tribunal".

A despeito da clareza dêsse sábio entendimento, houveram por acertado os constituintes de 1934 afastar erronias e, pondo o preto no branco, preceituaram que os ministros da Côrte Suprema seriam nomeados pelo presidente da República, com aprovação do Senado Federal, "dentre brasileiros natos de notável saber jurídico e reputação ilibada", alistados eleitores, que não tivessem, salvo os magistrados, menos de trinta e cinco, nem mais de sessenta e cinco anos de idade.

110. FELISBELO FREIRE, *História Constitucional da República dos Estados Unidos do Brasil,* ed. Tip. Aldina, vol. III (Rio de Janeiro, 1895), pág. 230.

Outros magistrados têm sua nomeação dependente do assentimento do Senado Federal. Os juízes do Tribunal Federal de Recursos. O procurador geral da República. Os ministros do Tribunal de Contas. Também os membros do Conselho Nacional de Economia.

III. Atribuição política de não menor relevância, do ponto de vista político, é a do Senado Federal de suspender, no todo ou em parte, a execução de lei ou decreto declarados inconstitucionais por decisão definitiva do Supremo Tribunal Federal. Ou a de autorizar os empréstimos externos dos Estados, do Distrito Federal e dos Municípios.

IV. Inscrevia-se na competência privativa do presidente da República, pela Constituição de 1891, nomear os ministros diplomáticos, sujeitando a nomeação à aprovação do Senado. Providência foi esta justificada por ALEXANDRE HAMILTON, quanto a idêntico dispositivo constitucional norte-americano. A necessidade do concurso do Senado nèsse, como em outros casos, apresentou-se, e julgou poderosa, pôsto que secreta, como freio excelente contra o espírito de favoritismo do presidente. Tem por efeito impedir a nomeação de pessoas indignas, feita para atender a preconceitos de Estados, a laços de família, a amizades pessoais, ou em busca de popularidade. De resto, é fonte eficaz de estabilidade na administração. Não é difícil compreender que um homem, que tem sòzinho, ao seu dispor, a partilha de funções, se deixe guiar por suas afeições e seus interêsses privados, se não estivesse obrigado a submeter sua escolhas aos debates e aos votos dum corpo diferente e independente, corpo que é o de uma das câmaras da legislatura. A possibilidade da recusa é motivo poderoso para cautela nas proposições. O risco de sua própria reputação e, tratando-se de magistrado eletivo, por sua existência política, de deixar levar-se por espírito de favoritismo ou à custa ilegítima de popularidade, aos olhos de câmara cuja opinião exerce grande influência sôbre a opinião pública, não deixará de constituir uma barreira. Seria, de resto, vergonhoso e perigoso de propor, para as mais importantes ou as mais lucrativas funções, candidatos cujos méritos fôssem os de virem de Estados a que pertencesse o próprio presidente ou de serem seus parentes em qualquer grau ou de possuírem a insignificância ou maleabilidade para fazê-los instrumentos dóceis de sua vontade.[111]

Ademais dêsses motivos, que são de ordem a justificar a providência constitucional, tudo leva a crer que ela se inspirou em sentimento de ordem política, sobretudo no concernente à investidura dos magistrados e representantes diplomáticos, a fim de contrabalançar os ímpetos do presidente da República na orientação de sua política interna e externa.

Na ausência do Congresso Nacional, podia o presidente da República designar os nomeados em comissão, até que o Senado se pronunciasse. Bem poderia suceder que, no intervalo das sessões legislativas, houvesse necessidade premente de executar as nomeações, a bem do interêsse público.

O texto vigente exige a homologação do Senado Federal às nomeações dos chefes de missão diplomática de caráter permanente.

Tem-se mostrado o Senado Federal cioso dessa sua função política; e daí o sòmente ter votado a favor da investidura de embaixadores, ao final da sessão legislativa de 1953, depois de receber os candidatos e de ouvi-los, de molde a inteirar-se de suas posições políticas nas relações internacionais.

De resto, vem se mostrando o Congresso Nacional empenhado no exercício de suas funções com alta bravura, sobretudo depois que se ministraram às comissões de inquérito os meios para eficiência de sua ação.

A comissões especiais de inquérito.

109. Declarando harmônicos e independentes entre si, como órgãos de soberania nacional, o poder legislativo, o executivo e judiciário, a Constituição de 1891 evitou íntimos contactos entre o poder legislativo e o poder executivo. Impôs ao presidente da República, no art. 48,

---

111. A. HAMILTON, J. JAY & J. MADISON, *Le Fédéraliste (Commentaire de la Constitution des États-Unis)*, ed. Giard & Briere (Paris, 1902), pág. 635.

n. 9, a obrigação de dar conta anualmente da situação do país ao Congresso Nacional, indicando-lhe as providências e reformas urgentes, em mensagem, que remeteria ao secretário do Senado, no dia da abertura da sessão legislativa. Era por escrito que êle se comunicava com o Congresso Nacional. Não pessoalmente, quando mal nenhum haveria em que se apresentasse aos representantes do povo e ler-lhes, de viva voz, sua mensagem.

Quanto aos ministros de Estado, pelo dito no art. 51, êles não podiam comparecer às sessões do Congresso Nacional e só se comunicavam com êle por escrito. ou pessoalmente em conferências com as comissões das câmaras — a dos Deputados e o Senado Federal.

Em consequência da interdição, o mais que se obtinha a fim de prestar o poder executivo informes ao poder legislativo acêrca de projetos de lei em trâmite pelas duas casas dêste, eram informações escritas, nem sempre precisas e, na generalidade dos casos, insatisfatórias. Nessa estacada, não havia senão recorrer às conferências entre os ministros de Estado e as comissões parlamentares; mas essas mesmas constituíram raridade.

Que é essencial mais frequente entendimento entre os dois poderes, não padece dúvida; e o poder legislativo precisava então, como ainda agora, de meios que pudessem tornar eficiente o exercício de sua ação fiscalizadora da administração dos negócios públicos.

No intuito de atender a essa necessidade, a Constituição de 1934, adotou duas providências insignes. A primeira foi a de permitir que a Câmara dos Deputados e, por igual, o Senado, convocasse qualquer ministro de Estado para prestar perante ela informações sôbre questões prévia e expressamente determinadas, atinentes a assuntos do respectivo Ministério, importando a falta injustificada de comparência em crime de responsabilidade. A segunda foi a de tornar possível à Câmara dos Deputados, como ao Senado, criar comissões de inquérito sôbre fatos determinados, sempre que o requeresse a têrça parte, pelo menor, dos seus membros, aplicando-se a tais inquéritos as normas do processo penal, indicadas no regimento interno.

Não se aperceberam os parlamentares da arma que se lhes punha ao alcance das mãos. Nem mediram o alcance de suas projeções. Contribuíram para isso vários fatôres. Têm-se minguado os estudos do direito parlamentar, de um lado; e, de outro, às tentativas que se fizeram de criação das comissões de inquérito, opuseram-se obstáculos, a bem dizer intransponíveis, pela ação do govêrno na Câmara dos Deputados. Não que se não houvesse divisado como seriam de singular prestância para a ação fiscalizadora do poder legislativo. Data de 5 de agôsto de 1930 o projeto pioneiro do deputado João Santos dispondo sôbre a constituição de comissões parlamentares de inquérito das câmaras legislativas da União. Mas o que parece fora de contenda é que faltou lei que ministrasse a tais comissões meios que lhes assegurassem o prestígio e lhes dessem a certeza de êxito.

I. Coube à Constituição de 1946 resolver com firmeza o problema. Dispôs ela, com efeito, no art. 53, que "a Câmara dos Deputados e o Senado Federal criarão comissões de inquérito sôbre fato determinado, sempre que o requerer um têrço de seus membros"; e determinou que, no organizá-las, se observasse o critério da representação proporcional dos partidos políticos.

Ao discutir-se o dispositivo, na Assembléia Constituinte, prevaleceu a emenda de Gustavo Capanema, que foi adotada, pois que o anteprojeto previa a nomeação de "comissões técnicas ou de inquérito, com funções limitadas a prazos prefixados". Pareceu a Aliomar Baleeiro que a Câmara carecia "de meios coercitivos para executar diligências e providências outras", mas houve como impróprio da Constituição referir-se a lei de fim específico, quando ela própria podia criar 'leis especiais. Reputou supérfluo o dispositivo, salientando, todavia, que "a única parte útil do artigo é a que permite a instauração de tais inquéritos independentemente de votação, desde que requerida por um têrço da Câmara ou Senado".[112]

Com isso, em verdade, se deu ao problema a solução convinhável. Deixando de submeter ao voto do plenário a proposição destinada à criação de comissões de inquérito e, ademais, à apreciação da mesa quanto ao ser

---

112. José Duarte, *A Constituição Brasileira de 1946* (Rio de Janeiro, 1947), vol. II, pág. 91.

ou não objeto de deliberação, o texto constitucional deu, de verdade, a deputados e senadores instrumento insigne de fiscalização dos atos do poder executivo. Ainda assim ficaram êles a carecer dos meios coercitivos a que aludiu ALIOMAR BALEEIRO, e que não podiam tardar.

II. A lei complementar veio de projeto de PLÍNIO BARRETO — a de n. 1.579, de 18 de março de 1952. Assentou esta, de princípio, que as comissões parlamentares de inquérito, criadas na forma do art. 53 da Constituição, "terão ampla ação nas pesquisas destinadas a apurar os fatos determinados que deram origem à sua formação", tornando explícito que a sua criação "dependerá de deliberação plenária, se não fôr determinada pelo têrço da totalidade dos membros da Câmara dos Deputados ou do Senado". Interpretou-se, pois, o texto constitucional, eliminando dúvidas que poderiam aflorar com o só propósito de, senão evitar, ao menos retardar a adoção da medida, que pode ser até de caráter urgente. Basta, pois, que o têrço da totalidade dos membros da Câmara dos Deputados ou do Senado Federal delibere criar comissão parlamentar de inquérito, para que esta surja do seu ato de vontade, expresso em deliberação escrita e assinada. O dispositivo é preciso e categórico. Com essa medida salutar declarou-se a independência do poder legislativo e deu-se-lhe a autonomia, que lhe faltava, para o exercício de sua ação fiscalizadora dos negócios públicos.

Para o exercício de suas atribuições, "poderão as comissões parlamentares de inquérito determinar as diligências que reputarem necessárias e requerer a convocação de ministros de Estado, tomar o depoimento de quaisquer autoridades federais, estaduais ou municipais, ouvir os indiciados, inquirir testemunhas sob compromisso, requisitar de repartições públicas e autárquicas informações e documentos e transportar-se aos lugares onde se fizer mistér a sua presença".

Indiciados e testemunhas serão intimados de acôrdo com as prescrições estabelecidas na legislação penal; e, precisa é a lei, em caso de não comparecimento da testemunha sem motivo justificado, a sua intimação será solicitada ao juiz criminal da localidade em que resida ou se encontre, na forma do art. 218 do código do processo penal.

Padeceu o dispositivo seu primeiro embate judicial em caso dos mais escandalosos de aproveitamento dos dinheiros públicos. Diante da recusa de testemunha em comparecer a fim de depor em comissão parlamentar de inquérito solicitou esta ao juiz criminal competente que a fizesse intimar; e êste, diante da reiteração da recusa, lhe decretou a prisão administrativa. Originou isso *habeas corpus,* cuja concedência ensejou recurso para o Supremo Tribunal Federal, que o cassou, por acórdão de 5 de agôsto de 1953".[113]

113. Relatado o feito pelo ministro MÁRIO GUIMARÃES, proferiu o eminente magistrado longo e exaustivo voto, adotado por unanimidade, nos seguintes têrmos:

"O advogado GALBA MENEGALE requereu a um dos juizes criminais desta Capital ordem de *habeas-corpus* em favor de SAMUEL WAINER.

"Após haver, no despacho de fls., firmado a sua competência para conhecer do pedido, solicitou informações o magistrado à Comissão Parlamentar de Inquérito. Prestou-as esta mediante ofício que traz a assinatura do deputado CASTILHO CABRAL, na qualidade de Presidente da ilustre Comissão, ofício que passo a ler, resumindo-o.

"Esclarecendo melhor o seu pedido, na petição de fls., explica o impetrante que outro *habeas-corpus* contra o ato do juiz que decretou a prisão, também foi requerido, e corre seus trâmites normais. Juntou vários exemplares de jornais desta Capital. O Dr. Juiz de Direito concedeu a ordem, para isentar o paciente de responder as perguntas a que se refere o pedido e defendendo-o de vir a padecer qualquer sanção por parte da nobre Comissão coatora e por êsse motivo de recusa". A decisão foi fundamentada. Recorreu de ofício, pelo despacho de fls. É o relatório.

"Bem claro está que se não vai apreciar agora o *habeas corpus* requerido contra o despacho do Dr. Juiz de Direito da 7.ª Vara Criminal, despacho pelo qual foi ordenada a prisão administrativa do paciente. Dêsse houve recurso, encaminhado ao Egrégio Tribunal de Justiça do Distrito Federal e de sua decisão não tivemos ainda conhecimento oficial. Nem virá, sequer a nós, se, concedido, não fôr manifestado apêlo extraordinário.

"O de que se cogita presentemente, o que faz objeto do nosso exame, é o impetrado contra atos da Comissão Parlamentar de Inquérito, cuja atitude precedente, na opinião do impetrante, leva a presumir venha a praticar violência contra o paciente.

"Julgou-se o juiz da 24.ª Vara Criminal com poderes bastantes para decidir da legalidade ou ilegalidade do procedimento da ilustre Comissão; e traçou normas restritivas da sua maneira de atuar. Ao recorrer de ofício, determinou, porém, o ilustre magistrado a remessa dos autos a esta Côrte.

"Colocou-se, a meu ver, em situação contraditória: ou S. Exa. era competente, e nesse caso devera ter sido endereçado o

Prevendo as dificuldades que se anteporão à atividade das comissões parlamentares de inquérito, a lei configurou dois crimes: *a)* o de impedir, ou tentar impedir, mediante violência ou assuadas, o regular funcio-

recurso ao Egrégio Tribunal de Justiça do Distrito Federal, · ao qual incumbe rever os atos dos juízes de primeira instância: ou não se reputava tal e então, defeso se apresentava qualquer pronunciamento a respeito. Juízes de 2.ª instância só os somos nós nos têrmos do art. 101, n.º II, letra "c" da Constituição Federal, hipótese que não ocorre nestes autos.

"Certo é, entretanto, que cumpre deixar inicialmente assentado qual a autoridade judiciária a que compete prover, se acaso a aludida Comissão, ou qualquer outra em similares condições, extravasando da lei, vier a ferir ou a ameaçar direitos individuais, garantidos pela Constituição.

"Não tenho dúvidas em reivindicar, para esta Côrte, a competência originária. Reconheço que os textos legais não são expressos. Mais recentemente ainda, no julgamento do mandado de segurança n. 1.959 aceitou êste Tribunal, a sua competência para conhecer do pedido quando proviesse a violência de ato de qualquer das Câmaras do Poder Legislativo. Assim argumentou o notável aresto, que foi prolatado pelo Sr. Ministro Luiz Gallotti: "Se compete ao Supremo Tribunal conhecer do mandado de segurança contra ato da Mesa de uma Câmara Legislativa, competente também há de ser, por mais forte razão, já que outro Tribunal superior a êle não existe, para conhecer do pedido quando o ato impugnado é da própria Câmara". Ac. no Mandado de Segurança de n. 1.959 de 23 de janeiro de 1953.

"Ao vigor dessa lógica, demos todos nós integral adesão.

"Êste pedido de *habeas-corpus* estará nas mesmas condições? Ponderar-se-á, todavia, que lá se tratava de ato da Câmara, ao passo que a autoridade coatora, aqui, é apenas uma comissão.

"Não há distinguir, para êste efeito, entre Câmara e Comissão. A autoridade de que emana a violência, num · e noutro caso, é sempre o Poder Legislativo.

"Ainda que · êste tenha como função típica, exarada nas Constituições escritas, fazer leis, os constitucionalistas lhe assinalam outras de igual, ou quase igual importância: fiscalizar os serviços públicos a cargo do Executivo.

"Hauriou entende até, por essa razão, que o nome Poder Legislativo se tornou impróprio. Mais caberia — Poder deliberativo. Fischbach considera a função fiscalizadora como a primacial.

"Pero la misión fundamental del Parlamiento es fiscalizar la governación del país, representando los verdaderos intereses del pueblo frente a los perjuicios de la burocracia del Poder ejecutivo". V. Fischbach, *Derecho Politico General y Constitucional Comparado,* pág. 70, trad. espanhola. V. ainda Esmein, *Droit Constitutionnel,* pág. 508.

namento delas ou o livre exercício das atribuições de qualquer dos seus membros: pena — a do art. 329 do código penal; *b*) o de fazer afirmação falsa, ou negar ou calar a verdade como testemunha, perito, tradutor ou

"Nem se cuide que essa atribuição é exclusiva dos regimes parlamentares. V. quanto aos Estados Unidos, BEARD — *American Government*, 10.ª ed., págs. 148 e 164. Já a nossa Carta de 91, no art. 35 prescrevia: "Incumbe, outrossim, ao Congresso...

"1.º — Velar na guarda da Constituição e das leis, e providenciar sôbre as necessidades do caráter federal". Nesse artigo se apoiavam as Câmaras para dirigir pedidos de informações ao Executivo (v. AURELINO LEAL, *Teoria e Prática da Constituição Federal* e CARLOS MAXIMILIANO, *Comentários à Constituição de 91*), à semelhança de igual uso parlamentar dos Estados Unidos.

"Os pedidos de informação, as convocações de Ministros - - art. 54 da atual Constituição, e os inquéritos parlamentares — art. 53, são meios de que lança mão o Congresso para desempenhar as suas funções.

"...le droit de s'enquérir est inhérent à tout pouvoir qui délibère, qui vote, qui décide et qui, dans ce but même, a besoin de connaitre la vérité. Il serait illusoire que l'enquête ne se fit pas directement par le pouvoir qui a besoin de s'éclairer et qu'il fût obligé de la faire par l'intermédiaire d'un autre; celui-là seul peut instruire qui doit juger. Il serait contradictoire surtout qu'il recourût pour la faire au pouvoir qu'il surveille et qui peut-être est en cause devant lui". v. ESMEIN, *Éléments de Droit Constitutionnel*, vol. 2, pág. 509.

"Não são assim as comissões parlamentares de inquérito, um órgão distinto, criado pelo Congresso. São o próprio Congresso que, por motivos de economia e eficiência de trabalho, funciona com reduzido número de membros, conservando o aspecto representativo de sua totalidade, tanto que dessas comissões devem fazer parte elementos de todos os partidos — art. 53, parágrafo único da Constituição.

"Os Congressos são corpos numerosos. Com o aumento da população mundial vão assumindo proporções das assembléias gregas ou romanas. Se, para elaborar as leis já se encontram, por êsse motivo, em grandes dificuldades (BAGEHOT, há muitos anos, os acusava de tal defeito e os constitucionalistas franceses e italianos de hoje não lhes poupam críticas), como conceber-se que possam, diretamente, levar a cabo os trabalhos de uma investigação?

"Também os tribunais, para melhor desempenho de sua tarefa, se dividem em câmaras ou turmas. Quando uma dessas Câmaras profere decisão, em matéria de sua competência, se tem como certo que é o próprio Tribunal que se manifesta.

"Se, pois, a comissão se identifica com a Câmara; se, com o proceder ao inquérito, está a exercitar uma função da Câmara, a autoridade judiciária competente para conhecer das lesões aos direitos individuais que essa Comissão venha a cometer há de

intérprete, perante a comissão parlamentar de inquérito: pena, a do art. 342 do código penal.

Depois da Lei n.º 1.579, de 18 de março de 1952, foi que as comissões parlamentares de inquérito puderam orga-

ser a mesma admitida competente para conhecer das lesões praticadas pela Câmara.

"Não lhe altera o prestígio, nem lhe abate as atribuições o determinar o art. 5.º da Lei 1.579, que deve a comissão apresentar relatório de seus trabalhos à respectiva Câmara concluindo por projeto de resolução.

"Isso é lógico: A comissão investiga fatos. Tem, nesse mister, plena autonomia. Usa dos poderes que são privativos do Congresso. Terminada, porém, a fase indagadora, a sua missão está finda, e chega a vez de se concretizarem as conclusões. O relatório é indispensável, não como elemento de subordinação, mas como roteiro às autoridades. Se, para corrigir as faltas que apurou se tornar necessária lei, oferece a Comissão, com o relatório, o respectivo projeto — art. 41, § 5.º, do Regimento Interno. Se cumpre instaurar processos criminais, a Comissão remete cópia do relatório às autoridades judiciárias — § 6.º. Em nenhum texto da lei, entretanto, ou do Regimento Interno da Câmara dos Deputados, se cerceia, por qualquer forma a autoridade da comissão, fazendo-a depender do plenário, durante a fase do inquérito. A comissão é, pois, no encargo que lhe está afeto, tão prestigiosa como o Congresso. Tão soberana, como êste, dentro dos preceitos constitucionais.

"Acolhida, por conseguinte, a preliminar levantada pela autoridade coatora, conheço do recurso de ofício, mas, apenas para anular a decisão por vício de competência, e passo, se assim o entender o Tribunal, a manifestar-me originàriamente sôbre o pedido.

"Consistem no seguinte os atos de violência de que se arreceia o paciente:

a) em obrigá-lo a Comissão a depor como testemunha, quando, na verdade, êle é indiciado;

b) em constrangê-lo a declarar os nomes de pessoas que lhe fizeram empréstimos, quando os nomes dessas pessoas estão amplamente divulgados pela imprensa;

c) em exigir-lhe respostas a perguntas que versam sôbre operações particulares e não têm relação direta e necessária com o objeto do inquérito.

"Se o paciente é indiciado, e não testemunha, inquirindo-o a Comissão nesta segunda qualidade, terá cometido um êrro de técnica, do qual não resultará, porém, ofensa ao direito de locomoção do paciente. É exato que constitui crime, nos têrmos do art. 4.º, n.º II, da Lei n.º 1.579, de 18 de março de 1952, punido com as penas do art. 342 do Código Penal — fazer afirmação falsa ou negar ou calar a verdade como testemunha, perito, tra-

nizar-se e funcionar livremente, à revelia do poder executivo e sem que pudesse êste opor-lhe obstáculos.

III. Pareceu a COSTA PEREIRA que sòmente com a existência de verdadeiros partidos políticos conseguiria

dutor ou interprete, perante a comissão parlamentar de inquérito"; e essa penalidade não pode ser estendida aos indiciados, porque as leis penais não se interpretam com amplitude. Como se efetua, porém, a imposição da pena?

"De plano, pela própria comissão de inquérito, sem ordem nem figura de juízo? Evidentemente, não. As comissões de inquérito não têm funções punitivas. Não julgam. São meramente inquiridoras. Abrem inquéritos. Não fazem processos. Do contrário, invadiriam atribuições do judiciário.

"As comissões de inquérito sofrem, na órbita da sua atuação, as mesmas limitações que tem a Câmara a que pertencem — V. OTTMAR BÜHLER, *Comentários à Constituição Alemã de 1919*, trad. espanhola, pág. 64, e igualmente MAMEIN, obr. e loc. cit. É, também, o ensinamento de DUGUIT: "La commission d'enquête peut faire tous les actes qui lui permettent de connaître la manière dont fonctionnent les services publics; mais ellé ne peut taire aucun acte qui soit normalement et légalement de la compétence de fonctionnaires administratifs ou judiciaires. Cette proposition est la conséquence directe de ce que le pouvoir d'enquête dérive du pouvoir de contrôle. Il ne peut avoir plus d'entendue que lui". v. *Traité* vol. 4.º pág. 393. O Poder Legislativo não tem funções judicantes. Não o podem ter as comissões. Alguns autores se referem a poderes judiciários, mas ùnicamente porque assiste a estas comissões competência para ordenar comparecimento de testemunhas. Não porque julguem. VEDEL explica: "On dit que ces commissions d'enquête ont des pouvoirs judiciaires. Ce n'est pas complètement exact car il ne leur appartient pas de décerner des mandats, de prononcer des inculpations, encore moins des peines. Mais l'obligation pour les témoins qu'elles citent de se présenter et de déposer répond partiellement à l'idée de "pouvoir judiciaire" (v. *Droit Constitutionnel*, pág. 415.

"Desde que se iniciou a prática de inquéritos parlamentares — e o primeiro, ao que informa ANSON, surgiu na Inglaterra, em 1689 — dúvidas se têm suscitado sôbre os poderes destas comissões e sôbre os meios coercitivos de que se podem servir.

"Na Inglaterra, embora fôssem autorizados a convocar testemunhas, não tinham direito de lhes deferir juramento — v. TODD, *Gouvernement Parlamentaire dans l'Anglaterre*, trad. franc., vol. II, pág. 152. Daí resultava que não era obrigatório depor com verdade. Passou então a Coroa a conferir, em cada caso, à comissão poderes de receber juramento. Hoje se aplicam penas severas. Na França, onde os inquéritos entraram em uso desde 1830, também se entendeu sempre que não podia a testemunha ser equiparada, para os efeitos penais, às testemunhas que depõem em juízo. A situação precária em que se faziam êsses

o Congresso Nacional conquistar sua independência; e que "não se tendo realizado as condições para que o Congresso se torne independente e possa cumprir eficazmente as suas funções de fiscalização e contrôle da administração,

inquéritos levou Trouillot a proclamar no Senado: "La stérilité de cette enquête (l'enquête sur l'affaire Rochette) atteste à elle seule l'insuffisance des moyens dont la chambre dispose pour arriver à la découvérte de la vérité. Ce ne sont pas seulement les investigations et les perquisitions directes qui lui sont interdites. Les témoins peuvent, sans risques, refuser de se présenter devant les délégués, taire la vérité, la fausser, même sous la foi du serment, tout cela sans qu'aucune sanction pénale intervienne pour seconder un pouvoir qui est cependant constitutionnellement placé au-dessus de tous les autres et pour l'aider dans une tâche qui touche souvent aux plus grandes intérêts publics". *Apud* Duguit, vol. 4.°, pág. 398. Há, todavia, nessas palavras um tópico que Duguit contesta, e com razão — a de ser o Legislativo poder superior aos outros. Provendo a êsse mal, a lei francesa de 23 de março de 1914 cominou multas aos recalcitrantes, reformadas pela de 1950.

"A Bélgica adotou, desde logo, pela lei de 3 de maio de 1880, uma legislação minuciosa e perfeita, para o tempo. O art. 9.° consignava a pena de prisão para a testemunha ou perito que não comparecesse ou que faltasse à verdade, e o art. 10 determinava que, verificada a infração, fôssem os autos ao Procurador Geral, para proceder como de direito.

"Essa é, mais ou menos, a orientação de nossa lei.

"As comissões de inquérito, entre nós, foram estatuídas pela Constituição de 34 — art. 36. Comentando-o, ensinava Pontes de Miranda que "as comissões de que cogita o art. 36 não podem invadir as atribuições judiciárias ou disciplinares".

"A Lei 1.579, de março de 1952, não contém dispositivo algum que conceda às comissões de inquérito poderes de aplicar penalidades. Apurando-se que o paciente faltou à verdade, será êle processado como se houvera, em qualquer caso comum, infringido o art. 342 do Cód. Penal, a que o dispositivo citado da Lei 1.579 faz remissão. Nesse processo, será, como é óbvio, assegurada ao paciente ampla defesa. Poderá êle alegar, para escusar-se da imputação, que o que disse disse-o suspeitosamente como réu, e não como testemunha. O juiz dará à sua explicação o valor que merecer.

"Que esta é a inteligência da lei expressa está no art. 47, § 6.° do Regimento Interno da Câmara dos Deputados: "Apurada responsabilidade de alguém por faltas verificadas, a Comissão enviará o relatório, acompanhado da documentação respectiva, e com a indicação das provas que poderão ser produzidas, ao juízo criminal competente, para processo e julgamento dos culpados".

"Se houvesse prova nos autos de que a ilustre Comissão, investindo-se de poderes que lhe não foram outorgados, pretende

é óbvio que o novo instituto, como instrumento do exercício daquelas faculdades, não haveria de ser utilizado ou seria empregado dèbilmente, em experiências de caráter anódino.[114]

sujeitar o paciente a qualquer constrangimento, eu não hesitaria em conceder o *habeas corpus.* Mas a Comissão se limitou a solicitar ao juiz providências no sentido de tornar efetivo o comparecimento. Isso ela podia fazê-lo. Não só a lei, como a Constituição, lhe dão, como vimos, êsse poder. Extremadas ficaram, na Lei 1.579, atribuições da comissão e competência dos juízes. Determinar diligências, requerer convocação de ministros de Estado, tomar o depoimento de quaisquer autoridades federais, estaduais ou municipais, ouvir os indiciados, inquirir testemunhas sob compromisso, requisitar de repartições públicas e autárquicas informações e documentos, tudo isso, pelo art. 2.º da Lei 1.579, é cometido à comissão. Já ficóu assentado que, se nessas atribuições se exceder, e violar direitos individuais, compete-nos cuidar da reparação.

"Obrigar as testemunhas faltosas a comparecer, cominar-lhes a pena devida, processá-las e puni-las, se houveram omitido a verdade, é da alçada do Judiciário. Nesse caso, já não será chamada esta Côrte a pronunciar-se porque se processarão as infrações como quaisquer outros crimes.

"Dentro das lindes traçadas, não encontro, pois, ato ilegal praticado pela comissão de inquérito, de que tenha resultado ou venha a resultar violência contra o paciente.

"Alude êle a perguntas sôbre assunto que deva calar, e que não tem relação direta com o objeto do inquérito.

"Se as perguntas forem impertinentes, o paciente não é obrigado a respondê-las. Nem perante os magistrados são os réus ou testemunhas obrigados a responder a tôdas as questões. Mas certo deve estar que não é o seu arbítrio o juiz dessa impertinência. Para castigá-lo do silêncio, em face de perguntas legais, comina a lei a pena de um a três anos de prisão, além da multa.

"Não se há de olvidar também que o depoimento das testemunhas ou do indiciado sôbre um fato há de abranger não só os elementos do fato em si mesmo como circunstâncias anexas que o expliquem. Assim, se se acusa alguém de ter recebido de um Banco certa quantia, e êsse fato é negado pelo réu, é natural que se interrogue então de quem houve êle os haveres que possuí. São circunstâncias que se entrelaçam e que servem de aclarar o tema principal. Não será êsse quesito exorbitante das boas normas de processo, assim criminal como civil.

"Por tôdas as razões expostas, indefiro o pedido de *habeas corpus,* havendo, em consequência, como nula a ordem concedida pelo juiz singular".

114. AGUINALDO COSTA PEREIRA, *Comissões Parlamentares de Inquérito,* ed. "Asa" Artes Gráficas S. A. (Rio de Janeiro, 1948), pág. 11.

Nem só da existência de partidos adviria ao Congresso Nacional a independência necessária para que pudesse servir-se do instituto das comissões de inquérito satisfatòriamente. Outras condições seriam de mistér. Entre essas a de poder constituí-las sem o apoio governamental. Partidos existem e abundantemente. A despeito de seus males institucionais e das contingências políticas, tanto que lhes foi possível instituir comissões de inquérito por efeito da simples manifestação de sua vontade, delas se serviram e desempenharam a sua função pública com galhardia e denôdo, pondo à mostra o descaminho dos dinheiros da nação. Se o govêrno não os acoroçoou e, podendo impedi-los, não os evitou; e se, denunciados e comprovados, não cuidou de responsabilizar os culpados — isso demonstra não que o novo instituto é ineficiente, senão que os costumes decaíram sobremodo e a indiferença se apoderou dos espíritos, desiludidos com o suceder de casos verdadeiramente indecorosos, que os inquéritos parlamentares têm revelado.

As comissões dêles incumbidas, terminados seus trabalhos, manda a lei que apresentem à respectiva câmara circunstanciado relatório, concluindo por projeto de resolução.

Resolução, na terminologia parlamentar, é a deliberação destinada "a regular as matérias de caráter político ou administrativo sôbre que deva a câmara manifestar-se"; e a que pode resultar do relatório final da comissão é sempre de caráter político.

Tem-se tentado delimitar o campo de ação das comissões de inquérito, em vista da generalidade do dispositivo constitucional. Prevê êste a criação delas "sôbre fato determinado", sem dizer nada quanto à natureza dêsse fato. Preocupou-se com isso, em artigo de imprensa, OTO PRAZERES; e deu por assentado, a seu juízo, que "a Constituição e as leis complementares indicam que aquêles *fatos determinados* que possam servir de base à criação de uma comissão de inquérito só podem ser fatos da competência do Congresso ou fatos em que possam, pela natureza da questão ou pela qualidade das pessoas nêle envolvidas, ser estudados e punidos pelo Congresso, estabelecendo êste ou usando o processo que está detalhado na lei de responsabilidade". Isso pôsto, concluiu que, "desde que o crime ou fato não se enquadra na lei de responsabilidade, não pode ou não deve haver comissão de inquérito parlamentar. Claro está, todavia, que podem ser responsabilizados todos quantos hajam dado mau emprêgo aos dinheiros públicos ou dêles se apossado criminosamente, no exercício de um cargo público. Todos êsses responsáveis são delegados, são nomeados e investidos nos cargos pelo presidente da República e cabe, portanto, o inquérito para verificação se agiram por impulso ou resolução própria ou por ordem superior. Depende do inquérito a apuração do culpado real ou efetivo".

Porque as comissões se qualificam "de inquérito" pode parecer, como a OTO PRAZERES pareceu, que elas sòmente se possam instituir para apuração de crimes de responsabilidade, dessarte praticados pelo presidente da República, por seus ministros ou por seus delegados e até se disse que os *fatos determinados,* a que o texto alude, serão "estudados e punidos pelo Congresso", quando a êste cabe apenas estudá-los e não punir.

Bem mereceu o problema a análise de antigo monografista. Pode dar-se, observou RENÉ DEGOMMIER que, no mais das vêzes, o relatório apresentado pela comissão de inquérito contenha conclusões precisas, que se formulem em projeto de lei ou em projeto de resolução. Do projeto de lei, nada há a dizer, porque cabe na competência da câmara, que o discutirá na forma regimental. Do projeto de resolução, porém, há o que examinar, pois ela pode ter por objeto aprovar ou censurar medidas tomadas pelo govêrno em tal ou qual circunstância: e nisso não se tem mais que o exercício regular do direito de fiscalização reservado às câmaras sôbre o poder executivo. A resolução, de resto, pode ter por finalidade indicar ao govêrno a maneira de ver da câmara a propósito de matéria que seja de sua atribuição própria e convidá-lo a usar de seus poderes de molde a atingir-se tal ou qual escopo. E a questão torna-se delicada desde que toque no princípio da separação dos poderes legislativo e executivo. Tem o govêrno, com efeito, a iniciativa de sua política exterior e interior; e a Câmara não deve pretender substituir pela sua a ação do poder executivo: ela tem o direito de fiscalização e de crítica e não o de comando.[115]

Resulta dessa passagem que a missão das comissões parlamentares de inquérito não será apenas a do desvendamento e denúncia da prática de crimes de responsabilidade. Seria isso restringir o que o texto constitucional dotou de amplitude, de molde a permitir a abertura de inquéritos parlamentares com o objetivo da apuração dos defeitos, dos males e até dos abusos de certos serviços públicos a fim de reformá-los, quando de competência do poder legislativo, ou de sugerir ao poder executivo as medidas adequadas.

No trabalho já referido de OTO PRAZERES, chegou o publicista a três conclusões: *a*) as comissões de inquérito parlamentar sòmente devem ser criadas quando o fato motivante se enquadre na competência do Congresso pela natureza do fato ou pelas qualidades funcionais das pessoas; *b*) se apurado fôr que o crime é só de responsabilidade, a comissão proporá ao plenário que seja seguido o processo da lei de responsabilidade; *c*) se o apurado indicar que houve crime comum, o processo será remetido ao judiciário para o julgamento próprio.

IV. Não pode a lei federal certamente criar comissões de inquérito nos Estados e nos Municípios. Evidente é isso. Podem criá-las, porém, as leis estaduais e municipais e mesmo as Assembléias Legislativas e as Câmaras Municipais. Criando-as, não lhes assiste competência para estabelecer as normas processuais indispensáveis para a eficácia da ação daquelas comissões. Não lhes assiste essa competência, por ser privativa do Congresso Nacional.

Imbuído dêsse pressuposto, projeto de lei apresentou-se à Câmara dos Deputados, na sessão legislativa de 1953, pelo deputado HERBERT LEVY, perceituando que "às comissões de inquérito, criadas pelas Assembléias Legislativas dos Estados ou pelas Câmaras Municipais, por deliberação plenária, se não forem determinadas pelo têrço da totalidade de seus membros, aplicar-se-ão, nos

---

115. RENÉ DEGOMMIER, *Les Enquêtes Parlementaires*, ed. Morris Père & Fils (Paris, 1899), pág. 104.

respectivos Estados ou Municípios, os dispositivos da Lei n. 1.579, de 18 de março de 1952".

Os dispositivos aplicáveis são, em primeiro lugar, os de natureza processual; e, em segundo lugar, os que definem crimes e estabelecem penas.

Nessa matéria, só a lei federal é válida, pois os Estados e os Municípios não podem legislar sôbre ela.

Tocou aquêle projeto em ponto essencial — o da finalidade dos relatórios das comissões. Quando, estabeleceu, "quando os relatórios, quer das Comissões parlamentares de Inquérito, quer das Assembléias Legislativas, quer das Câmaras Municipais, concluírem pela prática de atos previstos e punidos como crimes pelas leis penais, serão apresentados em duas vias, sendo uma encaminhada, conforme o caso, ao Procurador Geral da República, ao Procurador Geral do Estado ou ao Promotor Público da Comarca para o início da ação penal".

Esta é providência que por si mesmo se justifica. Mas o projeto foi além e prescreveu que "não apresentada a denúncia dentro de três meses, caberá a iniciativa da ação penal a qualquer cidadão no gôzo dos direitos politicos, comprovado por seu título eleitoral".

Estabeleceu-se caso específico de ação popular, em face de inércia do representante do Ministério Público, a fim de supri-la, prestigiando, dêsse modo, o regime democrático, de molde a ser possível reforçar a política benemérita da apuração das responsabilidades.

V. Sobrepaira, ao cabo, a importância dos inquéritos parlamentares em face dos desmandos administrativos e dos assaltos aos dinheiros públicos, vindos a lume por via de indiscrições de uns e de denúncias aos jornais, sem providência do presidente da República.

Pela Resolução n.º 314, de 1953, constituiu a Câmara dos Deputados comissão de inquérito sôbre operações de crédito realizadas entre o Banco do Brasil S. A. e emprêsas de publicidade falada e escrita. Chegado a têrmo, pela Resolução n.º 456, de 1953, determinou ela que se remetesse "cópia dos documentos e depoimentos constantes do inquérito realizado pela referida comissão, ao Juízo Criminal do Distrito Federal, para o processo e julgamento dos responsáveis pelas faltas verificadas, apontadas nos aludidos relatórios e conclusões".

Encontrados entre os autores de tais faltas dois deputados, um dos quais filho do presidente da República, entendeu o órgão do Ministério Público que, sendo a denúncia a inicial da ação penal, se tornava necessária a prévia licença da Câmara dos Deputados para o processo contra aquêles dois parlamentares. Solicitada aquela licença pelo Juízo de Direito da Oitava Vara Criminal, sôbre ela teria que manifestar-se a Comissão de Constituição e Justiça da Câmara dos Deputados.

Relator designado, o deputado DANIEL DE CARVALHO ministrou parecer [116] estudando o problema nos seus vá-

---

116. O parecer, publicado no *Diário do Congresso Nacional*, de 23 de abril de 1954, é dêste teor:

I — EXPOSIÇÃO

I. *Pedido do Juízo Criminal* — Atendendo cota do órgão do Ministério Público, o Juízo da 8.ª Vara Criminal solicitou da Câmara dos Deputados licença para processar os deputados EUVALDO LODI e LUTERO VARGAS. Entende o Ministério Público que sendo a denúncia a inicial da ação penal, torna-se necessária a licença-prévia para denunciar os referidos deputados, protestando pelo aditamento da denúncia oferecida contra os demais indiciados no inquérito realizado pela Comissão Parlamentar constituída pela Resolução 313-53 da Câmara dos Deputados. Acrescenta que lhe parece deva justificar à Câmara os atos delituosos praticados pelos aludidos deputados, embora a rigor estivesse dispensado "pelo minucioso relatório da douta Comissão de Inquérito que, se não capitula os fatos, os deixa, porém, bem esclarecidos".

II. *Cota da Promotoria da Justiça* — Fundamentando o pedido de licença, diz a Promotoria Pública:

> "Quanto ao Deputado EUVALDO LODI, sua participação naqueles fatos delituosos, objeto da investigação parlamentar narrados na denúncia, cinge-se, tão só, na infração frontal do inciso II do art. 4.º da Lei n.º 1.579, de 18 de março de 1952.

> De fato, comparecendo à Comissão de Inquérito, criada na forma da lei, declarou e reafirmou o Sr. EUVALDO LODI ao depor a fls. 854:

>> "...que nada conversou com o deputado ALUÍZIO ALVES nem com qualquer outra pessoa a respeito de entendimentos com o Sr. Presidente da República quanto ao empréstimo feito ao jornalista Samuel Wainer" (sic. fls. 854, 2.º vol).

rios aspectos; e a Comissão de Constituição e Justiça houve por bem assentar que o seu parecer seria conclusivo, num ou noutro sentido, assim como que a votação se daria por votação secreta.

Entretanto é o seu par o nobre deputado ALUÍZIO ALVES, que depondo à mesma douta Comissão refere:

"...que o deputado EUVALDO LODI não pediu ao depoente nenhuma reserva a respeito da conversa que tivera com o Sr. Presidente da República, no tocante ao financiamento da "Última Hora" por parte do referido Dr. LODI, apenas declarou o Dr. LODI ao depoente que omitiria esta circunstância, isto é, da conversa com o Sr. Presidente da República no seu pronunciamento perante a Câmara, caso fôsse convidado a depor" (fls. 1.534 — 3.º vol.).

E conclui:

"Evidentemente a intenção, predeterminação do deputado EUVALDO LODI em omitir à Comissão aquela palestra que manteve com o Excelentissimo Senhor Presidente da República, constitui fora de dúvida uma das formas do crime previsto no art. 4.º inciso II da lei citada, pois calou a verdade quando inquirido a respeito."

Existem no inquérito da Comissão Parlamentar alusão a atos do deputado EUVALDO LODI, como financiador no negócio da Erica e como protetor da Editôra "Última Hora" S. A., com a qual o SESI assinou um contrato de publicidade no total de 9 (nove) milhões de cruzeiros (Relatório da Comissão Parlamentar, pág. 18 do avulso).

Mas, o Ministério Público não achou matéria para incriminação a não ser no silêncio do deputado no tocante a uma conversa por êle entretida com o Sr. Presidente da República.

O nosso exame há de, pois, cingir-se aos estritos têrmos do pedido de licença que tão sòmente objetiva o processo pelo crime de falso testemunho.

"Quanto ao deputado LUTERO VARGAS, continua a cota, sua responsabilidade penal nos fatos narrados na denúncia calcados no inquérito parlamentar se nos apresenta com as roupagens da co-autoria naqueles crimes praticados pelo acusado Samuel Wainer.

Basta que, em rápido esfôrço se recapitule a atividade do Sr. Deputado LUTERO VARGAS nas emprêsas do "grupo Samuel Wainer", ou seja, quando se tornou o intermediário entre o acusado Samuel Wainer e o industrial Francisco Matarazzo Jr.; quando se tornou acionista da Rádio Clube do Brasil com 3.007 ações (fls. 1.699)

O inquérito, de que se trata, iniciou-se por via de resolução do plenário da Câmara dos Deputados. A comissão especial, que o dirigiu e processou até final, compôs-se de deputados. Pela publicidade, que os fatos que

que afirma lhe terem sido dadas de favor pelo acusado Wainer; quando emprestou o seu aval sabendo que não poderia honrá-lo, premunindo-se de uma ressalva do próprio credor; quando recebeu ordens de pagamento no Banco Ítalo-Belga emitidas em seu nome e do acusado Samuel Wainer.

Dificilmente, se encontrarão, em matéria de co-autoria, indícios mais certos e seguros de uma atividade pessoal desenvolvida para a realização de um fim colimado.

Por outra parte, se essa atividade não enseja a caracterização de uma figura delituosa singular, como v. g. — menciona o relatório a "exploração de prestígio" (não configurada porque neste crime — art. 332, Cód. Penal — o prestígio é uma simulação, pois, inexistente), o certo é que esta atividade se absorve na co-autoria, tal como a prevê o art. 25 do Código Penal vigente.

Demais, sem que se chegue a rigor excessivo, é flagrante que as evasivas e explicações dadas pelo Sr. deputado Lutero Vargas à Comissão, quanto a sua atividade (avalizando letras, recebendo ordens de pagamento) — de um simples "aval de favor" meramente "moral" e de ser testemunha daquelas operações, não deixam de por si só constituir informações falsas contrariadas pela prova dos autos e por princípios elementares de direito e até, de bom senso.

Não tenho dúvidas, e isso o demonstra a prova documental de inquérito, que o Sr. Deputado Lutero Vargas, que à sua qualidade de um ilustre parlamentar reúne a de ser também filho do eminente Presidente da República, contribuiu com o seu esfôrço ou favor pessoal à obtenção daquele "favoritismo" oficial, da nossa instituição de crédito bancário oficial — O Banco do Brasil — às emprêsas lideradas pelo acusado Samuel Wainer.

É co-autor, tal como acentua o Código Penal de 1940".

Segundo a denúncia, o Sr. Samuel Wainer está incurso nas penas do art. 3.º, ns. V e VIII, da Lei n.º 1.521, de 26 de dezembro de 1951, combinado com o art. 196, n.º III, do Código Penal, dispositivos legais que transcrevo:

"Lei sôbre crimes contra a Economia Popular (Lei n.º 1.521, de 26 de dezembro de 1951):

Art. 3.º, V — Vender mercadorias abaixo do preço de custo com o fim de impedir a concorrência.

VIII — Exercer funções de direção, administração e gerência de mais de uma empresa ou sociedade do mes-

iam ser investigados tiveram, assim pela imprensa, como pelos debates públicos através da televisão, sabido era, de ciência certa, que nêles se encontravam envolvidos alguns deputados; e êstes foram chamados à barra da comissão investigadora a prestar seus depoimentos.

> mo ramo de indústria e comércio com o fim de impedir ou dificultar a concorrência.
>
> Código Penal, art. 196: Comete o crime de concorrência desleal quem:
>
> III — Emprega meio fraudulento para desviar em proveito próprio ou alheio clientela de outrem."

Está também, o Sr. Samuel Wainer incurso no art. 4.°, n.° II, da Lei n.° 1.579, de 18 de março de 1952 que dispõe:

> "Art. 4.°, II — Fazer afirmação falsa, ou negar ou calar a verdade como testemunha, perito, tradutor ou intérprete, perante a Comissão Parlamentar de Inquérito."

Infringiu ainda o mesmo indiciado, segundo a denúncia, o art. 168, incisos III, IV e VII do Dec.-lei n.° 2.627, de 1940 combinado com o art. 177, § 1.°, n.° III, do Código Penal.

A lei de sociedades anônimas (Dec.-lei n.° 2.627) no art. 168 declara incorrer na pena de prisão celular por um a quatro anos:

> "III — Os diretores, gerentes e fiscais que tomarem empréstimos à sociedade ou usarem de seus bens ou haveres em proveito próprio, sem prévia autorização da assembléia geral;
>
> IV — Os diretores ou gerentes que comprarem ou venderem por conta da sociedade as ações por ela emitidas, salvo as permissões expressas em lei;
>
> VII — Os diretores, gerentes, fiscais, que por interpostas pessoas ou conluiados com acionistas, conseguirem a aprovação de contas ou pareceres."

O Código Penal no seu § 1.°, n.° III, do art. 177, incrimina:

> "O diretor, gerente que toma empréstimos à sociedade ou usa em proveito próprio ou de terceiros os bens ou haveres sociais sem prévia autorização da assembléia geral."

Finalmente, insere o Ministério Público no rol dos crimes imputados ao mesmo denunciado — o do arts. 171 e 177, § 2.°, n.° VI, da lei de sociedade por ações, combinado com o § 3.° do mesmo artigo e com o art. 51 do Código Penal.

Nenhum dêles, desde logo se diga, se lembrou de invocar as suas imunidades parlamentares, de molde a esquivarem-se ao interrogatório a que iam submeter-se, mais como indiciados do que como testemunhas. As

Código Penal, art. 171:

"Obter, para si ou para outrem, vantagem ilícita, em prejuízo alheio, induzindo ou mantendo alguém em êrro, mediante artifício, ardil ou qualquer outro meio fraudulento."

§ 2.º, n.º VI, art. 177:

"Incorre na mesma pena quem: Emite cheques sem suficiente provisão de fundos em poder do sacado ou lhe frustra o pagamento."

Para o órgão do Ministério Público seria o deputado Lutero Vargas co-autor de todos êstes crimes imputados ao Sr. Samuel Wainer. E para isso recordo o conceito de co-autor:

"Quem emprega qualquer atividade para realização do evento criminoso é considerado responsável pela totalidade dêle, no pressuposto de que também as outras fôrças concorrentes entravam no âmbito da sua consciência e vontade. Não há nesse critério de decisão do projeto senão um corolário da "Teoria da Equivalência das Causas", adotada no art. 11. - O evento, por sua natureza, é indivisível e tôdas as condições que cooperam para sua produção se equivalem" (Código Penal, Exposição de Motivos — da Co-autoria).

II — DISCUSSÃO

1) *Comentários sôbre o crime atribuído ao deputado* Euvaldo Lodi.

Por essa exposição se vê que o deputado Euvaldo Lodi é acusado ùnicamente do crime de falso testemunho, por omissão, no depoimento prestado perante a Comissão de Inquérito, e o deputado Lutero Vargas não só dêste delito, como de outros, sempre como co-autor dos eventos criminosos atribuídos ao Sr. Samuel Wainer.

Cumpre-nos, pois, em primeiro lugar, examinar o delito do art. 4.º, n.º II, da Lei n.º 1.579, de 18 de março de 1952, que dispõe sôbre as Comissões Parlamentares de Inquérito.

Art. 4.º, n.º 2, da Lei 1.579:

"Constitui crime fazer afirmação falsa, ou negar ou calar a verdade como testemunha, perito, tradutor ou intérprete perante a Comissão de Inquérito".

acusações, que sôbre êles recaíam, haviam sido já objeto de discussões no plenário da Câmara dos Deputados. Um dêles assomou à tribuna a fim de defender-se delas e livrar-se da inculpação, que se lhe atribuía. Aludia-se, inequivocamente, à prática de crime contra os dinheiros

A lei, como se vê, apenas estendeu aos inquéritos feitos pelas Comissões Parlamentares o dispositivo do art. 342 do Cód. Penal, que cogitava de depoimentos prestados em processo judicial, policial, administartivo ou em juízo arbitral. O crime de perjúrio ou falso testemunho era considerado crime grave no direito romano e germânico. Com êste caráter entrou nas Ordenações do Reino (L. V, tít. 54), que o punia, conforme os casos, com a morte, açoites, degrêdo perpétuo ou temporário. A lei vigente pune êste crime contra a administração pública com a pena de reclusão de 1 a 3 anos e a multa de Cr$ 1.000,00.

2) *Comentários sôbre os crimes atribuídos ao deputado* LUTERO VARGAS *(Dificuldade de extremar a responsabilidade da irresponsabilidade em tema de co-autoria).*

Convém logo notar que o Código Penal vigente aboliu a distinção clássica entre autores e cúmplices, entre participação principal e acessória, entre auxílio necessário e auxílio secundário para a ação ou omissão criminosa.

Considerando que o crime é indivisível e são solidàriamente responsáveis quantos contribuírem para a ocorrência da lesão ou do perigo de lesão do bem penalmente tutelado — coloca na mesma situação os que o antigo Código Penal de 1890 (nos arts. 17, 18, 19 e 21) separava em duas categorias — autores e cúmplices.

O Ministério Público pretende processar o deputado LUTERO VARGAS como, "co-autor naqueles crimes praticados pelo acusado, Samuel Wainer", e enumera em primeiro lugar, no rol dos delitos dêste, o do art. 4.º, n.º II, da Lei 1.579.

No crime de falso testemunho, porém, não pode haver co-autores — para usar a terminologia do vigente Código Penal inspirado na concepção indivisa —, ou autores e cúmplices (*socii criminis* e *socii in crimine*) —, segundo a terminologia do antigo — a não ser que um dos agentes haja instigado o outro à mentira, dado conselhos, prestado auxílio ou combinado com êle o falso testemunho. O ajuste, a determinação ou instigação e o auxílio de Samuel Wainer ao deputado LUTERO VARGAS ou dêste àquele para o falso testemunho, não emergem claramente do ventre dos autos. Haverá indícios, mas inexistem provas cabais.

Se ambos cometeram o crime de falsidade, cada um responde por si, por um crime autônomo, como autor.

No caso, porém, a Promotoria não diz isso, pois, apontando um só crime liga a êste como co-autor o deputado LUTERO e não

públicos, extorquidos de estabelecimento de crédito que, pôsto constituído como sociedade privada, do feitio da anônima, não passa de autêntica entidade autárquica federal.

seria lícito à Câmara emendar a classificação caso assim o entendesse.

Além disso, no tocante ao crime de falso testemunho, para procedência ou improcedência da denúncia ao deputado Euvaldo Lodi, esta em sua totalidade, e ao deputado Lutero Vargas, esta parcialmente — importa provar cumpridamente que ambos eram testemunhas no inquérito parlamentar e não eram indiciados quando foram chamados a depor.

Porque, na hipótese de se verificar que foram interrogados, não como testemunhas, mas como réus, desapareceria a figura do crime que só pode ser cometido por testemunha, perito, tradutor ou intérprete.

O interrogatório sempre foi considerado entre nós, como peça de defesa. Nêle o indiciado não está obrigado a responder às perguntas, respondendo se quiser e não havendo de sua recusa desconsideração a quem quer que seja (arts. 186 e 188 do Código do Processo Penal).

A despeito das tentativas para transformar os interrogatórios do réu, de peças de defesa em atos de instrução, ainda prevalece no direito brasileiro o *nemo tenetur se detegere*.

No direito americano, onde principalmente se foi buscar o exemplo para a prática das comissões de inquérito prevalece o mesmo princípio relativamente à *self-incrimination*.

A co-autoria nos demais crimes imputados ao Sr. Samuel Wainer depende de se elidir, manter, ou reforçar na instrução criminal a se instaurar, se fôr concedida a licença — os elementos de prova colhidos pela comissão de inquérito. Isso porque a Promotoria Pública afirma: "dificilmente se encontrará em matéria de co-autoria indícios mais certos e seguros de uma atividade pessoal desenvolvida para a realização de um fim colimado".

Esta é a maneira pela qual o órgão do Ministério Público vê a prova constante do inquérito parlamentar que tem por si uma presunção de valor. Não obstante, apresenta sempre grande delicadeza para o juiz a tese de provar se existe efetivamente co-autoria, isto é, verificar se o resultado da ação comum foi previsto e querido pelo partícipe ou se, ao contrário não escapou à previsão e à vontade dêste.

3) *Doutrina e prática da imunidade de processo criminal (a imunidade não protege o indivíduo mas o representante do povo no exercício da função legislativa).*

Duas concepções opostas se apresentam no campo da doutrina e da legislação para orientar a solução do problema do equilíbrio

O escopo da investigação para que se instituíra a comissão especial era indisfarçàvelmente para o desvendamento de atos delituosos e seu encaminhamento à justiça competente.

Oportuna teria sido a invocação de suas imunidades pelos deputados visados pela comissão, perante esta mes-

entre a necessidade de conservar a prerrogativa parlamentar como manto protetor da função legislativa e o imperativo da defesa social contra a criminalidade.

A primeira corrente preceitua que a autorização para o processo do deputado ou senador deve sempre ser negada, a menos que ocorram graves motivos notórios para concedê-la.

A segunda inverte a ordem estabelecida na primeira. Põe como regra o que nela é exceção, estatuindo que a licença para processar o deputado deve sempre ser concedida, salvo se houver razões evidentes e poderosos que determinem a recusa.

Històricamente não se pode negar o predomínio da primeira diretriz. Para assegurar a independência do Poder Legislativo, estava sempre alçado o broquel de amparo do representante do povo, a fim de protegê-lo contra as investidas do Executivo useiro em perseguir e castigar os parlamentares que resistiam às suas pretensões ilegítimas, profligavam seus erros ou defendiam idéias políticas contrárias às suas.

Compreende-se a atitude dos parlamentos antigos, alertas, em prol dos seus membros visados pelos monarcas que pùblicamente os ameaçavam de prisão ou efetivamente os encarceravam quando êles contrariavam seus intentos e desejos.

São conhecidos os episódios da luta do parlamento inglês com o rei até fins do século XVII, dos representantes guilhotinados na França durante o Terror, dos deputados realistas deportados pelo Diretório, e, posteriormente, dos Republicanos expulsos da França pelo Imperador. A justiça, a serviço da realeza, multiplicava então os processos e prisões, como meio de influir nas decisões das Assembléias Representativas.

Apesar dessas circunstâncias, a regra da negativa de autorização para prisão (*freedom from arrest*) e resguardo do representante contra manobras e violências feitas pelo Executivo para impedir sua ação no Parlamento, — jamais teve caráter absoluto. Sempre se admitiu, como exceção, o caso de prisão por *indictable offense* (acusação de crime sujeito a julgamento pelo júri) ou por desobediências às ordens de um Tribunal (*contempt*), como se pode ver em AUSON, *Loi et Pratique Constitutionelle de l'Angleterre,* (trad. franc., Paris, 1904, pág. 181).

A Constituição dos Estados Unidos exclui do privilégio parlamentar os crimes de *treason, felony or breach of peace*, traição, felonia ou atentado contra a tranqüilidade pública (art. 1.º, da Seção VI). Na prática, tem-se entendido que essas palavras incluem *all indictable offenses* e que, por conseguinte, a imunidade de prisão, salvo se ligada à liberdade de palavra, não se aplica aos

ma. Não são poucos os doutrinadores que sustentam abranger a imunidade parlamentar a deposição como testemunha; e o problema jurídico se teria levantado no momento propício.

processos criminais, mas sòmente aos processos cíveis, em que, aliás, aquela medida se apresenta com raridade.

OGG e RAY, num livro moderno e conhecido pela exatidão das suas assertivas, expõem:

> "Members of both houses have certain privileges and immunities, based on hardwon English usages, and aimed at protecting freedom of attendance, speaking and voting (*Introduction to American Government*, tenth ed., pág. 274).

A imunidade só protege a presença à Câmara e a liberdade de falar e votar.

E na página seguinte resume:

> "He (o membro de ambas as Casas do Legislativo) enjoys no exemption from the ordinary process of the criminal law" (ob. cit., pág. 275).

Por aí se vê que, ao contrário do que geralmente se supõe, a imunidade nos Estados Unidos é restritíssima e não cobre o campo dos processos criminais ordinárias.

A doutrina extrema da inviolabilidade da pessoa do deputado foi expressa no decreto da Assembléia Nacional Francesa de 23 de junho de 1769. Foi o seu apogeu. Já no ano seguinte a mesma assembléia decidiu que a inviolabilidade dos deputados não impedia aos tribunais de proceder a instrução por delitos cometidos pelos representantes *fora de suas funções*. Exigia-se, porém, autorização do Corpo Legislativo.

A Convenção abandonou esta diretriz e cancelou a imunidade parlamentar, por contrária ao "sagrado princípio da igualdade", e por importar em uma distinção injusta entre o representante do povo e os demais cidadãos (Decreto de 22 do Brumário, 12 de novembro de 1793). Desde então começou a ser discutido o fundamento do privilégio que só pôde ser mantido dentro dos limites da sua instituição, isto é, com a finalidade de essegurar a presença regular dos deputados no local em que devam desempenhar seus deveres parlamentares. Não se aplicava, como não se aplica até hoje, na Inglaterra, aos delitos comuns.

Depois da primeira grande guerra retoma certo prestígio.

A Constituição de Weimar, depois de firmar o princípio da impossibilidade da detenção ou processo de deputado, sem o consentimento da Câmara, acrescenta *Jedes Strafverfahren gegen ein Mitglied des Rechstags oder eines Landtags und jede Haft oder*

HISTÓRIA DO DIREITO CONSTITUCIONAL BRASILEIRO

Objetar-se-ia quanto à incabida da argüição, mercê de sua impropriedade, por se não ter em andamento processo criminal, incompatível, de resto, com as atribuições e a competência da Câmara dos Deputados. O

sonstige Beschrankng seiner personlichen Freiheit, wied auf Verlagen des Hauses, dem der Abgeordnete angehort, fur die Dauer des Sitzngsperiode aufgehoben. Em vernáculo: "Qualquer procedimento penal contra um membro do Reichstag ou do Landstag ou qualquer detenção ou outra restrição imposta à sua liberdade pessoal, será suspensa durante o período das sessões, quando o exija a Câmara a que o deputado pertença".

Explica-se o rigor dos democratas alemães em favor da liberdade dos representantes do povo, porque ainda eram vivas as recordações dos processos penais intentados por BISMARCK, freqüentemente, contra os deputados alegando calúnias ou ultrajes aos Ministros.

À medida, porém, que avançava a técnica das garantias constitucionais e o sistema de pesos e contrapesos para o equilíbrio entre os poderes Executivo, Legislativo e Judiciário, bem como, sobretudo, a influência da opinião pública no contrôle dos atos, quer do Parlamento, quer do Executivo — a primeira corrente foi minguando e a segunda crescendo.

As doutrinas sofrem, como é sabido, o impacto dos acontecimentos e êstes mostravam de modo inequívoco, haver passado a época das violências do Poder Executivo contra os membros do Poder Legislativo, as quais se tornavam cada vez mais raras.

O que WADE AND PHILIPS, na sua obra *Constitutional Law* tão justamente acatada pela segurança dos conceitos, diz dos Estados Unidos, se aplica a todos os países da civilização ocidental.

The general history of the privilege show that the tendency has been to narrow its scope (ob. cit., 4.ª ed., pág. 114).

Efetivamente, a tendência é para restringir os casos da inviolabilidade parlamentar de modo que FABREGUETTES, no seu livro clássico, já pôde enunciar há mais de meio século a seguinte conclusão:

"Il ressort de tout cela que les senateurs et deputés ne sont pas en géneral, soustraits a l'application du Droit commun (*Traité des Délits Politiques,* 2.ª ed., Paris, 1901, tômo I, pág. 84).

Tem-se dito que a regra do nosso Parlamento é negar a licença. Não procede esta assertiva.

Examinando atentamente os precedentes legislativos em nosso país, durante o período republicano, chega-se à conclusão de que na maioria dos casos de crimes comuns, senão na totalidade, foi concedida a licença (casos GILBERTO AMADO, IRINEU MACHADO, ILDEFONSO SIMÕES LOPES e outros). Os deputados GILBERTO AMADO e IRINEU MACHADO se anteciparam ao pedido do Judiciário e requereram dispensa da imunidade parlamentar. A Câmara entendeu,

vêdo do texto constitucional é de serem os membros do Congresso Nacional processados criminalmente, sem licença de sua câmara. No caso, não caberia a alegação da imunidade; e não teria cabimento por dois motivos,

porém, que a prerrogativa não é do indivíduo e sim do deputado e da Câmara e o deputado não pode despojar-se dela a seu alvedrio. (Parecer AFRÂNIO MELO FRANCO "Diário do Congresso", julho de 1915, págs. 2.388). Nos crimes políticos, tem-se negado a licença para processar JOÃO MANGABEIRA, OTÁVIO SILVEIRA, ABGUAR BASTOS e DOMINGOS VELASCO, apesar de denunciados por crime político.

Estava estabelecida como praxe invariàvelmente seguida que a Câmara não pode pronunciar-se antes da requisição do Judiciário, salvo o caso de flagrante (*Anais* de 1900, vol. 3, pág. 61).

Negou, porém, na denúncia contra o Senador GLYCERIO e outros parlamentares injustamente envolvidos no atentado de 5 de novembro (assassinato do Marechal BITTENCOURT no Govêrno PRUDENTE DE MORAIS). Aí era evidente o propósito de afastar os parlamentares de suas funções, retirá-los da Câmara e do Senado onde eram necessários. A Câmara e o Senado não podiam ser coniventes, numa vindita de apaixonados adversários.

III — PRELIMINARES

1) *Licença necessária devido à conexão dos crimes.*

Exposta a questão submetida ao exame da Comissão de Justiça e da Câmara, como vem configurado no pedido de autorização para denunciar os deputados EUVALDO LODI e LUTERO VARGAS, cumpre, preliminarmente, abordar algumas teses defendidas com grande brilho na Imprensa e aceitas por alguns líderes políticos.

Tese de grande relevância porque nela se mesclam intimamente os problemas metajurídicos com os jurídicos — sustenta que, havendo conexão entre os delitos de que são acusados cidadãos que não gozam de imunidades e dois titulares dessa prerrogativa — não se pode conceber que o Judiciário fique habilitado a promover contra uns e impedido de agir contra outros. Realmente, quando ocorrem duas ou mais infrações praticadas por várias pessoas reunidas, por várias pessoas umas contra as outras — comumente a prova de uma infração ou de qualquer de suas circunstâncias elementares influi na prova da outra infração. Daí impor-se unidade de processo e julgamento.

Juridicamente, no caso vertente é possível cindir ou separar os deputados dos processos dos demais indiciados. Para não prejudicar a apuração completa da verdade, os parlamentares poderão prestar esclarecimentos como testemunhas.

Essa possibilidade jurídica não importa em desconhecer a inconveniência da medida sob outros aspectos fora da órbita do direito. Poder-se-ia até invocar a velha sentença de PAULO — *Non omne quod licet honestum est.* Aí se distingue nìtidamente o lícito jurídico do lícito moral.

dos quais um exclui o outro. O primeiro é que o deputado era convocado para depor perante comissão formada por seus pares, como delegada da sua câmara. O segundo é que se fazia simples investigação parlamentar, sem forma nem figura de processo criminal.

2) *Licença implícita na remessa do inquérito ao juízo criminal para processo e julgamento dos responsáveis.*

Sendo o inquérito parlamentar de iniciativa da Câmara e órgão inquiridor a própria Câmara, através de uma comissão inter-partidária, cujo relatório foi aprovado pelo plenário com a decisão de enviá-lo à Justiça para processo e julgamento dos responsáveis nas faltas verificadas — seria obrigatória a concessão da licença pedida pelo Judiciário?

A aprovação do relatório da Comissão Parlamentar cuja insuspeição não pode ser posta em dúvida — não importaria no pré-julgamento da licença?

Não estaria a concessão da licença implícita na requisição feita ao Judiciário para punir os culpados, apontados no inquérito feito na Câmara?

Pode a Câmara negar a licença depois de ter apontado ao Judiciário fatos delituosos e pedido a punição dos culpados?

Jurìdicamente não houve pré-julgamento, não houve prévia concessão de licença. Na técnica jurídica formal é lícito à Câmara conceder ou negar a licença ora solicitada. Uma das regras elementares da exegese constitucional é assim expressa correntemente nos Estados Unidos e vem na *Constitutional Law (Ruring case Law): one elementary rule is that, if possible, effect should be given to every part and every word, and that unless there is some clear reason to the contrary no portion of the fundamental law should be treated as superfluous* (Marbury y Madison e dezenas de outros casos).

Assente que nenhuma parte, nenhuma palavra da Constituição deve ser tratada como supérflua e se deve dar efeito a cada parte e mesmo a cada vocábulo da Carta, salta aos olhos a falta de fundamento jurídico na suposição de uma concessão implícita de licença.

Em assunto de tal gravidade que joga com as prerrogativas e garantias do Poder Legislativo, não se pressupõem autorizações implícitas ou tàcitamente compreendidas. São indispensáveis deliberações tomadas com tôdas as cautelas e manifestas em têrmos expressos e categóricos. A Constituição exige que uma resolução de tal natureza seja tomada por votação secreta (art. 43) e a resolução em aprêço foi tomada em sessão pública e até por meio de votação nominal (*D. Congresso Nacional,* Suplemento de 11 de dezembro de 1953, pág. 18).

Esta possibilidade jurídica, como a anterior, não significa se deva subestimar a importância dos antecedentes lembrados e o

Não surgiu o problema naquele momento. Os deputados envolvidos nos fatos aquiesceram à convocação e submeteram-se ao inquisitório.

Chegados a têrmo os trabalhos da comissão especial, elaborou ela o seu relatório final, sem qualificar crimes,

valor dos fatôres políticos e morais capazes de influir em deliberações desta natureza.

3) *Votação secreta da licença.*

O texto constitucional (art. 43) exige a votação secreta nas eleições, na aprovação das nomeações de Ministros do Supremo Tribunal, do Procurador Geral da República, de Ministros do Tribunal de Contas, do Prefeito do Distrito Federal, dos Membros do Conselho Nacional de Economia e dos Chefes de Missão Diplomática de caráter permanente, bem como nos julgamentos das contas do Presidente da República, na apreciação dos vetos apostos nos projetos enviados à sanção, na deliberação sôbre o estado de sítio decretado no período de recesso do Parlamento, na suspensão das imunidades parlamentares durante o estado de sítio e também na concessão de licença para o processo de deputado ou senador (arts. 63, n.º I, 66, n.º VIII, 70, § 3.º, 211 e 213 e 45, § 2.º).

O voto secreto, originário da Austrália, cedo avassalou os países da Europa, o Canadá e os Estados Unidos. RUI BARBOSA o inscreveu como um dos pontos essenciais da sua Plataforma lida no Politeama Baiano a 15 de janeiro de 1910. A Argentina o adotou em 1912, e Uruguai em 1917.

A revolução de outubro de 1930 inscreve a sua instituição no Brasil nas contas do seu ativo. Mas antes dela já ANTÔNIO CARLOS o ensaiara em Minas.

Desde que foi consagrado na Constituição como base do nosso sistema eleitoral, começou a ser recomendado para outros casos porque "faz supor maior liberdade na manifestação dos votos".

Daí a sua adoção na Carta para os casos já mencionados.

Não há negar que os Regimentos Internos da Câmara e do Senado e os conjunta da Câmara e do Senado, ainda não disciplinaram bem a matéria.

Funcionei, porém, mais de uma vez, em comissões incumbidas de examinar vetos presidenciais e elaboramos relatórios sem conclusão. Entendíamos, como entendemos, que, para cumprir o preceito constitucional devíamos nos abster de declarar se o veto deve ser mantido ou rejeitado. Seria isso a quebra do sigilo exigido na Carta. Quebrou-se esta praxe da última deliberação sôbre o veto presidencial (sessão de 8 do corrente, publicado no *Dário do Congresso*, de 9 dêste), mas foi, a meu ver, menos acertada a mudança de orientação.

Também no caso da licença para processar os deputados como a Constituição impõe a votação secreta creio que a missão da comissão jurídica é de exposição de fatos, dos antecedentes da

nem definir responsabilidades; e a Câmara dos Deputados, conhecendo do relatório, resolveu encaminhá-lo ao presidente da República e ao procurador geral da República, para os fins de direito.

doutrina e da legislação para qua a Câmara se sinta suficientemente esclarecida para votar de acôrdo com o fôro íntimo de cada um.

Temos de ficar no campo da técnica e das leis asseguradas pelo Poder Público, não invadir o terreno dos princípios da Moral e da Política ou das leis de obrigação livre, não sancionadas pela coação. mas reconhecidas pela consciência de cada um, pela mentalidade esclarecida das elites e pela intuição do povo.

Concluir o relatório sôbre o caso em exame com a proposta de concessão ou recusa da licença deprecada, seria. a meu ver, ferir dispositivo constitucional e obrigar a membros da comissão a dar um voto a descoberto quando a Carta exige voto secreto.

IV — CONCLUSÃO

1) *Importância da votação do plenário em face dos antecedentes.*

TEMÍSTOCLES CAVALCANTI, ao comentar o art. 45 da Constituição, salienta a delicadeza da função do Legislativo relativamente à licença constitucional:

> "Função sem dúvida delicada que se deve atender, de um lado à necessidade de manterem-se as prerrogativas parlamentares e, de outro, ao decôro da própria Câmara que não deve acobertar com excessiva benevolência a responsabilidade de seus membros."

E adiante:

> "A apreciação dessa conveniência não pode e não deve, entretanto, colidir com preceitos superiores de Justiça nem acobertar uma impunidade, o que seria profundamente odioso, privilégio inconcebível em um regime democrático" (T. CAVALCANTI, *A Cons. Fed. Com.*, vol. II, pág. 34).

No caso presente, mais delicada ainda a função da Câmara se torna em face da circunstância de se fundar a denúncia em inquérito parlamentar ordenado pela própria Câmara, realizado por Comissão composta de deputados, remetidos por decisão do Plenário, o Relatório e as Conclusões desta ao "Juízo Criminal do Distrito Federal, para processo e julgamento dos responsáveis pelas faltas verificadas, apontadas nos aludidos Relatório e Conclusões". Nesse inquérito parlamentar, a Justiça Criminal encontra elementos para denunciar oito cidadãos, dois dos quais de deputados referidos. A resolução da Câmara sôbre a concessão da licença para o pro-

Tomou o Ministério Público a iniciativa, que lhe cabia, qualificando os crimes e denunciando os seus autores, entre os quais dois deputados. Para o processo dêstes era indispensável a prévia licença de sua câmara, nos têrmos do art. 45 da Constituição.

cesso contra os seus dois membros indiciados, é, sem dúvida alguma na doutrina constitucional, uma decisão eminentemente política, vale dizer, soberana, livre de censura judiciária. Por ser *política*, justamente, entretanto, é que a decisão da Câmara no caso em aprêço mais deverá atender aos imperativos do momento nacional que exigem se faça completa luz num negócio que, pelo seu colorido e escândalo, causou no país profunda emoção. Tarefa dificílima, será distinguir, na espécie, perante o supremo juiz político que é o Povo, a situação dos deputados da dos demais indiciados já denunciados, máxime tendo-se em vista que um dos deputados é apontado como co-autor dos crimes atribuídos a réu despido de imunidades parlamentares.

As comissões parlamentares de inquérito não cabe classificar crimes ou sugerir punições, é a lição de BIAYS sustentada pelo deputado TANCREDO NEVES, atual Ministro da Justiça, ao relatar o inquérito sôbre a C. C. P., em relatório aprovado pela Resolução n.º 362-A de 1953 da Câmara dos Deputados. A Comissão Parlamentar que realizou o inquérito ora *sub judice* adotou a mesma doutrina, como se vê do Relatório: investigou e informou. Em projeto de Resolução n.º 456-53, propôs a remessa ao Juízo Criminal para processo e julgamento dos responsáveis pelas faltas apuradas, apontados (os responsáveis) no Relatório e Conclusões.

Cumpre notar, e é circunstância importante para a discussão dos efeitos da aprovação da Câmara dos Deputados à proposta de remessa do inquérito ao Juiz Criminal — que a Comissão Parlamentar de Inquérito conforme consta do final do Relatório, não só distinguiu as espécies — crimes cuja apuração foi objetivada pela Resolução 313, ou seja os ligados às transações entre o Banco do Brasil e as emprêsas do grupo Wainer, e os crimes das testemunhas, vale dizer, os crimes praticados contra a Comissão investigadora — como, também se dividiu no tocante à submissão ao voto do Plenário da Câmara a remessa do inquérito ao Judiciário.

Com relação aos crimes da primeira espécie, os crimes diretamente objetivados pela Resolução 313 — a Comissão seguiu a lição de NESTOR MASSENA, no tocante à necessidade do pronunciamento do plenário da Câmara sôbre o destino do inquérito, contra o voto do Presidente da Comissão, deputado CASTILHO CABRAL, que, repetindo seu entendimento quando presidente e relator da Comissão Parlamentar que realizou o inquérito contra a C. C. P. (Proj. de Res. 362-A, de 1953), sustentava a tese da competência da própria Comissão para determinar a remessa *direta* ao Judiciário, independentemente do pronunciamento da Câmara.

Com relação aos crimes contra a Comissão, crimes cometidos pelas testemunhas, capitulados no art. IV, n.º II, da Lei n.º 1.579,

Solicitada, devia concedê-la a Câmara dos Deputados?

Sim, sem dúvida. Em primeiro lugar, porque o processo-crime resultou de investigação realizada pela Câmara dos Deputados. Se os fatos, que investigou, fo-

de 1952, a tese do presidente Castilho Cabral foi vitoriosa, embora contra os votos dos deputados Leoberto Leal, Ulisses Guimarães e Napoleão Fontenele. Ressalvou, porém a Comissão que a remessa de representação diretamente ao Judiciário seria feita "salvo determinação em contrário da Câmara". Esta ressalva fica melhor esclarecida no tópico do cap. IX do Relatório (pág. 68 do avulso), no qual se lê que a "determinação em contrário da Câmara, *seria provocada, porventura, por requerimento de qualquer deputado no sentido da volta do Projeto de Resolução à Comissão para a inclusão neste da matéria acima referida*".

No exato sentido acima não surgiu a emenda prevista. Surgiu, porém, a emenda n.º 4, de autoria do deputado Brochado Rocha, propondo a volta do Projeto à Comissão para que esta, *usando dos elementos colhidos* ou realizando novas indagações conclua se os deputados Euvaldo Lodi e Lutero Vargas cometeram crime, incidiram em perda de mandado ou estão sujeitos a outra sanção, cuja aplicação seja de competência da Câmara dos Deputados". Em sua 62.ª Sessão, a Comissão opinou contràriamente à emenda (*D. Congresso,* 10-12-53, pág. 5.442).

Em primeira votação, em plenário, o presidente da Comissão, deputado Castilho Cabral, pretendeu mesmo, em questão de ordem, exclui-la do pronunciamento da Câmara, por inadmissível, mas o presidente Nereu Ramos decidiu contràriamente, por entender que se tratava de uma questão de direito, e não de uma questão regimental (*D. Congresso,* 11-12-53, pág. 5.501). E posta em votação, foi essa emenda rejeitada (*D. C. N.* suplemento, 11 de dezembro de 1953, pág. 18).

Da decisão da Câmara, nesse passo, duas conclusões se extraem: primeiro, a Câmara adotou o princípio de Biays, segundo o qual não cabe às comissões parlamentares de inquérito classificar infrações ou sugerir punições; segundo, não se pronunciou formalmente sôbre a culpabilidade dos deputados Euvaldo Lodi e Lutero Vargas, circunstância esta que exclui a permissão implícita para o processo contra êstes seus membros, que a muitos parece resultar da aprovação da remessa do inquérito ao Juízo Criminal para o processo e julgamento dos responsáveis pelas faltas apuradas, apontadas no relatório e conclusões. Na verdade os deputados Lutero Vargas e Euvaldo Lodi estão apontados no relatório como participantes dos fatos, mas, fiel à lição de Biays, a Comissão não classificou as infrações a êles atribuíveis.

Assim, a Câmara só agora, em face do pedido da Justiça Criminal para iniciar contra êles o processo competente, é que vai apreciar diretamente a situação dos referidos deputados.

Convém distinguir os casos. O deputado Lutero Vargas é apontado pela Justiça Pública como *co-autor* dos crimes atribuí-

ram de tanta repercussão nacional e de gravidade tão intensa, que ela se sentiu na necessidade de pesquisá-los, não lhe era lícito, em face do resultado positivo alcançado, cobrir com o manto da sua cumplicidade alguns

dos a Samuel Wainer, entre os quais figura também o definido no n.º II do art. 4.º da Lei n.º 1.579, crime praticado como testemunha. Já o deputado Euvaldo Lodi é apontado tão sòmente como autor de crime desta última espécie, seja por omissão da verdade ao testemunhar perante a Comissão. Com relação aos "crimes das testemunhas", a Comissão se reservou o direito de "representar" (no sentido do Código de Processo Penal) diretamente ao Judiciário, e essa reserva não lhe foi negada pela Câmara. Não houve posteriormente a referida "representação".

A comissão não mandou a representação porque a decisão da Câmara só foi tomada ao fim da sessão legislativa, sobrevindo as férias e o esgotamento do prazo de sua duração. Essa representação, se nela fôssem apontados como indiciados quaisquer deputados é que deveria ser precedida de pedido de licença à Câmara para o processo contra os deputados apontados. Não só por economia processual, como também porque não se compreenderia que uma comissão de deputados, pedisse processo contra seus colegas no Juízo criminal, sem pronunciamento prévio da Câmara que a instituiu.

Convém lembrar que a Comissão composta dos deputados Castilho Cabral, Frota Aguiar, Alencar Araripe, Guilherme Machado, Ulisses Guimarães, Leoberto Leal, Napoleão Fontenelle era uma Comissão interpartidária e se houve em todo inquérito cóm destemor e serenidade.

Na falta dessa representação, estaria o Promotor impedido de classificar os crimes cometidos por deputados em depoimento prestado perante a Comissão Parlamentar de Inquérito, *crime de ação pública,* patenteados no exame das provas constantes do inquérito?

Certamente que não. A Câmara entregou ao Judiciário todo o inquérito por ela feito e todos os documentos e provas por ela reunidos para que êle promovesse o processo e o julgamento dos responsáveis. Convém transcrever o inteiro teor da Resolução n.º 456, de 1953, para se ver o sentido e alcance do art. 2.º da mesma:

"A Câmara dos Deputados resolve:

"Art. 1.º — A Mesa remeterá cópia do Relatório e Conclusões da Comissão Parlamentar de Inquérito criada pela Resolução n.º 313, de 1953, para as providências cabíveis, ao Presidente da República, ao Procurador Geral da República e à Diretoria do Banco do Brasil.

Art. 2.º — A Mesa remeterá igual cópia acompanhada também de cópia dos documentos e depoimentos constantes do inquérito realizado pela referida Comissão ao Juízo Criminal do Distrito Federal, para processo e julgamento dos responsáveis pelas faltas verificadas, apontadas nos aludidos relatórios e conclusões".

de seus membros que contribuíram para que se pratiçassem. Em segundo lugar, porque, sendo diversos os autores dos crimes, que em mor parte não teriam sido praticados sem a coadjuvança daqueles deputados, seria incompreensivel que sòmente contra os não investidos

> Art. 3.º — Os autos do inquérito serão publicados no "Diário do Congresso Nacional", e afinal arquivados."

A promotoria não poderia excetuar nenhuma das pessoas que lhe parecessem estar implicadas como autores ou co-autores das infrações da lei penal que descobrisse no inquérito parlamentar. O que a Comissão Parlamentar de Inquérito não podia fazer, e não fêz por ser da competência do Judiciário, foi classificar os delitos.

2) *Parecer não conclusivo para não trazer nulidade à votação em prejuízo seja da Justiça seja dos indiciados.*

Não se profere nenhum julgamento ao se deliberar sôbre a licença. A denegação da licença não significa que a Câmara julgue o acusado extreme de culpa (PONTES, *Comentários à Constituição*, vol. 2.º, 2.ª ed., pág. 246).

A concessão não significa, de modo algum, que a Câmara reputou culpado o acusado.

Ao conceder a licença para o processo de IRINEU MACHADO, a Comissão de Justiça, no parecer de ANÍSIO ABREU, firmou a seguinte doutrina:

> "Concede licença para o processo do deputado IRINEU DE MELO MACHADO.
>
> . . . .
>
> Assim procedendo, não julga a Câmara, ou antes não prejulga, porque não entra no merecimento da causa e das provas que ainda não foram feitas completas e cabais pelos trâmites que a lei exige para um julgamento definitivo, não se investe precipitada e prematuramente por mero arbítrio de atribuições judiciárias, repugnantes, em princípio, à sua índole de poder essencialmente político para sentenciar, porque a sentença implica o processo — acusação e defesa — e estas ainda não se deram, tendo-se apenas esgotado a fase preparatória das pesquisas e investigações necessárias ao seu início.
>
> Concedendo a licença impetrada, a Câmara, satisfazendo a legítima ansiedade de defesa que domina o denunciado, reconhece, apenas — e é o bastante — que o pedido é sincero, que provém de uma justa causa, que não o determina móvel político de perseguição ou vingança.
>
> Trata-se de um crime comum, alheio completamente ao exercício do mandato político de deputado e a prerro-

das imunidades parlamentares prosseguisse a ação penal, o que certamente acontecerá.

A Câmara dos Deputados, recebendo os votos dêstes em cabina indevassável, como antes fôra deliberado, denegou a licença, que a Justiça lhe solicitava, para o processo criminal dos dois deputados que ela mesma resolvera que no cadinho daquele se depurassem.

> gativa de imunidade está prêsa e limitada às necessidades dêste" (Parecer n.º 94-1900, *Anais da Câmara dos Deputados*, vol. III, Sessões de 2 a 31 de julho de 1900, pág. 306).

Agora, a Comissão de Justiça apoiando embora a doutrina, não deve, segundo parece, chegar ao ponto de opinar que a Câmara conceda ou negue a licença, porque se o fizer, quebrará o sigilo do voto de seus membros.

Ora, a quebra do sigilo do voto é suscetível de trazer uma conseqüência, que tanto pode prejudicar a Justiça Pública, como aos indiciados, a saber, a nulidade do processo.

> "As votações são secretas, no caso do art. 43, são nulas; e o contrôle judicial é permitido, para decretação da inconstitucionalidade" (PONTES DE MIRANDA, *Constituição de 1946*, ed. Henrique Cohen, Rio de Janeiro, vol. 2, com. ao art. 43, pág. 27).

Com efeito, sob o regime da Constituição de 1891 sempre se entendeu que ao Judiciário cabia o exame dos dois outros poderes, quando argüidos de lesivos dos direitos individuais, pelos vícios de ilegalidade ou inconstitucionalidade.

O que se vedava ao Judiciário era entrar no mérito ou no julgamento dos motivos ou razões determinantes de tais atos. Jamais se negou, porém, ao Judiciário a faculdade de apreciar o aspecto formal da observância da Lei e, especialmente da lei máxima, a Constituição.

PEDRO LESSA, no livro clássico *Do Poder Judiciário*, fixou os princípios cardeais da doutrina nesta matéria e norteou a jurisprudência fixada pela nossa mais alta Côrte em numerosos acórdãos.

A Constituição atual reforçou êste mandamento com o dispositivo do § 4.º do art. 141 que preceitua:

> "a lei não poderá excluir da apreciação do Poder Judiciário qualquer lesão de direito individual."

Nem se diga que se trata de uma questão política porque as medidas políticas são discricionárias apenas no sentido de que pertencem à discrição do Congresso ou do Executivo nos aspectos de sua conveniência ou oportunidade, na apreciação das circunstâncias que possam autorizá-las. Entretanto, a discrição legislativa

A imunidade parlamentar é a coifa protetora dos deputados a fim de que não se vejam constrangidos pelo poder executivo ou mesmo por manobras que se desfechem no poder judiciário a fim de manietá-los no exercício de seus mandatos. Tem ela, por isso mesmo, que entender-se e praticar-se de inteira consonância com o dispositivo do art. 44 da Constituição, mercê do qual os deputados e os senadores são invioláveis no exercício do mandato, por suas opiniões, palavras e votos. A fim de exercer os seus mandatos com sobranceria e coragem, o dispositivo constitucional os imuniza contra a ação penal.

não pode exercitar-se fora dos limites legais ou constitucionais. Esta é a copiosa jurisprudência consagrada pelo nosso Egrégio Supremo Tribunal Federal nos casos que lhe têm sido submetidos ùltimamente, inclusive no caso da publicação do inquérito do Banco do Brasil (Parecer do Dr. LUIZ GALLOTI, Procurador Geral da República, *Arq. Jud.*, vol. 90, pág. 391 e acórdão do Sup. Trib. Fed. de 15-6-49, de que foi Relator o Ministro RIBEIRO DA COSTA, no *Arq. Jud.*, vol. 92, pág. 327; acórdão do Sup. Trib. Fed. de 22-2-51, de que foi Relator o Ministro LUIZ GALLOTI, *Arq. Jud.*, vol. 99, pág. 12).

Nestas condições, é imperioso tomar tôdas as cautelas para que o pronunciamento da Câmara seja escoimado de qualquer vício e não apresente nenhum ponto vulnerável à censura do Judiciário. O descumprimento de preceito claro da Constituição seria o calcanhar de Aquiles que viria possibilitar a almejada brecha para derribar o prestígio do Legislativo na opinião pública.

O êxito das comissões de inquérito, investindo corajosamente contra a onda de corrupção derramada sôbre o País, foi devido tanto à ombridade dos seus componentes quanto à constante vigilância posta no exato cumprimento da lei.

Erra quem convida a Câmara a aproveitar-se da omissão do regimento sôbre êste caso especial e aplicar o dispositivo atinente aos casos comuns (*de et quod plerunque fit*). Mesmo que houvesse texto expresso do Regimento em sentido contrário, jamais poderia prevalecer contra a determinação constitucional.

O pedido de licença foi feito por autoridade competente e está nos têrmos da Lei. Convém seja atendido ou negado sem demora porque o povo reclama se faça prontamente completa luz neste ruidoso processo que causou no País profunda emoção.

À vista do exposto, fôrça é alvitrar uma das seguintes soluções:

1 — Votar pùblicamente o relatório e submeter a decisão ao Plenário; ou

2 — Votar a Comissão por escrutínio secreto a concessão ou denegação da licença impetrada".

Pô-lo PONTES DE MIRANDA em relêvo. O parlamentar é livre. Por isso, "os chamados crimes de opinião não o alcançam, que os preceitos do código penal e de outras leis, sôbre manifestação do pensamento, até à tribuna não chegam. Se não se abre o processo é porque todo processo supõe regra de direito material que incida e se tenha de aplicar e, na espécie, não há exatamente regra de direito material. A lei material exclui o crime".[117]

Nesse particular, a emparelhar-se com a imunidade, tem-se a irresponsabilidade parlamentar. Se os deputados, na tribuna, acusam funcionários públicos da prática do crime de concussão, atribuem ladroices a fornecedores de repartições públicas, diretores de departamentos de desvios ilícitos do fundo sindical ou das taxas da indústria açucareira, ou incitam as classes à luta, ou injuriam particulares, êles não respondem criminalmente por êsses excessos tribunícios. Gozam de privilégio a um tempo chocante e necessário. Disse-o JULIEN LAFERRIÈRE. Chocante, por subtrair os parlamentares à regra elementar de justiça que exige de cada um o reparo do prejuízo injustamente causado a outrem e responda perante a justiça pelas infrações da lei penal que pratica. Abrigados por essa irresponsabilidade, observou o professor da Faculdade de Direito de Paris, aos parlamentares se consente que impunemente difamem, injuriem, caluniem os particulares. Dado lhes é violar livremente a lei penal, incitar à prática de crimes pelos quais serão condenados os que acaso se sugestionarem por seus incitamentos. Êles não padecerão nenhuma conseqüência, salvo as sanções benignas do regimento interno de sua câmara. Colocam-se dêsse modo os parlamentares acima da lei a que se submetem todos os cidadãos. Essa irresponsabilidade é necessária, tanto quanto a imunidade dos processos penais. Quando, porém, se trata de ato que não é peculiar ao exercício mesmo do mandato parlamentar inexiste a razão da imunidade. O que tem esta por objetivo proteger são sòmente os atos que os deputados e senadores têm que praticar a fim de preencher seu papel de membros do Parlamento. Não se benefi-

---

117. PONTES DE MIRANDA, *Comentários à Constituição de 1946*, Rio de Janeiro, ed. Henrique Cahen, vol. II, pág. 29.

ciam da imunidade, portanto, os crimes que possam cometer nos recintos parlamentares, as vias de fato com um colega ou com um jornalista.[118] Nem os crimes cometidos fora do Parlamento, na sua vida particular ou pública.

Pode-se concordar com êsse ensinamento, mercê de sua intuitiva procedência; mas nem sempre é o sentir das próprias câmaras, imbuídas do preconceito de serem a irresponsabilidade e a imunidade de seus membros mais delas do que dêles, de onde a perpetuidade daquela irresponsabilidade. Deputados e senadores não respondem por suas opiniões, atos e palavras, no exercício de seus mandatos, mesmo depois que hajam cessado.

Quando êles se excedem nos seus atos na vida pública e também na sua vida privada, de modo a invadirem a zona criminal, sem nenhuma correlação com o exercício de seu mandato, ainda assim as suas câmaras são ciosas de seu prestígio. Mui raramente desvestem seus membros do manto de suas imunidades, para que se defendam, como todos os cidadãos. Casos têm existido em que acedam às solicitações judiciárias por imposição dos próprios parlamentares, desejosos de se defenderem amplamente, e desde logo, a fim de mostrarem-se dignos de si mesmos, para gáudio do Parlamento e satisfação aos que os sagraram com os seus votos.

VI. Poder do mais alto significado conferido pela Constituição ao Congresso Nacional é o de tomar contas ao presidente da República.

Entre os deveres dêste, naquela se consignou o de prestar anualmente ao Congresso Nacional, dentro de sessenta dias após a abertura da sessão legislativa, as contas relativas ao exercício anterior.

Essas contas, porém, têm que, prèviamente, submeter-se ao exame do Tribunal de Contas; e êste, por seu turno, em prazo não mui restrito, que é de sessenta dias, deverá sôbre elas ministrar parecer.

Tem-se entendido que o Tribunal de Contas é delegado do Congresso Nacional e sua competência compar-

---

118. JULIEN LAFERRIÈRE, *Manuel de Droit Constitutionnel*, Paris, 1947, 2.º ed. Domat Montchestien, págs. 708 e 711.

tilha da dêste, por caber-lhe, principalmente, acompanhar e fiscalizar diretamente ou por delegações criadas em lei, a execução do orçamento. Essa é a sua função precípua, a despeito de lhe pertencer o julgamento das contas dos responsáveis por dinheiros e outros bens públicos, tanto quanto as dos administradores das entidades autárquicas, como ainda a legalidade dos contratos, aposentadorias, reformas e pensões.

Composto de ministros, êstes se nomeiam pelo presidente da República, depois de aprovada a escolha pelo Senado Federal.

Quando o presidente da República, no prazo da lei, não enviar suas contas ao Tribunal de Contas, comunicará êste o fato ao Congresso Nacional, para os fins de direito, apresentando-lhe minucioso relatório do exercício financeiro encerrado.

Nesse caso, pratica o presidente da República crime de responsabilidade.

Secção III

O PODER JUDICIÁRIO.

O organismo judiciário nacional.

110. Exerce-se o poder judiciário, nos têrmos da Constituição, pelos seguintes órgãos:

I, Supremo Tribunal Federal;
II, Tribunal Federal de Recursos;
III, Juízes e tribunais militares;
IV, Juízes e tribunais eleitorais;
V, Juízes e tribunais do trabalho.

Recorda êsse esquema, ao primeiro lance, a complexidade do organismo judiciário, de amplitude muito maior que os das Constituições anteriores.

De muita simplicidade, a Constituição do Império preceituava que o poder judicial era independente e compor-se-ia de juízes e jurados, os quais teriam lugar assim no cível, como no crime, nos casos e pelo modo que os códigos determinassem. Na capital do Império, além da Relação, que devia existir, assim como nas Províncias, haveria também um tribunal denominado — Supremo Tribunal de Justiça, composto de juízes letrados, tirados das Relações, por suas antiguidades, e condecorados com o título do Conselho.

Seriam perpétuos os Juízes de Direito, o que todavia não impediria que pudessem ser mudados para outros lugares pelo tempo e maneira que a lei determinasse. Podia o Imperador suspendê-los, por queixas contra êles feitas, precedendo audiência dos mesmos Juízes, informação necessária, e ouvido o Conselho de Estado. Mas só por sentença perdiam os seus lugares.

Proclamada a República federativa, com a queda do Império, em 1889, tornou-se o problema mui diferente e de maior amplitude.

Os cinco órgãos do poder judiciário, referidos linhas atrás, são os componentes do poder judiciário federal. Não se olvide todavia que embora o art. 36 da Constituição Federal estabeleça que são poderes da União, ou seja da Nação, o legislativo, o executivo e o judiciário, independentes e harmônicos entre si — dentro dela e formando seu sistema planetário geográfico, administrativo e político, existem os Estados e os Territórios, e, dentro daqueles e dêstes, os Municípios, à ilharga o Distrito Federal.

Organizam-se os Estados à imagem e semelhança da União, regendo-se pela Constituição e pelas leis que adotaram, observados os princípios estabelecidos na Constituição Federal, que lhes reservam todos os poderes que implícita ou explìcitamente não lhes vede. São, por isso, autônomos; e devem prover às necessidades de seu govêrno e de sua administração, cabendo à União prestar-lhes socorro em caso de calamidade pública.

Têm os Estados, para proverem às suas necessidades de govêrno e de administração, como a União, os três poderes, independentes e harmônicos — o executivo, exercido pelos Governadores, eleitos pelo sufrágio universal e direto, secreto o voto; o legislativo, pelas Assembléias Legislativas, compostas de deputados, igualmente eleitos; e o judiciário, pelos Tribunais de Justiça e de Alçada, onde e quando criados, e pelos Juízes de Direito, em primeira instância.

Nos Territórios, os Governadores são delegados do Presidente da República, como o Prefeito do Distrito Federal; e neste, como naqueles, existem Tribunais de Justiça e Juízes de Direito, em primeira instância, de conformidade com a lei federal.

Nos Municípios, jurisdicionam os Tribunais de Justiça e os de Alçada, bem como os Juízes de Direito, que são juízes e tribunais dos Estados ou dos Territórios, pois que inexiste o poder judiciário municipal. É que o chão dos Municípios é o mesmo chão dos Estados e dos Territórios, do mesmo modo que o chão de todos os Estados e dos Municípios, mais o do Distrito Federal, formam o conteúdo territorial da União.

A Constituição do Império do Brasil, de 25 de março de 1824, estatuindo, em seu primeiro artigo, que o Império era a associação política de todos os cidadãos brasileiros e que êstes formavam nação livre e independente, que não admitia com qualquer outra laço algum de união, ou federação, que se opusesse à sua independência, dispunha que o seu território se dividia em Províncias, na forma em que então se achavam, as quais poderiam subdividir-se, como pedisse o bem do Estado.

"O território", doutrinou PIMENTA BUENO, "o território do Império não constitui sòmente a sua mais valiosa propriedade; a integridade dêle é de mais a mais não só um direito fundamental, mas uma dogma político. É um atributo sagrado de seu poder e de sua independência; é uma das bases primordiais de sua grandeza interior e exterior".[119]

Resulta, pôsto a Constituição Federal não o houvesse dito explìcitamente, por implícito, que o território, em que os Municípios, o Distrito Federal, os Territórios e os Estados exercem seus poderes e jurisdição, é da Nação — é o território nacional. Dentro dêle essas pessoas jurídicas de direito público interno exercitam os poderes que a Constituição Federal, explícita ou implìcitamente não lhes vedou; e, entre êsses poderes, os Estados exercitam o poder jurisdicional.

As garantias constitucionais dos membros do poder judiciário.

111. No que, desde logo, se distinguiu o poder judiciário da República do poder judiciário do Império, foi nas garantias que aquela conferiu aos magistrados até agora subsistentes.

Cabendo aos Estados ditar as regras de sua organização judiciária, em consonância com as contingências locais, cuidou a Constituição Federal de definir os direitos e garantias dos juízes, quer federais, quer estaduais. Nesse particular, assentou os três princípios cardiais da magistratura: *a*) o da *vitaliciedade* — os juízes não podem perder os cargos senão por sentença judiciária; *b*) o da *inamovibilidade* — os juízes não podem ser afastados de suas

119. JOSÉ ANTÔNIO PIMENTA BUENO, *Direito Público e Análise da Constituição do Império*, vol. I (Rio de Janeiro, 1857, pág. 21, n. 6.

comarcas ou das cadeiras dos tribunais senão quando ocorra motivo de interêsse público, reconhecido pelo voto de dois terços dos membros efetivos do tribunal superior competente; *c*) o da *irredutibilidade dos vencimentos* — os juízes não podem ter diminuídos seus vencimentos, embora sujeitos aos impostos gerais.

O princípio da vitaliciedade não se estende, todavia, e obrigatòriamente, aos juízes com atribuições limitadas ao preparo dos processos e à substituição de juízes julgadores, salvo após dez anos de contínuo exercício no cargo.

O princípio da inamovibilidade não se choca com o da aposentadoria compulsória aos setenta anos de idade ou por invalidez comprovada e o da facultativa após trinta anos de serviço público, contados na forma da lei. A aposentadoria em qualquer dêsses casos, tem que decretar-se com vencimentos integrais.

A linha termeira da atividade dos juízes.

112. Garantindo, por tal forma, a independência dos juízes, a Constituição Federal houver por bem traçar a linha termeira de sua atividade, de molde a não a comprometer — o verso e o reverso da medalha; e, assim, expressamente lhes vedou: *a*) o exercício, ainda, quando em disponibilidade, de qualquer outra função pública, salvo o magistério secundário e superior e os casos pela própria Constituição previstos, sob pena de perdimento do cargo judiciário; *b*) o recebimento, sob qualquer pretexto, de porcentagens nas causas sujeitas a seu despacho e julgamento; *c*) a prática de atividade político-partidária.

Normas são essas de ética, que não perdem em ter ficado expressas no próprio texto constitucional; bem ao contrário, ganharam mais alto significado, a bem de juízes e de jurisdicionados.

O poder judiciário entre os poderes políticos da Nação.

113. Como o Poder Judiciário, assim na União, como nos Estados, é um dos "poderes" políticos, no mais alto sentido do vocábulo, não bastava alicerçar a independência dos juízes, mas urgia firmar a dos próprios tribunais.

Para êsse efeito, a Constituição Federal declarou de sua privativa competência: *a*) eleger seus presidentes e demais órgãos de direção; *b*) elaborar seus regimentos internos e organizar os serviços auxiliares, provendo-lhes os cargos, na forma da lei; e bem assim propor ao poder legislativo competente — o federal ou o estadual, a criação ou a extinção de cargos e a fixação dos respectivos vencimentos; *c*) conceder licenças e férias, nos têrmos da lei, aos seus membros e aos juízes e serventuários que lhes forem imediatamente subordinados.

§ 1.º

A JUSTIÇA DOS ESTADOS.

O federalismo e a dualidade de justiça.

114. Implantando o federalismo, tinha que criar-se, e isso aconteceu na Constituição de 1891, como decorrência natural do regime, mercê de sua prática norte-americana, a dualidade de justiça — ao lado da justiça federal, as justiças estaduais. Mas não foi só nisso. Cabia, então privativamente, ao Congresso Nacional legislar sôbre o direito civil, comercial e criminal da República "e o processual da justiça federal", e organizar esta justiça. Tocou aos Estados legislar sôbre o direito processual, tanto quanto estabelecerem os seus organismos judiciários.

Não se prevaleceram êles da grande faculdade, que se lhes outorgou. Podendo elaborar códigos de processo, quase todos adotaram a lei processual de 1850, que constituiu o cerne de que se aproveitaram, entre 1928 e 1930, os Estados que promulgaram os seus códigos de processo. Podendo organizar as suas justiças como mais lhes conviesse, mostraram-se, quanto a isso conservadores, e até tímidos. O exemplo e os modelos norte-americanos poderiam ter logrado imensa serventia. Nada disso aconteceu. "Nada pode", escreveu M. I. CARVALHO DE MENDONÇA, "nada pode contribuir para mostrar o absurdo das transplantações americanas, a inanidade dos esforços daqueles que procuram fazer da nossa federação um reflexo do que se passa na grande República do Norte. Lá a diferença e a variedade das organizações chegam a ponto tal que é quase impraticável dar-se uma informação exata. Tôdas as velhas instituições inglêsas ali foram reproduzidas com tôdas as variações, com todos os ansenúbios inspirados pelas exigências locais de territórios afeitos à vida independente".[120]

Depois de passar em rápida revista o aparelhamento judiciário de vários Estados norte-americanos, observou que "tudo isso contrasta com a uniformidade quase completa que prevaleceu no Brasil. A fôrça dos costumes imperou com tanta energia que cada Estado, organizando com plena autonomia a sua justiça, sem plano algum traçado pela União, sem a restrição do menor princípio constitucional, a justiça estadual apresenta apenas diferenças de detalhes insignificantes. Em todos dominam os princípios a que a sociedade brasileira estava habituada".

Essa fôrça tradicional tão penetrante fez-se sentir de maneira tão eloquente que se chegou, pela Constituição Federal de 1934, à unidade do direito nacional, tanto o substantivo, quanto o adjetivo. Por ela, ficou sendo da competência privativa da União legislar sôbre "direito penal, comercial, civil, aéreo e processual", ponto que a Constituição Federal de 1946, manteve, pois que também ela conferiu competência privativa à União para legislar sôbre "direito civil, comercial, penal, processual, eleitoral, aeronáutico e do trabalho".

Subsistiu na competência legislativa dos Estados a de legislarem sôbre organização judiciária.

A unificação da justiça de primeira instância e a competência legislativa dos Estados.

115. Neste particular, a Constituição Federal de 1946 não deixou de limitar a competência legislativa dos Estados. Êstes, prescreve ela, podem organizar a sua justiça, com observância dos três princípios aqui já expostos, mais os seguintes:

I. Serão inalteráveis a divisão e a organização judiciárias, dentro de cinco anos da data da lei que as estabelecer, salvo proposta motivada do Tribunal de Justiça.

---

120. MANUEL INÁCIO CARVALHO DE MENDONÇA, *O Poder Judiciário no Brasil*, (Curitiba, 1899), pág. 281.

II.   Poderão ser criados tribunais de alçada inferior à dos Tribunais de Justiça.

III.   O ingresso na magistratura vitalícia dependerá de concurso de provas, organizado pelo Tribunal de Justiça com a colaboração do Conselho Seccional da Ordem dos Advogados do Brasil, e far-se-á a indicação dos candidatos, sempre que possível, em lista tríplice.

IV.   A promoção dos juízes far-se-á de entrância para entrância, por antiguidade e por merecimento, alternadamente, e, no segundo caso, dependerá de lista tríplice organizada pelo Tribunal de Justiça.   Igual proporção se observará no acesso ao Tribunal, reassalvado o disposto no n. V, a seguir.   Para isso, nos casos de merecimento, a lista tríplice se comporá de nomes escolhidos dentre os juízes de qualquer entrância.   Em se tratando de antiguidade, que se apurará na última entrância, o Tribunal resolverá preliminarmente se deve ser indicado o juiz mais antigo; e, se êste fôr recusado por três quartos dos desembargadores, repetirá a votação em relação ao imediato e assim por diante, até se fixar a indicação.   Sòmente após dois anos de efetivo exercício na respectiva entrância poderá o juiz ser promovido.

V.   Na composição de qualquer tribunal, um quinto dos lugares será preenchido por advogados e membros do Ministério Público, de notório merecimento e reputação ilibada, com dez anos, pelo menos, de prática forense. Para cada vaga, o Tribunal, em sessão e escrutínio secretos, votará lista tríplice.   Escolhido um membro do Ministério Público, a vaga seguinte será preenchida por advogado.

VI.   Os vencimentos dos Desembargadores do Tribunal de Justiça serão fixados em quantia não inferior a setenta por cento do que recebem os Ministros do Supremo Tribunal Federal; e os dos demais juízes vitalícios com diferença não excedente a trinta por cento de uma para outra entrância, atribuindo-se aos de entrância mais elevada não menos de dois terços dos vencimentos dos Desembargadores.

VII.   Em caso de mudança de sede do juízo é facultado ao juiz remover-se para a nova sede, ou para comarca de igual entrância ou pedir disponibilidade com vencimentos integrais.

VIII.   Só por proposta do Tribunal de Justiça poderá ser alterado o número dos seus membros e dos de qualquer outro tribunal.

IX.   É da competência privativa do Tribunal de Justiça processar e julgar os juízes de inferior instância nos crimes comuns e nos de responsabilidade.

X.   Poderá ser instituída a justiça de paz temporária com atribuição judiciária de substituição, exceto para julgamentos finais ou recorríveis, e competência para a habilitação de casamentos e outros atos previstos em lei.

XI.   Poderão ser criados cargos de juízes togados com investidura limitada a certo tempo e competência para julgamento de causas de pequeno valor; e êsses juízes poderão substituir os juízes vitalícios.

XII.   A Justiça Militar estadual, organizada com observância dos preceitos gerais da lei federal, terá como órgãos de primeira instância os conselhos de justiça e como órgão de segunda instância um tribunal especial ou o Tribunal de Justiça.

O organismo judiciário dos Estados.

116.   Sob a égide dêsses princípios constitucionais, estruturou-se o organismo judiciário de cada Estado, com apenas algumas variantes de base.

Assim é que alguns (Bahia, Mato Grosso, Minas Gerais, Paraná, Pernambuco, Piauí, Rio Grande do Norte e Santa Catarina) instituíram a justiça de paz temporária, em Minas Gerais por eleição popular, conjunta com as dos vereadores municipais, nos demais Estados provida por nomeação governamental.

Outros (Amazonas, Goiás, Minas Gerais e Rio Grande do Norte) criaram juizados municipais, nos têrmos das comarcas.

Juizados distritais estabeleceram-se em dois Estados (Goiás e Rio Grande do Sul); e, igualmente, em dois (Bahia e Pará), erigiram-se pretorias.

Em todos os Estados, no entretanto, nas comarcas e cabeças de comarcas, existem os juizados de Direito e os Tribunais do Júri.

A variedade de composição numérica e divisional dos Tribunais de Justiça.

117. No alto da hierarquia judiciária de cada Estado tem-se o Tribunal de Justiça; e também no Distrito Federal. Compõe-se de juízes — os Desembargadores, em número variável de um para outro Estado. O menos numeroso é o de Mato Grosso, com sete membros; e o mais numeroso é o de São Paulo, com trinta e seis membros, por ventura o mais numeroso tribunal do mundo. Dividem-se alguns em turmas; e outros em câmaras.

Sendo o mais alto tribunal estadual, o Tribunal de Justiça decide os litígios definitivamente, em última instância. Permitindo o art. 124, n. II, da Constituição da República, a criação de tribunais de alçada inferior à dos Tribunais de Justiça, instituiu o Estado de São Paulo, pela Lei n.º 1.162, de 31 de julho de 1951, o Tribunal de Alçada, composto de quinze membros, nomeados pelo governador do Estado, mediante indicações do Tribunal de Justiça, dividido em duas secções — a civil e a criminal, cada uma com duas câmaras.

Entrou na competência do Tribunal de Alçada:

I, eleger seu presidente e demais órgãos de direção;

II, elaborar seu regimento interno;

III, organizar os seus serviços auxiliares, provendo-lhes os cargos, na forma da lei, bem assim propor ao poder legislativo a criação ou a extinção de cargos e fixação dos respectivos vencimentos;

IV, conceder, nos têrmos da lei, licença a seus membros e licença e férias aos funcionários de seus serviços auxiliares;

V, processar e julgar originàriamente: *a*) as ações rescisórias e as revisões criminais, nos processos de sua competência; *b*) os mandados de segurança contra atos do próprio Tribunal, suas secções, câmaras, presidente ou juízes, bem como dos juízes de primeira instância, sempre que, quanto a êstes, os atos impugnados se relacionem com causas cujo julgamento, em grau de recurso, sejam de sua competência; *c*) os *habeas-corpus* contra atos de juízes de primeira instância que se relacionem com causas cujo julgamento em segunda instância sejam da sua competência; *d*) os conflitos de jurisdição que surjam nas causas mencionadas no inciso seguinte;

VI, julgar em grau de recurso: *a*) os processos e seus incidentes, por crimes ou contravenções a que sejam cominadas penas de multa, prisão simples ou detenção, isoladas, alternadas ou acumuladas, bem como as medidas de segurança relacionadas com os mesmos processos; *b*) as causas cíveis e seus incidentes, quando de valor igual ou inferior a Cr$ 30.000,00, exceto as de falências e as relativas ao estado ou à capacidade das pessoas.

A justiça dos Estados é autônoma. Independe da justiça da União, ou federal. Princípio norteador do federalismo está na coexistência do poder judiciário federal com o poder judiciário estadual, de modo que cada qual exerça sua finalidade política sem subordinar-se êste àquele.

Um e outro são autônomos; e, de certo modo, soberanos, porque, dentro das respectivas esferas de competência, jurisdicionam definitivamente: as suas sentenças, dadas pelos juízes, quando irrecorríveis ou irrecorridas, tanto quanto os acórdãos proferidos pelos tribunais, constituem coisa julgada. É cânone constitucional que a lei não prejudicará o direito adquirido, o ato jurídico perfeito e a coisa julgada.

Não cabe, pois, à justiça federal nenhuma supremacia sôbre a justiça estadual.

Dispunha a Constituição de 1891 que, nos casos em que houvesse de aplicar leis dos Estados, a justiça federal consultaria a jurisprudência dos tribunais locais; e, vice-versa, as justiças dos Estados consultariam a jurisprudência dos tribunais federais, quando houvessem de interpretar leis da União.

Não subsiste o dispositivo na Constituição de 1946. Sobrevive, no entanto, o princípio, que é intuitivo, por dois motivos. É o primeiro que se diminuiu extraordinàriamente a competência legislativa dos Estados, adstrita quase que aos seus problemas de ordem administrativa. Naquele tempo podiam êles legislar até sôbre o direito processual. É o segundo que, deixando os tribunais dos Estados de observar a jurisprudência dos tribunais da União, tem cabida o recurso extraordinário para o Supremo Tribunal Federal.

Daquele texto constitucional não decorria que se subordinassem as justiças estaduais à federal ou esta

aquelas. Cada uma conhecia dos feitos de sua competência, como ainda agora, subordinada à regra do art. 18
da Constituição Federal, mercê da qual aos Estados se
reservam todos os poderes que por ela não lhes sejam
vedados implícita ou explicitamente.

Existem, por isso mesmo, como em parte ficou dito,
casos em que, das decisões da justiça estadual cabe recurso
para a justiça federal ou seja para o Tribunal Federal de
Recursos e para o Supremo Tribunal Federal.

Os casos de recursos para os tribunais federais.

118. Compete, nos têrmos do art. 101, n.º II da Constituição Federal, ao Supremo Tribunal Federal julgar em
recurso ordinário:

a) os mandados de segurança e os *habeas-corpus* decididos em última instância pelos tribunais locais ou federais, quando denegatória a decisão;

b) as causas decididas por juízes locais, fundadas
em tratado ou contrato da União com Estado estrangeiro,
assim como as em que forem partes um Estado estrangeiro
e pessoa domiciliada no país;

c) os crimes políticos.

Quando se instituiu o regime republicano, de dualidade,
a bem dizer paralela, de justiça, atribuiu-se aos juízes e
tribunais federais o processo e julgamento, entre outros,
dos pleitos entre Estados estrangeiros e cidadãos brasileiros; das ações movidas por estrangeiros e fundadas, quer
em contratos com o govêrno da União, quer em convenções
ou tratados da União com outras nações; e dos crimes políticos. Das decisões dos juízes ou tribunais dos Estados, nas
matérias de sua competência, que punham têrmo aos processos e às questões, havia recurso, das de *habeas-corpus,*
e recurso voluntário do interessado, para o Supremo Tribunal Federal.

Desde que, pela Constituição atual, de certo modo se
suprimiram os juizados federais, unificando-se a justiça,
as matérias, acima referidas, passaram a ser da competência da justiça estadual, mas com recurso ordinário para o
Supremo Tribunal Federal.

A despeito da independência dos juízes e tribunais dos
Estados, agora mais do que antes assegurada por disposi-

tivos de ordem constitucional federal, sempre houve o receio de que a influência dos governos estaduais se pudesse exercer em casos de essência política, gravitando em tôrno dos problemas de ordem interna e, até de ordem externa, sobrepondo-se aos interêsses da justiça.

Resquício dêsse pressuposto, algumas vêzes legítimo, ensejou aos constituintes de 1946 a solução, que a Constituição oferece, criando o recurso ordinário para o Supremo Tribunal, nos casos previstos no n. II do art. 101, a saber: *a*) mandados de segurança e *habeas-corpus* decididos em última instância pelos tribunais locais ou federais, quando denegatória a decisão; *b*) as causas decididas por juízes locais, fundadas em tratado ou contrato com a União e Estado estrangeiro, assim como as em que forem partes um Estado estrangeiro e pessoa domiciliada no país; *c*) os crimes políticos.

Também cabe recurso ordinário das decisões dos juízes locais para o Tribunal Federal de Recursos, em que seja interessada a União, exceto as de falência, ou denegatórias de mandado de segurança ou de *habeas-corpus,* sendo federal a autoridade apontada como coatora.

O recurso extraordinário das decisões da justiça estadual em única ou em última instância.

119. O recurso extraordinário tem, como o ordinário, para o Supremo Tribunal Federal, o mais alto objetivo político; e cabe das causas decididas em única ou última instância por outros tribunais ou juízes:

a)   quando a decisão fôr contrária a dispositivo da Constituição ou à letra de tratado ou lei federal;

b)   quando se questionar sôbre a validade de lei federal em face da Constituição e a decisão recorrida negar aplicação à lei impugnada;

c)   quando se contestar a validade de lei ou ato de govêrno local em face da Constituição ou de lei federal, e a decisão recorrida julgar válida a lei ou o ato;

d)   quando na decisão recorrida a interpretação da lei federal invocada fôr diversa da que lhe haja dado qualquer dos outros tribunais ou o próprio Supremo Tribunal Federal.

Note-se, em primeiro lugar, que as Constituições anteriores, tanto a de 1891, quanto a de 1934, e até a Carta de 1937, permitiam o recurso extraordinário "das sentenças das justiças dos Estados em última instância" ou nas "causas decididas pelas justiças locais em única ou última instância". São sinônimas as expressões — *justiças dos Estados* e *justiças locais*. Das decisões finais de umas e outras, em única ou em última instância, cabia o recurso extraordinário; e cabe ainda. Insta notar, em segundo lugar, que o texto atual é de maior amplitude: concede o recurso extraordinário nas causas decididas em única ou última instância, "por outros tribunais os juízes", entre os quais, evidentemente, os dos Estados.

Assim dispondo, a Constituição Federal, colocou o Supremo Tribunal Federal na cúpula do poder judiciário, acima de todos os juízes e de todos os tribunais, sejam dos Estados ou da União, militares, eleitorais ou trabalhistas. A todos êle sobrepaira; por isso é que é o Supremo Tribunal Federal, assegurador da supremacia da Constituição, da vigência das leis federais, de cuja constitucionalidade diz a palavra derradeira.

A pluralidade dos tribunais estaduais e a uniformização da jurisprudência.

120. Sendo a lei uma só em todo o território brasileiro, deve interpretar-se uniformemente em todo êle, a despeito da pluralidade dos tribunais dos Estados. Quando divirjam no interpretá-la e no aplicá-la, dá-se a interferência do Supremo Tribunal Federal, por via do recurso extraordinário, dando-lhe a interpretação definitiva.

Observou, nesse particular, antigo ministro do Supremo Tribunal Federal — ARTUR RIBEIRO, que "a distribuição da justiça é, sem dúvida, matéria do mais vivo interêsse nacional e um dos pontos mais importantes sôbre que se exerce a soberania de uma nação; a sua organização prática, porém, dependendo de um aparelhamento mais ou menos complexo, não pode deixar de, intimamente, se prender às condições peculiares de cada unidade federada, pois deve ser realizada, conforme as condições existenciais e exigências de cada região, de acôrdo com os seus recursos econômicos e financeiros e de acôrdo com os meios de vida mais ou menos dispendiosos e que muito variam de localidade para localidade"

§ 2.º

A JUSTIÇA DO TRABALHO.

Os dissídios individuais e coletivos entre empregados e empregadores e a Justiça do Trabalho.

121. Estudando a competência da justiça dos Estados em face da justiça federal, que era, ao tempo, vivaz e ativa, escreveu PEDRO LESSA, que "no regime federativo a justiça local é a comum, ou geral, a que, em regra, processa e julga as ações criminais, quer intentadas por denúncias do ministério público, quer por queixa da parte ofendida; a que, em regra, processa e julga as causas do vasto domínio do direito civil, ou concernentes ao direito das coisas, ao das obrigações, ao de família e ao de sucessão, e as causas subordinadas ao direito comercial"; e "a justiça federal é uma justiça especial, excepcional, que só processa e julga as causas cíveis e crimes, que pela natureza das pessoas, ou pela natureza da matéria, convém, ou, antes, é necessário que sejam confiadas a essa justiça de exceção, criada e mantida pela União Federal".[121]

Se, de um lado, a matéria que era da competência da justiça federal confluiu para o âmbito da justiça local, ou comum, dela se desgarrou, desde a Constituição de 1934, a .matéria dos dissídios individuais e coletivos oriundas de relações de trabalho regidas por legislação especial. Essa matéria é, nos têrmos do art. 123, da competência da Justiça do Trabalho.

Os órgãos da Justiça do Trabalho.

122. São órgãos da Justiça do Trabalho:
I, Tribunal Superior do Trabalho;
II, Tribunais Regionais do Trabalho;
III, Juntas ou juízes de conciliação e julgamento.

---

121. PEDRO LESSA, *Do Poder Judiciário*, ed. Francisco Alves (Rio de Janeiro, 1915), pág. 44.

HISTÓRIA DO DIREITO CONSTITUCIONAL BRASILEIRO

A constituição, investidura, jurisdição, competência, garantias e condições de exercício dos órgãos da justiça trabalhista, regulam-se por lei, desde que, acrescentou o texto, "assegurada a paridade de representação de empregados e empregadores".

Salientou-se, dessarte, o característico especialíssimo dessa justiça como justiça de certa e determinada classe.

Essa é, na sua instituição, como no seu organismo, recrutamento e investidura, justiça federal.

Os postulados constitucionais da legislação do trabalho e da previdência social.

123. Entra na competência da justiça do trabalho, tanto pela natureza das pessoas, quanto pela natureza da matéria, a que constitui a legislação do trabalho e a da previdência social, que devem obedecer, além de outros que visem a melhoria da condição dos trabalhadores, os seguintes preceitos do art. 157 da Constituição Federal: *a)* salário mínimo capaz de satisfazer, conforme as condições de cada região, as necessidades normais do trabalhador e de sua família; *b)* proibição de diferença de salário para um mesmo trabalho por motivo de idade, sexo, nacionalidade ou estado civil; *c)* salário do trabalho noturno superior ao do diurno; *d)* participação obrigatória e direta do trabalhador nos lucros da emprêsa, nos têrmos e pela forma que a lei determinar; *e)* duração diária do trabalho não excedente a oito horas, exceto nos casos e condições previstos pela lei; *f)* repouso semanal remunerado, preferentemente aos domingos e, no limite das exigências técnicas das emprêsas, nos feriados civis e religiosos, de acôrdo com a tradição local; *g)* férias anuais remuneradas; *h)* higiene e segurança do trabalho; *i)* proibição a menores de quatorze anos em indústrias insalubres, a mulheres e a menores de dezoito anos; e de trabalho noturno a menores de dezoito anos, respeitadas, em qualquer caso, as condições estabelecidas em lei e as exceções admitidas pelo juiz competente; *k)* direito da gestante a descanso antes e depois do parto, sem prejuízo do emprêgo nem de salário; *l)* fixação das porcentagens de empregados brasileiros nos serviços públicos dados em concessão, e nos estabelecimentos de determinados ramos do comércio e da indústria; *m*) estabilidade, na emprêsa ou na exploração rural, e indenização ao trabalhador despedido, nos casos e nas condições que a lei estatuir; *n*) reconhecimento das convenções coletivas de trabalho; *o*) assistência sanitária, inclusive hospitalar e médica preventiva, ao trabalhador e à gestante; *p*) assistência aos desempregados; *q*) previdência, mediante contribuição da União, do empregador e do empregado, em favor da maternidade e contra as consequências da doença, da velhice, da invalidez e da morte; *r*) obrigatoriedade da instituição do seguro pelo empregador contra os acidentes do trabalho.

Os dissídios relativos a acidentes do trabalho, entretanto, são da competência da justiça ordinária.

É inadmissível distinção entre o trabalho manual ou técnico e o trabalho intelectual, assim como entre os profissionais respectivos, no concernente a direitos, garantias e benefícios.

A organização paritária dos tribunais trabalhistas.

124. Para a conciliação e, frustrada esta, julgamento dos dissídios individuais entre empregadores e empregados, em cada comarca há de existir tribunal trino, de composição paritária de representantes dêstes, sob a presidência de bacharel em direito nomeado pelo presidente da República. Dada a vastidão territorial do país e a inexistência de centros industriais onde impera a economia rural, nas comarcas em que se não instale aquêle tribunal de primeira instância — a Junta de Conciliação e Julgamento, exerce a sua função jurisdicional o respectivo juiz de Direito. É o juiz local, ou estadual, a exercitar função judiciária federal, por delegação legislativa permitida pela Constituição.

Dividido o território nacional em regiões, abrangendo os territórios de dois ou mais Estados, em cada uma deve ter sede o respectivo Tribunal Regional de Trabalho, também de composição paritária. Dois representantes classistas, um dos empregadores, outro dos empregados, se contrabalançam com dois outros vogais alheios aos interêsses profissionais sob a presidência de bacharel em direito.

especializado em questões sociais, escolhido pelo presidente da República. Na competência originária dessa côrte judiciária avulta a conciliação e, inatingida, o julgamento dos dissídios coletivos em que se defrontam como litigantes as associações profissionais ou sindicatos que representem as categorias, ou, inexistindo, a representação do têrço dos empregados do estabelecimento ou estabelecimentos envolvidos no dissídio. Decide os conflitos de jurisdição entre as Juntas de Conciliação e Julgamento ou entre estas e os juízes de Direito. Resolve as impugnações à investidura dos vogais designados para as Juntas de Conciliação e Julgamento. Impôs multas e demais penalidades relativas aos atos de sua competência e julgar os recursos das decisões das Juntas de Conciliação e Julgamento que as impuseram.

Tem-se no tôpo dêsse organismo judiciário o Tribunal Superior do Trabalho, com sede na Capital Federal, de composição idêntica à dos tribunais inferiores e de competência originária para a conciliação e julgamento dos dissíduos coletivos que excedam à competência dos Tribunais Regionais do Trabalho e decisão de seus conflitos de jurisdição. Em grau de recurso, conhece das decisões daqueles tribunais, nos casos permitidos em lei.

O recurso extraordinário das decisões da Justiça do Trabalho.

125. Se as decisões do Tribunal Superior do Trabalho se proferem em última instância, delas cabe, para o Supremo Tribunal Federal, o recurso extraordinário previsto no art. 101, n. III, da Constituição Federal. Igualmente denominava o recurso que das decisões dos Tribunais Regionais do Trabalho se dava para o Tribunal Superior do Trabalho; mas a Lei n.º 861, de 13 de outubro de 1949, lhe mudou a nomenclatura para a — de *recurso de revista,* que cabe das decisões de última instância, quando: *a)* derem à mesma norma jurídica interpretação diversa da que tiver sido dada pelo mesmo Tribunal Regional ou pelo Tribunal Superior do Trabalho; *b)* proferida com violação da norma jurídica ou dos princípios gerais do direito.

Como quer que seja, da decisão do Tribunal Superior do Trabalho ou, mesmo dos tribunais inferiores, em única e última instância, pode surgir o recurso extraordinário para o Supremo Tribunal Federal. Sustentou-se a tese muito antes da Constituição Federal de 1946, que incorporou a Justiça do Trabalho ao poder judiciário federal e, agora, como o decidiu o Supremo Tribunal Federal, por acórdão de 1 de outubro de 1946, "já agora, a questão dos julgamentos, pôsto que especializados, tem as suas decisões sujeitas a recursos extraordinários, ainda que trabalhistas".[122] Ademais, resolveu acórdão de 1 de junho de 1948, ainda do Supremo Tribunal Federal, "a uniformização da jurisprudência trabalhista compete ao órgão supremo dessa Justiça. E só na eventual violação da lei por parte do Tribunal Superior ou quando seus arestos fazem rosto à jurisprudência dos tribunais da justiça comum, ou nos outros casos do art. 101, n. III, da lei maior, é que se torna possível a intervenção do Supremo Tribunal Federal por via de recurso extraordinário".[123]

§ 3.º

A JUSTIÇA ELEITORAL.

A organização da justiça eleitoral e a matéria de sua competência.

126. Justiça federal de grande relevância e organização especialíssima é a justiça eleitoral. Deve sua competência regular-se por lei especial; mas a Constituição Federal, no art. 119, mandou incluir nela; *a*) o registro e a cassação de registro dos partidos políticos; *b*) a divisão eleitoral do país; *c*) o alistamento eleitoral; *d*) a fixação da data das eleições, quando não determinada por disposição constitucional ou legal; *e*) o processo eleitoral, a apuração das eleições e a expedição de

---

122. WALDEMAR FERREIRA, *Princípios de Legislação Social e Direito Judiciário do Trabalho*, vol. II, de 1939, pág. 450, n. 36.

123. *Revista Forense*, Rio de Janeiro, 1948, vol. 119, pág. 391.

diploma aos eleitos; *f)* o conhecimento e a decisão das arguições de inelegibilidade; *g)* o processo e julgamento dos crimes eleitorais e dos comuns que lhes forem conexos, e bem assim o de *habeas-corpus* e mandado de segurança em matéria eleitoral; *h)* o conhecimento de reclamações relativas a obrigações impostas por lei aos partidos políticos, quanto à sua contabilidade e à apuração da origem dos seus recursos.

Os órgãos da justiça eleitoral.

127. Compõem a justiça eleitoral, nos têrmos do art. 109 da Constituição e do art. 10 do código eleitoral, instituído pela Lei n.º 1.164, de 24 de julho de 1950, na capital da República, o Tribunal Superior Eleitoral; na capital de cada Estado, no Distrito Federal e, de futuro, mediante proposta do Tribunal Superior Eleitoral, na capital de cada Território, o Tribunal Regional Eleitoral, assim constituídos:

I, o Tribunal Superior Eleitoral, mediante eleição em escrutínio secreto — *a)* de dois juízes escolhidos pelo Supremo Tribunal Federal dentre os seus ministros; *b)* de dois juízes escolhidos pelo Tribunal Federal de Recursos dentre os seus juízes; *c)* de um juiz escolhido pelo Tribunal de Justiça do Distrito Federal dentre os seus Desembargadores; e, por nomeação do presidente da República, de dois dentre seis cidadãos de notável saber jurídico e reputação ilibada, que não sejam incompatíveis por lei, indicados pelo Supremo Tribunal Federal.

O Tribunal Superior Eleitoral elege para seu presidente um dos dois Ministros do Supremo Tribunal Federal, cabendo ao outro a vice-presidência.

II, os Tribunais Regionais Eleitorais, mediante eleição em escrutínio secreto — *a)* de três juízes escolhidos pelo Tribunal de Justiça dentre os seus membros; *b)* de dois juízes de Direito; e, por nomeação do presidente da República, de dois dentre seis cidadãos de notável saber jurídico e reputação ilibada, que não sejam incompatíveis por lei, indicados pelo Tribunal de Justiça.

O presidente e o vice-presidente do Tribunal Regional Eleitoral são escolhidos dentre os três Desembargadores do Tribunal de Justiça.

Competindo aos Tribunais Regionais Eleitorais dividir a respectiva circunscrição, coincidente com o território do Estado, do Distrito Federal e, futuramente, do Território em que exerçam suas jurisdições, em zonas eleitorais, compreendendo comarcas ou municípios, com o beneplácito do Tribunal Superior Eleitoral, cabe a jurisdição de cada zona eleitoral a um juiz de Direito em efetivo exercício e, na falta dêste, ao seu substituto legal que goze das prerrogativas do art. 95 da Constituição Federal.

Nos distritos de paz ou povoados distantes da sede do juízo eleitoral, ou de difícil acesso, serão designados juízes preparadores para auxiliar o serviço eleitoral, mediante apresentação do partido político ou de juiz eleitoral; e a escolha recairá entre pessoas de melhor reputação e independência moral da localidade, de preferência a autoridade judiciária local, nos têrmos da lei de organização judiciária do Estado.

Êsses órgãos judiciários eleitorais funcionam permanentemente; mas, por ocasião de eleições, instalam-se Juntas Eleitorais, compostas de três juízes, presididas pelo mais antigo, a fim de: *a*) apurar as eleições realizadas nas zonas sob sua jurisdição; *b*) expedir diplomas aos eleitos para cargos municipais.

A matéria da privativa competência do Tribunal Superior Eleitoral.

128. Salienta-se, na competência do Tribunal Superior Eleitoral, ordenar o registro e cassação de registro de partidos políticos e de candidatos à presidência e a vice-presidência da República; apurar, pelos resultados parciais, o resultado geral da eleição do presidente e do vice-presidente da República e proclamar os eleitos; tomar conhecimento e decidir, em única instância, das arguições de inelegibilidade do presidente e do vice-presidente da República; conhecer das reclamações relativas à obrigação imposta por lei aos partidos políticos quanto à sua contabilidade e à apuração da origem dos seus recursos; fixar as datas para as eleições do presidente e vice-presidente da República, senadores e deputados federais, quando não o tiverem sido por lei; decidir originàriamente *habeas-corpus* ou mandado de segurança, em matéria eleitoral, relativos a atos do presidente da República, dos ministros de Estados e dos tribunais regionais; decidir os recursos interpostos das decisões dos tribunais regionais nos têrmos do art. 121 da Constituição.

Pertence aos Tribunais Regionais Eleitorais, além do mais, fixar a data das eleições de governador e vice-governador do Estado, deputados estaduais, prefeitos, vice-prefeitos e juízes de paz, quando não determinada por disposição constitucional ou legal; ordenar o registro e cancelamento de registro dos diretórios estaduais e municipais de partidos políticos, e bem assim de candidatos a governador e vice-governador, a membro do Congresso Nacional e das assembléias legislativas; apurar, com os resultados parciais enviados pelas Juntas Eleitorais, os resultados finais das eleições de governador e vice-governador, de membros do Congresso Nacional e das assembléias legislativas, proclamar os eleitos e expedir os respectivos diplomas, remetendo, dentro do prazo de dez dias após a proclamação de cada resultado, ao Tribunal Superior Eleitoral, cópia das atas dos seus trabalhos autênticos da apuração final; constituir as Juntas Eleitorais e designar a respectiva sede e jurisdição; julgar, por ocasião da apuração final, os recursos interpostos das decisões das Juntas Eleitorais, e as impugnações feitas aos resultados parciais da apuração; julgar os recursos interpostos dos atos e decisões proferidos pelos juízes e juntas eleitorais; decidir originàriamente *habeas-corpus* e mandados de segurança, em matéria eleitoral, contra atos de autoridades que respondam perante os Tribunais de Justiça por crime de responsabilidade e, em grau de recurso, os denegados ou concedidos pelos juízes eleitorais.

E a êstes cabe, principalmente, dirigir os processos eleitorais e determinar a qualificação e a inscrição dos eleitores, expedindo-lhes os títulos eleitorais; nomear o presidente e os mesários das mesas receptoras; dividir a zona em secções eleitorais com um mínimo de cincoenta e máximo de quatrocentos eleitores; nas capitais, e o de trezentos nas demais localidades; organizar as listas dos eleitores das zonas respectivas, por ordem alfabética dos nomes; designar, trinta dias antes das eleições, os locais das secções; ordenar o registro e cassação do registro dos candidatos aos cargos eletivos municipais e comunicá-lo ao Tribunal Regional Eleitoral; decidir *habeas-corpus* e mandados de segurança, em matéria eleitoral, desde que essa competência não esteja privativamente atribuída a instância superior.

Os recursos ordinário e extraordinário das decisões dos tribunais eleitorais.

129. Reputam-se definitivas as decisões dos Tribunais Regionais. Delas há recurso para o Tribunal Superior Eleitoral sòmente nos casos previstos no art. 121 da Constituição. Quando proferidas contra expressa disposição de lei. Quando divirjam, na interpretação da lei, de dois ou mais tribunais eleitorais. Quando determinem a expedição de diploma nas eleições federais e estaduais. Quando, finalmente, deneguem *habeas corpus* ou mandado de segurança.

São igualmente irrecorríveis, nos têrmos do art. 120 da Constituição, as decisões do Tribunal Superior Eleitoral; mas delas cabem recurso para o Supremo Tribunal Federal quando declarem a invalidade de lei ou ato contrários àquela Constituição, bem como as denegatórias de *habeas-corpus* ou mandado de segurança.

§ 4.º

A JUSTIÇA MILITAR.

O processo e julgamento por justiça especial dos crimes militares.

130. É da competência da justiça militar o processo e julgamento, nos crimes militares definidos em lei, dos militares e pessoas que se lhes assemelhem; e são assemelhados pelo art. 89 do código da justiça militar, estabelecido pelo Decreto-lei n.º 925, de 2 de dezembro de 1938, os indivíduos que, não pertencendo à classe militar, todavia exercem funções de caráter civil ou militar especificadas nas leis e regulamentos militares, a bordo de navios de guerra ou embarcações a êstes equiparadas, nos arsenais, fortalezas, quartéis, acampamentos, repartições, lugares e estabelecimentos de natureza e jurisdição militar e sujeitos por isso a preceito de subordinação e disciplina previstos em leis e regulamentos disciplinares.

Confinando êsse pensamento, a Constituição Federal, no primeiro parágrafo do art. 108, esclareceu que êsse fôro especial poderá estender-se aos civis, nos casos expressos em lei, para a repressão de crimes contra a segurança externa do país ou as instituições militares.

Nessas condições, observou PONTES DE MIRANDA, "à justiça militar só se podem cometer o processo e o julgamento dos crimes contra a segurança *externa,* quer dizer, com relação a outros Estados (conceito de direito das gentes), e não contra a segurança *interna,* isto é, segurança das instituições e da ordem pública do Brasil. Em todo o caso, ainda se lhe abre a possibilidade de processar e julgar crimes contra a segurança *interna,* quando·atentem contra as 'instituições *militares.* Em tempo de guerra, a abrangência pode ser maior".[124] É que, pelo disposto no segundo parágrafo do art. 108 já referido, a lei regulará a aplicação das penas da legislação militar em tempo de guerra.

Os órgãos da justiça militar.

131. São, pelo art. 106 da Constituição, órgãos da justiça militar:

I, o Superior Tribunal Militar;

II, os juízes e os tribunais inferiores que a lei instituir.

Pertence a esta dispor sôbre o número e a forma de escolha dos juízes militares e togados do Superior Tribunal Militar, os quais terão vencimentos iguais aos juízes do Tribunal Federal de Recursos, e estabelecerá as condições de acesso dos auditores.

Êsses juízes têm a mesma garantia dos demais; mas a inamovibilidade, que a todos é peculiar, não exime os membros da justiça militar da obrigação de acompanhar as fôrças junto às quais tenham de servir.

---

124. PONTES DE MIRANDA, *Comentários à Constituição de 1946,* vol. II, pág. 294.

A organização dos Conselhos de Justiça.

132. Administram a justiça militar, em tais têrmos: o Supremo Tribunal Militar, em todo o país; e os Conselhos de Justiça e Auditores nas respectivas regiões e auditorias.

São os Conselhos de Justiça de três categorias: *a)* o Conselho Especial de Justiça, nas auditorias, para o processo e julgamento de oficiais, excetuados os generais; *b)* o Conselho Permanente de Justiça, nas auditorias, para o processo e julgamento dos acusados que não sejam oficiais; e *c)* o Conselho de Justiça, nos corpos, formações e estabelecimentos do exército, para o processo de desertores e de insubmissos.

Funcionam em cada auditoria um auditor, um promotor, um advogado, um escrivão, dois escreventes, um oficial de justiça e um servente.

A composição e o âmbito jurisdicional do Superior Tribunal Militar.

133. Compõe-se o Supremo Tribunal Militar de onze juízes vitalícios, ou Ministros, nomeados pelo presidente da República de entre generais efetivos do exército e da armada, e quatro civis. São êstes os juízes togados. Dois de entre os cidadãos de competência jurídica e reputação ilibada, com prática forense decenária; e dois de entre os auditores e o procurador geral da justiça militar.

É largo o âmbito jurisdicional do Supremo Tribunal Militar. Processa e julga os seus ministros, o procurador geral e os oficiais generais, êstes nos crimes militares de responsabilidade e os outros nos de responsabilidade. Cabe-lhe declarar a indignidade dos oficiais. Processa e julga *habeas-corpus* quando emane a coação de autoridade militar, administrativa ou judiciária, junta de alistamento e sorteio militar. Decide os conflitos de jurisdição entre os conselhos de justiça. Julga os embargos opostos aos seus próprios acórdãos. Resolve as questões de antiguidade. Conhece, em grau de recurso, dos processos de oficiais e praças, oriundos dos conselhos de justiça das polícias militares. Julga os recursos de alistamento militar, bem como as revisões criminais de condenações proferidas pela justiça militar.

§ 5.º

O TRIBUNAL FEDERAL DE RECURSOS.

*A criação de tribunal especial para desafogamento
do Supremo Tribunal Federal.*

134. O Tribunal Federal de Recursos, com sede na Capital Federal, compõe-se de nove juízes, nomeados pelo presidente da República, depois de aprovada a escolha pelo Senado, sendo dois terços entre magistrados e um têrço entre advogados e membros do Ministério Público, maiores de trinta e cinco anos, de notável saber e reputação ilibada.

O Tribunal pode dividir-se, e divide-se, em câmaras ou turmas.

A lei poderá criar, em diferentes regiões do país, outros Tribunais Federais de Recursos, mediante proposta do próprio Tribunal e aprovação do Supremo Tribunal Federal, fixando-lhes sede e jurisdição territorial, à imagem e semelhança do que existe na capital da República.

*A segunda instância para as causas do interêsse
da União.*

135. É o Tribunal Federal de Recursos tribunal especial de segunda instância. Se, originàriamente, lhe pertence o processo e julgamento das ações rescisórias de seus acórdãos e dos mandados de segurança, quando a autoridade coatora seja ministro de Estado, senão mesmo o próprio Tribunal ou o seu presidente; cabe-lhe, em grau de recurso, julgar:

a) as causas decididas em primeira instância, quando a União seja interessada como autora, ré, assistente ou opoente, exceto as de falência; ou quando se trate de crimes praticados em detrimento de bens serviços ou interêsses da União, ressalvada a competência da justiça eleitoral e a da justiça militar;

b) as decisões de juízes locais, denegatórias de *habeas-corpus* e as proferidas em mandados de segurança, quando seja federal a autoridade coatora.

Compete-lhe, ademais, rever, em benefício dos condenados, as suas decisões criminais em processos findos.

A estrutura do Tribunal Federal de Recursos e sua competência jurisdicional.

136. Assim condicionado pelos arts. 103 a 105 da Constituição Federal, atendeu o Tribunal Federal de Recursos ao propósito de diminuir os labores do Supremo Tribunal Federal, adquirindo parte da sua tarefa, que o assoberbava extraordinàriamente. Para êsse efeito concentrou-se a matéria de sua competência, adstringindo-se às causas decididas em primeira instância em que a União seja interessada. É que, pelo sistema da Constituição de 1891, a União agia e era acionada na justiça federal. Agora, não. Ela pode ser parte em litígios na justiça local. Para o conhecimento dessas causas, em grau de recurso, tem ela tribunal especial — o Tribunal Federal de Recursos.

Referindo-se, acentuou PONTES DE MIRANDA "em geral, de modo absoluto, a tôdas as hipóteses em que a União se ache como sujeito ativo ou passivo da relação jurídica processual — para que o usou das expressões *autor, ré, assistente* e *opoente* — tornou inúteis discussões de pormenores, de situações que se ajuntavam com precisão aos dois incisos de 1891. À responsabilidade da União por atos dos seus funcionários já não se refere o texto, porque não se entrou em enumeração de ações, isto é, de *remédio jurídico processual*. Se a União vai a juízo, ou se é chamada a juízo, a competência federal em grau de recurso se impõe, qualquer que seja a natureza da ação (conceito de direito material) ou da concepção de direito material ou de direito processual que tenha a União".[125]

125. PONTES DE MIRANDA, *Comentários à Constituição de 1946*, vol. II, pág. 281, n. 7.

§ 6.º

O SUPREMO TRIBUNAL FEDERAL.

A composição do Supremo Tribunal Federal.

137. O Supremo Tribunal Federal, com sede na capital da República e jurisdição em todo o território nacional, tem na sua própria denominação o sentido nacional da sua grandeza; e bem disse João Barbalho que "o que se refere à missão dêsse tribunal justifica esta denominação dada à mais alta autoridade judiciária do país, àquela que tem tal culminação que, a certos respeitos, deixa mesmo abaixo de si todos os outros poderes públicos, só encontrando superior na Constituição e nas leis que, a seu juízo, forem conformes a ela".[126]

Sendo o mais alto órgão judiciário do país; investido de função política de incomparável importância, o Supremo Tribunal Federal é de composição menos numerosa do que muitos dos Tribunais de Justiça dos Estados: compõe-se de onze ministros. Êsse número pode ser elevado por lei, mediante proposta do próprio Supremo Tribunal Federal.

Os ministros são nomeados pelo presidente da República, depois de aprovada a escolha pelo Senado, de entre brasileiros maiores de trinta e cinco anos, de notável saber jurídico e reputação ilibada.

A competência originária do Supremo Tribunal Federal.

138. É de competência originária do Supremo Tribunal Federal processar e julgar: a) o presidente da República nos crimes comuns; b) os seus próprios ministros e o Procurador Geral da República nos crimes comuns; c) os ministros de Estado, os juízes dos tribunais federais, os desembargadores dos Tribunais de Justiça dos Estados, do Distrito Federal e dos Territórios, os ministros do Tribunal de Contas e os chefes de missão diplomática em ca-

---

126 João Barbalho, *Constituição Federal Brasileira. Comentários,* ed. da Companhia Lito-Tipografia (Rio, de Janeiro, 1902), pág. 228.

ráter permanente, assim nos crimes comuns como nos de responsabilidade, ressalvado, quanto aos ministros de Estado, o caso de responderem por crimes conexos com o do presidente da República, em que são processados pelos órgãos competentes para o processo e julgamento dêste; *d*) os litígios entre Estados estrangeiros e a União, os Estados, o Distrito Federal ou os Municípios; *e*) as causas e conflitos entre a União e os Estados ou entre êstes; *f*) os conflitos de jurisdição entre juízes ou tribunais federais de justiças diversas, entre quaisquer juízes ou tribunais federais e os dos Estados, e entre juízes ou tribunais de Estados diferentes, inclusive os do Distrito Federal e os dos Territórios; *g*) a extradição dos criminosos, requisitada por Estados estrangeiros e a homologação das sentenças estrangeiras; *h*) o *habeas-corpus*, quando o coator ou o paciente fôr tribunal, funcionário ou autoridade cujos atos estejam diretamente subordinados à jurisdição do Supremo Tribunal Federal; quando se tratar de crime sujeito a essa mesma jurisdição em única instância; e quando houver perigo de se consumar a violência antes que outro juiz ou tribunal possa conhecer do pedido; *l*) os mandados de segurança contra ato do presidente da República, da mesa da Câmara ou do Senado e do presidente do próprio Supremo Tribunal Federal; *j*) a execução das sentenças, nas causas de sua competência originária, sendo facultada a delegação de atos processuais a juiz inferior ou a outro tribunal; *k*) as ações rescisórias de seus acórdãos.

Cabe-lhe ademais, rever, em benefício dos condenados, as suas decisões criminais em processos findos.

Com recurso voluntário para o Supremo Tribunal Federal, é da competência do seu presidente conceder *exequatur* a cartas rogatórias de tribunais estrangeiros.

*O papel jurisdicional e político do mais
alto tribunal do país.*

139. Como se vê, triparte-se a competência do Supremo Tribunal Federal. Originàriamente, nêle se processam e julgam as questões que acabam de enumerar-se. Nelas, decide êle em única e derradeira instância, proferindo a última palavra, por ser o mais alto tribunal do

país, a que nenhum outro sobrepaira. Conhece, em recurso ordinário, proferindo a decisão definitiva, dos mandados de segurança e dos *habeas-corpus* decididos em última instância pelos tribunais locais ou federais, sejam quais forem, e desde que denegada qualquer das duas medidas assecuratórias dos direitos individuais. Igualmente, das causas decididas por juízes locais, desde que fundadas em trato ou contrato da União com Estado estrangeiro, assim como as em que sejam litigantes Estados estrangeiros e pessoa domiciliada. Ademais, dos crimes políticos. Julga, em recurso extraordinário, as causas decididas em única ou última instância por outros tribunais ou juízes, quando a sentença ou o acórdão contrariem dispositivo constitucional ou a letra de tratado ou de lei federal, tanto quanto quando se questione sôbre a validade desta em face da Constituição e se lhe haja deixado de aplicar. Ou quando se tenha contestado a validade de lei ou de ato de govêrno local diante da Constituição ou de lei federal e a lei ou ato se hajam julgado válidos. E quando, enfim, a decisão recorrida tenha interpretado a lei federal diversamente do sentido atribuído por outros tribunais ou pelo próprio Supremo Tribunal Federal.

Exercita êste, em casos tais, a sua grande função jurisdicional, de cunho eminentemente político, como guarda indefectível do federalismo, pugnando pela supremacia da Constituição e das leis federais.

No desempenho dêsse papel insigne, bem o definiu o ministro CASTRO NUNES:

"Como instância de preservação do direito federal, de que é instrumento o recurso extraordinário nas suas diferentes hipóteses, não é uma instância revisora dos julgados locais, no sentido de uma *terceira instância,* um Super-Tribunal de Apelação — de vez que limitada a jurisdição por êle exercida ao âmbito da *questão federal,* que se circunscreve ao julgamento de uma *questão de direito,* mesmo nas hipóteses que envolvam o mérito da causa, não estendendo ao exame dos fatos e das provas, que aceita nos têrmos postos pelo tribunal recorrido, o que acentua o traço, que lhe é peculiar, de jurisdição de direito público.

"Não é a rigor uma Côrte de Cassação, porque não se limita a *cassar* a sentença tresmalhada e mandar que o tribunal recorrido profira outra — como da índole de tais côrtes — mas julga, êle mesmo, a espécie, no decidir a *questão federal* que motivou o recurso.

"Por outro lado, nas causas da liberdade é êle por excelência o órgão da jurisdição do *habeas-corpus*. Aqui não há limitações. Originàriamente ou em recurso, cabe-lhe tutelar por aquêle meio a liberdade individual comprometida em face da lei, seja qual fôr a jurisdição, local ou federal, comum ou especial. É, pois, um órgão à parte, desconhecido na orgânica judiciária tradicional, uma magistratura de exceção até mesmo nas garantias da função".[127]

Não se pode dizer mais, nem melhor para acentuar o prestígio do Supremo Tribunal Federal como guardião dos princípios asseguradores da ordem constitucional nos países de organização democrática como o Brasil.

---

127. Castro Nunes, *Teoria e Prática do Poder Judiciário*, pág. 200.

BIBLIOGRAFIA

A. DE SAMPAIO DORIA, **Pelo Bem de Todos,** da Companhia Editôra Nacional, São Paulo, 1948.

ADOLPHE DE CHAMBRUN, **Le Pouvoir Exécutif aux États-Unis,** 2.º ed. A. Fontemoing, Paris, 1896.

AFONSO ARINOS DE MELO FRANCO, **História e Teoria do Partido Político no Direito Constitucional Brasileiro,** Rio de Janeiro, 1948.

AFONSO CELSO, **Reforma Administrativa e Municipal,** ed. Tip. Nacional, Rio de Janeiro, 1883.

AGUINALDO COSTA PEREIRA, **Comissões Parlamentares de Inquérito,** ed. "Asa", Artes Gráficas, S. A., Rio de Janeiro, 1948.

A. HAMILTON, J. RAY & J. MADISON, **Le Federaliste, Commentaires de la Constitution des États-Unis,** ed. Giard & Brière, Paris, 1902.

AMÉRICO BRASILIENSE, **Os Programas dos Partidos e o 2.º Império,** ed. Tip. Jorge Seckler, São Paulo, 1878.

AURELIANO LEAL, **História Constitucional do Brasil,** ed. Imprensa Nacional, Rio de Janeiro, 1915.

BILAC PINTO, **Novos Escândalos do Banco do Brasil,** Edições Democráticas, Rio de Janeiro, 1953.

BINDING, **Compendio di Diritto Penale,** trad. it. de Borettini, Roma, 1937.

CAMPOS SALES, **Da Propaganda à Presidência,** São Paulo, 1908.

CARLOS MAXIMILIANO, **Comentários à Constituição Brasileira,** 4.ª ed. Freitas Bastos, Rio de Janeiro, 1948.

CASTRO NUNES, **Teoria e Prática do Poder Judiciário,** ed. Revista Forense, Rio de Janeiro, 1943.

CATHREIN, **Filosofia del Derecho,** trad. esp. de Jordan e Baja, 3.ª ed., Madrid, 1941.

C. ELLIS STEVENS, **Les Sources de la Constitution des États-Unis,** trad. de Louis Vossion, ed. Guillaumin & Cie., Paris, 1897.

CHARLES A. BEARD & WILLIAM BEARD, **The American Leviathan, The Republic in the Machine Age.** Ed. Macmillan, Nova York, 1931.

EUCLIDES DA CUNHA, **À Margem da História,** ed. Chardron, Pôrto, 1909.

FELISBELO FREIRE, **História Constitucional da República dos Estados Unidos do Brasil,** ed. Tip. Aldina, Rio de Janeiro, 1895.

F. J. MARCONDES HOMEM DE MELLO. **A Constituinte perante a História,** ed. Tip. da Atualidade, Rio de Janeiro, 1863.

FRANÇOIS LACHENAL, **Le Parti Politique. Sa fonction de droit public.** Ed. Helbing & Lichttenhan, Basiléia, 1944.

GILBERTO AMADO, **Curso de Direito Público, Eleição e representação.** Ed. Oficina Industrial Gráfica, Rio de Janeiro, 1931.

GEORGES GURVITCH, La Déclaration des Droits Sociaux, ed. de La Maison Française Inc., Nova York, 1944.

GEORGES GURVITCH, Le Temps Présent et l'Idée du Droit Social, ed. Librairie Philosophique J. Vrin, Paris, 1931.

GEORGES RIPERT, Aspectos Jurídicos do Capitalismo Moderno, trad. de Gilda de Azevedo, Rio de Janeiro, 1947.

HAROLD LASKI, La Liberté, trad. de Arnaud Dandieu & Robert Kiefe, ed. Recueil Sirey, Paris, 1938.

HAROLD LASKI, O Direito no Estado, trad. de Azevedo Gomes, Lisboa.

HAROLDO LASKI, La Repubblica Presidenziale Americana, trad. de Giorgio Monicelli, ed. Mondadori, Itália.

HAUS, Principes Généraux de Droit Penal Belge, 3.ª ed., Paris, 1879.

JAMES M. BECK, La Constitution des États-Unis, trad. de Jacques Charpentier, ed. Armand Colin, Paris, 1923.

J. F. DE ASSIS BRASIL, Do govêrno presidencial na República Brasileira, ed. Companhia Nacional Editôra, Lisboa.

J. F. DE ASSIS BRASIL, Atitude do Partido Democrático Nacional, ed. Livraria do Globo, Pôrto Alegre, 1929.

JEAN CRUET, La vie du Droit et l'impuissance des lois, Paris, 1918.

JOÃO BARBALHO U. C., Constituição Federal Brasileira. Comentários. Tip. da Companhia Lito-Tipografia, Rio de Janeiro, 1902.

JOÃO MANGABEIRA, A organização do poder legislativo nas Constituições republicanas, na Revista Forense, vol. 145, Rio de Janeiro, 1953.

JOAQUIM LUIS OSORIO, Os partidos políticos no Rio Grande do Sul, ed. Livraria do Globo, Pôrto Alegre, 1930.

JOAQUIM NABUCO, Balmaceda, Tip. Leuzinger, Rio de Janeiro, 1895.

JOAQUIM NABUCO, Nabuco de Araujo, sua Vida, suas Opiniões, sua Época, 1.ª ed., Garnier, Rio de Janeiro.

JOSÉ ANTONIO PIMENTA BUENO, Direito Público Brasileiro e Análise da Constituição do Império, ed. J. Villeneuve & Cia., Rio de Janeiro, 1857.

JOSÉ CARLOS RODRIGUES, Constituição Política do Império do Brasil, ed. Eduardo & Henrique Laemmert, Rio de Janeiro, 1863.

JOSÉ DUARTE, A Constituição Brasileira de 1946, ed. Imprensa Nacional, Rio de Janeiro, 1947.

JOSÉ MARIA CORRÊA DE SÁ E BENEVIDES, Análise da Constituição Política do Império do Brasil, São Paulo, 1890.

JOSÉ SORIANO DE SOUZA, Princípios Gerais do Direito Público e Constitucional, ed. Emprêsa da Província, Recife, 1893.

JOSEPH BARTHÉLEMY, Essai sur le travail parlementaire et le système des commissions, ed. Librairie Delagrave, Paris, 1934.

JULIEN LAFERRIÈRE, Manuel de Droit Constitutionnel, 2.ª ed., Domat Montchrestien, Paris, 1947.

JUAN BAUTISTA ALBERDI, Organización de la Confederación Argentina, ed. El Ateneo, Buenos Aires.

KENNETH C. WHEARE, Del Governo Federale, trad. de Sergio Cotta, ed. Comunità, Milão, 1949.

HISTÓRIA DO DIREITO CONSTITUCIONAL BRASILEIRO

LÉON DUGUIT, Les Transformations Générales du Droit Privé depuis le Code Napoléon, ed. Livrairie Felix Alcan, Paris, 1912.

LÉON DUGUIT, Traité de Droit Constitutionnel, 3.ª ed. Ancienne Librairie Fontemoing & Cie., Paris, 1927.

LEVI CARNEIRO, Federalismo e Judiciarismo, ed. Oficinas Gráficas Alba, Rio de Janeiro, 1930.

LOUIS MICHON, L'initiative parlementaire et la réforme du travail legislatif, ed. Chevalier Marescq, Paris, 1890.

LUIS JIMENEZ DE ASUA, La Constitución de la Democracia Española y el Problema Regional, ed. Losada, Buenos Aires.

MANOEL INÁCIO CARVALHO DE MENDONÇA, O Poder Judiciário no Brasil, 1.ª ed. Adolfo Guimarães, Curitiba, 1899.

MÁRIO A. RIVAROLA, Tratado de Derecho Comercial Argentino, Companhia Argentina de Editores, Buenos Aires, 1938.

MAURICE MAYER, Le veto legislatif et le Chef d'État, ed. Georg & Cie., Genebra, 1948.

MEDEIROS E ALBUQUERQUE, Parlamentarismo e presidencialismo, ed. Calvino Filho, Rio de Janeiro, 1932.

MEZGER, Diritto Penale, trad. Mandadori, Padua, 1935.

NAZARETH PRADO, Antonio Prado no Império e na República, ed. F. Briguet & Cia., Rio de Janeiro, 1929.

OLIVEIRA LIMA, Dom João VI no Brasil, 2.ª ed. José Olimpio, Rio de Janeiro, 1945.

OLIVEIRA VIANA, Instituições Políticas Brasileiras, ed. José Olimpio, Rio de Janeiro, 1949.

OLIVEIRA VIANA, O Ocaso do Império, ed. Companhia Melhoramentos de São Paulo.

OTÁVIO TARQUINIO DE SOUZA, Diogo Antonio Feijó, ed. José Olímpio, Rio de Janeiro.

OTÁVIO TARQUINIO DE SOUZA, Bernardo Pereira de Vasconcelos, ed. José Olímpio, Rio de Janeiro, 1937.

OTÁVIO TARQUINIO DE SOUZA, Evaristo da Veiga, ed. Companhia Editôra Nacional, São Paulo, 1939.

P. J. PROUDHON, Du Principe Fédératif, ed. Flammarion, Paris.

PEDRO LESSA, Do Poder Judiciário, ed. Francisco Alves, Rio de Janeiro, 1915.

PONTES DE MIRANDA, Comentários à Constituição da República dos E. U. do Brasil, ed. Waisman, Koogan, Ltda., Rio de Janeiro.

PONTES DE MIRANDA, Comentários à Constituição de 1946, ed. Henrique Cahen, Rio de Janeiro.

P. RAFAEL GALANTI, S. J., Lições de História do Brasil, ed. Tip. Industrial, São Paulo, 1895.

RAFAEL BIELSA, Derecho Administrativo, 3.ª ed. Lajouane, Buenos Aires.

RAFAEL BIELSA, Reflexiones sobre Sistemas Políticos, Buenos Aires, 1944.

RAGGI, Delle Legge Penali e delle sue applicazioni, Milão, 1927.

RENÉ DEGOMMIER, **Les Enquêtes Parlementaires,** ed. Moris Père & Fils, 1889.

ROOSEVELT, **Mirando adelante,** trad. esp. Buenos Aires, 1938.

ROY F. NICHOLS, WILLIAM C. BAGLEY & CHARLES A. BEARD, **Os Estados Unidos de Ontem e de Hoje,** trad. de Carlos Lacerda e Fernando Trude de Souza, ed. Companhia Editora Nacional, São Paulo, 1941.

RUY BARBOSA, **Queda do Império,** ed. Livraria Castilho, Rio de Janeiro, 1921.

RUY BARBOSA, **Obras Completas,** ed. do Ministério da Educação, Imprensa Nacional, Rio de Janeiro.

RUY BARBOSA, **Comentários à Constituição Federal Brasileira,** ed. Homero Pires, Livraria Acadêmica, Saraiva & Cia., São Paulo, 1932.

RUY BARBOSA, **O Partido Republicano Conservador. Documentos de uma tentativa baldada,** ed. Casa Mont'Alverne, Rio de Janeiro, 1897.

SILVIO ROMERO, **Parlamentarismo e Presidencialismo na República Brasileira** (Cartas ao Conselheiro Ruy Barbosa), ed. Companhia Impressora, Rio de Janeiro, 1893.

TEMISTOCLES BRANDÃO CAVALCANTI, **Instituições de Direito Administrativo Brasileiro,** 2.ª ed. Livraria Freitas Bastos, Rio de Janeiro, 1931.

THOMAS PAINE, **Los Derechos del Hombre,** trad. esp., ed. Fondo de Cultura Economica, México.

TITO PRATES DA FONSECA, **Autarquias administrativas,** ed. da Livraria Acadêmica, Saraiva & Cia., São Paulo, 1935.

VISCONDE DO URUGUAI, **Ensaio sôbre o Direito Administrativo,** ed. Tipografia Nacional, Rio de Janeiro, 1862.

WALDEMAR FERREIRA, **Princípios de Legislação Social e Direito Judiciário do Trabalho,** São Paulo Editora Limitada e Livraria Freitas Bastos, 1938 e 1939.

WALDEMAR FERREIRA, **A taxa de estatística em face da Constituição de 1946, em Direito,** ed. Livraria Freitas Bastos, vol. LVII, Rio de Janeiro, 1949.

WOODROW WILSON, **L'État. Eléments d'Histoire & de Pratique Politique,** trad. de J. Wilhelm, ed. V. Giard & E. Brière, Paris, 1902.

ÍNDICE

A

ABERTURA:
   — dos portos brasileiros ao comércio estrangeiro 43
ADVOGADOS:
   — co-participação no quinto dos membros de quaisquer tribunais
     judiciários 329
AÇÃO INTEGRALISTA BRASILEIRA:
   — forma do fascismo brasileiro 268
   — partido político nacional 268
ALIANÇA LIBERAL:
   — papel no movimento revolucionário de 1930 266
ALIANÇA LIBERTADORA:
   — partido comunista de amplitude nacional 269
APOSENTADORIA:
   — dos magistrados 303
ARBITRAMENTO:
   — nos conflitos internacionais 203
ASSEMBLÉIA CONSTITUINTE DE 1823:
   — dissolução 47
ASSEMBLÉIA CONSTITUINTE DE 1934:
   — convocação 98
ASSEMBLÉIA CONSTITUINTE DE 1946:
   — convocação 166
   — entrechoque das correntes partidárias nos labôres parlamen-
     tares 167
   — instalação 166
ASSEMBLÉIA DOS REPRESENTANTES:
   — natureza orçamentária da do Rio Grande do Sul 76
ASSEMBLÉIA GERAL DO IMPÉRIO:
   — composição 239
   — exercício do poder legislativo 239
ASSOCIAÇÃO:
   — de empregados e empregadores no regime do código comercial 177
ASSOCIAÇÕES POLÍTICAS:
   — no conceito da Constituição do Império 256
ATIVIDADE SOCIAL DO ESTADO:
   — alargamento 203
   — extravasamento 204
ATO ADICIONAL:
   — à Constituição do Império 53
   — comissão que o preparou 53
   — efeitos que produziu na vida política brasileira 55
   — reformas que introduziu no texto constitucional 54

ATOS DE GOVÊRNO:
— inapreciação judiciária no regime ditatorial de 1937 112

AUTARQUIAS ADMINISTRATIVAS:
— características principais 232
— descentralização por cissiparidade dos serviços públicos 220
— fenômeno de desintegração da administração pública 222
— formas 224
— personalidade jurídica 224
— regime financeiro e contrôle pelo Tribunal de Contas 225

AUTONOMIA:
— das justiças dos Estados 309
— dos Municípios 78

AUTORIDADE DA LEI:
— pelo assentimento geral dos a ela subordinados 163

AUSÊNCIA:
— de acusados por crimes políticos banidos pelo govêrno e nulidade dos processos contra êles intentados 145

B

BANCO DO BRASIL:
— inquérito parlamentar sôbre suas operações de crédito de natureza política 300

BICAMERALISMO:
— do poder legislativo na Constituição do Império 86, 239
— no regime da carta de 1937 104
— pressuposto do federalismo na doutrina americana 241

BULAS:
— Inter Coetera 19

C

CÂMARA DOS DEPUTADOS:
— composição na Constituição do Império 240
— competência privativa pela Constituição de 1891 ...... 86, 242
— dissolução pelo presidente da República 105
— duração dos mandatos 87
— elegibilidade de estrangeiros 246
— eleição de seus membros 244
— formação pela Constituição de 1934 92
— imunidades parlamentares 247
— impedimentos a que se acham sujeitos os seus membros .. 248
— na carta de 1937 92
— número de seus membros 245
— organização atual 243
— representantes dos Territórios 245

HISTÓRIA DO DIREITO CONSTITUCIONAL BRASILEIRO

CAMPANHA FEDERALISTA:
- início em 1868 pelo partido liberal-radical 61
- instituição do presidencialismo 66
- lançamento pelo partido republicano em 1870 62
- prédica ruibarboseana pelo federalismo 67
- vitória pela proclamação da República em 1889 69

CANCELAMENTO:
- do registro do partido comunista 252
- do registro dos partidos políticos nacionais 272

CARTA DE 1937:
- deformação democrática da Nação 100
- condições em face dela do exercício do direito de manifestação do pensamento 114
- deformação por ela do regime democrático da nação 100
- desmoronamento do regime por ela implantado 165
- dissolução da Câmara dos Deputados pelo presidente da República 105
- direitos sociais por ela assegurados 173
- expressão popular nos textos constitucionais e as cartas outorgadas 100
- ereção do presidente da República em chefe supremo do Estado 102
- irrealização do seu sistema constitucional orgânico 108
- legislação do trabalho 173
- organização do parlamento nacional 104
- pronunciamento judicial da inconstitucionalidade das leis .. 112
- processo e julgamento por tribunal especial dos crimes contra a defesa do Estado 115
- tecnicismo administrativo e o Conselho da Economia Nacional 106
- revogação de acórdão do Supremo Tribunal Federal pelo presidente da República 113

CARTA DO MAYFLOWER:
- estabelecimento das primeiras linhas do self government nas colônias britânicas da América 20

CARTAS CONSTITUCIONAIS:
- de Portugal em 1826 101
- do Império do Brasil de 1824 .... 47, 101
- do Brasil de 1937 101
- por outorga dos príncipes 101

CIDADÃOS BRASILEIROS:
- em face da Constituição do Império ....
- na Constituição de 1891 246
- no regime da Constituição de 1934 ....
- pela Constituição de 1946 247

CITAÇÃO:
- de acusados de paradeiro desconhecido para os processos crimes 147
- de acusados exilados e nulidade dos processos por crimes políticos para que não foram citados 146

CÓDIGO CIVIL ITALIANO:
- disciplina dos convênios entre empresários da mesma atividade 197

CÓDIGO ELEITORAL:

— de 1934 267
— de 1950 270
— proceso para as eleições à Assembléia Constituinte de 1934   267

COISA JULGADA:

— cânone constitucional 332

COLÓNIAS INGLÉSAS NA AMÉRICA:

— processo de sua federalização 29

COMISSÃO DE CONSTITUIÇÃO E JUSTIÇA:

— matérias de sua competência 277
— papel que representa na elaboração legislativa 277

COMISSÃO DE FINANÇAS:

— matérias de sua competência 277

COMISSÕES ESPECIAIS DE INQUÉRITO PARLAMENTAR:

— criação pela Constituição de 1934 286
— delimitação de seu campo de atividade 296
— instituição pela Constituição de 1946 287
— nos Estados e nos Municípios 298
— regulamento para seu funcionamento por lei especial 288
— representação proporcional dos partidos em sua organização   287

COMISSÕES PARLAMENTARES PERMANENTES:

— escolas de legisladores 277
— relevância de seu papel no trabalho de elaboração das leis ..   276
— representação proporcional dos partidos em sua composição   276

COMPETÊNCIA:

— da Justiça do Trabalho 337
— da Justiça Eleitoral 268,   340
— do Conselho de Segurança Nacional ....
— do Conselho Nacional de Economia 103,   105
— do Poder Legislativo ....
— do Superior Tribunal Eleitoral 342
— do Supremo Tribunal Federal 349
— do Tribunal de Contas 225,   299
— do Tribunal Federal de Recursos 347
— do Tribunal Superior Eleitoral 347
— dos ministros de Estado 217
— exclusiva do Congreso Nacional 280
— legislativa da União 72
— privativa da Câmara dos Deputados 280
— privativa do presidente da República 209
— privativa do Senado Federal 280
— tributária da União 70
— tributária dos Estados 78
— tributária dos Municípios 79

CONFIGURAÇÃO FEDERAL DA NAÇÃO:

— adoção da forma federativa pela Constituição de 1891   70
— caminhos do federalismo brasileiro 70
— autonomia dos Municípios 78
— círculos concêntricos de competência do federalismo   80
— Distrito Federal 80
— forma do processo federativo das províncias 70

HISTÓRIA DO DIREITO CONSTITUCIONAL BRASILEIRO

CONGRESSO DO IMPÔSTO DO SÊLO:
- reunião em Nova York em 1765 23

CONGRESSO DOS ESTADOS UNIDOS:
- composição 31
- poderes legislativos 31
- poderes privativos 31

CONGRESSO NACIONAL:
- atribuições 279
- atribuições judiciárias 281
- competência com sanção do presidente da República 279
- competência exclusiva 280
- competência privativa 280
- comparecimento dos ministros de Estado às suas câmaras 90
- criação de comissões de inquérito 287
- convocação de suplentes ....
- condições de elegibilidade de deputados e senadores 246
- data de sua reunião 279
- desempenho por seus membros de missões diplomáticas 250
- inviolabilidade de seus membros 247
- iniciativa, discussão dos projetos e promulgação de leis ..
- incompatibilidade de seus membros 249
- incorporação de seus membros às forças armadas 250
- prisão e processo criminal de seus membros 248
- representação do povo e dos Estados 85
- representação dos partidos nas comissões de suas duas câmaras 276
- tomada de contas do presidente da República 321

CONSELHO DE ECONOMIA NACIONAL:
- câmara do Parlamento Nacional 101
- competência legislativa 102
- constituição 106
- organização de conselhos técnicos 107
- poderes 106

CONSELHOS DE JUSTIÇA:
- categorias no organismo da justiça militar 346

CONSPIRAÇÃO:
- simulacro policial de uma em São Paulo contra o Estado Novo de 1937 127

CONSTITUIÇÃO DE 1824:
- bicameralismo da Assembléia Geral 240
- comissão que a elaborou 47
- criação do Império do Brasil 43
- delegação do poder legislativo à Assembléia Geral 239
- divisão do território nacional em províncias 302
- exercício pelo Imperador do poder moderador e do poder executivo 46
- govêrno de Gabinete pela criação do cargo de presidente do Conselho 56
- natureza do regime político por ela instituído 47
- instituição do Estado unitário na monarquia constitucional e representativa 44
- organização do poder legislativo 239

— organização do poder judiciário 323
— tentativas de sua refórma com a adbicação de D. Pedro I
  e a maioridade de D. Pedro II 52
— promulgação do Ato Adicional 53

CONSTITUIÇÃO DE 1891:
— adoção como forma de govêrno, sob regime representativo,
  da República Federativa 70
— bicameralismo do Congresso Nacional 240
— consagração do presidencialismo norte-americano 84
— condições de elegibilidade para o Congresso Nacional 245
— conversão das províncias em Estados 70
— declaração dos direitos e garantias individuais 170
— declaração dos princípios constitucionais da União 71
— dualidade de justiça 327
— competência legislativa da União 72
— funcionamento do organismo federal 71
— harmonia e independência dos órgãos da soberania nacional 87
— investidura dos poderes e regime representativo 81
— intervenção federal nos Estados 75
— organismo político e administrativo dos Estados 74
— os Municípios e sua autonomia 78
— representação do povo e dos Estados no Congresso Nacional 86
— sistema planetário geográfico, político e administrativo da
  União Federal 71

CONSTITUIÇÃO DE 1934:
— advento após o movimento revolucionário vitorioso em 1930 93
— comparecimento dos ministros de Estado à Câmara dos
  Deputados 93
— composição híbrida da Câmara dos Deputados, formada de
  representantes do povo e das profissões 92
— coordenação ·de poderes 91
— correntes políticas que se defrontaram na Assembléia Nacional Constituinte que a promulgou 98
— criação da Secção Permanente do Senado 97
— garantia dos direitos sociais 172
— instituição da Justiça do Trabalho 181
— matérias da competência privativa e exclusiva da Câmara
  dos Deputados 94
— posição do Senado como órgão colaborador com a Câmara
  dos Deputados e de coordenação de poderes 96
— poderes privativos do Senado 96
— preceitos de legislação do trabalho que proclamou 172

CONSTITUIÇÃO DE 1946:
— aniquilamento do regime ditatorial implantado em 1937 pelo
  golpe militar de 1945 165
— convocação da Assembléia Nacional Constituinte de 1946 .. 166
— dogmática das constituições rígidas e super-legalidade de seus
  textos 169
— declaração dos direitos individuais e dos direitos sociais .. 170
— eleição do presidente da República 207
— entrechoque das correntes partidárias nos labôres constitucionais 167

HISTÓRIA DO DIREITO CONSTITUCIONAL BRASILEIRO

— garantia da liberdade econômica 172
— princípios de direito trabalhista que adotou 173
— ordem econômica e social 174
— participação dos empregados nos lucros das empêsas 176
— reconhecimento do direito de greve 175
— repouso semanal remunerado 179
— repressão ao poderio econômico 190
— restrições ao direito de propriedade 186

CONSTITUIÇÃO DOS ESTADOS UNIDOS DA AMÉRICA:
— bicameralismo do poder legislativo 85
— eleição do presidente da República 206
— federação das colónias britânicas e o govêrno presidencial . 24
— figura do presidente dos Estados Unidos da América 25
— competência e poderes dos Estados 32
— lei suprema da nação 47
— poderes privativos do Congresso dos Estados Unidos 31
— processo federativo das colônias 29
— regime de govêrno que nela se consolidou 82
— simplicidade do organismo constitucional norte-americano .. 28
— separação dos poderes e a fórma democrática do govêrno
   dos Estados Unidos 33
— sujeição da nomeação de diplomatas ao Senado 284

CONSTITUIÇÕES RÍGIDAS:
— dogmática de sua estrutura 168
— super-legalidade de seus dispositivos 168

CONTAS:
— anuais do presidente da República ao Congresso Nacional . 299
— julgamento pelo Congresso Nacional 280
— dos responsáveis por dinheiros e outros bens públicos e dos
   administradores das entidades autárquicas 225

CONTABILIDADE:
— dos partidos políticos 275

CONVENÇÃO COLETIVA DO TRABALHO:
— solução dos dissídios entre empregados e empregadores .. 178

CONVENÇÃO DE ITU:
— do partido republicano de São Paulo 66

CONVENÇÕES:
— dos partidos políticos nacionais 272

COORDENAÇÃO DE PODERES:
— na Constituição de 1934 91

CORTE DE PORTUGAL:
— transplantio para o Brasil 37
— vinda para a Bahia e Rio de Janeiro 38
— retórno para Lisboa 41

CRIMES DE RESPONSABBILIDADE:
— definição por lei especial 281
— do presidente da República 281
— dos ministros de Estado 281

CRIMES POLÍTICOS:
— justiça especial para seu processo e julgamento no regime
   de 1937 113

— petição de habeas-corpus em favor de políticos banidos do país pelo govêrno ditatorial 120
— acórdão do Supremo Tribunal Federal concedendo habeas-corpus a exilados políticos processados e condenados sem terem sido citados 116

D

DECLARAÇÃO:
— da inconstitucionalidade das leis 112
— da independência dos Estados Unidos da América 24
— dos direitos do homem e do cidadão 182
DECRETOS-LEIS:
— no regime da carta de 1937 103
DELEGAÇÃO DE PODERES:
— proscrição constitucional 92
DEPARTAMENTO ADMINISTRATIVO:
— atribuições 106
— criação pela carta de 1937 106
— transformação no Departamento Administrativo do Serviço Público (DASP) 107
DEPUTADOS:
— eleição pelo sistema do voto proporcional 244
— condições de elegibilidade, investidura, perda e cassação do mandato 246
— das profissões e representação das categorias 93
— desempenho de missão diplomática 248
— impedimentos 249
— imunidades 248
— inelegibilidades 249
— perda do mandato 250
— processo criminal 249
— preenchimento das vagas dos comunistas de mandato cassado 253
— prisão em flagrante 247
DESCENTRALIZAÇÃO:
— dos serviços públicos 219
DESCOBRIMENTOS:
— época e posse das conquistas 19
— primeiras providências para a colonização das da Inglaterra 20
DINHEIRO PÚBLICO:
— emprêgo legal 234
— prestação de quantos o recebem e dêle dispõem 234
DIREITO DE INICIATIVA:
— da lei orçamentária 215
— dos projetos de lei 214
DIREITO DE PROPRIEDADE:
— desapropriação 185
— em face da Constituição de 1946 186
— função social 187
DIREITO DO TRABALHO:
— direito social 181
— formação corporativa 181

HISTÓRIA DO DIREITO CONSTITUCIONAL BRASILEIRO

DIREITO SOCIAL:
— conceito em sua moderna concepção 171
— direito atinente à política social do Estado 171
DIREITOS INDIVIDUAIS:
— na Constituição de 1891 170
DIREITOS SOCIAIS:
— amparo à produção 172
— declaração dêles nas Constituições modernas 170
— proteção ao trabalhador 172
DIRETÓRIOS:
— dos partidos políticos nacionais 272
DISTRITO FEDERAL:
— antigo Município Neutro 71
— capital da República dos Estados Unidos do Brasil 80
— competência tributária ....
— nomeação e demissão do seu prefeito pelo presidente da
  República 79
— organização administrativa e judiciária 72, 80
DOGMÁTICA:
— das Constituições rígidas e a super-legalidade de seus textos 169
DUALIDADE DE JUSTIÇA:
— no regime federal 327

E

ECONOMIA DIRIGIDA:
— seu ciclo e o da economia liberal 201
ECONOMIA LIBERAL:
— encerramento de seu ciclo pela primeira conflagração européia 202
ECONOMIA POPULAR:
— crimes contra sua guarda e emprêgo 191
— leis repressoras dos crimes contra ela 191
— repressão dos trustes e cartéis 198
EFICÁCIA:
— das leis outorgadas por ditadores 160
ELEIÇÃO:
— de deputados e senadores 244
— do presidente e do vice-presidente da República 206
— dos presidentes e demais orgãos de direção dos Tribunais 304
ELEVAÇÃO:
— do Brasil de colônia a Reino 41
EMPRÊSAS:
— participação dos trabalhadores nos seus lucros 176
EMPRÊSAS JORNALÍSTICAS:
— da propriedade e direção destas sòmente por cidadãos brasileiros 200
ENCÍCLICAS:
— Rerum Novarum 183
ENTIDADES AUTÁRQUICAS:
— regime financeiro e seu contrôlo pelo Tribunal de Contas . 225
— serviços públicos autonomizados 222

ESCÂNDALOS FINANCEIROS:
— da administração pública federal 237
— do Banco do Brasil, S. A. 238

ESTADO DE SÍTIO:
— decretação, duração, execução e efeitos 45, 209

ESTADO NOVO:
— anti-judiciarismo do regime 112
— irrealização do seu organismo político constitucional 109
— regime instituído pela carta de 1937 108
— seu desmoronamento pelo golpe militar de 1945 165

ESTADOS:
— autonomia administrativa, judiciária e política 78, 81
— assistência técnica aos Municípios 80
— competência legislativa 78
— competência tributária 78
— dimensão política 75
— eleição e mandato de seus governadores 81
— existência dos três poderes políticos 324
— intervenção nêles do govêrno federal 75
— intervenção dêles nos Municípios 80
— organismo administrativo e político 74
— organismo judiciário 307
— organização à imagem e semelhança da União 324

ESTADOS DA UNIÃO AMERICANA:
— competência 32
— poderes 32

ESTADOS UNIDOS DA AMÉRICA:
— confederação das colônias inglêsas sob a legenda comum
  de Estados Unidos da América 24
— configuração política na Convenção de Filadelfia 24
— federação das colônias em govêrno presidencial 25
— figura política do seu Presidente 25

ESTADOS UNIDOS DO BRASIL:
— constituição, pela proclamação da República, em 1889,
  da nação brasileira, por união perpétua e indissolúvel das
  suas antigas províncias, em Estados Unidos do Brasil 70
— fórma e regime do seu govêrno 71
— divisão territorial 71
— organismo federal 71

ESTRANGEIROS:
— igualdade dos direitos dos residentes no país com os brasileiros 201
— política imigratória 201
— elegibilidade para os cargos de representação popular ... 246

EXAUSTÃO FINANCEIRA:
— da Inglaterra e seu reflexo nas suas colônias da América 23

EXÉRCITO NAPOLEÔNICO:
— invasão de Portugal e o transplantio da Côrte Portuguêsa
  para o Brasil 38

EXPLORAÇÃO:
— industrial das minas e demais riquezas do sub-solo 199

F

FEDERAÇÃO:
— caminhos do federalismo no Brasil 70
— configuração federal da Nação 70
— círculos concêntricos de competência do federalismo 80
— das colônias britânicas na América 19
— das colônias inglêsas e a instituição do govêrno presidêncial 24
— desfraldamento da bandeira federalista pelo partido republicano 62
— instituição dêle no Brasil pela proclamação da República 70

G

GABINETE:
— do presidente dos Estados Unidos da América 36
GARANTIAS:
— e direitos individuais 170
GOLPE DE ESTADO DE 1937:
— extinção do regime democrático e dos partidos 269
— instituição do regime fascista no país 269
GOVERNADORES:
— dos Estados 81
— dos Territórios 79, 80
GOVÊRNO DE GABINETE:
— instituição no Brasil 56
GOVÊRNO FEDERAL:
— intervenção dêste nos Estados 75
GOVÊRNO DO REINO DE PORTUGAL:
— instalação no Rio de Janeiro em 1808 40

H

HABEAS-CORPUS:
— acórdão do Supremo Tribunal Federal a exilados políticos 116
— cabida para a suspensão de coação ilegal 170
— petição da ordem em favor de exilados políticos processados
e condenados sem citação 120

I

IGUALDADE PERANTE A LEI:
— de brasileiros e estrangeiros residentes no país 201
IMIGRAÇÃO:
— política adotada desde a implantação da República a fim
de fomentá-la 201

IMPERADOR DO BRASIL:
- antecipação da maioridade de D. Pedro II 55
- abdicação de D. Pedro I 52
- chefe supremo da Nação 46
- exercício do poder executivo e do poder moderador 46
- menoridade de D. Pedro II e a regência do Império 52
- poder pessoal 58
- poderes constitucionais 49

IMPÉRIO DO BRASIL:
- estado unitário na monarquia constitucional e representativa 44
- reconhecimento por Portugal 43

IMPÔSTO SINDICAL:
- elemento de demagogia do Ministério do Trabalho 285

IMPOSTOS:
- exigência ou aumento sòmente em virtude de lei 226
- impossibilidade de sua cobrança em cada exercício sem prévia autorização orçamentária 226

IMPUNIDADE:
- pelos atos posteriormente havidos pela lei como não criminosos 156

IMUNIDADES PARLAMENTARES:
- de processo criminal 306
- efeitos 248
- em caso de flagrância criminal 246
- gôzo delas por deputados e senadores desde a expedição dos diplomas 247
- na Constituição de 1891 247
- na Constituição de 1934 248
- natureza 248

INAMOBILIDADE:
- dos magistrados 325

INAPLICABILIDADE:
- das leis excecionais 159

INCONSTITUCIONALIDADE:
- das leis no regime da carta de 1937 112

INDEPENDÊNCIA:
- declaração da dos Estados Unidos da América 24
- do Brasil 45
- influxo da americana no espírito nativista dos brasileiros 27

INICIATIVA:
- da lei orçamentária 215
- do Parlamento Nacional 103
- do presidente da República na carta de 1937 103
- dos projetos de lei 89

INSTITUTO BRASILEIRO DE GEOGRAFIA E ESTATÍSTICA:
- autarquia federal 228
- inconstitucionalidade da cobrança por ela, nos Municípios, do impôsto municipal de diversões sem prévia autorização orçamenária e sem lei municipal 229

INTERVENÇÃO FEDERAL:
- na ordem econômica e condições em que pode dar-se ... 183
- nos Estados 75

HISTÓRIA DO DIREITO CONSTITUCIONAL BRASILEIRO

INVIOLABILIDADE:
— das liberdades individuais e sua garantia pelo **habeas-corpus** e o mandado de segurança 164, 311

IRREDUTIBILIDADE DOS VENCIMENTOS:
— dos membros do poder judiciário 326

J

JUÍES:
— aposentadoria 325
— inamovibilidade 325
— irredutibilidade dos vencimentos 326
— linha termeira de sua atividade 326

JUNTAS DE CONCILIAÇÃO E JULGAMENTO:
— constituição, jurisdição e instituição 338
— organização paritária 180, 338

JUNTAS ELEITORAIS:
— apuração das eleições e expedição dos diplomas 343

JUSTIÇA DOS ESTADOS:
— alteração do número dos membros dos Tribunais 330
— autonomia 332
— federalismo e dualidade de justiça 327
— organismo judiciário dos Estados 330
— casos de recursos de suas decisões para os tribunais federais 333
— criação de Tribunais de alçada inferior à dos Tribunais de Justiça 329
— princípios constitucionais a que deve obedecer 328
— promoção dos juízes 329
— pluralidade dos tribunais estaduais e a uniformização da jurisprudência 335

JUSTIÇA DE PAZ:
— instituição pelos Estados 330
— recurso extraordinário das decisões da justiça estadual em primeira ou em única instância 334
— variedade de composição numérica e divisional dos Tribunais de Justiça 331
— unificação da justiça de primeira instância e a competência legislativa judiciária dos Estados 328
— vencimentos dos desembargadores e juízes vitalícios 329

JUSTIÇA DO TRABALHO:
— competência 337
— derimência dos dissídios individuais e coletivos entre empregados e empregadores 336
— composição 336
— instituição pela Constituição de 1934 173
— matéria de sua competência 337
— orgãos componentes 336
— organismo e funcionamento 339
— postulados constitucionais da legislação e da previdência social 337
— recurso extraordinário das decisões de seus tribunais 339

JUSTIÇA ELEITORAL:
- criação pelo código eleitoral de 1934 326
- matéria de sua competência 340, 343
- organização 340, 341
- transplantio para a Constituição de 1934 267
- recurso ordinário e extraordinário de suas decisões 344

JUSTIÇA ESPECIAL:
- para o processo e julgamento dos crimes políticos no regime de 1937 114
- para as questões entre empregados e empregadores 181

JUSTIÇA MILITAR:
- conselhos de Justiça 346
- organismo 345
- processo e julgamento dos crimes militares 344
- Superior Tribunal Militar, composição e jurisdição 348

L

LEGISLAÇÃO DO TRABALHO:
- amparo à produção 172
- declaração dos direitos sociais 170
- associação de empregadores e empregados 177
- convenção coletiva do trabalho e a solução judiciária dos dissídios entre empregados e empregadores 179
- crimes contra a economia popular 191
- declaração constitucional do direito de greve 175
- proteção do trabalhador 172
- participação dos trabalhadores nos lucros das emprêsas .. 176
- postulados constitucionais 337
- repouso semanal remunerado 179

LEI PENAL:
- autoridade pelo assentimento geral dos cidadãos 163
- revogação e seus efeitos sôbre a sentença condenatória anteriormente proferida 162

LEIS EXCECIONAIS:
- inaplicabilidade 159

LEIS OUTORGADAS:
- eficácia 160

LIDER:
- da maioria 89

LICENÇA PARA O PROCESSO DE DEPUTADOS:
- votação secreta 312

M

MAGISTRATURA:
- concursos de ingresso 329
- garantias constitucionais 328
- ingresso nos tribunais de advogados e membros do Ministério Público 329
- princípios cardiais de sua disciplina e organização 325

HISTÓRIA DO DIREITO CONSTITUCIONAL BRASILEIRO

MANDADO DE SEGURANÇA:
- do conhecimento do Tribunal Federal de Recursos 333
- do processo e julgamento pelo Supremo Tribunal Federal 334
- em matéria eleitoral 339
- em matéria militar 346

MANDATO PARLAMENTAR:
- condições de elegibilidade, investidura, perda e cassação .. 246
- extinção 252
- investidura pela posse 247
- perda e cassação 249
- preenchimento das vagas dos deputados comunistas que o tiveram cassado 253

MENSAGEM:
- do presidente da República ao Congresso Nacional 286

MILITAR:
- exercício de mandato parlamentar 250

MINAS:
- na Constituição de 1934 199
- na Constituição de 1946 200
- política nacionalizadora de sua exploração industrial 199

MINISTÉRIO PÚBLICO:
- eleição de um de seus membros para a composição do quinto dos Tribunais 329

MINISTRO DA FAZENDA:
- competência pela Constituição de 1934 218
- organização da proposta orçamentária 218

MINISTROS DE ESTADO:
- auxiliares do presidente da República 89
- atribuições 89
- chefes de serviços públicos 217
- comparecimento às sessões do Congresso Nacional 90
- competência pela Constituição de 1934 218
- comunicação por escrito com o Congresso Nacional 90
- conferências com as comissões parlamentares 287
- convocação para comparecimento à Câmara dos Deputados 93
- em face da Constituição de 1946 219
- no regime da carta de 1937 218
- perante a Constituição de 1891 217

MINISTROS DO SUPREMO TRIBUNAL FEDERAL:
- aprovação de suas nomeações pelo Senado Federal 281
- homens de notável saber 282

MISSÃO DIPLOMÁTICA:
- exercício por deputado ou senador 284
- nomeação de chefe da de caráter permanente 285

MISSÃO PUNITIVA:
- dos tribunais especiais para julgamento dos crimes políticos 152

MUNICÍPIO NEUTRO:
- sede do Império do Brasil 71
- transformação em Distrito Federal 71

MUNICÍPIOS:
- autonomia 78
- competência tributária 79
- eleição dos prefeitos 79
- nomeação dos prefeitos das estâncias hidrominerais naturais 79
- rendas próprias 79

N

NACIONALIDADE BRASILEIRA:
- na Constituição de 1891 246
- na Constituição de 1934 247
- na Constituição de 1946 247

NAVEGAÇÃO DE CABOTAGEM:
- nacionalidade dos tripulantes de navios mercantes brasileiros 200
- privilégio de navios mercantes nacionais 200

NAVIOS MERCANTES BRASILEIROS:
- nacionalidade brasileira de seus proprietários, armadores e tripulantes 200

NULIDADE:
- de processo e julgamento por crime político 141
- por falta de citação dos acusados 146

O

ORÇAMENTO:
- anualidade 215
- conteúdo 215
- elaboração 216
- iniciativa 216
- preparo da proposta pelo Departamento Administrativo do
- prorrogação 216
  Serviço Público 216
- rabilongo 211
- remessa da proposta à Câmara dos Deputados 216
- unidade 215

ORDEM ECONÔMICA E SOCIAL:
- interferência nesta da União federal 184
- na Constituição de 1946 174
- participação dos trabalhadores nos lucros das emprêsas .. 176
- reconhecimento do direito de greve 175

ORGANIZAÇÃO JUDICIÁRIA DOS ESTADOS:
- inalterabilidade dentro de cinco anos 300

ORGANIZAÇÕES PROFISSIONAIS:
- representação na Câmara dos Deputados no regime da Constituição de 1934 92

ORGANISMO CONSTITUCIONAL NORTE-AMERICANO:
- separação de poderes 28
- simplicidade de sua estrutura 33

HISTÓRIA DO DIREITO CONSTITUCIONAL BRASILEIRO

ORGANISMO FEDERAL BRASILEIRO:
— arcabouço 71
— funcionamento 72

ÓRGÃOS DA SOBERANIA NACIONAL:
— harmonia e independência 87

OUTORGA:
— pelos princípes de cartas constitucionais 101

P

PARLAMENTO NACIONAL:
— na carta de 1937 103

PARLAMENTARISMO:
— consagração pela menoridade de D. Pedro II 84
— na França 8
— na Inglaterra 8
— na Itália 8
— natureza do instituído no Brasil 84

PARTICIPAÇÃO:
— dos empregados nos lucros das emprêsas 176

PARTIDO COMUNISTA BRASILEIRO:
— cancelamento de seu registro pelo Tribunal Superior Eleitoral 252
— confirmação pela Supremo Tribunal Federal do cancelamento de seu registro 251
— pedido de seu cancelamento 250
— preenchimento das vagas de seus representantes no Congresso Nacional 252
— representação na Assembléia Nacional Constituinte de 1946 168

PARTIDO CONSERVADOR:
— organização em 1837 255

PARTIDO DEMOCRÁTICO DE SÃO PAULO:
— célula máter do primeiro partido de âmbito nacional .. 265
— fundação em 1926 265
— inclusão em seu programa do princípio da participação dos trabalhadores nos lucros das emprêsas 176
— pontos de seu programa 266
— representação no Congresso de Bagé em 1928 263
— sobrevivência e transfusão na União Democrática Nacional 265

PARTIDO DEMOCRÁTICO NACIONAL:
— convenção em 1929 265
— primeiro diretório nacional 265

PARTIDO DISSIDENTE DE SÃO PAULO:
— diretrizes e formação 263

PARTIDO EXALTADO:
— fundação 256
— fusão com o partido moderado 256

PARTIDO LIBERAL:
— fundação em 1831 256

PARTIDO LIBERAL RADICAL:
— fundação no Rio Grande do Sul 64
— programa descentralizador das províncias 60
— reunião em São Paulo em 1888 67

PARTIDO MODERADO:
— aparecimento na regência pela menoridade de D. Pedro II 255
— consórcio com o partido exaltado e a bandeira liberal 255

PARTIDO PROGRESSISTA:
— fundação em 1862 256

PARTIDO REPUBLICANO:
— adesão a êste em 1889 dos partidos monarquistas de São Paulo 257
— congressos 66
— congressos no Rio Grande do Sul 65
— convenção de Itú 66
— federalismo no seu programa 65
— eleição dos seus primeiros deputados em 1882 67
— manifesto de 1870 61
— organização em São Paulo em 1872 65
— primórdios da idéia republicana 255

PARTIDO REPUBLICANO CONSERVADOR:
— tentativa baldada de Ruy Barbosa 263

PARTIDO REPUBLICANO FEDERAL:
— diretrizes positivistas 262
— organização em Pôrto Alegre em 1891 262

PARTIDO REPUBLICANO FEDERALISTA:
— extinção em 1928 262
— fundação em Pôrto Alegre em 1893 262

PARTIDO RESTAURADOR:
— aparecimento logo após à abdicação de D. Pedro I 255

PARTIDOS POLÍTICOS:
— cancelamento de seus registros 251
— contabilidade 275
— convenções 272
— diretórios nacional e regionais 271
— direitos que lhes são peculiares 274
— estatutos 271
— extinção pelo golpe político de 1937 269
— função constitucional na eleição e funcionamento das câmaras legislativas federais, estaduais e municipais 253
— imunidade tributária 276
— na Constituição de 1824 255
— na Constituição de 1891 259
— na Constituição de 1934 268
— na Constituição de 1946 270
— órgãos de direção e de deliberação 271
— período de campanha e propaganda eleitoral 275
— personalidade jurídica de direito privado 269
— personalidade jurídica de direito público 270
— pluralidade partidaria como base constitucional do regime democrático 253
— prós e contra o pluralismo partidário 273
— registro perante a Justiça Eleitoral 271

HISTÓRIA DO DIREITO CONSTITUCIONAL BRASILEIRO

— representação proporcional nas assembléias legislativas e em suas comissões permanentes ou especiais 253, 276
— requisitos 267

PATRONATO AGRÍCOLA:
— instituição em São Paulo em 1911 180

PERDA DE MANDATO LEGISLATIVO:
— disciplina legal 250
— pelos deputados comunistas 249

PLURALIDADE:
— dos partidos políticos nacionais 278
— dos tribunais estaduais e a uniformização da jurisprudência 312

PODER EXECUTIVO:
— atribuições políticas e governamentais 207
— crítica da expressão 206
— crescimento desmesurado diante da complexidade governamental 220
— exercício pelo Imperador 46
— exercício pelo presidente da República 205
— iniciativa das leis 213
— poderio econômico 236
— prestação de contas ao Congresso Nacional 286

PODER JUDICIÁRIO:
— competência dos tribunais 324
— federalismo e dualidade de justiça 324
— garantias constitucionais de seus membros 325
— linha termeira de atividade dos juízes 326
— organismo judiciário nacional 323
— poder político da Nação 325

PODER LEGISLATIVO:
— bicameralismo 85, 240
— na Constituição de 1824 239
— na Constituição de 1891 71
— na Constituição de 1934 94
— na Constituição de 1946 243
— no regime da carta política de 1937 86

PODER MODERADOR:
— exercício pelo Imperador 46, 59
— sua exacerbação e o declínio do Império 59

PODERES:
— constitucionais do presidente dos Estados Unidos da América 33
— coordenação dêles na Constituição de 1934 92
— investidura 80
— reconhecidos pela Constituição de 1824 46
— separação e forma democrática de govêrno dos Estados Unidos da América 33

PODERIO ECONÔMICO:
— abuso 193
— conceito 193
— do poder executivo 236
— em face da Constituição vigente 190
— projeto de lei repressora dos trustes e cartéis 193
— repressão pela lei ordinária 190

POLÍTICA DOS GOVERNADORES:
— instituição no govêrno de Campos Sales 260

PORTOS BRASILEIROS:
— abertura dêles ao comércio estrangeiro 43

PREFEITOS MUNICIPAIS:
— eleição e nomeação 79

PRESIDENCIALISMO:
— consagração pela Constituição de 1891 84
— defeitos principais 110
— efeito de parada do parlamentarismo 82
— federação das colônias britânicas na América 24
— no programa do partido republicano 66
— subsistência no suceder das constituições republicanas brasileiras 85
— surto na América 19

PRESIDENTE DA REPÚBLICA:
— auxílio dos ministros de Estado 89, 217
— atribuições administrativas 209
— atribuições privativas 209
— chefe eletivo da Nação 206
— deposição em 1945 166
— eleição 88, 207
— iniciativa das leis 89
— iniciativa da proposta de lei orçamentária 216
— poderes legisferantes 215
— prestação anual de contas ao Congresso Nacional 299
— processo e julgamento por crime de responsabilidade 89
— promulgação e sanção das leis 210
— revogação de acórdão do Supremo Tribunal Federal 113
— veto 210

PRESIDENTE DO SUPREMO TRIBUNAL FEDERAL:
— ascenção à presidência da República em 1945 pela deposição do ditador pelas fôrças armadas 166

PREVIDÊNCIA SOCIAL:
— princípios constitucionais que a regem 337

PRINCÍPIOS CONSTITUCIONAIS:
— na Constituição de 1891 .... 70, 259

PROCLAMAÇÃO DA REPÚBLICA:
— implantação no Brasil da forma de govêrno presidencial e
do federalismo 68

PROJETOS DE LEI:
— iniciativa 87
— iniciativa governamental 212
— promulgação e sanção 210
— veto 210

PROMOÇÃO DE JUÍZES:
— critério estabelecido pela Constituição 329

R

RECURSO DE REVISTA:
— das decisões dos tribunais do trabalho 339

RECURSO EXTRAORDINÁRIO:
— das decisões da justiça estadual em única ou última instância 339
— das decisões dos tribunais do trabalho 339
— das decisões dos tribunais eleitorais 344

RECURSO ORDINÁRIO:
— das decisões dos tribunais eleitorais 344
— para o Supremo Tribunal Federal 350
— para o Tribunal Federal de Recursos 347

REGÊNCIA DO IMPÉRIO:
— durante a menoridade de D. Pedro II 49

REGIME DEMOCRÁTICO:
— característico constitucional 252
— garantia dos direitos fundamentais 255
— pluralidade partidária 255

REPRESENTAÇÃO DO POVO:
— no Congresso Nacional 85

REPRESENTAÇÃO DOS ESTADOS:
— no Congresso Nacional 85

REPRESENTAÇÃO PROPORCIONAL DOS PARTIDOS:
— na Câmara dos Deputados 255
— nas comissões especiais de inquérito sôbre fatos determinados 298

S

SENADO FEDERAL:
— anomalia de seu papel na Constituição de 1934 243
— atribuições judiciárias 281
— atribuições privativas 280
— ausência de representantes dos Territórios 244
— composição 245
— eleição de seus membros 244
— condições de elegibilidade, investidura, perda e cassação de
mandato de seus membros 246
— homologação das nomeações de diplomatas e de ministros
do Supremo Tribunal Federal 281
— julgamento do presidente da República nos crimes de responsabilidade 86
— papel que representa no regime federativo 243
— representação nêle dos Estados 85
— renovação quatrienal 245
— suspensão da execução de lei ou decreto declarados inconstitucionais 284

SENADORES:
— eleição 246
— imunidades 248
— impedimentos 249
— inelegibilidade 249
— perda de mandato 250
— prisão em flagrância 248

SENTENÇA CONDENATÓRIA:
— em face da revogação da lei penal em que se fundou 162
— injustiça e inexequibilidade por crime político 151

SERVIÇO NACIONAL DE APRENDIZAGEM INDUSTRIAL (SENAI):
— natureza dessa autarquia e sua subordinação ao Tribunal de Contas 231

SERVIÇO SOCIAL DA INDÚSTRIA (SESI):
— natureza dessa autarquia 231

SOCIEDADE DE CAPITAL E INDÚSTRIA:
— introdução no código comercial brasileiro 177
— transplantio para o código comercial argentino 178

SUPERIOR TRIBUNAL MILITAR:
— âmbito jurisdicional 346
— composição 346

SUPREMO TRIBUNAL FEDERAL:
— aprovação pelo Senado Federal da nomeação de seus ministros 281
— competência em grau de recurso extraordinário 351
— competência em grau de recurso ordinário 350
— competência originária 349
— composição 349
— concessão de habeas-corpus a criminosos políticos condenados no exílio e sem citação 116
— papel jurisdicional e político do mais alto tribunal do país 350

T

TAXA DE ESTATÍSTICA:
— inconstitucionalidade da cobrada nos Municípios pelo Instituto Brasileiro de Geografia e Estatística 228
— natureza municipal do tributo 228

TAXAS:
— exigibilidade sòmente das criadas por lei e orçadas para o exercício 227

TERRITÓRIO DE FERNANDO DE NORONHA:
— não tem representação na Câmara dos Deputados 244

TERRITÓRIO DO ACRE:
— elevação à categoria de Estado 244

TERRITÓRIOS FEDERAIS:
— ausência de representação no Senado Federal 244
— constituição eventual em Estados 80
— organização administrativa e judiciária por lei federal .. 80
— representação na Câmara dos Deputados 244

TRABALHADORES:

— justiça especial para o seu dissídio com os empregadores 180, 336
— participação nos lucros das emprêsas 176
— repouso semanal remunerado 179

TRABALHO:

— dignificação pelas Constituições e pelas Encíclicas 182

TRANSITORIEDADE:

— dos regimes totalitários 153

TRIBUNAIS DE ALÇADA:

— competência do Estado de São Paulo 331
— possibilidade de sua criação nos Estados 330

TRIBUNAIS DE JUSTIÇA NOS ESTADOS:

— competência privativa 307
— composição. 329
— criação de um em cada Estado 324
— critério para a promoção dos juízes 329
— recurso extraordinário de suas decisões para o Supremo Tribunal Federal 334
— uniformização da sua jurisprudência 335

TRIBUNAIS POLÍTICOS:

— missão punitiva 152

TRIBUNAIS REGIONAIS DO TRABALHO:

— competência e composição 338

TRIBUNAIS RURAIS:

— constituição em São Paulo em 1922 180

TRIBUNAL DE ALÇADA DE SÃO PAULO:

— criação em 1951 331
— competência originária 331
— competência em grau de recurso 332

TRIBUNAL DE CONTAS:

— contrôle do regime financeiro das autarquias 225
— parecer prévio sôbre as contas do presidente da República 321

TRIBUNAL DE SEGURANÇA NACIONAL:

— para o processo e julgamento dos crimes contra a defesa do Estado 115

TRIBUNAL FEDERAL DE RECURSOS:

— competência 348
— estrutura 348
— desafogamento do Supremo Tribunal Federal 347
— segunda instância para as causas do interêsse da União . 347

TRIBUNAL SUPERIOR ELEITORAL:

— composição 341
— matéria de sua competência 342

U

UNIÃO:

— amplitude de seus poderes 72
— coexistência com os Estados, os Territórios, o Distrito Federal e os Municípios 72
— competência legislativa 73

— competência tributária 73
— compreensão 80
— inexclusão da competência legislativa própria e supletiva dos Estados 73
— intervenção nos Estados 75
— significado da palavra 72
— soberania 81
— supremacia no organismo federal do país 74

UNIDADE:
— do direito nacional substantivo e adjetivo 328

UNIFICAÇÃO:
— da justiça de primeira instância 328

V

VENCIMENTOS:
— dos membros da magistratura federal e estadual 326

VERBA SECRETA:
— conversão nela do impôsto sindical 325
— dos desembargadores dos Tribunais de Justiça 329

VETO:
— integral de projetos de lei 211
— no regime da Constituição de 1891 210
— parcial 212
— poder privativo do presidente da República 210
— votação pelo Congresso Nacional 210

VICE-PRESIDENTE DA REPÚBLICA:
— compromisso perante o Congresso Nacional 279
— eleição simultânea com o presidente da República 207
— presidente constitucional do Senado Federal 280
— promulgação de projetos de lei 210

VIRA-CASACAS:
— deputados que mudam de partidos 275

VITALICIEDADE:
— dos membros do poder judiciário 325

VOTAÇÃO SECRETA:
— da licença para o processo de deputados federais 312

VOTO:
— obrigatoriedade 208
— sigilo 208

Nota da editora:
Comunicamos aos interessados que buscamos os herdeiros diretos do **Sr. Waldemar Martins Ferreira**, não os tendo encontrado.
Nesse caso, consideramos que a obra se encontra em domínio público, nos termos do art. 45 da Lei 9.610, de 19.02.1998.
Caso existam herdeiros vivos, por favor, entrem em contato com os meios de comunicação da Editora que se encontram na ficha catalográfica da obra.

Atenciosamente,
EDITORA FORENSE.

Pré-impressão, impressão e acabamento

grafica@editorasantuario.com.br
www.graficasantuario.com.br
Aparecida-SP